ZHONGGUO
CHANNENG GUOSHENG
ZHILI YANJIU

中国产能过剩治理研究

重庆大学出版社

内容提要

当前从传统制造业、重化工业到一些新兴产业的产能过剩有全面性、长期性、顽固性的趋势,迫切需要建立健全产能过剩治理的长效机制。系统深化产能过剩治理体系与治理能力现代化,已成为学术界和政府部门的一致共识。本书考察了我国产能过剩问题的历史演进与治理政策绩效,分析了产能过剩矛盾的波动特性与演化特征,从国家治理转型、地方政府竞争、厂商能力特征与世界市场结构中解剖不同产能过剩形成的一般机理,并在世界主要发达国家产能过剩治理经验与教训分析的基础上,从宏观经济问题的微观视角和微观经济问题的宏观视角出发,提出新时期我国产能过剩治理的五大方略。

图书在版编目(CIP)数据

中国产能过剩治理研究 / 钟洪亮著. -- 重庆:重
庆大学出版社,2021.7
ISBN 978-7-5689- 1882-4

Ⅰ.①中… Ⅱ.①钟… Ⅲ.①生产过剩—研究—中国
Ⅳ.①F124

中国版本图书馆 CIP 数据核字(2019)第 274008 号

中国产能过剩治理研究

钟洪亮 著

策划编辑:顾丽萍

责任编辑:文 鹏 李小君   版式设计:顾丽萍
责任校对:刘志刚   责任印制:张 策

*

重庆大学出版社出版发行
出版人:饶帮华
社址:重庆市沙坪坝区大学城西路 21 号
邮编:401331
电话:(023) 88617190 88617185(中小学)
传真:(023) 88617186 88617166
网址:http://www.cqup.com.cn
邮箱:fxk@ cqup.com.cn (营销中心)
全国新华书店经销
重庆共创印务有限公司印刷

*

开本:720mm×1020mm 1/16 印张:23 字数:364 千
2021 年 7 月第 1 版   2021 年 7 月第 1 次印刷
ISBN 978-7-5689- 1882-4 定价:89.00 元

作者简介

钟洪亮，福建建瓯人，经济学博士。现为福建工程学院马克思主义学院教师、习近平新时代中国特色社会主义思想研究中心研究员，主要从事马克思主义理论的教学与研究工作。主持并完成省社科规划课题 2 项，核心参与国家级、省部级规划课题 10 余项，出版专著 1 部、参编教材 1 部、发表学术论文 20 多篇，获得人力资源和社会保障部优秀论文奖、福建省优秀博士论文奖、福建省社会科学优秀成果奖等多项科研奖励。

前　言

　　随着市场在资源配置中基础性作用不断深化,我国工业领域由计划经济时期的产品短缺不断演变为产能过剩,并从消费品生产领域蔓延到投资品生产领域,产品市场结束了短缺供给态势,开始不断遭遇有效需求不足约束。一般市场经济理论认为,在市场竞争规律优胜劣汰作用机制下,社会平均利润率开始发挥作用,循环推进市场在资源配置中发挥决定性作用。然而,当前我国产能过度过剩、绝对过剩、行政性过剩等矛盾层出不穷,周期性产能过剩、结构性产能过剩、体制性产能过剩和绝对产能过剩交织并存,产能过剩问题已经成为阻碍我国经济持续健康发展的顽疾。

　　进入 21 世纪以来,防范和化解产能过剩一直是国务院与国家有关部委进行产业结构调整的重中之重,但至今仍未能有效缓解我国社会主义市场经济产能过剩的困局。我国经济正处于"三期叠加"的转型阶段,产能过剩矛盾的范围和程度进一步扩展及加深,从传统制造业、重化工业到一些新兴产业的产能过剩有全面性、长期性、顽固性的趋势,迫切需要建立健全产能过剩治理的长效机制。系统深化产能过剩治理体系与治理能力现代化,已成为学术界和政府部门的一致共识。

　　本书坚持以马克思主义经济学为指导,解构产能过剩的"中国"特质和"当代"表征,阐明我国产能过剩治理的目标定位与价值追求,以实证的方式揭示当代中国产能过剩的现状,提出我国产能过剩治理的基本理论和实践方法。研究表明,市场经济条件下一定程度的产能过剩是自由竞争的必然结果,是市场经济的派生物。本书在国内外学术研究中不断丰富了产能过剩内涵,也深化了对产能过剩的认识,较好地辨识了产能过剩、重复建设、过度投资、过度竞争等相关概念关联演化;在对不同过剩经济理论解读、评介中,汲取诊断我国产能过剩矛盾的理论资源,以形成更科学的判断;并在此基础上深入考察了改革开放以来,我国产能过剩问题的历史演进与治理政策绩效,厘清产能过剩矛盾的波动特性与演化特征,从而更好地剖析当前产能过剩的形成机理;分别从国家治理转型、地方政府竞争、厂商能力特征与世界市场结构中,深入解析了不同产能过剩形成的一般机理;在世界主要发达国家产能过剩治理经验与教训分析基础上,从宏观经济问题的微观视角和微观经济问题的宏观视角出发,提出新时期我国产能过剩治理的五大方略。作者指出,产能过剩治理本质上是"利益格局调整",钢铁行业是重中之重。当前影响产能过剩治理的是地方保护主义和财税既得利益。防范产能过剩系统性风险集中爆发,急需统筹应急机制与长效机制,建立健全政治经济风险防控体系,优化产能过剩治理体系与治理能力建设。产能过剩治理的根本在于法治思维与法治方式,避免把手段当作目标而陷入"手段拜物教"。法治精神应该成为产能过剩治理的基础性保障,形成秩序和规范,不断实现从政策推动走向法治引领,使其越来越成为协调冲突利益和价值的"规制理性"。因此,产能过剩治理不过是改变利益分配的方式,从而改变产业发展参与主体的行为方式和行为预期,形成可持续的激励机制和可持续的收益分配制度,以激发可持续的增长动力,实现社会公正与共同富裕。

作　者

2020 年 5 月

目　录

绪

论

随着市场在资源配置中基础性作用不断强化,我国工业领域由计划经济时期的产品短缺不断演变为产能过剩,并从消费品生产领域蔓延到投资品生产领域,诸多经济体都明显暴露出产能过剩的问题。进入 21 世纪以来,防范和化解产能过剩一直是国务院与国家有关部委进行产业结构调整的重中之重,但至今仍未能有效缓解我国市场经济中产能过剩的困局。我国经济正处于"三期叠加"的转型阶段,产能过剩矛盾的范围和程度进一步扩展及加深,从传统制造业、重化工业到一些新兴产业的产能过剩有全面性、长期性、顽固性的趋势,迫切需要建立健全产能过剩治理的长效机制,以避免把手段当作目标而陷入"手段拜物教"①。系统深化产能过剩治理体系与治理能力现代化,已成为学术界和政府部门的一致共识。

第一节 社会主义市场经济中产能过剩困局

20 世纪 90 年代以来,伴随我国社会主义市场经济体制建立过程中资本构成变化的不断增速和商品货币关系的深度发展,经济市场化深度和广度持续增强②。产品市场结束了短缺供给态势,开始不断遭遇有效需求不足约束,产能过剩越来越成为现实经济运行中突出矛盾和诸多问题的根源。研究表明,市场经济条件下一定程度的产能过剩是自由竞争的必然结果,是市场经济的派生物。当前深入研判我国产能过剩的行业发展趋势,准确评估产能过剩的宏观经济影

---

① "手段拜物教"是从李建平教授的"市场拜物教"借来的。当然马克思在《资本论》第一卷中也专门论述过商品拜物教问题。纵观近 30 年产能过剩治理史,更多时候都错把手段当作了目标,陷入了"手段拜物教",形成"越限制越过剩"悖论,从而出现了"治理手段的异化"。详可参阅:李建平.新自由主义市场拜物教批判——马克思《资本论》的当代启示[J].当代经济研究,2012(9):1-12.

② 改革开放以来,随着市场机制作用的发挥,我国的进口以 20%以上的年均速度增长,累计引进外商直接投资达到 6 531.4 亿美元。我国在全球经济中占据的份额从不到 2%增加到了 9%。到 2010 年,中国已经成为全世界第二大经济体,人均国内生产总值已超过 4 000 美元。2012 年全年国内生产总值达到 51.93 万亿元,人均 GDP 达到 6 171 美元。数据来源:根据中国 2013 年中国统计年鉴相关数据测算。

响,建立健全防范和化解产能过剩的长效机制,将是破解我国社会主义市场经济产能过剩困局的关键。

一、市场经济运行中的产能过剩

在市场经济运行中厂商生产和服务的供给能力大于均衡价格下的市场总需求,或说实际产出没有达到潜在的产出水平,产能闲置超出合理区间,从而出现产能过剩现象。马克思强调"有限性之间的矛盾是生产过剩的基础"[①],由于"商品是处于不断的运动过程中"[②],在现实市场经济条件下,任何经济主体或部门都无法对称性地获得市场供需的完备信息,其市场结构表现为典型的非均衡特征,再加之经济主体多元化、利益关系博弈等增加了经济形势的复杂性,从而将使交易市场中供不应求与产能过剩成为一种常态。

在《新帕尔格雷夫经济学大辞典》中乔治·斯蒂格勒(G. J. Stigler,1987)认为:"竞争(competition)系个人(或集团或国家)间的角逐;凡两方或多方力图取得并非各方均能获得的某些东西时,就会有竞争。竞争至少与人类历史同样悠久,所以达尔文(Darwin)从经济学家马尔萨斯那里借用了这个概念,并像经济学家用于人的行为那样,将它应用于自然物种。"[③]世界上的资本主义发达国家,"竞争使资本主义生产方式的内在规律作为外在的强制规律支配着每一个资本家"[④]。随着机器设备的改进和生产能力的扩张,"造成了生产力的空前发展、供过于求、生产过剩、市场盈溢、十年一次的危机、恶性循环:这里是生产资料和产品过剩,那里是没有工作和没有生活资料的工人过剩"[⑤]。这种危机又"是以固定资本的生产过剩,因而,是以流动资本的相对的生产不足为基础的"[⑥]。表

[①]　中共中央编译局.马克思恩格斯全集:第二十六卷[M].北京:人民出版社,1973:602.
[②]　李建平.《资本论》第一卷辩证法探索[M].北京:社会科学文献出版社,2006:26.
[③]　约翰·伊特韦尔.新帕尔格雷夫经济学大辞典第一至四卷[M].北京:经济科学出版社,1992.
[④]　中共中央编译局.马克思恩格斯文集:第五卷[M].北京:人民出版社,2009:683.
[⑤]　中共中央编译局.马克思恩格斯文集:第三卷[M].北京:人民出版社,2009:566.
[⑥]　中共中央编译局.马克思恩格斯文集:第八卷[M].北京:人民出版社,2009:256.

现为"市场的扩张赶不上生产的扩张"①,"跟随生产过剩而来的是同样急剧的生产衰落"②,即陷入"需求不足"与"生产过剩"的双重矛盾,从而出现产能过剩并直接引发大规模的经济危机。大量经济事实表明,伴随全球需求增长率下滑和全球经济增长放缓,近20多年来几乎所有竞争性产业都遭遇大规模的产能过剩约束,产能过剩表现出长期性和顽固性趋势。《经济学家》认为,"目前全球销量和产能之间的鸿沟是自20世纪30年代以来之最",如钢铁行业存在近20%和汽车行业存在近30%的产能过剩。

在我国社会主义市场经济中,"社会主义和市场经济之间不存在根本矛盾"③,"市场是配置资源和提供激励的有效方式,它通过竞争和价格杠杆把稀缺物资配置到能创造最好效益的环节中去"④。但"并不是说市场是全面的、万能的……市场也有其自身的明显弱点和局限性"⑤。在现实的不完全竞争市场中,为了获取最优化利润,厂商之间、厂商与消费者之间发生了各种形式的竞争和博弈。由于市场发育还不成熟,自身存在自发性、盲目性和滞后性等弊端,在现实经济中任何经济主体或部门的竞争决策都只能在信息不对称情况下做出,从而导致了市场中资源配置在时间和空间上存在错位的可能,如供不应求、产能过剩等市场非均衡状态,大量低效率企业和低效率产能将长期存在。《国务院关于化解产能严重过剩矛盾的指导意见》指出,"2012年底我国传统制造业钢铁、电解铝、水泥、船舶、平板玻璃产能利用率分别仅为72%,71.9%,73.7%,75%和73.1%,钢铁、船舶、电解铝等行业利润大幅下滑,企业普遍陷入经营困难"⑥。与此同时,战略性新兴产业光伏、多晶硅、风能设备、碳纤维、锂电池等产品产能过剩也相当严重。截至2014年7月末,我国规模以上工业企业产成品

---

① 中共中央编译局.马克思恩格斯文集:第九卷[M].北京:人民出版社,2009:292.
② 中共中央编译局.马克思恩格斯文集:第一卷[M].北京:人民出版社,2009:123.
③ 邓小平文选:第三卷[M].北京:人民出版社,1993:148.
④ 江泽民.江泽民文选:第一卷[M].北京:人民出版社,2006:200.
⑤ 江泽民.江泽民文选:第一卷[M].北京:人民出版社,2006:201.
⑥ 《国务院关于化解产能严重过剩矛盾的指导意见》国发〔2013〕41号文件。

库存同比增长 14.6%,产成品库存量是 2013 年同期的 2.5 倍。而 2014 年 8 月固定资产投资(不含农户)名义同比却增长了 13.8%,广义货币 M2 同比增长 12.8%,货币信用宽松化趋势增强,充分显示了当前有效需要不足、投资效率下滑与产能过剩矛盾加剧。

马克思指出"没有什么比那些承认固定资本生产过剩的经济学家否认商品生产过剩更为可笑了"①。在现实经济运行中,商品流通在价值规律作用下自由竞争,打破了"交换时间、空间和个人的限制",囿于不完全市场交易信息的非对称性,导致了商品在时间和空间上的分配均呈现非均衡性。可以说,市场经济条件下一定程度的产能过剩是自由竞争的必然结果。当然,也应该清醒地认识到产能过剩的形成,并不仅仅是市场失灵的结果,还是区域产业政策诱导、产业布局偏好、财税体制机制等地方政府干预失灵的结果。市场失灵和地方政府干预失灵双重叠加进一步加剧了供需矛盾,产业纵向结构价值链协同性矛盾越来越凸显,产能过剩治理的不确定性进一步加剧。

二、产能过剩对我国社会经济的影响

产能过剩是市场经济的一种常态,不仅由经济周期性波动因素引起,也受投资诱因、体制机制障碍等因素制约,既有周期性产能过剩、结构性产能过剩,还有非周期性产能过剩和体制性产能过剩等各种类型,是我国社会主义市场经济发展的阶段性产物。大量经济事实表明,要辩证地看待产能过剩的内部矛盾,"辩证逻辑要求从事物的发展、'自己运动'(像黑格尔有时所说的)、变化中来考察事物"②,需要"对每一种既成的形式都是从不断的运动中,因而也是从它的暂时性方面去理解"③。一方面要认清产能过剩将可能引发社会经济风险,

---

① 中共中央编译局.马克思恩格斯文集:第八卷[M].北京:人民出版社,2009:256.
② 中共中央编译局.列宁专题文集·论辩证唯物主义和历史唯物主义[M].北京:人民出版社,2009:314.
③ 中共中央编译局.马克思恩格斯文集:第五卷[M].北京:人民出版社,2009:22.

影响经济发展;另一方面也应看到,产能过剩也可以成为提升企业综合竞争力、经济结构调整与产业升级转型的重要战略机遇期。

从产能过剩的消极影响来看,近年大规模行业性产能过剩,已经引起市场上流通货币供应量减少,引发消费群体购买能力下滑,全国居民消费价格指数(CPI)和工业生产者出厂价格指数(PPI)[①]持续下降,物价、能源等价格持续走低,加剧了市场供需矛盾,由此形成了当期中国经济较强的通货紧缩压力,增加了宏观经济的不确定性。与此同时,产能过剩的发展将使市场对经济的预期下滑,企业投资预期和居民消费预期不足,市场有效购买力显著下降,市场经济下行风险进一步抬升。由于中国资本市场不发达,企业融资渠道单一且以银行融资为主,行业性对银行融资依存度高企,产能过剩的发展使企业采取高应收账款运营并出现资金链紧张,短期内银行"呆账坏账"等不良资产急剧增加,金融风险会不断累积与增大。此时,银行将会"惜贷紧缩",并波及上下游行业企业经营与融资,这些势必会加剧市场恶性竞争、破坏市场秩序、增加区域资源环境压力和不断积累潜在社会风险。产能过剩、产品价格下滑、行业利润持续恶化、行业企业濒临倒闭等,企业就业吸纳能力将弱化、工资增长放缓、失业风险加剧,如果处理不好将浪费巨大的社会资源、降低资源配置效率、阻碍产业结构升级,甚至破坏实体经济的市场结构和秩序,直接危及产业健康发展、影响经济增长质量、积聚社会矛盾甚至可能引发系统性风险。

当然,产能过剩也未必都是消极影响。马克思从商品分析入手,揭示了竞争在商品的生产、流通和分配中的作用,表明了竞争是价值规律的实现形式,"竞争贯穿在我们的全部生活关系中"[②]。原联邦德国总理路德维希·艾哈德(Ludwig Erhard)甚至强调,"竞争是获致繁荣和保证繁荣最有效的手段。只有

---

① 目前,中国尚不具备严格意义上的、与消费者价格指数(CPI)相对应的生产者价格指数,而是以 PPI 指标替代生产者价格。PPI 大类分项指标包括生产资料价格(权重 76.11%)和生活资料价格(权重 23.89%),其中生产资料价格下又可细分为重工业(包括采掘、原材料和加工工业)、轻工业;生活资料价格可细分为食品、衣着、一般日用品和耐用消费品类,分别代表上游、中游和靠近下游工业行业的景气度。

② 中共中央编译局.马克思恩格斯文集:第一卷[M].北京:人民出版社,2009:84.

竞争才能使作为消费的人们从经济发展中受到实惠。它保证随着生产力的提高而俱来的种种利益,终于归人们享受"[1]。产能过剩本质上是自由竞争的结果,由于"竞争的规律是:需求和供给始终力图互相适应……这个规律永远起着平衡的作用"[2],因此适度的产能过剩将有利于供给与需求的相对一致,成为促进我国社会主义市场经济发展的推动器。产能过剩改变了我国计划经济时期生活资料和生产资料供不应求的局面,产品供给的规模性、多样性和过剩性,有益于消费者获得更多消费剩余,更好地满足了人们日益增长的物质生活需求。而企业之间在较激烈的竞争环境下[3],出于优胜劣汰的经营压力,产能过剩有助于激发企业技术创新和生产能力改进,开拓高效集约化经营思路,深化企业结构治理的内在动力,促进资源优化配置,提高产业的整体质量。当然,针对不同类型产能过剩治理的过程,本身就是产业结构调整和转型升级的契机,也是推进企业兼并重组和提升产业集中度的重要战略机遇期。早在 2009 年,我国纺织业国际竞争力评价指数为 102.83,位居第一,行业运营质量持续优化,产业生产效能有效提升。2013 年 7 月,美国进口纺织服装总额 105 亿美元,其中从中国进口纺织服装 44.36 亿美元,占 42.25%,较 2008 年同期上升了约 7.13 个百分点。

三、我国产能过剩的行业发展趋势及其调整化解

市场经济条件下,一定程度的产能过剩是自由竞争的必然结果。约瑟夫·斯蒂格里兹(Joseph Stiglitz)基于"信息不对称性"论证了"市场失灵",米尔顿·弗里德曼(Milton Friedman)基于"官僚化"的政府行为论证了"政府失灵",经济

---

① 路德维希·艾哈德.来自竞争的繁荣[M].祝世康,穆家骥,译.北京:商务印书馆,1983:11.
② 中共中央编译局.马克思恩格斯文集:第一卷[M].北京:人民出版社,2009:73-74.
③ 在经济过热、需求旺盛、产品处于供不应求时,落后企业、落后技术、落后产品都还有生存空间,企业缺乏调整结构的外部压力和内部动力;在供给和服务能力超过市场需求较多的情况下,市场竞争加剧,企业才会有调整和治理结构的意愿和压力,市场也才有条件淘汰一部分落后的生产能力。因此,笔者认为在长期供不应求下的企业经营管理是没有竞争力的,也就是缺乏技术创新和超越生产能力的内原动力。

经济发展目标密切相关,受到诸多社会经济因素影响。近十年来产能过剩已被列为我国宏观调控的重要对象。十八届三中全会强调,新时期要积极"推进国家治理体系和治理能力现代化""建立健全防范和化解产能过剩长效机制";2013 年 12 月的中央经济工作会议提出,要"坚定不移化解产能过剩,不折不扣执行好中央化解产能过剩问题的决策部署"。这些既体现了中央对化解产能过剩的高度重视,也说明了产能过剩问题的复杂性,急需加强柔性的、灵活的能力建构,从"管制"走向"治理",更加尊重市场规律,更好发挥政府作用,实现产能过剩治理体系和治理能力现代化。

当前开放经济条件下,虽然化解产能过剩的根本在于充分发挥市场在资源配置中的决定性作用,但政府绝不是可以"无为而治",必须"更好地发挥作用"。政府的主要作用是创造条件让市场更好地发挥作用,特别是纠正以往由于体制机制因素诱发的产能过剩现象。一个好的产能过剩治理制度安排可以使人们的行为更为理性,正如马克思所描述的那样"在交换者看来,他们本身的社会运动具有物的运动形式。不是他们控制这一运动,而是他们受到这一运动控制……在私人劳动产品的偶然的不断变动的交换比例中,生产这些产品的社会必要劳动时间作为起调节作用的自然规律强制地为自己开辟道路,就像房屋倒在人的头上时重力定律强制地为自己开辟道路一样"①。当前,我国产能过剩的治理就是要形成以经济发展方式转变为抓手,以创新驱动战略为根本,按照政府调控市场、市场引导企业的逻辑不断优化政府—市场关系,加强动态监测预警与配套改革同时推进。通过将部分生产性补贴转移到"补市场、补消费",继续适度抑制供给扩张,扩大和创造国内需求,消化一批产能;构建产能过剩背景下中国企业退出政策体系,严格执行环保、安全、能耗等市场准入标准,淘汰一批落后产能;通过优化产业组织结构,深化企业竞争行为调整,重建企业市场瞄准机制,推进企业体制创新,增强企业跨国经营能力,实现整合一批产能和转

---

① 中共中央编译局.马克思恩格斯文集:第五卷[M].北京:人民出版社,2009:92.

移一批产能;通过产业科技创新,实现生产能力跨越与产能充分利用。制定创新驱动战略,引领产业经济不断发展和升级,促进产业组织动态能力获得与产能过剩消解,积极促进宏观经济稳定,探寻不同政策资源在产能过剩治理现代化过程中的有效组合与合理兼容。构建社会政策托底机制,将化解产能过剩可能带来的社会成本降到最低;加强银行资产质量管理,创新不良贷款处置方式,有效应对银行不良资产上升①。

当前产能过剩治理体系的改革,重要的是落实十八届三中全会关于建立公平、开放透明市场规则的要求,"实行统一的市场监管,清理和废除妨碍全国统一市场和公平竞争的各种规定和做法,严禁和惩处各类违法实行优惠政策行为"②,充分发挥政策、法律、标准的引导、约束和保障作用。建立以市场机制为主导,市场调节与政府调控相结合,并在各自比较优势领域充分发挥作用,重在形成具有关键性、基础性、可操作性的系统性、综合性、协同性产能过剩治理政策体系。加快公共资源配置的市场化,进一步理顺政企关系、政资关系等,核心是在维护而不是破坏市场竞争规律。其目的是提高产能过剩治理能力,优化产能过剩治理结构,建立现代产能过剩治理科学化体系,从根本上实现消化一批产能、转移一批产能、整合一批产能、淘汰一批产能的治理目标,推动符合产能过剩治理规律的产业发展与产业格局,促进资源优化配置与产能自生均衡能力再造,切实提高按产业规制规律治理产能过剩的能力,实现治理能力现代化与治理体系科学化。

---

① 2014年8月吴敬琏先生在浙江温州一个讲座上,给温州经济开出药方,重要的一点是:停止对"僵尸企业"输血,对资不抵债的企业实施破产重整。创新不良贷款处置方式,如引入资产证券化手段,打包出售"不良资产",加快现金回收力度,尽快清除银行体系内的毒瘤。
② 《中共中央关于全面深化改革若干重大问题的决定》,2013年11月15日.

第二节　国内外产能过剩研究述评

产能过剩研究是国内外学界热点"问题域",对这一问题学界一直存在着真伪命题之辩①,世界银行高级经济学家高路易(2009)就认为目前中国不存在产能过剩的危机。但现实中,囿于我国正处于向市场经济体制转轨过程,经济部门更倾向于聚焦产能过剩对市场经济运行的影响,政府需要对产能过剩问题加以适当的调控和引导,因此近十年来产能过剩已被列为我国宏观调控的重要对象。国内外产能过剩研究纷繁复杂,急需科学认识国内外产能过剩研究全貌,辩证地认识市场经济中产能过剩的矛盾性和统一性,厘清产能过剩问题研究的发展脉络与经济事实的耦合性、关联性,系统梳理产业经济并规制学科发展动态与前沿。

一、产能过剩相关概念及内涵界定

学术界对产能过剩(Excess Capacity)概念的阐释并不一致,甚至有人对产能过剩的提法提出质疑。在概念上学者们不仅尝试从微观、中观和宏观视角进行分析,还有与重复建设、过度投资、过度竞争等混合使用。本研究试图将产能过剩纳入动态经济发展过程中,辩证地认识市场经济中产能过剩的矛盾性和统一性。

（一）产能过剩

张伯伦的《垄断竞争理论》(1993)从微观经济学视角将产能过剩界定为垄

---

① 刘福坦认为:"中国只有结构矛盾,没有总量矛盾,没有资格讨论产能过剩。我国的所谓剩余都是短缺造成的,有多少剩余必有多少短缺。同中国进城农民在城市解决吃、住、用、行、教育、医疗的需求相比,那些所谓产能过剩的 11 个行业的产能不是过剩的问题,而是严重短缺。所以,所谓产能过剩不过是政府短缺的产物。"详可参阅:刘福坦.所谓产能过剩是个伪命题[N].中国证券报,2006-02-14.

断竞争导致平均成本线高于边际成本线[1]，也就是说厂商产品供给与服务递送能力的总和超越了均衡价格下的市场需求（曹建海，2009）[2]，表现为持续性总供给大于总需求的市场非均衡出清形态。卢锋（2010）则从微观经济视角出发，将其置于特定部门及其产品来观测，在市场上表现出价格下滑与利润收缩甚至持续性亏损，并超过了经济体所能承受的合理限度，从而表现为企业成本沉淀、流动性资产降低等（孙巍，2002；巴曙松，2007）[3]。现代厂商理论和管理科学理论强调，厂商行为表现为实际产量与设备最佳生产能力之间不相匹配（Berndt，et al.，1981；Masson，et al.，1986）[4]，当实际产量小于潜在最佳生产能力一定程度时就会出现产能过剩，即呈现要素拥挤[5]。国际上对实际产量与最佳生产能力[6]之间的差异程度以产能利用率或设备利用率的 79% 作为临界值，79%～83% 为正常值，低于 79% 时就说明可能存在产能过剩的现象，超过 90% 则认为市场出现了供不应求或称产能超越。

从宏观层面来看，在既定的市场偏好、组织技术和社会制度条件下，实际经济部门的生产经营活动没有实现资源充分利用时的潜在产出水平，如劳动力就业不充分、资本市场配置错位，表现出资源配置的非效率性，这一矛盾不断累积就会形成产能过剩。因此，当市场潜在的最佳增长能力高于实际经济增长水平时，宏观性产能过剩就会形成，而当市场潜在的最佳增长能力低于实际经济增

---

[1]　Cassels J M. Excess Capacity and Monopolistic Competition [J]. Quarterly Journal of Economics, 1937, 51（3）：426-443.

[2]　曹建海，江飞涛. 中国工业投资中的重复建设与产能过剩问题研究[M]. 北京：经济管理出版社，2009：3.

[3]　详可参阅：孙巍. 转轨时期中国工业生产要素拥挤的特征分析[J]. 管理科学学报，2004（3）：38-45；孙巍，陈丹，王海蓉. 资产闲置、资产专用性与要素拥挤的理论内涵[J]. 数量经济技术经济研究，2003（12）：71-74.；巴曙松. 流动性过剩的形成机制[J]. 新金融，2007（11）：17-18.

[4]　详可参阅：Berndt E R，Morrison C J. Capacity Utilization Measures：Underlying Economic Theory and an Alternative Approach[J]. American Economic Review，1981，71（2）：31-35；Masson R T，Shaanan J. Excess Capacity and Limit Pricing：An Empirical Test[J]. Economica，1986，53（211）：365-378.

[5]　要素拥挤表明生产过程中生产要素间的一种无效配置状态。在投入要素的等产量线图中，要素拥挤形成的后弯部分的等产量线构成了生产函数的非经济区，非经济区域所反映的要素之间不再发生替代。

[6]　最佳生产能力是指现有生产能力、在建生产能力和拟建生产能力的总和。

长水平时则表现为宏观产能不够(张晓晶,2006)①。当然,从宏观结构来看,各经济体自生能力显著差异,导致即使是同样形态的产能表征,其过剩性程度判断也很不相同,其对经济影响面也大为不同。随着全球化不断深入和融合,发展中国家投资上"大而频仍","企业之间很难协调,而无法避免这种投资共同涌向某一大家看好的产业的现象发生"(林毅夫,2007;林毅夫,巫和懋,邢亦青,2010),在宏观趋势上呈现"潮涌现象"②,从而形成了产能过剩的直接挑战。但从宏观趋势来看,产能过剩并不一定会直接导致微观市场中的产品过剩。

因此,现实中需要加强中观层面行业性产能的结构细分,确定增长能力超额供给的领域和范围。当供给与需求之间非均衡性匹配,市场需求倒逼生产供给,厂商在竞争中以价格战为导向,并产生相应的负面影响时,就可以将其界定为产能过剩(王岳平,2006)③。周劲(2007)强调,只要特定行业实际生产规模显著低于其核定生产能力,同时开始严重背离该行业合理限度的界值,表明该行业在此时期内出现了全要素投入的最佳产出的严重偏离现象,即"产能过剩"会对整体经济运行产生危害④。当前,从中观层面来看更多地表现为局部行业固定资产投资过度的产能过剩,行业性过度进入导致供给能力急剧膨胀,市场需求能力增长极端滞后(周炼石,2007)⑤。因此,产能过剩的经济形态就是闲置产能超过核定生产能力的某一界值,并伴随市场消极影响,存在潜在危机的表征。

(二)重复建设

在《新帕尔格雷夫经济学大辞典》中并未检索到"重复建设"词条,可见它并不是严谨的经济学术语。但在我国学术文献和政府部门文件中重复建设经

---

① 张晓晶.产能过剩并非"洪水猛兽"——兼论当前讨论中存在的误区[N].学习时报,2006-04-10.
② 林毅夫.潮涌现象与发展中国家宏观经济理论的重新构建[J].经济研究,2007,42(1):126-131;林毅夫,巫和懋,邢亦青."潮涌现象"与产能过剩的形成机制[J].经济研究,2010,45(10):4-19.
③ 王岳平.我国产能过剩行业的特征分析及对策[J].宏观经济管理,2006(6):15-18.
④ 周劲.产能过剩的概念、判断指标及其在部分行业测算中的应用[J].宏观经济研究,2007(9):33-39.
⑤ 周炼石.中国产能过剩的政策因素与完善[J].上海经济研究,2007(2):3-11.

常与产能过剩一词同时出现①,是我国从计划经济一直伴随到现在的经济现象。周民良(1995)将重复建设定义为"一定阶段内某种商品已形成与即将形成(在建)的生产能力之和超过今后几年市场最大可能需求能力的背景下,多种经济主体继续扩大该种商品供给能力的投资行为"②。魏后凯(2001)指出,"由于生产同类产品的企业数量过多,造成全国总体生产能力出现过大,生产设备出现闲置的现象"③,称之为重复建设。卫新华(2003)则强调,重复建设"是对我经济发展过程中特别是 1993 年以来经济结构中某些低水平生产能力过剩的特定现象的称谓"④。"某种不适当的体制或政府干预政策而导致社会供给能力长期过剩因而使该行业处于低利润率甚至负利润率状态(陈玲,2004)"⑤。国家统计局课题组(2005)认为,这是超过社会需求、低水平、低效益的多个同类项目的建设⑥。曾五一等(2002)将供求平衡、技术水平和规模及效益作为衡量一个项目在全社会同类项目是否存在重复建设的依据⑦。杨培鸿(2006)则将投资是否具有负外部性作为判定重复建设的依据,如果存在负外部性就有可能是重复建设,并认为重复建设是针对政府投资行为而言⑧。吕政(2004)则将新建项目的生产能力低于已有企业的经济形态称为低水平重复建设,并表现为地区间产业结构趋同。江小涓(1999)却认为不能简单地将技术水平作为判断不合理重复建设的依据⑨。不难发现,尽管对重复建设判断标准有所不同,但都将"重

---

① 如《国务院批转发展改革委等部门关于抑制部分行业产能过剩和重复建设引导产业健康发展若干意见的通知》(国发〔2009〕38 号)、《工业和信息化部关于抑制产能过剩和重复建设引导平板玻璃行业健康发展的意见》(工信部原〔2009〕591 号)都只是指出盲目投资、低水平重复建设会导致生产能力过剩、市场无序竞争等问题,并没有给出明确的定义。

② 周民良.论我国经济布局中的重复建设[J].红旗文稿,1995(7):6-10.

③ 魏后凯.从重复建设走向有序竞争——中国工业重复建设与跨地区资产重组研究[M].北京:人民出版社,2001:1.

④ 卫新华.重复建设与市场建设[J].中国经济评论,2003(4):40-43.

⑤ 陈玲.重复建设:性质与原因的分析[J].福州大学学报(哲学社会科学版),2004(2):10-13.

⑥ 国家统计局课题组.重复建设、盲目建设的成因与对策(上)[J].中国统计,2005(2):30-32.

⑦ 曾五一,江晓东,吴一群.重复建设的效应、成因及其治理[J].厦门大学学报(哲社版),2002(3):41-48.

⑧ 杨培鸿.重复建设的政治经济学分析:一个基于委托代理框架的模型[J].经济学,2006(2):467-478.

⑨ 江小涓.体制转轨中的增长、绩效与产业组织变化:对中国若干行业的实证研究[M].上海:上海人民出版社,1999;江小涓.国有企业的能力过剩、退出及退出援助政策[J].经济研究,1995(2):46-54.

复建设"理解成一种中性的投资行为,即相同的产品、产业在同一区域或不同区域间进行重复投资,只有当厂商生产供给能力大大溢出消费群体需求能力时,市场均衡异化为严重的生产能力过剩[①](曹建海,江飞涛,2010),才属于不合理重复建设的范畴,需要加以抑制和治理。

（三）过度投资

过度投资分为微观和宏观研究。从微观层面来看,投资决策是企业理财的中心议题,过度投资强调企业投资行为特点。由于企业实际投资决策受到信息不对称、委托代理、政府干预等因素影响,经常出现过度投资行为,或称"投资饥渴症(Kornai,1980)"[②]。它表现为企业投资项目净现值为负,大量资本集聚沉淀,企业盈利能力持续恶化,投资效率缺乏。相关政府部门文件也都比较一致认为,过度投资会引发行业性产能过剩与金融机构呆账坏账。从宏观层面来看,也存在过度投资行为,侧重总投资需求效应和供给效应的形成机理。早在1980年 Kornai 就指出"投资饥渴症"是中央计划型经济行为之一,政府积极鼓励投资以促进经济发展,表现为投资过热、固定资产投资迅速扩张(顾严,2005)[③]、自由现金流融资约束弱化[④]。尤其基础设施、自然垄断行业、国家安全以及支柱产业等为获取更多的绝对利润,过度投资倾向显著[⑤]。总体上看,过度

---

① 曹建海,江飞涛.中国工业投资中的重复建设与产能过剩问题研究[M].北京:经济管理出版社,2010:15.

② Kornai(1980)指出"投资饥渴症"是中央计划型经济的特点之一。Kornai J. The Economics of Shortage [M]. Amsterdam: North-Holland Publishing Company,1980.

③ 顾严.拉美国家过度投资与我国投资过热比较研究[J].经济研究参考,2005(10):32-37.

④ 详可参阅:黎来芳,叶宇航,孙健.市场竞争、负债融资与过度投资[J].中国软科学,2013(11):91-100;谭燕,陈艳艳,谭劲松,等.地方上市公司数量、经济影响力与过度投资[J].会计研究,2011(4):43-51,94;杜兴强,曾泉,杜颖洁.政治联系、过度投资与公司价值:基于国有上市公司的经验证据[J].金融研究,2011(8):93-110;杨兴全,张照南,吴昊旻.治理环境、超额持有现金与过度投资:基于我国上市公司面板数据的分析[J].南开管理评论,2010,13(5):61-69;张洪辉,王宗军.政府干预、政府目标与国有上市公司的过度投资[J].南开管理评论,2010(3):101-108;王彦超.融资约束、现金持有与过度投资[J].金融研究,2009(7):121-131.

⑤ 李延喜,陈克兢,刘伶,等.外部治理环境、行业管制与过度投资[J].管理科学,2013(1):14-25;武常岐,郑国汉.香港管制方案分析:电力行业的案例[J].产业经济评论,2002(1):72-90;Averch H., Johnson L L.Behavior of the Firm Under Regulatory Constraint[J].The American Economic Review,1962,52(5):1052-1069; Takayama A.Behavior of the Firm Under Regulatory Constraint[J].The American Economic Review,1969,59(3):255-260.

投资行为主要有四类特征:(1)市场需求滞后于过度投资形成的生产能力,过度投资于那些并不盈利的项目,市场需求远小于产能规模;(2)资金供给能力[1]与投资主体发展阶段不相匹配,表现为过度融资、超额信贷供给,是一种非效率的投资行为;(3)投资风险超过投资主体所能承受范围;(4)经济效益和社会效益均较差的投资行为,存在较大规模投资的配置效率损耗和投资的生产效率损失[2],如落后产能。

(四)过度竞争

1959 年 Bain 在《产业组织》一书中第一次界定了"过度竞争",也被称为"破坏性竞争"(马克思)、"毁灭性竞争"(中国)、"自杀式竞争"(Scherer,1980)、"恶性竞争"、"过当竞争"(日本)[3]。Bain 根据哈佛学派"结构-行为-绩效"(简称 S-C-P,或 SCP)分析范式,将非集中型产业尤其是原子型市场结构产业[4](如采煤、纺织、贸易等)纳入分析框架,并将这种市场集中度低、生产能力过剩且经济绩效较差的市场结构竞争定义为过度竞争。在这种市场结构竞争下,企业持续性过度供给,产品销售价格长期低于产业平均成本,生产要素报酬和单个企业利润均低于正常水平,并且生产要素和企业在较长时期内难以向其他产业转移,是一种典型的慢性资源配置失调。日本斐阁《经济辞典》认为,"过当竞争"是由于过量资本带来不充足利润的经济现象,该利润长时间持续处于正常水平之下,是竞争导致了国民经济的现实损失。从国内来看,曹建海在《过

---

① 本文认为,资金的供应能力取决于资金来源、资金可获性、资金成本等众多因素的共同作用,投资水平应当与企业特定时期或阶段内的资金供应能力相适应。

② 秦朵,宋海岩. 改革中的过度投资需求和效率损失:中国分省固定资产投资案例分析[J].经济学(季刊),2003(4):807-832.

③ 理论界对强化竞争的笃信使正统的经济学理论不承认过度竞争现象的存在,更谈不上对过度竞争概念和理论的研究了。迄今除了日本学界对其有文献论述外,过度竞争在发现并曾经加以理论分析的一些西方经济学者眼里不过是不入流的"题外的话",将其排斥于主流的竞争理论研究的视野之外。详可参阅:秦海,张显吉.我国经济结构变迁中的过度竞争与行业管制[J].战略与管理,1997(4):11-21;(4).曹建海.关于"过度竞争"的经济学含义[J].首都经济贸易大学学报,1999(6):12-17;李志强.过度竞争的现实与理论[J].经济与管理,2008(2):44-47;罗云辉,夏大慰.市场经济中过度竞争存在性的理论基础[J].经济科学,2002(4):97-108;夏大慰,罗云辉.中国经济过度竞争的原因及治理[J].中国工业经济,2001(11):32-38.

④ 贝恩最早运用绝对集中度指标对产业的竞争和垄断程度进行了分类研究,他根据前 4 位企业市场占有率(CR4)将集中类型分为六个等级,即极高寡占型(CR4>75%)、高集中寡占型(65%≤CR4<75%)、中(上)集中寡占型(50%≤CR4<65%)、中(下)集中寡占型(35%≤CR4<50%)、低集中寡占型(30%≤CR4<35%)、原子型(CR4<30%)。

度竞争论》中认为,"过度竞争是指由于竞争过程内生或外部因素的作用,处于非集中型或较高固定成本的寡头垄断市场结构等退出壁垒较高的产业中的企业数目过多、产业过度供给和过剩生产能力现象严重,产业内的企业为维持生存不得不竭尽一切竞争手段而将产品价格降低到接近或低于平均成本的水平,使整个产业中的企业和劳动力等潜在可流动资源陷于只能获得远低于社会的平均回报和工资水平的窘境而又不能顺利从该产业退出的不稳定均衡的状况"①。这是一种缺少制约与合作的自由竞争,生产供给、设备投资与价格机制均表现为"自杀性"竞争,严重超过生产机体、市场需求与价格规律内在运行的一般性限度,表现出延续性的低效率均衡状态以及经济效率和社会福利损失②。由此可见,过度竞争指低集中度的产业中,企业数目过多、产业过度供给和过剩生产能力现象严重,在一定竞争准则、游戏规则以及其他局限条件约束下企业利润率长期持续处于正常水平之下,并且由于存在较高的企业退出壁垒导致生产要素和企业在较长时期内难以向其他产业转移,称为过度进入。

综上所述,从产能过剩、重复建设、过度投资、过度竞争的定义来看,这四者并没有本质性区别,结合政策文本表述来看,三者并不是指市场经济周期波动中暂时的产能超越,而是强调我国社会主义市场经济建设过程中生产能力超过市场需求负荷的经济形态。但从近两年文献来看,学术界和政府部门文件都更倾向于将重复建设、过度投资和过度竞争置于产能过剩中讨论,产能过剩一词的使用更为频繁和规范。但也要认识到,过度投资是强调生产能力的过度投入,是过剩经济形态发生前期;而产能过剩和重复建设则是表现为产能闲置,是过剩经济形态呈现结果;过度竞争却是更加突出竞争行为在价格因素上的恶化③(寇宗来,周敏,2011)和企业亏损增加趋势等。鉴于此,本书将"产能过剩"和"重复建设""过度投资""过度竞争"都看作同一问题进行研究,但在具体问题阐述时会有所侧重。

① 曹建海.过度竞争论[M].北京:中国人民大学出版社,2000.
② 吕政,曹建海. 竞争总是有效率的吗?——兼论过度竞争的理论基础[J].中国社会科学,2000(6):4-14.
③ 寇宗来,周敏.混合绩效评估下的区位—价格竞争研究[J].经济研究,2011,46(6):68-79.

二、国外产能过剩治理研究文献回顾与述评

在国际上,学者们普遍从微观层面来辨识产能过剩,认为在经济环境不确定的条件下企业产能利用率水平较低,表现为厂商潜在生产能力与实际生产能力之间的差异。

(一)产能过剩的形成机理

从消费能力稀缺探讨产能过剩。 James Maitland(1984)在《公共财富的本质和起源及其增长方式和原因调查》中,指出产能过剩危机是由于储蓄减少导致消费、生产和预期收入的系统性收缩,实际生产并没有减少反而在逆向增长时出现的经济形态。与之不同的是,在《政治经济学新原理》中,西斯蒙第(1819)则认为,由于收入分配制度导致财产资源过度集中于少数人群,从而使得市场中规模庞大的消费群体的有效消费能力严重匮乏,供给与需求之间匹配性严重错位倒置,由此爆发规模性产能过剩危机。同时,Hobson,William Trufant Foster和 Waddill Catchings 等都认为产能过剩是由于过度储蓄,导致了有效需求下降,供给与需求呈现严重的非均衡形态 [1]。在《生产过剩的周期性危机》(1913)中法国经济学家 Albert Aftalion 开创性地提出了"加速原理"[2],市场供给增加的同时需求却没有同步协同增加,最终使得资本品创建受到过度刺激[3],导致产能过剩。凯恩斯的消费倾向分析工具也提出了类似观点。

从体制机制、政策阐述产能过剩。 科尔奈(1992)在《社会主义体制——共

---

[1]　其中,霍布森进一步分析了过度储蓄的根本原因在于收入分配的不均等。

[2]　克拉克《商业的加速和需求规律》(1917)一文中也提出同样的理论。该理论认为国民收入的变动或消费需求的变动,将会引起数倍的投资变动。例如假设生产某个价值一百万美元的消费品,需要投资价值三百万美元的机器设备,即资本产出比率为 3∶1。在这样的情况下,若消费支出增加一百万美元,则需要相应增加三百万美元的投资支出。

[3]　在消费品需求无法被充分满足的时间内,消费品价格会持续坚挺,利润率会长时间保持在一个丰厚的水平上,这就给相应的资本品生产部门不断发出刺激的信号,大量的资本蜂拥而入,投资额可能因此会远超正常的社会需求水平。正是这样的资本主义的生产方式,正是这种在消费品产量获得增长以前,必须经过一个漫长时期的情况,使得繁荣时期得以延长,也使得资本品的创建受到了过度刺激,终于打乱了经济平衡。

产主义政治经济学》中描述了社会主义由典型传统体制向市场经济体制转轨过程中存在的"投资饥渴症"①。由于缺乏内部产生的自我约束机制,自我控制机制匮乏,加之各级政府决策分散化、外部投资控制放松、地方政府企业行为,如预算软约束(科尔奈,1980)等②,加剧了经典社会主义体制的投资过热倾向以及不合意的投资激励行为,这为认识产能过剩危机状态开辟了一个新视角。Jaehong Kim(1997)的跟踪研究发现了政府管制陷阱,即政府管制一方面降低了既有企业阻滞新企业进入的成本,并且既有企业倾向用更多的剩余产能来阻滞新企业进入,面对新的潜在的产能过剩则强化了政府部门采取更为严格的准入管制,并形成恶性循环,产能过剩的经济形态不仅没有得到改善,反而可能会恶化。Bruce 等(2010)的实证研究发现企业出口过度补贴诱致一国产能过剩的重要影响因子③,是政府部门对微观经济过度干预的重要表现④。同时,Squires 等(2010)对企业资源过度消耗分析中证实了由于生产投入要素中存在具有公共属性产权分割,公私产权边界模糊(Ambiguous Property Rights)直接导致了产能过剩⑤。此外,体制机制缺陷还降低了沉没成本⑥,从而降低了新进入企业融资成本,有效增加了信贷,促进了投资(Robert S. Pindyck,2008)⑦。

从市场组织结构认识产能过剩。早在 1933 年 Chamberlin 在《垄断竞争理论》中论证了垄断竞争导致平均成本线高于边际成本线,从而出现持续的产能

---

① 雅诺什·科尔奈.社会主义体制:共产主义政治经济学[M].张安,译.北京:中央编译出版社,2007.

② Kornai J. Economics of Shortage[M].New York: North-Holland Publishing Company,1980.

③ Bruce B, Wesley W. Foreign subsidization and excess capacity[J]. Journal of International Economics, 2010(2):200.

④ Marten V B, Girish G. Competition, Excess Capacity and Pricing of Dry Portions India: Some Policy Implications [J]. International Journal of Shipping and Trans Portlogistics,2010(2):151-167.

⑤ Squires D, Jeon Y, Grafton Q, et al. Controlling Excess Capacity in Common Pool Resource Industries: the Transition Forming Put to Out Put Controls[J]. Australian Journal of Agricultural and Resource Economics, 2010(3):361-377.

⑥ 流动性过剩使得市场上存在大量资金,而信贷歧视以及信贷集中造成资金过度集中于某些行业,从而造成这些行业的新进企业融资成本低且易获得贷款,从而削弱了沉没成本起到的抑制投资的作用。

⑦ Pindyck R S. Sunk Costs and Real Options in Antitrust Analysis[J]. Issues in Competition Law and Policy, 2008:619-640.

过剩现象①。

Vernon（1966）②、Gort 等（1982）③论证了进入产业成熟期和产品标准化期之后，产能利用率峰值在买方市场形成后下滑，产业衰退期开始逼近，供给与需求的不匹配度进一步加剧，产能过剩矛盾逐步恶化。Esposito（1974）在进一步的研究中检验了产能过剩与市场组织结构之间的相关关系，表明部分寡头垄断比完全寡头垄断或充分竞争更容易产生产能过剩④ Bain（1959）和鹤田俊正（1988）的研究进一步指出，低市场集中度是某一产业发生持续性过度供给或过剩生产能力的重要诱致性原因⑤。此外，Sarkar（2009）的研究进一步发现投入要素弹性以及信息对称性会直接影响产能过剩形成⑥。

从企业行为模式解释产能过剩。早在 1971 年温德从竞争策略视角，发现在位企业将产能过剩作为行业壁垒不仅不损害经济效益，反而会实现效益促进。后来者 Spence（1977，1979）、Dixit（1980）、Hilke（1984）、Bulow（1985）、Masson & Shaanan（1986）、Lieberman（1987）等围绕这一方法开展了一系列实证研究与经验分析。同时产业经济学家 Masu Uekusa（2000）通过同质企业无限次重复博弈，展现了企业适度过剩生产能力实现企业合作与利润增加的概率，从

---

① Chamberlin Edwardd. The Theory of Monopolistic Competition［M］.Cambridge：Harvard University Press, 1933.

② Raymond Vernon.International Investment and International Trade in the Product Cycle［J］.Quarterly Journal of Economics,1966,80（2）：190-207.

③ Michael Gort，Steven Klepper. Time Paths in the Diffusion of Product Innovations［J］.Economic Journal, 1982,92（367）:630-653.

④ Frances Ferguson Esposito，Louis Esposito Excess Capacity and Market Structure［J］.Review of Economics and Statistics，1974,56（2）：188-194.

⑤ 贝恩（Bain）（1959）在《产业组织》一文中，认为在部分低集中度的产业中存在持续性过度供给或过剩生产能力且经济绩效比较差的情形，并将这一情形定义为过度竞争。但同时指出，原子型市场结构不应被指责，最终的过错是企业生产能力的退出被阻止和劳动力资源的不可流动性，当出现某些历史事件时，造成了多余的生产能力和富余劳动力。鹤田俊正（1988）认为在低集中度的产业中，尽管许多企业利润率很低或陷入赤字状态，但生产要素（主要是劳动力）和企业却无法退出，使低或负的利率长期存在。

⑥ Sudipto S. A Real-option Rationale for Investing in Excess Capacity ［J］. Managerial and Decision Economics,2009,30（2）:119-133.

而验证了过剩生产能力形成的企业趋利动机。第二种观点认为,由于宏观经济形势具有不确定性,厂商的投资决策具有跨期特征。厂商的要素窖藏动机及其行为①是诱致产能过剩的重要因素,也可以说是厂商在应对市场不确定性环境的理性选择(Medoff,1983;Fair,1969,1984)②。由于受到利润来源不确定性影响,企业受到信息不对称制约和对产业良好前景的社会共识影响,使得企业在进行投资决策时往往容易忽略自身因素而出现跟风行为,表现出潮涌性的羊群效应(Banerjee,1992)③。Suensson(1980)、Grosskopf & Knox Lovell(1994)认为这是一种生产要素拥挤无效率的重要表现④,会导致分配无效率和经济资源浪费。

(二)产能过剩治理研究

结合产能过剩形成机理分析和测度,总体上国际社会产能过剩治理不仅重视宏观层面政府职能转变调适,中观层面注重消费群体能力再造以消化剩余产能,近来更多研究成果转向强调企业微观层面科学管理在防范和化解产能过剩的积极意义。

在宏观层面,多数研究认为应该采取一系列财政政策和货币政策,以促进社会投资增长和消费规模扩大。如美联储在 2001 年 1 月到 2003 年 6 月曾多次连续降息促进投资,还通过产业政策刺激,推动对外投资,促进产业过剩行业向海外转移,美日欧在推行过程中都顺利将国内剩余产能有效化解⑤,还促进了本国产业结构调整与升级。

在中观层面,在 19 世纪初期到 20 世纪中后期消费不足理论是产能过剩治

---

① 厂商要素窖藏是指在现实经济运行中为了应对未来经济不确定性而倾向选择生产要素的流出滞后于经济周期波动,短期内适当闲置储存生产要素的行为。

② Fair R C.Excess Labor and the Business Cycle[J].American Economic Review, 1985,75(1):239-245.

③ Banerjee A. A Simple Model of Herd Behavior[J].Quarterly Journal of Economics,1992,107(3):797-817.

④ Fare R, Suensson L. Congestion of Production Factors[J].Econometrica,1980,48(7):1745-1753; Fare R, Grosskopf S, Lovell K. Production frontiers[M].Cambridge: Cambridge University Press, 1994.

⑤ 如 20 世纪 80 年代前期,日本制造业的海外生产比率仅为 3%左右,20 世纪 90 年代初提高到 8%左右,而 2002 年达到 17.1%,其中电气机械业达到 26.5%,运输机械业则高达 47.6%。

理的重要基础,提振群体消费能力、拉动内需稳增长成为主要治理机制。如日本启动《国民收入倍增计划》①以扩大内需,包括建立最低工资制度、健全社会保障体系等。计划期内日本国民消费能力显著提高,洗衣机、热水器、冰箱、彩电等家庭耐用消费品普及率达到90%以上②。

在微观层面,各国政府越来越强调市场行为导向下企业科学管理与产能过剩化解。如出台相关政策,美国、日本、欧洲等都出台了税收减免优惠、财政补贴等政策,以期建立优质的市场竞争机制与公共政策环境,诱致企业自主进行落后产能淘汰、转移、兼并重组、技术创新和转型升级。国际社会产能过剩治理的成功经验表明,技术进步与科技创新对产能过剩治理的根本性意义。

研究表明,不管何种政策,都必须与一国经济社会发展阶段相适应,一旦超越了这种相互匹配性,就意味着下一个产能过剩周期来临。新一轮产能过剩治理依然还是需要建基于特定的社会经济背景才是有效的。如美国的房地产刺激消费政策在21世纪初期是十分有意义的,但随着制度不断演化和市场行为更迭,直接引发了2008年的次贷危机。因此,社会经济发展阶段不同,国情不同,产能过剩的形成机理和测度条件也在发生相应变化,如何适应这些不确定性建立科学的防范和化解机制仍需探索。

三、国内产能过剩治理研究文献回顾与述评

20世纪90年代以来产能过剩问题不断对我国社会主义市场经济运行提出挑战,直接影响宏观经济的健康和微观经济的秩序。随着产能过剩行业不断增多,影响范围不断增大,受关注度也在不断增加,相关研究成果不断涌现。国内理论界和实际经济部门对这一问题从最早的重复建设、过度投资等概念争鸣、辨识,到产能过剩内涵相对认同;从初期简单描述的定性研究,逐渐拓展到经济

---

① 计划规定,用10年时间使国民生产总值翻番,国民收入接近当时的联邦德国和法国,同时极大地提高国民生活水准和达到充分就业。

② 吕铁.日本治理产能过剩的做法及启示[J].求是杂志,2011(5):47-49.

产业决策失误,地方政府中观层面被放大,对微观层面厂商生产投资决策形成扭曲激励,从而造成政策诱导性产能过剩①。江飞涛等人(2012)进一步分析了中国的财政分权,在以 GDP 为导向的政绩考核体制扭曲背景下②,使地方政府既是经济参与人又是政治参与人③。地方政府不仅进行 GDP 和利税竞争还进行官场晋升竞争,导致地方政府具有干预企业过度投资的动机和能力,因此会对投资采取各种补贴性竞争政策(唐雪松,周晓苏,马如静,2010)④,降低了市场进入门槛,导致大量企业涌入从而出现产能过剩⑤。杨培鸿(2006)从政治经济学的角度指出重复建设是由于地方政府利用信息优势进行寻租诱致的⑥。付启敏、刘伟(2011)进一步指出政府干预不当形成的进入退出壁垒的不对称性进一步加剧了产能过剩⑦。因此,学者们普遍认为资本的行政性配置影响下的激励扭曲⑧⑨,是导致产能过剩的根本性原因。

可以看出,导致产能过剩的形成因素是多方面的,既有市场经济的一般规律性因素,也有中国经济体制转轨时期的特殊性因素,不同的因素对产能过剩的影响机制不尽相同,各因素与因素之间又存在着相互影响的复杂关系,并且在经济发展变化中也不断出现新的影响因素。因此,针对产能过剩原因的研究需要综合考察各种因素及其相互关系,并结合不同的历史时期,动态地进行下去。

---

① 乔为国,周娟.政策诱导性产能过剩成因与对策研究[J].未来与发展,2012(9):73-77.
② 江飞涛,耿强,吕大国,等.地区竞争、体制扭曲与产能过剩的形成机理[J].中国工业经济,2012(6):44-56;耿强,江飞涛,傅坦.政策性补贴、产能过剩与中国的经济波动:引入产能利用率 RBC 模型的实证检验[J].中国工业经济,2011(5):27-36.
③ 周黎安.晋升博弈中政府官员的激励与合作:兼论我国地方保护主义和重复建设问题长期存在的原因[J].经济研究,2004(6):33-40;周黎安.中国地方官员的晋升锦标赛模式研究[J].经济研究,2007(7):36-50.
④ 唐雪松,周晓苏,马如静.政府干预、GDP 增长与地方国企过度投资[J].金融研究,2010(9):99-112.
⑤ 孙义,黄海峰.基于企业型地方政府理论视角的产能过剩问题研究[J].现代管理科学,2014(3):70-72.
⑥ 杨培鸿.重复建设的政治经济学分析:一个基于委托代理框架的模型[J].经济学,2006(2):467-478.
⑦ 付启敏,刘伟.不确定性条件下产能过剩的纵向一体化模型[J].系统管理学报,2011(2):188-195.
⑧ 付保宗.关于产能过剩问题研究综述[J].经济学动态,2011(5):90-93.
⑨ 杨振.激励扭曲视角下的产能过剩形成机制及其治理研究[J].经济学家,2013(10):48-54.

（二）产能过剩治理研究

应对我国转型期产能过剩是一个具有挑战性的难题。近 10 余年政府有关部门多次集中治理产能过剩并取得不少成效,提供了我国转型期产业政策干预的经验。关于如何应对我国出现的产能过剩问题,学者们也进行了广泛的讨论,并针对不同类型产能过剩从不同角度提出了自己的见解。

最大限度发挥市场机制作用。卢峰(2009)强调了在政府的服务和引导下市场机制的基础性作用[1],要采取以增进与扩展市场为导向的治理政策(江飞涛等,2012),靠市场化解产能过剩(张曙光,张弛,2014)[2]。因此,左小蕾(2006)认为,要解决产能过剩问题,市场化的体制改革是根本[3]。其主要包括价格下降调节、供给范围调节以及厂商退出调节,表现为厂商进出壁垒设置和厂商控制权交易市场(杨振,2013)。张前荣(2013)强调要按照市场经济基本规律,推进产能过剩行业的兼并和重组[4],支持产能过剩产品的出口,加快产能海外转移步伐[5],优化资源配置。适时优化以市场为导向的金融机构信贷营销机制(刘西顺,2006)[6],魏琪嘉(2013)认为应该要充分发挥金融政策在治理产能过剩中的作用[7],让市场机制来配置资源,通过市场竞争来化解产能过剩(巴曙松,2013)[8]。李连仲,刘新民(2003)则强调既要彰显市场机制的调节作用,也要强化产业政策规制,严把市场准入关[9]。通过增强产业集中度,推进产业和经济转型升级。

---

[1]　卢峰.治理产能过剩[R].天则经济研究所第 399 次学术报告会讲稿,2009.
[2]　张弛.靠市场化解产能过剩 促转型有赖深度开放:2013 年第三季度宏观经济形势分析[J].河北经贸大学学报,2014(1):45-51.
[3]　左小蕾.产能过剩并非根源[J].中国电子商务,2006(3):100-101.
[4]　张前荣.我国产能过剩的现状及对策[J].宏观经济管理,2013(10):26-28.
[5]　何记东,史忠良.产能过剩条件下的企业扩张行为分析:以我国钢铁产业为例[J].江西社会科学,2012(3):182-185.
[6]　刘西顺.产能过剩、企业共生与信贷配给[J].金融研究,2006(3):166-173.
[7]　魏琪嘉.充分发挥金融政策在治理产能过剩中的作用[J].宏观经济管理,2013(9):38-39.
[8]　巴曙松.去产能过剩要依靠改革和市场[N].经济日报,2013-08-21.
[9]　李连仲,刘新民.警惕第三次重复建设[J].红旗文稿,2003(20):21-23.

　　适度转变政府职能。卢峰(2009)认为应深化改革汇率政策和加强政府部门的统计工作,并将过度投资管制与开放宏观总需求管理政策架构相联系。江飞涛等(2012)认为政府部门通过对市场领域过度干预、过度规制方式引导产业发展以期实现产能过剩治理均衡,显然是恰恰违反市场规律和经济治理规律的,甚至产生南辕北辙的效果。张前荣(2013)认为要弱化地方政府的投资扩张冲动,改革考核方式、优化中央与地方财税分配等。要加强顶层设计和系统谋划(王立国,鞠蕾,2012)[①],在宏观层面要发挥政府因势利导的作用,避免投资流入已过剩行业(林毅夫,等,2010)[②],在产业调整和升级中根据自身禀赋特征发挥政府相应作用。李军杰(2005)认为要抑制投资过快增长,就应及时转变政府职能,划清政府与市场关系,切实分配好项目、土地和资金等资源,科学设定市场准入标准,适当调整银行系统流动性[③]。陈永杰(2003)认为处理产能过剩问题,应科学安排城镇规划,严格控制土地批租[④]。政府部门还要做好信息服务引导企业投资,健全企业兼并重组规章制度,减少和取消对产品、投资规模等限制,加强环保、节能、安全、技术标准等方面的管制[⑤],"建立涵盖主要行业产能利用率及现有产能、在建产能、拟建产能、产品库存等指标的统计监测体系"[⑥],建立健全预警制度体系[⑦]。

　　破除体制机制制约因素。有学者强调,长效防范机制与短期应急措施的科学组合搭配是化解产能过剩问题的根本(林毅,2006)。学者们进一步提出了各类破除体制机制制约因素的策略,具体包括如控制投资和信贷增长过快,优化

① 王立国,鞠蕾.地方政府干预、企业过度投资与产能过剩:26个行业样本[J].改革,2012(12):52-62.
② 林毅夫,巫和懋,邢亦青."潮涌现象"与产能过剩的形成机制[J].经济研究,2010,45(10):4-19.
③ 李军杰.经济转型中的地方政府经济行为变异分析[J].中国工业经济,2005(1):39-46;曹建海.论我国土地管理制度与重复建设之关联[J].中国土地,2004(11):11-14.
④ 陈永杰.正确认识和处理当前重复建设问题[J].经济研究参考,2003(83):41-44.
⑤ 徐志伟,温孝卿.钢铁行业的产能过剩、存量资产优化障碍及问题的解决路径:一个基于产权视角的分析[J].华东经济管理,2012(2):79-83.
⑥ 张新海.产能过剩的定量测度与分类治理[J].宏观经济管理,2010(1):50-51.
⑦ 韩国高,王立国.我国钢铁业产能利用与安全监测:2000—2010年[J].改革,2012(8):31-41;刘晔.行业产能过剩评估体系理论回顾与综述[J].经济问题,2007(10):50-52.

市场化的金融资源配置机制(周业樑,盛文军,2007)①;避免信贷资源过度集中在大型企业和少数行业(刘西顺,2006),通过优化货币政策、投资制度、税收制度、土地制度以及政绩考核,促进地方政府投资更为理性,更多资源集中于实体经济(周炼石,2007;王立国、鞠蕾,2012;苏剑,2010)②;校正和约束政府和官员的行为(周黎安,2004,2007;沈坤荣、钦晓双、孙成浩,2012)③;引入第三方监督减少委托代理关系带来的效率损失(王晓姝、李锂,2012)④;采取鼓励技术创新的配套政策(李静、杨海生,2011)⑤;深化投资体制改革,实现投资者完全独立投资决策权⑥等。

增加社会有效需求。周劲、付保宗等(2014)认为解决产能过剩需要增加社会的有效需求。因此,要创造一个良好的消费环境,扩大消费需求的同时调整消费结构。王立国、宋雪(2014)提出提振居民消费能力可以通过增加可支配收入、完善社会保障体系、树立正确消费观以及改善消费环境等⑦。陶忠元(2011)认为还应进一步减少内需外向化转移,并积极拓展外部市场需求⑧。林毅夫(2012)还强调了启动存量投资需求和存量消费需求的积极意义⑨。

综上可见,国外研究主要是从完善市场机制与发展目标角度来研究产能过

---

① 周业樑,盛文军.转轨时期我国产能过剩的成因解析及政策选择[J].金融研究,2007(2):183-190.
② 周炼石.中国产能过剩的政策因素与完善[J].上海经济研究,2007(2):3-11;王立国,鞠蕾.地方政府干预、企业过度投资与产能过剩:26个行业样本[J].改革,2012(12):52-62;苏剑.产能过剩背景下的中国宏观调控[J].经济学动态,2010(10):47-51.
③ 沈坤荣,钦晓双,孙成浩.中国产能过剩的成因与测度[J].产业经济评论,2012,11(4):1-26.
④ 王晓姝,李锂.产能过剩的诱因与规制:基于政府视角的模型化分析[J].财经问题研究,2012(9):40-47.
⑤ 李静,杨海生.产能过剩的微观形成机制及其治理[J].中山大学学报(社会科学版),2011(2):192-200.
⑥ 韩国高,高铁梅,王立国,等.中国制造业产能过剩的测度、波动及成因研究[J].经济研究,2011(12):18-31.
⑦ 王立国,宋雪.我国居民消费能力研究:基于化解产能过剩矛盾的视角[J].财经问题研究,2014(3):82-89.
⑧ 陶忠元.开放经济条件下中国产能过剩的生成机理:多维视角的理论诠释[J].经济经纬,2011(4):20-24.
⑨ 林毅夫.新结构经济学:反思经济发展与政策的理论框架[M].北京:北京大学出版社,2012.

剩问题,没有基于唯物史观与生产方式变革来研究产能过剩治理的经济与制度基础,难以求解社会主义市场经济条件下我国产能过剩的治理;国内研究主要偏重于实证分析,对宏观产业供需均衡的经济理论构架不充分,以短期特征辨识居多,跨期动态趋势捕获则较为鲜见,而将其置于统一性的系统分析框架则更少;在治理政策建议上,当前的学术研究更多仅是局限于单一行业、某一省域、特定阶段的"就事论事",缺乏长远的规划,或者说缺乏对能够实现产能过剩内生均衡治理的相对自我调节或响应机制。特别是较少聚焦于产能过剩的治理这一制约产业经济可持续发展之核心问题研究。鉴于我国现阶段产能过剩问题的复杂性、特殊性及动态性,如何将其置于特定时代背景下,深度探测当代中国产能过剩的新特征、新机制与新治理,仍需共同努力。

第三节 研究方法与基本框架

学术研究的目的在于寻求普遍性和规律性。通过对我国改革开放以来产能过剩问题的研究和对我国推行的防范化解产能过剩政策实践的持续观察、辨识,笔者相信,马克思过剩经济思想对我们理解产能过剩问题和防范化解产能过剩将具有指导作用,马克思过剩经济理论、新古典经济学、发展经济学、新制度经济学和管理科学理论等分析工具,将对分析和探索我国产能过剩问题提供有益的帮助,因此,本书力求将分析置于某种理论背景上进行。当然,由于我国社会主义市场经济现实的独特性,没有什么现成的理论框架能够将我国产能过剩问题与治理纳入其中进行连贯分析,并得出令人信服的结论。因此,对我国产能过剩具体情况的分析和对不同理论的评述,将是重要组成部分。否则,很可能将研究推至远离现实的方向,无助于加深对转型期我国产能过剩治理这一具体问题的理解。

一、研究思路

凯恩斯强调"经济学理论不具备大量能马上在政策中得到应用的既定结论,它不是原则而是理论,是一种思想工具和一个帮助我们做出正确结论的思维技术"①,因此本书将以马克思主义经济学、产业组织理论的基本分析工具为基础,以"产能过剩→市场失衡→产品同质化陷阱→长效防控→市场均衡与改善经济质量"为逻辑链条。当然,由于我国社会主义市场的约束条件显然迥异于西方资本主义发达市场经济,因此十分有必要对已有的关于产能过剩的马克思主义和西方经济学产能过剩理论的主要思想及观点进行更符合实际、更加坚实的学术史梳理,以更好把握理论解释的适用性,为创新奠定理论基础。本书将从开放经济条件下的社会经济现实入手,分析导致不同阶段、不同类型产能过剩的最为根本性原因,并建立严谨的马克思主义经济理论分析框架及其形成机理,探讨长期以来我国产能过剩治理机制的实际绩效和治理政策的合意性,建构以生产方式变革为核心的转变发展方式中产能过剩治理的理论基础与实践路径。

二、研究方法

恩格斯告诫人们"如果不把唯物主义方法当作研究历史的指南,而把它当作现成的公式,按照它来剪裁各种历史事实,那它就会转变为自己的对立物"②。因此,本书将始终坚持辩证唯物主义和历史唯物主义方法论的指导,努力将定性与定量研究置于辩证性的统一分析框架,力求理论分析更严谨、经验研究更扎实。

---

① Keynes J M. Introduction to D. H. Robertson, Money[M]. New York: Harcourt Brace and Company, 1929.
② 中共中央编译局.马克思恩格斯文集:第十卷[M].北京:人民出版社,2009:583.

1.历史与逻辑的方法比较

产能过剩的产生和发展是符合经济发展顺序和逻辑规律的。产能过剩的发展史,是一部宏观调控与微观管理、市场主体间博弈的产业经济与产业组织史。约瑟夫·熊彼特在其《经济分析史》第三卷中指出"历史学派方法论基本和独特信条是:科学的经济学方法应该主要地——后来说是完全地——在于历史专题研究的成果以及根据历史专题研究所作的概括。就经济学专业的科学部分而论,经济学家所应掌握的首先是历史技能"。"我相信目前的经济分析中所犯的根本性错误,大部分是由于缺乏历史的经验,而经济学家在其他方面的欠缺倒是次要的"①。

2.文献研究法

恩格斯说:马克思"在前人认为已有答案的地方,他却认为只是问题所在"②,"一个人如想研究科学问题,首先要在利用著作的时候学会按照作者所写的原样去阅读这些著作……不把著作中原来没有的东西塞进去"③。因此,本书将通过收集国内外与产能过剩理论与实践相关的学术著作、论文、研究报告、政策法规、内部高参等,系统把握我国产能过剩理论本质与治理前沿,进一步厘清研究主旨与分析框架。

3.比较分析法

产能过剩问题在我国的形成历史较短,所涉及的行业类型、表现形态、研究方法等依然存在很大的探索空间。世界各国的经济发展表明,产能过剩表现形态、形成机理与防范化解在不同国家不同时期是不断变化的。因此,研究我国的产能过剩问题离不开中外比较的方法。通过对不同国家不同时期的比较研究,分析国际社会产能过剩治理与经济现代化的规律或趋势,更重要的是这种比较的借鉴意义,切忌像庸俗经济学那样"在表面的联系内兜圈子"④。

---

① 约瑟夫·熊彼特.经济分析史:第一卷[M].杨敬年,译.北京:商务印书馆,1991.
② 中共中央编译局.马克思恩格斯文集:第六卷[M].北京:人民出版社,2009:21.
③ 中共中央编译局.马克思恩格斯全集:第二十五卷[M].北京:人民出版社,1974:26.
④ 中共中央编译局.马克思恩格斯全集:第四十四卷[M].北京:人民出版社,2001:99.

4.实证研究与规范研究相结合的方法

马克思说过"在思辨终止的地方,在现实生活面前,正是描述人们实践活动和实际发展过程的真正的实证科学开始的地方"[①]。社会主义市场经济条件下产能过剩问题研究也应该坚持这种方法,面对现实生活,以正确描述产能过剩实际过程为基础,开始科学的思辨。本书坚持实证研究与规范研究相结合,宏微观经济理论与中国宏微观经济管理实践相结合,静态分析和动态分析相结合,把产能过剩问题的演变同经济发展联系起来,把在运动、变化中的研究产能过剩的思想贯穿在我国产能过剩分析的整个过程,以保证理论本身的逻辑一致性和理论逻辑同现实逻辑的一致性。笔者从中国经济统计数据事实出发,借助经济计量方法,以我国产能过剩典型行业为研究对象,对产能过剩形成机理的主流观点进行实证检验,为理论探讨提供坚实的实证基础;并走访本地企业调研产能过剩相关问题,获得第一手研究数据和案例;力争对产能过剩的形成机理分析建立在严谨经验分析的基础上,力求锚定各主体"如何在面临的约束条件下作出他们所认为的最佳选择"[②],以期更准确把脉产能过剩治理路径,使不同策略形成一以贯之的价值链。

---

① 中共中央编译局.马克思恩格斯文集:第一卷[M].北京:人民出版社,2009:526.
② 林毅夫.本体与无常:经济学方法对话[M].北京:北京大学出版社,2012.

1

产能过剩的理论基础与测度方法

过剩与短缺是现实经济中供给量和需求量之间相比较的状态。研究表明，全球正在遭遇过剩经济大考，供求失衡已成为一国中长期经济发展的现实。我国工业领域也由计划经济时期的短缺不断演变为过剩，并从消费品生产领域不断蔓延到投资品生产领域甚至一些新兴产业，经济常态由短缺向过剩转变。但是，过剩实质及其根源是什么，理论界的讨论和纷争从未停止①，这直接导致了经济政策抉择的迥异和产能过剩治理绩效的不同。为了更好地把脉我国产能过剩问题实质及其治理机制，必须更准确科学地厘清产能过剩的相关理论问题。正如毛泽东在《实践论》中所言："感觉到了的东西，我们不能立刻理解它，只有理解了的东西才更深刻地感觉它。感觉只解决现象问题，理论才解决本质问题"②，而"理论在一个国家实现的程度，总是决定于理论满足这个国家需要的程度"③。

第一节　马克思过剩经济思想探索

马克思以唯物史观为基础，以商品分析为切入点，在资本主义生产、流通、分配三个环节中发现"要使商品中包含的价值和剩余价值能够在资本主义生产所决定的分配条件和消费关系下实现并再转化为新的资本……商品就生产得太多了。不是财富生产得太多了。而是资本主义的、对立的形式上的财富，周

---

① 陈淮认为"我国面临的过剩经济并非是生产与消费、供给与需求之间此长彼短的简单失衡。在过剩的现象背后隐含着很多前提与结果相悖的深层次矛盾"。姚德全认为"我国目前在社会主义初级阶段出现的过剩现象，带有明显的体制转型特征，与经济发达国家的过剩经济有着本质的差别，这只是低水平下的过剩，是需求约束主导型的过剩，是供给对于传统需求的过剩，是满足消费者生存需求的过剩，是对即期需求的过剩"。此外，在 1998 年"过剩经济：形势与对策"研讨会上，呈现了 3 种主要的反对观点，分别是："我们面临的最多是买方市场，而不应概括为过剩经济"；"我们即或面临过剩，也只是相对过剩"；"尽管市场过剩，但很多产品还依赖于进口，因此我们面临的是结构性过剩"。参阅：陈淮.过剩经济：悖论求解[J].管理世界,1998(5):32-35；姚德全. 缺陷与追求：社会前进的原动力——转型期过剩经济特点分析[J].学术交流,1999(4):5-8；古篯.过剩经济：形势与对策研讨会概述[J].经济学动态,1998(9):31-34.

② 毛泽东.毛泽东选集：第一卷[M].北京：人民出版社,1991:286.

③ 中共中央编译局.马克思恩格斯选集：第一卷[M].3 版.北京：人民出版社,2012:11.

期地生产得太多了"①。在马克思生活的经济社会,资本主义条件下生产过剩表现出的产品过剩是需求没有得到满足,有需求意愿而无支付能力。而在当前资本主义经济中的产能过剩条件下的产品过剩则强调需求已经得到满足,供大于求。因此,无论资本主义发展到哪一个阶段,生产和一般财富的一切因素的过剩都成了"贫困和匮乏的源泉",生产萎缩和大量失业的经济危机的实质就是生产相对过剩引起的危机②。

一、竞争规律与资本主义经济发展③

"竞争贯穿在我们的全部生活关系中"④,竞争已成为市场经济的一般范畴,"是经济学家的主要范畴"⑤。马克思强调"竞争,这个资产阶级经济的重要推动力,不能创立资产阶级经济的规律,而是这些规律的执行者。所以,无限制的竞争不是经济规律的真实性的前提,而是结果——是经济规律的必然性得到实现的表现形式"⑥。恩格斯在《国民经济学批判大纲》中进一步强调"竞争的规律是:需求和供给始终力图互相适应,而正因为如此,从未有过互相适应。双方又重新脱节并转化为尖锐的对立。供给总是紧跟着需求,然而从来没有达到过刚好满足需求的情况;供给不是太多,就是太少,它和需求永远不相适应,因

---

① 中共中央编译局.马克思恩格斯文集:第七卷[M].北京:人民出版社,2009:287.
② 恩格斯指出"从1825年以来,这种情况我们已经经历了整整五次,目前(1877年)正在经历着第六次。这些危机的性质表现得这样明显,以致傅立叶把第一次危机称为 crise pléthorique(多血症危机),即由过剩引起的危机时,就中肯地说明了一切危机的实质"。参阅:《傅立叶全集》1845年巴黎版第6卷第393-394页;中共中央编译局.马克思恩格斯文集:第九卷[M].北京:人民出版社,2009:293.
③ 陈秀山认为"马克思并没有独立的、专门的竞争理论,他的竞争理论体现在或者说贯穿于他的价值理论和资本与剩余价值理论之中。不仅体现在他的价值理论与资本剩余价值理论之中,而且是服从于他的价值理论与剩余价值理论。马克思重点考察的是生产者之间的竞争以及与此相关的生产者与消费者之间的竞争。在经济学说史上的竞争理论形成与发展过程中,马克思的竞争理论具有独立的、重要的历史地位"。详可参阅:陈秀山.再学马克思的竞争理论[J].教学与研究,1994(2):44-48.
④ 中共中央编译局.马克思恩格斯文集:第一卷[M].北京:人民出版社,2009:84.
⑤ 中共中央编译局.马克思恩格斯文集:第一卷[M].北京:人民出版社,2009:72.
⑥ 中共中央编译局.马克思恩格斯全集:第三十卷[M].北京:人民出版社,1995:551.

为在人类的不自觉状态下,谁也不知道需求和供给究竟有多大"①。不难发现,由于供给与需求之间总是非均衡状态,生产过剩就必然是市场经济常态。竞争规律既促进了资本主义经济发展,同时破坏性竞争又导致了资本主义经济危机产生,是矛盾的辩证统一体。

虽然马克思在《资本论》早就开宗明义"我要在本书研究的,是资本主义生产方式以及和它相适应的生产关系和交换关系"②,研究对象具有特殊性。竞争理论也是在分析和批判资本主义经济特征过程中形成和发展的,如在《资本论》(第一卷)中探讨了竞争与价值的决定关系,阐明了竞争是资本集中最强有力的杠杆之一;在《资本论》(第二卷)中阐明了价值实现过程中的各部门生产者之间的市场竞争;在《资本论》(第三卷)中深入分析了竞争在资本具体形式中的发生机制。但纵观世界经济发展史,不难发现无论是资本主义还是社会主义,竞争已成为市场经济发展的强大推动力。传统竞争理论研究十分强调其资本主义经济制度的特殊性,但不能不承认竞争对我国从计划经济向市场经济的历史性转变的重大理论意义和现实意义,竞争作为基本要素构成社会主义市场经济运行机制的重要组成部分。因此,更需从更广义视角凝聚社会主义市场经济中竞争理论的一般属性及其普遍性规律。

从生产领域来看,由于生产者个别劳动时间不同,而且"如果一个人用较便宜的费用进行生产,用低于现有市场价格或市场价值出售商品的办法,能售出更多的商品,在市场上夺取一个更大的地盘,他就会这样去做,并且开始起这样的作用,即逐渐迫使别人也采用更便宜的生产方法,把社会必要劳动减少到新的更低的标准"③。马克思指出生产之间的竞争关系有利于促进分工细化和先进技术应用,从而使社会必要劳动时间减少,实现优胜劣汰。从流通领域来看,价格总是围绕价值上下波动变化。所以,恩格斯强调"只有通过竞争的波动从

①　中共中央编译局.马克思恩格斯文集:第一卷[M].北京:人民出版社,2009:73.
②　中共中央编译局.马克思恩格斯文集.第五卷[M].北京:人民出版社,2009:8.
③　中共中央编译局.马克思恩格斯文集.第七卷[M].北京:人民出版社,2009:216.

而通过商品价格的波动,商品生产的价值规律才能实现,社会必要劳动时间决定商品价值这一点才能成为现实"①。现实中竞争关系的作用机制,不断促进供求关系协同,使商品经济相对均衡状态呈现,实现资源优化配置。从分配领域来看,作为剩余价值转换形式的利润,由于个体资本有机构成不同所实现的利润率也呈现差异化特征,"不变资本同可变资本相比的这种逐渐增加,就必然会有这样的结果:在剩余价值率不变或资本对劳动剥削程度不变的情况下,一般利润率会逐渐下降"②,逐渐被等额资本获取等额利润的平均利润替代,即由平均利润与总预付资本之比决定的利润率差异不断缩小③,利润趋于平均化。不难发现,价值规律调节生产价格。马克思在《资本论》中围绕生产、流通、分配等"论述了竞争与价值规律的相互影响和作用机制,科学论证了竞争是价值规律存在的基础和实现形式"④,是市场经济的重要推动力。

　　商品经济作为一种交换经济,在 $G—W$ 和 $W—G$ 的形态变化中,商品和货币在竞争关系中全面转换。"竞争使商品生产的价值规律在一个进行交换的商品生产者的社会里发生作用,从而也就使得在这种条件下唯一可能的社会生产组织和制度得以实现。"⑤因此,价值规律就调节生产价格,某个生产者只有通过产品的竞争性价格的涨跌掌握市场需求量。当然,竞争发挥作用的领域和程度不可避免地会受商品经济发展程度差异和价值规律发挥作用机制不同的影响,因为"竞争首先在一个部门内实现的,是使商品的不同的个别价值形成一个相同的市场价值和市场价格。但只有不同部门的资本的竞争,才能形成那种使不同部门之间的利润率平均化的生产价格"⑥。这充分说明不同生产部门间的竞争

① 中共中央编译局.马克思恩格斯文集:第四卷[M].北京:人民出版社,2009:209.
② 中共中央编译局.马克思恩格斯文集:第七卷[M].北京:人民出版社,2009:236.
③ 何国文.关于影响平均利润率下降的因素的问题:与政治经济学教科书作者商榷资本周转影响利润率的原理[J].中山大学学报(社会科学版),1957(1):103-134.
④ 王秋苹.开拓马克思主义经济竞争理论研究的新领域:访经济学家李建平[J].海派经济学,2007(3):1-15.
⑤ 中共中央编译局.马克思恩格斯文集:第四卷[M].北京:人民出版社,2009:210.
⑥ 中共中央编译局.马克思恩格斯文集:第七卷[M].北京:人民出版社,2009:201.

实现了商品交换的生产价格生成,并促进了平均利润率的进一步演化。但这并不意味着竞争在不同部门资本之间就此停止,资本的有机构成和周转速度在不同循环周期并不是一致的,伴随损耗与流通阻滞等诸多因素,最终导致实际利润率也不是静态质,就整个循环生态而言资本竞争机制是动态均衡态势。上述研究表明,"价值规律是任何商品经济的一般规律,因而,竞争必然成为任何商品经济的一般范畴"①,竞争促进了价值规律的实现。

无论是资本主义竞争还是社会主义竞争,作为商品经济一般范畴的竞争,其具有共同的一般属性。第一,就是强制性竞争特质。马克思指出"社会分工则使独立的商品生产者互相对立,他们不承认任何别的权威,只承认竞争的权威,只承认他们互相利益的压力加在他们身上的强制"②,"而竞争无非是许多资本把资本的内在规定互相强加给对方并强加给自己"③,是"各资本以及其他一切由资本决定的生产关系和交往关系的相互作用"④的强制性自由竞争过程。第二,这种竞争具有排他性,因为"竞争建立在利益基础上"⑤,所以资本都是希望"把他的竞争者挤出市场,或者至少也能夺取他的竞争者的一部分销路"⑥。社会主义条件下竞争的利己排他性,意味着无论是在买方市场条件下还是在卖方市场条件下,商品生产者之间的竞争既是谋取合理利益的过程,也是化解利益矛盾的社会机制。第三,竞争还兼具风险性。竞争的发生机制源于不同生产者个别劳动时间差异以及市场信息的非对称性,实际收益与预期收益是否吻合存在不确定性,从而使得市场中必然会存在"优胜劣汰"的竞争。因此,恩格斯强调"经商所冒的风险非常大"⑦,竞争越激烈其风险也就越大,其潜在利润率也就越高,竞争吸引力也就越大。第四,竞争机制具有自发性。由于竞争的利

---

① 邹东涛.论竞争一般[J].甘肃社会科学,1987(4):45-54.
② 中共中央编译局.马克思恩格斯文集:第五卷[M].北京:人民出版社,2009:412.
③ 中共中央编译局.马克思恩格斯文集:第八卷[M].北京:人民出版社,2009:180.
④ 中共中央编译局.马克思恩格斯文集:第八卷[M].北京:人民出版社,2009:180.
⑤ 中共中央编译局.马克思恩格斯文集:第一卷[M].北京:人民出版社,2009:73.
⑥ 中共中央编译局.马克思恩格斯文集:第一卷,[M].北京:人民出版社,2009:736.
⑦ 中共中央编译局.马克思恩格斯文集:第七卷[M].北京:人民出版社,2009:1021.

己排他特质,商品经济通过竞争机制自发调节市场需求。要注意的是,恩格斯十分重视竞争机制,认为它"是一个以当事人的无意识活动为基础的自然规律"①,因此在不受约束条件下,市场也有可能出现无序竞争,甚至会出现厂商个体组织化与社会整体无政府化的冲突。

　　商品经济的一般性范畴是竞争,上述四类属性在推动商品经济发展过程中发挥着重要作用。在实际过程中,生产者之间的竞争总是围绕价格进行波动,竞争波动与价格波动密切关联。合理竞争机制"会使它的生产方法普遍化并使它服从一般规律"②,打破垄断,摧毁了束缚和妨碍同它不相适应的那些限制,使得市场供求相对均衡,这就可以更多提升消费者社会福利。因为竞争规律促进厂商在流通中获得差别收益和差别利润率的同时,也促进了"把社会必要劳动减少到新的更低的标准"③,商品价格在市场竞争过程中不断降低趋于合理化。因此,可以说竞争促进了资源的合理分配,"竞争会把社会资本这样地分配在不同的生产部门中"④,由市场供给与需求自发性均衡调节着生产资料和劳动力在社会生产各部门之间的分配比例,激发社会劳动在不同利润部门的合理配置,有力地促进国民经济宏观平衡、微观搞活。当然,在优胜劣汰的竞争过程中,竞争既促进了社会分工细化,深化竞争市场结构,优化市场的深度、广度,也促进企业生产规模扩大和社会经济螺旋式上升。但是当它超过一定限度时,就会出现"异化"⑤,走向对立面——垄断,"一个资本家打倒许多资本家",大资本不断吞并小资本,出现规模巨大的企业,经济发展中的正常比例关系经常遭到破坏,并在更高层次上进行更激烈、更广泛、更持久的竞争。因此,我们应如认识垄断一样正确认识竞争,它既有促进生产力发展的正面影响,也存在阻碍社会进步的消极作用。

---

① 中共中央编译局.马克思恩格斯文集:第一卷[M].北京:人民出版社,2009:74.
② 中共中央编译局.马克思恩格斯文集:第七卷[M].北京:人民出版社,2009:294.
③ 中共中央编译局.马克思恩格斯文集:第七卷[M].北京:人民出版社,2009:216.
④ 中共中央编译局.马克思恩格斯文集:第七卷[M].北京:人民出版社,2009:193.
⑤ 异化是指自然、社会以及人与人之间的关系对人本质的改变和扭曲。

资本到生产资本的转化"①,当然此时的货币资本也"只能执行货币的职能,不能执行别的职能"②。第二,资本家实际生产活动中将使用商品形成的要素劳动力作为重要对象,"不论生产的社会的形式如何,劳动者和生产资料始终是生产的因素"③。马克思指出"生产资本在执行职能时,消耗它自己的组成部分,使它们转化为一个具有更高价值的产品量"④,生产出包含剩余价值在内的新的商品,此时第一、二阶段的资本运动表现为 $G—W<^A_{Pm}\cdots P$,在第二阶段中表现为 $P\cdots W'—G'—W\cdots P$,此时新商品的价值大于生产资料的价值,则新形成的商品价值量就"等于生产这种商品所耗费的生产资本的价值 P,加上这个生产资本产生的剩余价值 M"⑤。不难发现,厂商生产者作为卖者,再回到市场,把生产的商品卖出去,换成货币,剩余价值得以实现,在第三阶段 $W'—G'$,商品资本循环表现为 $W'—G'—W\cdots P\cdots W'(W'')$,蕴含着剩余价值商品转化的同时也蕴藏着剩余价值的货币。马克思指出"商品,作为直接由生产过程本身产生的已经增殖的资本价值的职能存在形式,就成了商品资本"⑥。当然要清醒认识到,第三阶段上的商品成为商品资本和第一阶段上的货币成为货币资本,是有本质区别的。由于"在前一个阶段上,预付的货币执行货币资本的职能,是因为它借助于流通而转化为各种具有特殊使用价值的商品。在后一个阶段上,商品能够执行资本的职能,只是由于在它的流通开始以前,它已经现成地从生产过程中取得了资本性质"⑦。这充分显示流通第一阶段中使用货币购买到各种生产资料,为资本主义生产提供了必要条件。而在第三阶段,由于流通开始之前,生产过程创造出的新的商品中,已包含着剩余价值,已经具备了资本性质。当然,从 $W—W'$ 的变化"不是它的绝对价值量",而"是它的相对价值量",其中"W 表示一种

① 中共中央编译局.马克思恩格斯文集:第六卷[M].北京:人民出版社,2009:35.
② 中共中央编译局.马克思恩格斯文集:第六卷[M].北京:人民出版社,2009:35.
③ 中共中央编译局.马克思恩格斯文集:第六卷[M].北京:人民出版社,2009:44.
④ 中共中央编译局.马克思恩格斯文集:第六卷[M].北京:人民出版社,2009:45.
⑤ 中共中央编译局.马克思恩格斯文集:第六卷[M].北京:人民出版社,2009:45.
⑥ 中共中央编译局.马克思恩格斯选集:第二卷[M].北京:人民出版社,1995:280.
⑦ 中共中央编译局.马克思恩格斯文集:第六卷[M].北京:人民出版社,2009:46.

价值关系,表示商品产品的价值和生产它所消耗的资本的价值的关系,就是说,表示它的价值是由资本价值和剩余价值构成的"①。总而言之,无论是 G' 还是 W',"它们都是已经增殖的资本价值"②,"表现为资本的存在方式"③。在这一阶段,资本家既收回了已经预付出去的资本,同时又实现了剩余价值的捕获。总之,"对资本价值来说,是流通行为 $W—G$。这里,$W=P$,等于原来预付的 G。资本价值作为 G,作为货币资本,开始它的第一流通行为,通过 $W—G$ 行为回到相同的形式。因此,它已经经过两个互相对立的流通阶段:(1)$G—W$ 和(2)$W—G$,而又处在可以重新开始同一个循环过程的形式中。在这个运动中,每一个单个产业资本的运动,都只表现为一个部分运动和其他部分运动交织在一起,并且受它们制约。"④"对剩余价值来说,是商品形式第一次转化为货币形式,对资本价值来说,则是回到或者再转化为它原来的货币形式。"⑤货币形式既是原来的货币资本的复归形式,同时又蕴藏着剩余价值的首次转化形式,即商品。"资本价值和剩余价值现在都是作为货币存在的,因而都处在一般等价物的形式中"⑥。虽然,开始时是货币,最后还是货币,价值的形式没有发生变化,但价值量却发生了变化,因为取得的货币量多于原来收入的货币量,这也就是为什么马克思会说"开始形式和终结形式都是货币资本的形式(G)"⑦,这是一种货币扩张的过程。因此,在资本循环过程中无论是货币资本还是生产资本,甚至是商品资本,其形式归根到底都统一于产业资本循环的根本。它们在同一时间里互联互通,互为循环的前提,形成一种闭合式往返循环运用。

在竞争压力的作用下,随着资本的积累和生产力的发展,厂商在不断地强制性竞争中持续改进生产技术、推广先进方法和实践,生产规模得以不断扩大。

① 中共中央编译局.马克思恩格斯文集:第六卷[M].北京:人民出版社,2009:47.
② 中共中央编译局.马克思恩格斯文集:第六卷[M].北京:人民出版社,2009:56.
③ 中共中央编译局.马克思恩格斯文集:第八卷[M].北京:人民出版社,2009:535.
④ 中共中央编译局.马克思恩格斯文集:第六卷[M].北京:人民出版社,2009:112.
⑤ 中共中央编译局.马克思恩格斯文集:第六卷[M].北京:人民出版社,2009:50.
⑥ 中共中央编译局.马克思恩格斯文集:第六卷[M].北京:人民出版社,2009:52.
⑦ 中共中央编译局.马克思恩格斯文集:第六卷[M].北京:人民出版社,2009:52.

与此同时,生产中可变资本和不变资本比重因资本有机构成持续变化而发生根本性改变。厂商必然通过开拓新市场、生产技术创新等方法,来达到最佳状态,以获得高额利润。货币、生产和商品形态与此同时发生相应形式的拓展,马克思指出整个社会生产力的增长,既要依赖实际社会需求,还要通过对劳动者剩余的索取。"由于资本无限度地追求超额劳动、超额生产率、超额消费等,它同样有超越这种比例的必然趋势。"①这又将落入悖论性陷阱,资本积累的螺旋式增长必须依赖市场消费需求的持续性增容,而金字塔式的社会结构中具有强劲消费需求的普通劳动者群体的购买力稀缺,直接限制了消费能力的内生增长。但囿于资本家厂商贪婪逐利的本性,"在资产阶级眼界内,满脑袋都是生意经"②,其生产动机"不是使用和享受,而是交换价值和交换价值的增殖"③,资本家"作为价值增殖的狂热追求者,他肆无忌惮地迫使人类去为生产而生产"④,因此他们就无法通过放弃资本螺旋式积累,替代为规模消费来弥合这一差额。因此,为了逃避"工业的生命按照中常活跃、繁荣、生产过剩、危机、停滞这几个时期的顺序而不断地转换"⑤的厄运,资本家之间展开了激烈的竞争。为了使商品便宜,除采用改良的机器和新的生产方法并把技术的进步合并到他的生产机体中去外,就尽量把工资压低到劳动力的价值以下,以便扩大再生产和在竞争中处于有利地位,并榨取高额剩余价值。"到了一定的发展程度上,在工厂部门极度扩展的同时,所使用的工人人数不仅可能相对地减少,而且可能绝对地减少"⑥,这导致相对人口过剩,同时却又生产出大量超过消费需求限度的商品,进一步加深了生产和消费的矛盾。即"生产同价值实现不一致,因而是生产过剩,或者同样可以说,这是产品不能转化为货币的、不能转化为价值的生产;是不能在流通中得到证实的生产"⑦。普遍生产过剩"并不是对消费来说过多,而是对

---

① 中共中央编译局.马克思恩格斯文集:第八卷[M].北京:人民出版社,2009:94.
② 中共中央编译局.马克思恩格斯文集:第六卷[M].北京:人民出版社,2009:133.
③ 中共中央编译局.马克思恩格斯文集:第五卷[M].北京:人民出版社,2009:683.
④ 中共中央编译局.马克思恩格斯文集:第五卷[M].北京:人民出版社,2009:683.
⑤ 中共中央编译局.马克思恩格斯文集:第五卷[M].北京:人民出版社,2009:522.
⑥ 中共中央编译局.马克思恩格斯文集:第五卷[M].北京:人民出版社,2009:515.
⑦ 中共中央编译局.马克思恩格斯文集:第八卷[M].北京:人民出版社,2009:93.

保持消费和价值增殖之间的正确比例来说过多"①,"没有考虑市场的现有界限或有支付能力的需要的现有界限"②。于是发生了劳动危机,导致利润率下降,商品过剩并行出现,商品再转化为货币发生障碍,再生产过程进一步遭到破坏。因此,马克思强调"在生产过剩的普遍危机中,矛盾并不是出现在各种生产资本之间,而是出现在产业资本和借贷资本之间,即出现在直接包含在生产过程中的资本和在生产过程以外(相对)独立地作为货币出现的资本之间"③,收入不断转化为资本。马克思指出"资本主义生产的真正限制是资本自身"④,"即来源于资本过剩的危机"⑤。这就是说,资本主义生产不是为了人民群众的需要,而是为获得剩余价值而生产,为获得资本而生产。这种生产是以剥削和掠夺广大劳动群众为基础的,生产失去了消费的刺激,对剩余价值的进一步捕获必然使劳动人民的购买力和无限扩大的生产不相融甚至相互掣肘,"手段——社会生产力的无条件的发展——不断地和现有资本的增殖这个有限的目的发生冲突"⑥,生产过剩问题更加严重。

　　虽然资本在循环过程中得以增长,但资本家"尽可能使一切生产转化为商品生产……把一切生产卷入它的流通过程……产业资本的入侵,到处促进这种转化,同时又促使一切直接生产者转化为雇佣工人"⑦,"靠一定的资本物化尽可能多的直接劳动时间……却不顾市场的限制而生产"⑧。由于对劳动的需求由"总资本可变组成部分的大小决定",此时总资本中可变资本比例也随之同向变动,"资本主义积累不断地并且同它的能力和规模成比例地生产出相对的,即超过资本增殖的平均需要的,因而是过剩的或追加的工人人口"⑨,相对过剩人

①　中共中央编译局.马克思恩格斯全集:第三十卷[M].北京:人民出版社,1995:433.
②　中共中央编译局.马克思恩格斯文集:第八卷[M].北京:人民出版社,2009:274.
③　中共中央编译局.马克思恩格斯文集:第八卷[M].北京:人民出版社,2009:94.
④　中共中央编译局.马克思恩格斯文集:第七卷[M].北京:人民出版社,2009:278.
⑤　中共中央编译局.马克思恩格斯全集:第三十二卷[M].北京:人民出版社,1998:451.
⑥　中共中央编译局.马克思恩格斯文集:第七卷[M].北京:人民出版社,2009:279.
⑦　中共中央编译局.马克思恩格斯文集:第六卷[M].北京:人民出版社,2009:127.
⑧　中共中央编译局.马克思恩格斯文集:第八卷[M].北京:人民出版社,2009:261.
⑨　中共中央编译局.马克思恩格斯文集:第五卷[M].北京:人民出版社,2009:726.

口给在业工人施加压力使他们提供过度劳动,工人阶级的命运开始持续恶化,资本积累使无产阶级相对贫困化和绝对贫困化。由于经济内部的比例关系是不以人们的意志为转移而客观存在着。只要社会化的大生产,产业资本循环这种按比例发展的客观规律就必然起作用。在资本主义社会里,个别厂商虽然深谙在本企业中如何按照技术构成遵照一定的比例来组织生产,但从社会资本再生产来看,厂商是不可能认识和掌握这种按比例发展的经济规律。由于上述种种矛盾和资本主义内在运行机制的掣肘,资本的过剩、劳动人口的过剩和生产的过剩之间互为补充、互为叠加、互为因果,必然使比例关系不断受到破坏,一切生产部门及其产品生产的各种先行要素都会发生传导,生产能力增长大大超越了市场消费能力增长程度,资本积累越多,工人的失业和贫困就越大,平均利润率必然下降,从而导致经济危机。当然,这种比例失调更多的是局部性危机,既可能是固定资本的生产过剩也可能是流动资本的生产过剩。因此,这种危机很可能会引导资本从一个生产领域转向另一个生产领域,所谓资本转移的相机抉择。这就是危机中所蕴含的"战略性机遇","这种平衡本身已经包含:它是以平衡的对立面为前提的,因此它本身可能包含危机,危机本身可能是平衡的一种形式"①。这种危机的各种效应又潜在地有助于恢复资本循环的获利能力。

三、过剩经济基本特征与周期性循环演化

马克思指出"资本主义生产的真正限制是资本自身,这就是说:资本及其自行增殖,表现为生产的起点和终点,表现为生产的动机和目的;生产只是为资本而生产,而不是反过来生产资料只是生产者社会的生活过程不断扩大的手段"②,"资本主义生产所生产出的商品量的多少,取决于这种生产的规模和不断扩大生产规模的需要,而不取决于需求和供给、待满足的需要的预定范围"③。这种对资本价值增殖追求的无限制,在促进生产规模累积性扩张和资本积累的

---

① 中共中央编译局.马克思恩格斯文集:第八卷[M].北京:人民出版社,2009:216.
② 中共中央编译局.马克思恩格斯文集:第七卷[M].北京:人民出版社,2009:278.
③ 中共中央编译局.马克思恩格斯文集:第六卷[M].北京:人民出版社,2009:88.

螺旋式上升中不断演化为过度生产的供给能力。马克思指出"社会消费力既不是取决于绝对的生产力,也不是取决于绝对的消费力,而是取决于以对抗性的分配关系为基础的消费力;这种分配关系,使社会上大多数人的消费缩小到只能在相当狭小的界限以内变动的最低限度。其次,这个消费力还受到追求积累的欲望,扩大资本和扩大剩余价值生产规模的欲望的限制"①。因此,马克思强调"一切现实危机的最根本的原因,总不外乎群众的贫困和他们的有限制的消费,而与此相反,资本主义生产却力图发展生产力,好像只有社会的绝对的消费能力才是生产力发展的界限"②。最终不仅不能实现资源优化配置,还进一步催化了要素资源的闲置与浪费,表现出产能富余,这"是资本主义积累的绝对的、一般的规律"③,是内生性的经济矛盾。

从外生性矛盾来看,马克思指出"信用的最大限度,等于产业资本的最充分的运用,也就是等于产业资本的再生产能力不顾消费界限而达到极度紧张"④,"信用制度表现为生产过剩和商业过度投机的主要杠杆"⑤,"货币经济中的信用关系不断打破对生产扩张的束缚和限制"⑥,"信用又使买和卖的行为可以互相分离较长的时间,因而成为投机的基石"⑦,货币信用过度扩张导致资产泡沫化。在信用机制催化下机器、交通运输工具等机器大工业生产的技术条件有能力在较短时期内将剩余产品转化为生产资料,过剩生产能力逐渐生成。正如马克思所说,这"一旦与大工业相适应的一般生产条件形成起来,这种生产方式就获得一种弹性,一种突然地跳跃式地扩展的能力,只有原料和销售市场才是它

---

① 中共中央编译局.马克思恩格斯文集:第七卷[M].北京:人民出版社,2009:273.

② 中共中央编译局.马克思恩格斯选集:第二卷[M].北京:人民出版社,1995:534.

③ 中共中央编译局.马克思恩格斯文集:第五卷[M].北京:人民出版社,2009:742.

④ 中共中央编译局.马克思恩格斯文集:第七卷[M].北京:人民出版社,2009:546.

⑤ 中共中央编译局.马克思恩格斯文集:第七卷[M].北京:人民出版社,2009:499.

⑥ 按照马克思的分析,倘若没有信用体系,资本积累所导致的生产扩张将不断遭到工人工资收入和消费需求的限制,呈现为可以伸缩的再生产过程,但是货币经济中的信用关系不断打破对生产扩张的束缚和限制。其结果是信用创造的虚假需求并不能真正解决生产与消费间的尖锐冲突,"在再生产过程的全部联系是以信用为基础的生产制度中,只要信用突然停止,只有现金支付才有效,危机显然就会发生"。详可参阅:中共中央编译局.马克思恩格斯文集:第七卷[M].北京:人民出版社,2009:555.

⑦ 中共中央编译局.马克思恩格斯文集:第七卷[M].北京:人民出版社,2009:494.

的限制"①。"当机器工业如此根深蒂固,以至对整个国民生产产生了决定性影响时……才开始出现不断重复的周期,它们的各个相继的阶段都为时数年,而且它们总是以一场普遍危机的爆发而告终"②。从物质基础来看,预付资本的价值周转周期"是由所使用的固定资本的寿命决定的,从而是由它的再生产时间或周转时间决定的……这种由一些互相联结的周转组成的长达若干年的周期(资本被它的固定组成部分束缚在这种周期之内),为周期性的危机造成了物质基础。在周期性的危机中,营业要依次通过松弛、中等活跃、急剧上升和危机这几个时期。虽然"资本投入的那段期间是极不相同和极不一致的,但危机总是大规模新投资的起点"③。实践上,社会再生产按比例发展具有偶然性,经济运行的常态更多地表现为非均衡状态,"因此,就整个社会考察,危机又或多或少地是下一个周转周期的新的物质基础"④。

按照马克思经济危机理论的阐述,资本主义生产的目的是取得剩余价值,以实现资本的价值增殖;而达到这一目的的手段,则是不断扩大生产,发展生产力,从而不断提高剥削程度和扩大剥削范围。由于在资本积累过程中利润率下降和利润量增加这类要素并存,"它们包含着一个矛盾,后者表现为互相矛盾的趋势和现象"⑤。即生产力发展了,生产扩大了,但雇佣工人人数却会相对减少,即"劳动生产力越是增长,资本造成的劳动供给比资本对工人的需求越是增加得快"⑥,工人真正成为"工厂的活动的附属物"⑦,从而出现了相对过剩人口;资本的绝对量增加了,但一定量资本所生产的剩余价值量减少,利润率下降,但由于一些因素的作用又阻碍了利润率下降。生产力发展、资本有机构成提高,相对剩余价值增加,可变资本收缩减少,不变资本扩容增比。上述这些竞争激烈

① 中共中央编译局.马克思恩格斯文集:第五卷[M].北京:人民出版社,2009:519.
② 中共中央编译局.马克思恩格斯全集:第四十九卷[M].北京:人民出版社,1982:240.
③ 中共中央编译局.马克思恩格斯文集:第六卷[M].北京:人民出版社,2009:206.
④ 中共中央编译局.马克思恩格斯文集:第六卷[M].北京:人民出版社,2009:207.
⑤ 中共中央编译局.马克思恩格斯文集:第七卷[M].北京:人民出版社,2009:277.
⑥ 中共中央编译局.马克思恩格斯文集:第五卷[M].北京:人民出版社,2009:733.
⑦ 中共中央编译局.马克思恩格斯文集:第五卷[M].北京:人民出版社,2009:665.

的对抗性矛盾,也是资本主义社会不断发展变迁过程中生产扩大与价值增殖间矛盾的具体表现。这些情况,"时而主要在空间上并行地发生作用,时而主要在时间上相继地发生作用;各种互相对抗的因素之间的冲突周期性地在危机中表现出来"①。这些矛盾对抗性导致的过剩经济,是资本主义内部矛盾的必然产物,这些内部矛盾转化为外部矛盾,并会在危机中得到暂时强制的解决,并表现出三方面的重要特征。首先,在表现形式上,"大量商品的积累是流通停滞或生产过剩的结果"②,即出现大量商品的积压或过剩。"商品的潮流一浪一浪涌来,以前涌入的潮流只是表面上被消费吞没"③,甚至存在许多商品找不到销路,以致成批地被毁掉。其次,在竞争机制上,厂商为了使资本价值得以转化,通过价格战恶性竞争,甚至低于成本线,既破坏了市场规律,更进一步摧毁了信用机制,"商品资本在市场上互相争夺位置。后涌入的商品,为了卖掉只好降低价格出售……这种出售同需求的实际状况绝对无关。同它有关的,只是支付的需求,只是把商品转化为货币的绝对必要"④,表现出生产规模急剧缩减,许多工商企业倒闭,资本之间"兄弟情谊般"的竞争转变为"敌对的兄弟之间的斗争了"⑤;再次,就根本而言,资本主义生产过剩表现形式,既有产品过剩形式,更有人口过剩、生产要素过剩等。马克思指出,在资本的再生产中,劳动者的消费"是资本家最不可少的生产资料即工人本身的生产和再生产。可见,工人的个人消费,不论在工场、工厂等以内或以外,在劳动过程以内或以外进行,总是资本生产和再生产的一个要素"⑥。随着资本积累和生产的扩大,生产力向前发展,资本有机构成提高,又不断创造出过剩人口,使劳动人民的购买力相对缩小。同时伴随出现的是资本过剩,"一部分资本全部或部分地闲置下来","另一

① 中共中央编译局.马克思恩格斯文集:第七卷[M].北京:人民出版社,2009:277.
② 中共中央编译局.马克思恩格斯文集:第五卷[M].北京:人民出版社,2009:680.
③ 中共中央编译局.马克思恩格斯文集:第六卷[M].北京:人民出版社,2009:89.
④ 中共中央编译局.马克思恩格斯文集:第六卷[M].北京:人民出版社,2009:89.
⑤ 中共中央编译局.马克思恩格斯文集:第七卷[M].北京:人民出版社,2009:282.
⑥ 中共中央编译局.马克思恩格斯文集:第五卷[M].北京:人民出版社,2009:660.

部分资本由于受到失业或半失业的资本的压迫以较低的利润率来增殖"①。而生产资料(以固定资本和流动资本形式存在的生产资料)被闲置,不起资本的作用,而且会受到自然的侵蚀而遭到破坏,从而导致资本价值受到更为严重的破坏,股票价值下降、部分资金闲置、现有资本贬值、商品价格下滑、信用制度崩溃,"由此引起强烈的严重危机,突然的强制贬值,以及再生产过程的实际的停滞和混乱,从而引起再生产的实际的缩小"②。

但应该认识到在危机对资本造成破坏的同时,"另一些要素也会起作用"③,使资本主义生产重新归于平衡。"平衡都是由于一个或大或小的资本被闲置下来,甚至被毁灭而得到恢复"④。但是,"已经发生的生产停滞,为生产在资本主义界限内以后的扩大准备好了条件"⑤。首先,是危机导致大量生产工人失业,迫使在业工人工资降低到劳动力价值的平均水平以下,从而提高资本剥削的剩余价值量。其次,价格下滑和激烈的市场竞争,使得资本家采用新的机器、新的改良的劳动方法、新的结合,使可变资本与不变资本比例关系发生新变化,虽然生产效率得以促进,但同时却出现资本家雇佣工人需求减少,而同期人口却在不断增长,由此形成新一轮的生产进步下的人为的人口过剩。再次,"不变资本要素的贬值,本身就是一个会使利润率提高的要素"⑥。资本生产得以恢复是由于上述因素发挥的作用,资本在新的基础上发挥职能。而且随着生产的扩大,市场也会扩大,资本积累不断进行,在新的基础上,"同样的恶性循环将再次发生",必然导致新的更深刻的经济危机。最后,信用在生产过剩时期营造市场需求的虚假繁荣,催化并错误引导了实际生产不是缩小而是继续扩张甚至超出供给需求均衡的边界,从而爆发了更为严峻的生产过剩。在马克思看来"信

① 中共中央编译局.马克思恩格斯文集:第七卷[M].北京:人民出版社,2009:280.
② 中共中央编译局.马克思恩格斯文集:第七卷[M].北京:人民出版社,2009:283.
③ 中共中央编译局.马克思恩格斯文集:第七卷[M].北京:人民出版社,2009:283.
④ 中共中央编译局.马克思恩格斯文集:第七卷[M].北京:人民出版社,2009:282.
⑤ 中共中央编译局.马克思恩格斯文集:第七卷[M].北京:人民出版社,2009:284.
⑥ 中共中央编译局.马克思恩格斯文集:第七卷[M].北京:人民出版社,2009:284.

用制度……扬弃了资本的私人性质,从而自在地,但也仅仅是自在地包含着资本本身的扬弃……成了使资本主义生产超出它本身界限的最有力的手段,也是引起危机和欺诈行为的一种最有效的工具"①。"现实危机只能从资本主义生产的现实运动、竞争和信用中来说明"②,生产过剩导致了产业危机,产业危机更深化了信用危机,呈现有规则的循环反复。马克思指出资本主义"危机永远只是现有矛盾的暂时的暴力的解决,永远只是使已经破坏的平衡得到瞬间恢复的暴力的爆发"③,"只是作为盲目起作用的自然规律强制性地和破坏性地为自己开辟道路"④。从 1930 年以来资本主义世界历次经济危机的特征来看,无论危机呈现方式如何现代化,传导机理如何复杂化,涉及国别、群体如何规模化,在本质上都始终遵循着上述过剩经济特征和危机演化规律⑤,劳动生产力不是一直顺利地向前发展,而是在周期性进行的经济危机的破坏中向前发展的,利润率趋向下降的规律在起作用,都是"当生产扩大到在另一个前提下还显得远为不足的程度时,对资本主义生产的限制已经出现了"⑥。这些也恰恰说明了"资本主义生产不是绝对的生产方式,而只是一种历史的、和物质生产条件的某个有限的发展时期相适应的生产方式"⑦。危机的周期性总是在社会生产膨胀和收缩的交替运动中,不断经历复苏、繁荣、危机和停滞的周期性循环演化,"总是以一场普遍危机的爆发而告终,这场危机既是一个周期的终点,也是另一个新周期的起点"⑧。

---

① 中共中央编译局.马克思恩格斯文集:第七卷[M].北京:人民出版社,2009:686.
② 中共中央编译局.马克思恩格斯文集:第八卷[M].北京:人民出版社,2009:250.
③ 中共中央编译局.马克思恩格斯文集:第七卷[M].北京:人民出版社,2009:277.
④ 中共中央编译局.马克思恩格斯文集:第三卷[M].北京:人民出版社,2009:560.
⑤ 本刊记者.从马克思主义经济学的观点看当前的金融和经济危机:张宇教授访谈[J].国外社会科学,2009(7):1-7;孟捷.危机与机遇:再论马克思主义经济学的创造性转化[J].经济学动态,2009(3):43-47;杨继国.基于马克思经济增长理论的经济危机机理分析[J].经济学家,2010(2):5-11;王宇伟.从马克思的《资本论》看美国的次贷危机[J].当代经济研究,2009(3):10-14;吴易风,王晗霞.国际金融危机和经济危机背景下西方国家干预主义和新自由主义的论争[J].政治经济学评论,2011(4):16-42.
⑥ 中共中央编译局.马克思恩格斯文集:第七卷[M].北京:人民出版社,2009:288.
⑦ 中共中央编译局.马克思恩格斯文集:第七卷[M].北京:人民出版社,2009:289.
⑧ 中共中央编译局.马克思恩格斯全集:第四十九卷[M].北京:人民出版社,1982:241.

第二节　西方经济学产能过剩理论探赜

竞争是一般市场经济最为常见的经济现象,是经济增长与变迁的动力机制。尽管竞争被广泛地认为是经济理论的核心概念,但不同经济发展阶段、不同流派对竞争的认识和定义方式都不尽相同。对竞争性质理解的差异,各行业特点不同、研究者角度不同,其对产能过剩问题的本质随时间进展而产生的理论也大相径庭,这就导致了西方经济学不同理论流派对产能过剩问题认识的争论和治理机制的迥异。随着信息化社会进步,《资本论》中提到的产品积压引起的生产过剩逐渐被产能过剩的概念替代。西方经济学家更重视研究微观层面企业设计生产能力和实际产出之间的比值,以判定企业的生产资源的有效利用程度,当固定成本在总成本中占比较高,市场价格表现较低,在市场需求制约下不能足够利用时,可能给企业带来较大的亏损面等,就出现了产能过剩。即使现在,产能过剩问题依然困扰发达资本主义国家的经济发展,杰克·韦尔奇指出"几乎所有的行业都存在产能过剩",西方经济学家仍然在努力突围防范和化解产能过剩的治理方略。

一、竞争演化、垄断竞争与长期产能过剩

无论是古典经济学家还是新古典经济学家,都非常重视竞争问题的研究。完全竞争概念,最早由古诺(Cournot)在《财富理论的数学原理研究》中创立,所有厂商都是价格接受者,市场结构具有完全弹性的供求曲线①。新古典经济学家马歇尔在供给理论和消费理论基础上强调边际上的决策制定和价格决定,认为买卖双方的市场信息具有完全对称性,并假定大多数厂商是在没有任何外部因素作用的完全(纯粹)竞争条件下生产和销售产品的。在完全竞争的假定下,

---

① 伊特韦尔.新帕尔格雷夫经济学大词典:第一卷[M].北京:经济科学出版社,1996:483.

市场上存有大量的买者和卖者且都只能是"价格接受者",每一厂商生产和销售的是同质商品,每一厂商的行为方式与该部门其他厂商的行为方式是完全一样的,所有的物品和劳务都有一个价格并都在市场上交易,厂商能自由进入或退出任何行业。因而,长期均衡时,产品的需求曲线是一条完全水平线(DD'),产品的价格(P)、产品的边际成本(MC)、平均成本(AC)、边际收益相等,也就是说从所追加的每一个单位的销售中企业获得的额外收入正好等于市场价格,此时边际成本曲线MC向上倾斜的部分就是该企业的供给曲线,厂商可以利用这一最有效率的方法并且以最低的平均成本进行生产,曲线AC的最低点C^*为零利润的完全均衡点。此时,完全竞争机制促进市场零利润的长期经济常态,厂商将长期处于正常的投资获益区间但又不会是超额利润。这又将吸引新的企业进入资本循环系统,从而使价格下跌,利润减少到零而不是均衡。从这个意义上说,完全竞争市场中的资源配置效率最优,完全竞争厂商在均衡时过剩生产能力为零,如图1-1所示。从经济思想史来看,大多数经济学家都比较赞同地认为完全竞争理论为竞争的本质和结果提供了重要的洞察,但是它并没有准确地描述大多数国内和国际市场。尤其政府干预的间接经济影响,大大降低了完全竞争模型的普遍适用性。

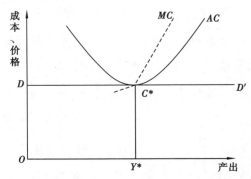

图 1-1　完全竞争厂商的成本、供给、需求曲线图

随着资本主义从自由竞争向垄断资本主义阶段的发展,现实经济生活中的

垄断因素不断增强,垄断组织逐渐成为资本主义国家全部经济生活的基础①。新古典经济理论通过完全竞争实现最优资源分配,有效防范、化解过剩产能,并不能对资本主义社会长期产能过剩做出充分解释。实际中,市场经济体系中的产能过剩,并不能够自我修复和自动调节市场供求,而是伴有破坏性的非均衡过程。因此,1926 年皮罗·斯拉法(Piero Sraffa)在《经济学杂志》(*Economic Journal*)上刊发了《竞争条件下的收益规律》一文,指出随着某一厂商生产规模的扩大,单位生产成本将会明显下降,这与完全竞争假定是不相容的,对完全竞争的不现实提出了质疑,由此开起了不完全竞争理论先河。在斯拉法的研究基础上,爱德华·黑斯廷斯·张伯伦(E. H. Chamberlin)的《垄断竞争理论》(1933)和琼·罗宾逊(Joan Robinson)的《不完全竞争经济学》(1933)系统阐述了不完全竞争理论。

从市场不完全竞争的根源来看,由于不同主体生产经营能力的差异,从而形成产业竞争的优胜劣汰,优胜者首先就是生产成本更低者也是规模相对较大者,此时小规模的厂商只能以低于成本的价格销售,最终以破产结局。这种成本和市场的不完全性诱致了不完全竞争的出现。另外,当出现新的厂商难以进入某一行业的"进入壁垒"时,如法律限制、政府管制、进入的高成本、广告与产品差别,都可能会引发更高的集中程度和更加不完全的竞争。因此,就类型而言,不完全竞争市场包括垄断、寡头和垄断竞争三种。就垄断程度而言,垄断竞争最低,垄断市场最高。现实中通常存在的是垄断竞争市场和寡头市场,完全的垄断基本不存在,其中产能过剩主要发生于垄断竞争市场,且垄断竞争市场与完全竞争市场较为接近。但产品差别化的形成又使得它们之间区别极大。其形成条件主要包括:第一,大量厂商生产有差别的产品,在重要特征上表现不同(如质量、工业设计、外观、构造、售后服务、商标、品牌、广告宣传、区位特征等),但二者之间又有较为密切的替代性;第二,市场上有无数个厂商,它们均认

---

① 陈孟熙.经济学说史教程[M].2 版.北京:中国人民大学出版社,2003:396.

为自己的市场份额不大且影响力较小，竞争者之间不存在拥挤效应，且彼此之间的经济利润不会出现受损；最后，现实中个体厂商的生产规模较小，市场反应能力相对更为灵活，可以比较"自由"地进入或退出某一类竞争市场。

如图 1-2 所示，由于垄断竞争厂商可以在一定程度上通过改变自己所生产的有差别的产品的销售量，来控制自己产品的价格，即价格下限设定与产能上限控制协同。同时受到各垄断竞争厂商之间产品替代性的密切性，因此它面临的是一条向右下方倾斜的较为平坦的需求曲线（DD'）。在长期生产均衡过程中，由于垄断竞争厂商可以对生产规模进行调整，还可以自由进入和退出行业，长期均衡时的利润率必定为零，其均衡点上需求曲线 DD' 与平均成本曲线 ATC 相切。也就是说，当厂商的需求曲线 d 位于平均成本曲线 ATC 之上时，其利润大于零，就会有新厂商"潮涌"式地被吸引进来。随着厂商数量增加，在市场需求规模不变的约束下，每个厂商所占有的市场份额就必然下滑，均衡点就会发现新的变化，d 曲线沿着 DD' 曲线也向左下方平移。在曲线 d 平移的过程中，厂商的价格和产量在建立新的平衡时下降，一直持续到不再有新厂商加入为止，生产集团内的每个厂商赚到零利润，即需求曲线 DD' 与平均成本曲线 ATC 相切于 P。但这个时点的产量小于使平均成本最小时的产量（即厂商的有效规模），并不是平均成本最低时的生产规模。在长期均衡过程中，完全竞争厂商生产有效规模，而垄断竞争厂商的生产低于这一水平，即厂商在垄断竞争之下存在过剩生产的能力（即产量与有效规模之间的差额，如图 1-2 所示），表明垄断竞争行业的厂商数量过多，结果导致产能过剩和资源配置无效率。在现实经济生活中，表现为生产某些相似产品的小规模的厂商过于拥挤，如过分稠密的生活超市和汽车加油站。与此同时，我们还发现垄断竞争厂商的价格高于边际成本，在长期均衡状态时，垄断竞争厂商在其平均总成本曲线向下的部分运营，因此边际成本低于平均总成本。这样，在价格等于平均总成本时，价格必定高于边际成本，这就使垄断竞争模型有效区别于完全竞争模型。这就是无效率的重要来源之一，价格高于边际成本的价格加成。

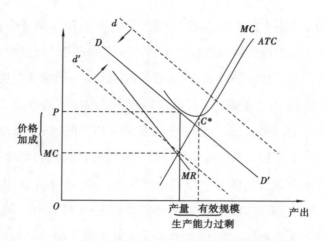

图 1-2 不完全竞争厂商的成本、供给、需求曲线图

二、寡头垄断、厂商博弈与长期产能过剩

根据厂商数量、厂商规模、集中度、进入退出壁垒、产品差别化等因素,一般将市场结构划分为完全竞争市场、垄断竞争市场、寡头垄断市场和完全垄断市场(表 1-1)。现实经济生活中,由于竞争机制的作用,完全竞争市场和完全垄断市场几乎不存在,垄断竞争市场和寡头垄断市场则是大量留存。寡头垄断理论有着悠久的历史,早在 1516 年托马斯·莫尔爵士(Sir Thomas Moore)在《乌托邦》中提出了"寡头垄断"一词①,直到 1838 年古诺(Cournot)才在《财富理论的数学原理研究》一书中建立了第一个正式的寡头垄断理论。当相关产量范围存在规模经济时,出现市场上只有几个厂商提供一个行业大部分的相似(如汽车、冰箱等)或相同产品(如钢铁、水泥等)的市场组织结构,此时寡头垄断就产生了。从市场结构来看,厂商的平均规模越大,市场就越集中。因此,市场集中度也常被用来衡量市场结构,常用的指标是前 4 家或前 8 家厂商占市场的比重,贝恩教授最早运用这一指标对美国产业竞争和垄断类型进行划分。一般情况

---

① 卡尔·夏皮罗.卖方寡头垄断理论[M]//理查德·施马兰西,罗伯特·D.威利格.产业组织经济学手册:第 1 卷.李文溥,等,译.北京:经济科学出版社,2009:282.

来说,寡头垄断厂商的 CR4 的市场份额最低在 30%,CR8 的市场份额最低在 40%(表 1-2)。资本主义国家中不少行业尤其是核心产业都表现出寡头垄断的特征①,如美国的汽车业、烟草、电气设备业、供水、玻璃、农具、罐头、中东少数几个国家控制了世界大部分石油储藏等。

表 1-1 市场结构类型和特征

市场类型	厂商数目	厂商规模	产品差别	价格控制程度	进出一个市场的难易程度
完全竞争	非常多	原子型	完全无差别	没有	很容易
垄断竞争	较多	较小	有差别	有一些	比较容易
寡头垄断	较少	较大	有差别或无差别	有相当程度	比较困难,无差别
完全垄断	唯一	较大	唯一的产品且无相近替代品	很困难,无相近替代品且受管制	几乎不可能

资料来源:高鸿业.西方经济学[M].北京:中国人民大学出版社,2000:209.

表 1-2 贝恩对美国产业竞争和垄断类型的划分

类型	前四位企业市场占有率(CR4)	前八位企业市场占有率(CR8)
完全垄断	一个厂商占有 100% 的市场份额	
极高寡占型	75% 以上	—
高度集中寡占型	65%≤CR4<75%	85%≤CR8
中(上)集中寡占型	50%≤CR4<65%	75%≤CR8<85%
中(下)集中寡占型	35%≤CR4<50%	45%≤CR8<75%
低集中寡占型	30%≤CR4<35%	40%≤CR8<45%
原子型	30% 以下	40% 以下

现实中绝大多数市场竞争需要以寡头垄断理论来解释。在寡头垄断市场中,每个企业都有明确的几个竞争对手,很难确定其市场需求曲线走势,战略相互作用就成为企业生存所必须要面对的问题。在这一市场中,厂商之间相互依

---

① 工业委员会研究,兼并者控制的平均市场份额为 71%,穆迪(J.Moody)研究了 92 个大兼并及其对市场份额的占有是很明显的,其中 78 个控制了所在产业产出的 50% 以上,57 个控制了所在产业产出的 60% 以上,26 个控制了所在产业产出的 80% 以上;甚至在杜因(A.D 额外)所列举的 14 个兼并未获成功的产业中,平均比重也高达 54%。参阅:G. L. 施蒂格勒.产业组织与政府管制[M].上海:上海人民出版社,1996:10.

赖,每个寡头垄断厂商的决策都不得不考虑市场中其他厂商的可能行为和反应,并在合作与不合作的行为之间做出选择,竞争厂商之间存在着复杂的策略性[1]相互影响,使得寡头垄断厂商均衡变得更加复杂化。可以说各个竞争对手之间是相互依存的,不同竞争者对于市场的反应方式、响应能力、发生机制均不同,实际寡头厂商模型推演的结果也就发生了相应变化,呈现出多样化的差异性结局。自从冯·诺依曼和摩根斯坦(Von Neuman & Morganstern,1944)合著的《博弈理论与经济行为》对博弈论进行开创性研究以来,博弈论就逐步演变为解释战略相互作用的分析框架和理解战略相互作用的语言[2]。因此,博弈论模型成为分析寡头垄断市场的标准工具。

寡头垄断市场厂商不仅有自主决定产品价格和产量的能力,也有厂商之间的合谋化行动,以此协同生产规模与产品定价,从而促进厂商群体整体性利润和个体利润。在现实经济生活中,受到集中度、领导者之间的地位不平等以及其他因素的影响,导致寡头垄断结构不同,以及竞争厂商的态度和动机的多样性,决定了寡头垄断的不确定性。在众多寡头垄断厂商均衡理论中,相比较而言古诺模型和斯威齐模型影响范围广。根据1838年古诺提出双寡头模型[3],经过一轮复一轮的博弈决策过程,甲乙两个厂商逐步达到了均衡稳定,实现产品市场、劳动力市场和资本市场全局均衡。一般性结论表述为,假定寡头垄断厂商数量为 T,则:

$$每个寡头垄断厂商的均衡产量 = \frac{市场总容量}{T+1}$$

---

[1] 现代意义上的策略性行为的定义首先由经济学家谢林(Schelling)1960年在其著作《战略冲突》中给出,"策略性行为是指企业通过影响竞争者对该企业行动的预期,使竞争者在预期的基础上作出对该企业有利的决策行为"。后来这一概念得到了进一步扩展,认为策略性行为是一家企业为提高其利润所采取的旨在影响市场环境的行为的总称。通过操纵市场环境,使得呈现给竞争对手的市场是对自己有利的,从而在竞争中获得有利位置。它不仅指生产和定价策略,而且它包括关于价格、投资、存货、产品选择、营销、分销和其他商业行动的决策。详可参阅:吴汉洪.产业组织理论[M].北京:中国人民大学出版社,2008:249.

[2] 博弈论和战略分析在1944年到1960年十分流行,在1975年到20世纪80年代晚期这段时间又重新焕发出活力。

[3] 该模型假定市场上只有甲、乙两个厂商生产和销售某一种产品,生产成本都是零;甲、乙两个厂商共同面临的市场需求曲线是线性的,双方都准确了解市场的需求曲线;甲、乙两家厂商都是在已知对方产量的情况下,各自确定能够给自己带来最大利润的产量,即每一个厂商都是消极地以自己的产量去适应对方已确定的产量。

$$行业的均衡总产量 = 市场总容量 \times \frac{T}{T+1}$$

1939年由美国经济学家斯威齐创建的斯威齐模型也称为弯折的需求曲线模型,即价格调整在整个市场无形中是同步进行的,从而表现出某一厂商价格调整会使其他厂商也会相应跟进,从而使得某个厂商希望通过单独价格调整来增加销售量的目标难以实现,这就较好地解释了价格刚性原理。

从理论上看,当寡头垄断者的价格成本各异时,达成价格上的一致就变得很难实现;当需求曲线不同时,即便成本相同时,各厂商偏好的价格通常也会不一样;为使竞争更安全,厂商领导者为避免价格战而采用非价格竞争手段(如产品设计、广告等)。亚当·斯密(1766)指出"同一行业中的人即使为了消遣和娱乐也很少见面,但是为了联合起来共同对付其他人,或者为了实现提高商品价格的对策,他们确实能够彼此结识"[1]。因此在现实市场中,寡头垄断厂商之间的勾结行为在大范围进行,而且能够持续很长时间,各厂商经常在价格设定上进行合作。"绝大多数商人都与他们的竞争对手商议定价事宜","在商界,价格设定一直都是惯常手法",这正是"做生意的方式——彼此之间不竞争是一条不成文的规定,商人们已经遵循这条规定50多年了"[2]。钱德勒在《规模与范围:工业资本主义的原动力》一书中论述了美国商业史上厂商之间的横向和纵向合作[3],在"相互尊重的竞争"中持续增长[4]。因此,熊彼特认为寡头垄断厂商

---

① J. W. 弗里德曼. 垄断与竞争[M]. 郗修方, 郑仕民, 等, 译. 西安:陕西人民出版社, 1994:18.
② 威廉·G. 谢泼德, 乔安娜·M. 谢泼德. 产业组织经济学:第5版[M]. 张志奇, 陈叶盛, 崔书锋, 译. 北京:中国人民大学出版社, 2009:296.
③ 根据钱德勒的考察,所谓纵向合作,即向前、向后的产业链的延长。纵向合作首先是向前发展,即代理商已经远远不能满足企业发展所需的营销工作,企业有必要建立自己的营销网络,直接从事营销工作。纵向合作的另一个选择是向后发展,一般表现为对原料产地的收购和占有。而横向合作通常是指向周边、向相关产业甚至不同产业的扩张,有时以产业多元化的形式表现出来,主要方式就是联合、兼并和重组。如果说纵向发展是通过协调几个经营单位的工作来降低成本和提高生产率,以增加利润,那么横向合作则是通过控制每个经营单位的价格和产量,包括通过创造新的增长点来维持利润。资料来源:钱德勒. 看得见的手:美国企业的管理革命[M]. 北京:商务印书馆, 1977.
④ 小艾尔弗雷德·钱德勒. 规模与范围:工业资本主义的原动力[M]. 张逸人, 等, 译. 北京:华夏出版社, 2006:33-41.

者效用同时达到最优的状态①。

三、西方经济学产能过剩理论突围与实践挑战

罗宾逊在《马克思、马歇尔和凯恩斯》一书中就指出:"马克思是在设法了解这个制度(指资本主义)以加速它的倾覆。马歇尔设法把它说得可爱,使它能为人们接受。凯恩斯是在力求找出这一制度的毛病所在,以便使它不致毁灭自己。"②这充分说明了马克思主义经济学和西方经济学立场和落脚点的根本不同。马克思主义经济学是以辩证唯物主义和历史唯物主义为基础,探索一定的生产力和上层建筑条件下的生产关系的本质及其发展规律③;西方经济学则是从资产阶级利益出发,宣称资本主义制度的合理性和优越性,以解决市场经济运行面临的问题为导向,并为改善其运行提供政策建议④。斯蒂格利茨指出"新自由市场原教旨主义一直是为某些利益服务的政治教条,它从来没有得到经济学理论的支持。它也没有得到历史经验的支持"⑤。西方经济学产能过剩理论的立场和落脚点也不例外,它只满足于对产能过剩现象的描述,试图通过合意的经济政策缓解市场经济运行过程中出现产能过剩问题。西方经济学产能过剩的理论突围虽能在短期内缓和矛盾并实现产能的短期均衡,但却因无法对产能过剩问题进行科学解释导致面临更为严峻的实践挑战,将带来更复杂更危险的系统性的经济风险。从世界资本主义发展史来看,资本主义无论如何进行宏微观经济政策调整和制度创新,如何扩展本身,始终无法摆脱长期产能过剩的

① 张显东,李宇宏.寡头垄断市场中企业兼并的一般均衡分析[J].复旦学报:自然科学版,2001(2):153-157.
② 琼·罗宾逊.马克思、马歇尔和凯恩斯[M].北京大学经济系资料室,译.北京:商务印书馆,1963:14.
③ 李建平,李建建,金兆怀,等.政治经济学[M].4版.北京:高等教育出版社,2008:2-13;程恩富,冯金华,马艳.现代政治经济学新编[M].4版.上海:上海财经大学出版社,2011:12-13;张宇,孟捷,卢荻.高级政治经济学[M].3版.北京:中国人民大学出版社,2012:3-6.
④ 高鸿业.西方经济学[M].3版.北京:中国人民大学出版社,2005:3-8;李建平,李建建,金兆怀,等.政治经济学[M].4版.北京:高等教育出版社,2008:5.
⑤ 斯蒂格利茨.新自由主义的终结[N].东方早报,2008-07-12.

困扰,仍处在"一个生产过剩仍占统治地位的世界中"。

首先,完全竞争市场是一个非个性化市场,买卖双方都只是价格的被动接受者,任何一方都拥有信息资源优势。从现实经济生活来看,理论分析中所假设的完全竞争条件并不存在,更多地表现为一种动态过程,而不是完全竞争理论所呈现的静态资源配置。哈耶克指出"赞成竞争的论点并不依据那种完全竞争条件下所存在的状况"[①],这种静态分析的"完全竞争只能在均衡点有效"[②]。因此,熊彼特强调这种静态竞争本质上是反竞争的,并不是理想效率的典范[③]。新古典完全竞争理论认为,当产品的价格(P)、产品的边际成本(MC)、平均成本(AC)、边际收益相等时资源配置最优化,此时厂商的总收入与总成本相等,在这一逻辑中存在"各种固定生产要素的物质损耗、贬值"和"金融资本投资者的获益租金"等固定成本却无法及时得到补充的"暗箱"。那么在这种完全竞争市场中每一个资本循环周期都面临上述固定成本无法有效补充的遭遇,必然使产业无法长期持续地螺旋式上升甚至会出现亏损。从另一个方面来看,完全竞争理论认为厂商可以自由进入或退出,那么产能过剩的厂商就可以无损失地退出并将其生产资本转移到其他高利润产业组织,以化解产能过剩。但是现实经济生活中,规模经济必然诱致固定成本上升和边际成本下降,厂商退出并不是没有资本损耗的,而是面临资产价值贬损等。对美国航空业研究表明,"流出该部门的资本只能卖到三分之一的价钱"[④],厂商退出的损失重大。实践中,厂商出于长期利润偏好,并受到消费者偏好不确定性约束,产品的需求曲线就无法确知,边际收益曲线也就无从谈起。K. L. Hall 和 C. J. Hitch(1939)在《牛津经济学文献》上刊发的调查报告显示,在调查的38家厂商中有30家的价格主要是根据完全成本(即直接成本+间接成本+可容许的利润)决定的,而不是根据边际成本等于边际收益[⑤]。因此,许

① F. A. 冯·哈耶克.个人主义与经济秩序[M].邓正来,译.北京:生活·读书·新知三联书店,2003:97.
② Arrow K J. "Toward a Theory of Price Adjustment"[M]. Stanford: Stanford University Press,1959:41.
③ 约瑟夫·熊彼特.资本主义、社会主义与民主[M].吴良健,译.北京:商务印书馆,1999:176.
④ 詹姆斯·克罗蒂.为什么全球市场会遭受长期的产能过剩?——来自凯恩斯、熊彼特和马克思的视角[J].当代经济研究,2013(1):37-45.
⑤ 尹伯成.西方经济学说史:从市场经济视角的考察[M].上海:复旦大学出版社,2006:171.

多经济学家认为新古典的完全竞争理论对现代工业生产和贸易的直接适用性比对农业的直接适用性还低①,新古典经济学理论无法解释为什么资本主义现实世界存在长期化的产能过剩,这使得不完全竞争理论应运而生。

其次,不完全竞争是相对完全竞争而言的,它们比较相似,对现代微观经济学尤其是厂商理论的确立和发展,发挥了极其重要的作用,也为现代企业经济效益提供了有效的分析工具,为现代管理经济学的产生奠定了基础。但我们也应该看到,在理论上垄断竞争理论并没有与完全竞争理论的稳定均衡和局部均衡分离,可以说是完全竞争理论的继续和发展。前文研究表明,垄断竞争厂商提供差异化的产品,索要超过边际成本的价格,并且在它们的平均成本高于最低点的产出水平上经营。该理论把垄断的本质简化为价格控制,垄断的原因判定为产业差异化,并认为无论厂商规模如何都具有垄断的能力。这与列宁的《帝国主义论》中生产集中产生的对生产和市场控制优势的垄断完全相背离②,不完全竞争理论沦落为垄断资本辩护的工具。垄断,事实上却是使得社会的稀缺资源并没有被配置到它们最有价值的用途上,社会存在资源配置无效率的现象。由于价格加成的存在,一些对物品的评价高于生产的边际成本且小于价格的消费者就没有购买物品,从而产生效率损耗。垄断竞争的无效率表现还在于,市场上的厂商数量并不是理想的数量,可能过多或过少,每一个新进入厂商都存在促进产品多样化的正外部性和挤压市场份额的负外部性。垄断竞争厂商生产的产量低于平均总成本最小时的水平,从现实经济生活来看通过无限量的生产使平均成本最小化,但这个无限量并不是实际社会生产所需要的正确数量,其市场结果的合意性受到极大约束。由于垄断竞争行业的产品多样化趋势,通过反复博弈均衡来减少厂商数量并实现过剩生产能力的充分利用,并不符合实践逻辑,反而行业内厂商数量很多则是合意的市场结果。从这一理论出

---

① 斯坦利·L.布鲁,兰迪·R.格兰特.经济思想史[M].8版.邸晓燕,等,译.北京:北京大学出版社,2008:322.

② 中共中央编译局.列宁专题文集 论资本主义[M].北京:人民出版社,2009:107-119.

发,我们很容易错误地认为"我们社会所面临的垄断问题主要是由街头上的小杂店而不是由大钢铁公司所造成的",而资本主义社会的现实情况却是钢铁、电力、石油等垄断程度高且生产过剩能力显著,如"美国钢铁托拉斯在 1902 年就生产了 900 万吨钢,1901 年占全部钢产量的 66.3%,1908 年占 56.1%。矿石开采量,1901 年占 43.9%,1908 年占 46.3%"①。

再次,寡头垄断理论的发展有助于我们认识不同类型均衡行为的环境,以及大企业之间进行竞争和寻求避免竞争的方式。博弈论作为一种纯数学分析方法,已经在寡头垄断厂商分析中广泛使用。但学者们比较一致认为该成果也仅是解释而已,对于如何解决寡头垄断弊端没有提出实质性的应对方案。实践中,每一个模型都被用来描述不同产业的行为,不同的假设、变量以及限制条件通常会在同一个模型中产生不同的结果。一个比较简单的博弈中的合理行为方式在一个较为复杂的博弈中可能是完全不合理的②。从这个意义上来说,寡头垄断厂商均衡理论最致命的诘难在于缺乏一个普遍适用可比的基本理论与模型,从而影响了寡头垄断厂商均衡理论与其他市场厂商均衡理论的可比性。同时,目前还无法为竞争和合谋程度提供严密的产业间预测。早在 1960 年,学者们就已经发现寡头垄断理论在解释或者预测现实市场行为时的作用不大,正如汽车和钢铁行业所表现出来的那样③。因为在现实中,寡头垄断厂商之间分割市场的相互协议比较容易达成共识并形成控制市场优势的凝聚力,但在竞争中谁承受损失和谁关闭工厂的协议上却极其容易导致集体协定的溃败,从而"在供给过剩和需求停滞环境下的一场无约束的价格大战"④就不可避免。因此,那些在竞争中无法通过非价格竞争方式获得更高市场份额的厂商,会面临成本居高不下及产品质量更新迟缓的困境,局部厂商将面临更强劲的更高效率

① 中共中央编译局.列宁专题文集 论资本主义[M].北京:人民出版社,2009:114.

② 张维迎.博弈论与信息经济学[M].上海:上海三联书店/上海人民出版社,2004:224.

③ Martin Shubik. Strategy and Market[M].New York:Wiley,1959.

④ 詹姆斯·克罗蒂.为什么全球市场会遭受长期的产能过剩?——来自凯恩斯、熊彼特和马克思的视角[J].当代经济研究,2013(1):37-45.

的竞争对手。此时厂商之间为了维护市场份额以避免产能过剩而进行价格战以扩张销售量就不可避免,现实市场中诸多厂商最终在反复多轮博弈中也会面临价格不断接近边际成本的趋势。所以,虽然理论上寡头垄断可以通过相互协作定价,增强厂商效率,但在实际市场中也可能面临因过度竞争导致低利润、危险债务负担的破坏性价格战。也可能会因为厂商之间相互合作的稳态,导致厂商改进生产率、削减成本的动力机制缺乏,从而又抑制了该行业的可持续发展与卓越绩效的实现。此外,由于在既有厂商之间存在着某种竞争,这种竞争具有很强的消除利润的作用。每个厂商都希望一个可能进入者与自己邻近时比其他厂商邻近时得到更少的利润。这种抵制进入者的竞争很可能导致产品种类比社会最优状态时更少,价格也比其更低,产能过剩就不可避免。

综上,随着市场竞争演化,厂商之间的竞争过程日趋动态化和多样性,获取利润的方式也日益多元化。由于产能过剩产生既是市场过程内生性的,也受外生性作用,可以说是市场内外多种力量综合作用的结果。因此这些理论或模型,在很大程度上解释了特定时期资本主义经济繁荣发展的因素,同时其理论或模型缺陷也恰恰是西方经济学家没有充分认识经济规律本质,从而无法从根本上探测产能过剩的本质属性。因此,在已有的西方经济理论中对生产过剩治理开出的处方也仅是暂时缓解了其根本矛盾,当前世界资本主义经济深陷长期产能过剩困扰就是很好的说明。然而,即使出现了生产能力过剩现象,但也并不意味着现实世界消费品生产过多,出现了所谓的绝对过剩。正如马克思所言"生活资料和现有的人口相比不是生产得太多了。正好相反,要使大量人口能够体面地、像人一样地生活,生活资料还是生产得太少了"[1],因此傅立叶强调"在文明时代,贫困是由过剩本身产生的"[2]。

---

① 中共中央编译局.马克思恩格斯文集:第七卷[M].北京:人民出版社,2009:287.
② 中共中央编译局.马克思恩格斯文集:第九卷[M].北京:人民出版社,2009:277.

第三节　产能过剩理论在现当代的新发展

任何一个理论成为一个有科学体系的理论,都有它的历史,并常常随新环境的变化和新问题的出现而发展。经济思想的演化过程,就是新的思想、新的证据、新的问题和新的价值要求重新审视过去的基本争论和主要贡献的过程。总体而言,不同阶级的经济学说并不是和平相处、相安无事的,而是在不断地发生矛盾和斗争中促进了经济理论发展。对于马克思主义经济学来说,只有对不同过剩经济理论进行比较与科学性批判,历史地、客观地、辩证地看待具体的理论和政策问题,我们才能真正理解马克思主义过剩经济理论的精髓所在。正如马克·布劳格(Mark Blaug)所说"当代理论还带着已解决的过去问题的疤痕、已更正的过去的谬误的痕迹。若没有从过去传下来的遗产,不可能完全理解"[1]。

一、马克思主义过剩经济思想的发展与演变

在马克思 1883 年去世以后,特别是恩格斯 1895 年去世以后,世界面临着如何对待马克思主义的科学原理和科学精神的问题,出现了伯恩施坦的修正主义思潮[2]和马克思主义理论分野[3]。实际上,马克思的整个世界观不是教义,而

---

[1]　Mark Blaug. Economic Theory in Retrospect[M].4th.Cambridge：Cambridge University Press,1985.

[2]　"爱德华·伯恩施坦从 1896 年到 1898 年,在德国社会民主党的理论刊物《新时代》上连续发表了以'社会主义问题'为总标题的系列文章,力图对马克思主义的'传统解释'进行公开的'批判'。试图通过他所理解的现象和数据,质疑自有资本主义时期产生的马克思的基本原理是否已经过时,特别是对其中的劳动价值论、剩余价值论和经济危机理论等基本原理,提出了更多的'过时'质疑。"详可参阅：顾海良,张雷声.20 世纪国外马克思主义经济思想史[M].北京：经济科学出版社,2006:4,18-27.

[3]　顾海良、张雷声将"20 世纪马克思主义分化为三个支流:以伯恩施坦理论为起点,从第二国际修正主义到民主社会主义,民主社会主义是以伯恩施坦修正主义为其理论渊源的,背弃马克思主义科学原理和科学精神为特征的;以德国社会民主党罗莎·卢森堡理论为渊源的'西方马克思主义',无论是卢卡奇、科尔施还是葛兰西,都深受卢森堡思想的影响;以列宁主义为起点的东方马克思主义,列宁走的是把马克思主义'东方化'的新路子,后来产生了以列宁主义为旗帜的马克思主义在东方的发展,包括马克思主义的中国化。"详可参阅:顾海良,张雷声.20 世纪国外马克思主义经济思想史[M].北京:经济科学出版社,2006:6.

是进一步研究的出发点和供这种研究使用的方法,在实践中检验真理发展真理。马克思主义在 20 世纪的发展呈现了多样性、民族性和国别特色,其过剩经济思想也在众多马克思主义经济学家的共同努力下异彩纷呈。

(一)列宁对垄断与竞争的再认识①

列宁运用马克思、恩格斯的理论分析方法,在对霍布森的《帝国主义》、希法亭的《金融资本》以及考茨基"超帝国主义论"的分析和批判基础上,重新回到马克思生产和资本集中的学说文本,依据大量的经济史料综合论述了垄断组织的形成,指出"资本主义最典型的特点之一,就是工业蓬勃发展,生产集中于越来越大的企业的过程进行得非常迅速"②,垄断是"'资本主义发展的最新阶段'的最新成就"③,在经济生活中起决定作用。随着工业生产的集中,少数大银行占有了更多的货币资金也形成了一种垄断,"银行业发展的最新成就还是垄断"④,工业资本和金融资本逐渐融合,金融寡头垄断资本家开始出现。与此同时,资本输出垄断资本主义具有典型特征,并进行世界市场的分割,形成瓜分世界的资本家国际垄断资本同盟,加深了资本主义在全世界的扩展。因此,列宁进一步指出"从自由竞争中生长起来的垄断并不消除自由竞争,而是凌驾于这种竞争之上,与之并存,因而产生许多特别尖锐特别剧烈的矛盾、摩擦和冲突"⑤,"垄断所特有的停滞和腐朽的趋势还继续在发挥作用"。帝国主义仅是垄断资本主义的高级阶段,但依然是寄生的、腐朽的、垂死的资本主义⑥,生产过剩的经济危机不可避免,

---

① 列宁关于垄断资本主义的学说是他的经济思想中一个十分重要的组成部分,其形成大致经历了下列两个阶段:(1)产生阶段;(2)形成阶段。在第一次世界大战前(19 世纪 90 年代至 1913 年),列宁在《俄国的生产积聚》《关于大资本组织的调查》《资本主义财富的增长》《马克思主义与修正主义》《对华战争》和《马克思学说的历史命运》等著述中,集中探讨了下列问题:(1)关于生产的积聚和集中问题;(2)垄断组织和危机;(3)帝国主义列强瓜分世界问题;(4)关于帝国主义的寄生性问题;(5)时代特征和民族解放运动问题。
② 中共中央编译局.列宁专题文集 论资本主义[M].北京:人民出版社,2009:107.
③ 中共中央编译局.列宁专题文集 论资本主义[M].北京:人民出版社,2009:120.
④ 中共中央编译局.列宁专题文集 论资本主义[M].北京:人民出版社,2009:130.
⑤ 中共中央编译局.列宁专题文集 论资本主义[M].北京:人民出版社,2009:175.
⑥ 中共中央编译局.列宁专题文集 论资本主义[M].北京:人民出版社,2009:211.

从而为"资本主义社会经济结构向更高级的结构的过渡"①做好准备。列宁对帝国主义时代新变化的基本趋势分析的科学性,对我们现今认识资本主义社会经济增长放缓下长期产能过剩问题有着重要的现实指导意义。

(二)巴兰和斯威齐的垄断竞争理论

1966年保罗·巴兰和保罗·斯威齐在列宁的基础上对垄断理论作了进一步研究,出版了《垄断资本:论美国的经济和社会秩序》一书②。从《增长的政治经济学》开始到《垄断资本:论美国的经济和社会秩序》,巴兰和斯威齐就开始对基本运动规律进行改变和修正,极力主张"经济剩余"取代马克思的"剩余价值",在舍弃利润率下降规律后提出"剩余增长规律"。他们认为,激烈的竞争仍在继续,但使用的是非价格手段的销售努力,如产品差别、产品创新和销售成本等。厂商之间的竞争并不是以价格战的方式,而是通过价格和产量水平互惠协定的互相勾结与合谋。垄断资本阻碍价格下降要甚于阻碍创新,因此在生产成本下降时,价格相对稳态,从而就增加了利润。从宏观经济上看,由于资本的消费和投资、销售努力、政府投资等,垄断资本主义条件下相对剩余和绝对剩余呈增长趋势。正如他们所强调的"我们可以得出结论:垄断资本主义经济强加在它的成员身上的成本纪律;此外,它还产生了新的和强大的从事技术革新的推动力。所以,对于垄断资本主义下生产成本下降的趋势不可能有任何怀疑"③。资本主义的基本运动规律虽然暂时被阻止,但资本主义由于消费不足而趋向停滞,不久后又将恢复,工人失业,贫富两极分化日趋严重④。实际上,他们的学说也招来了很多批评意见和质疑,如哈里·布雷曼(1974)、詹姆斯·奥康纳

---

① 中共中央编译局.列宁专题文集 论资本主义[M].北京:人民出版社,2009:208.
② 保罗·巴兰(1910—1964)在《增长的政治经济学》中首次提出经济剩余理论。保罗·斯威齐(1910—2004)的《资本主义发展理论》对战后激进政治经济学的崛起起了重要作用。此外,斯威齐和巴兰合著的《垄断资本:论美国的经济和社会秩序》(1966年)也是当代激进政治经济学先驱者的代表作。
③ 巴兰,斯威齐.垄断资本:论美国的经济和社会秩序[M].北京:商务印书馆,1977:72-73.
④ 巴兰,斯威齐.垄断资本:论美国的经济和社会秩序[M].北京:商务印书馆,1977:269.

（1974）、E. N.沃尔夫（1977）等①，甚至 Clifton（1977）、Weeks（1981）、Semmler（1981,1982）等认为它是新古典经济理论而不是马克思主义经济学②，"原教旨主义学派"认为他们已经严重背离或曲解了马克思主义经济学要旨。

（三）SSA 学派和调节学派对竞争形式的新认识③

SSA 学派和调节学派是应资本主义在 20 世纪 60 年代末和 70 年代初开始的长时期的经济萧条和凯恩斯主义需求管理政策在解决资本主义经济危机时的束手无策而产生的，以探求世界资本主义长期增长和萧条的理论，是资本主义发展阶段的制度分析学派的先驱。他们认为不同的资本主义发展阶段会形成与之相适应的有内在联系的相互影响的制度形式。SSA 学派认为利润率的水平和稳定性直接决定着资本积累的过程，而资本积累又决定了资本主义经济发展的水平，资本积累的速度又决定了资本主义经济的运行特征。因此可以说，资本积累的社会结构体系对资本主义发展至关重要，它的功能发挥得好坏直接影响到资本家的投资决策，影响着经济繁荣或衰退。调节学派认为，资本主义经济在其自身发展过程中积累起来的各种矛盾导致的非均衡是由周期性经济危机引起的。在福特主义调节体制中，由于协调和规范了资本与劳动、厂商与厂商之间的关系，达成"相互尊重"的非价格战的新形式、新作用机制的竞争，工资指数化增长机制作用下劳资矛盾日趋缓和，形成了垄断竞争的某些特

---

① 详可参阅:哈里·布雷弗曼.劳动与垄断资本:二十世纪中劳动的退化[M].方生,朱基俊,吴忆萱,等.北京:商务印书馆,1974; Wolf E N. Unproductive Labor and the Rate of Surplus Value in the United States (1947—1967)[J].Research in Political Economy,1977(1):87-115.

② Clifton J. Competition and the Evolution of the Capitalist Mode of Production[J].Cambridge Journal of Economics,1977(1):137-151; Weeks J. Capital and Exploitation[M]. Princeton: Princeton University Press,1981; Semmler W. Competition,Monopoly and Differentils of Profit Rates:Theoretical Considerations and Empirical Evidence[J].Review of Radical Political Economics,1981,13(4):39-54.

③ 鲍尔斯,爱德华兹,罗斯福.理解资本主义:竞争、统制与变革[M]. 3 版.孟捷,赵准,徐华,译.北京:中国人民大学出版社,2010;张宇,孟捷,卢荻.高级政治经济学[M].3 版.北京:中国人民大学出版社,2012:105-115;孟捷,龚剑,向悦文.马克思主义竞争理论的发展研究[J].经济学家,2012(10):5-12;孟捷,向悦文.竞争与制度:马克思主义经济学的相关分析[J].中国人民大学学报,2012(6):32-42;高峰.关于马克思主义竞争理论的几个问题[J].中国人民大学学报,2012(6):43-48;杜朝晖.马克思主义竞争理论与西方经济学竞争理论比较[J].教学与研究,2008(4):42-48.

质。在 20 世纪 70 年代,由于福特主义调节方式的积累体制内部各变量之间的均衡关系被破坏①,有些厂商一直在改变着竞争的必要条件,竞争本身将立刻使均衡不复存在。无法实现生产与消费之间的良性循环,劳动分工体制弊端与劳动生产效率维持艰难,价格形成机制失衡,劳资矛盾恶化,厂商利润获取能力日益受到约束,国际金融、经济体系的瓦解又使得各国面临的国际环境日益动荡,导致资本主义陷入结构性经济危机。

(四)破坏性竞争与全球动荡经济学

20 世纪 90 年代以来美国马克思主义经济学家詹姆斯·克罗蒂(James Crotty)和罗伯特·布伦纳(Robert Brenner)回归传统,从《资本论》文本分析和解读出发,创设了破坏性竞争理论,从不同角度解释了战后资本主义全球长期生产过剩。

1993 年克罗蒂在《激进政治经济学评论》发表了《马克思投资理论反思:凯恩斯—明斯基不稳定性可能、竞争制度变化与强制投资》一文,运用马克思关于竞争与投资的相关原理系统分析了 20 世纪 80 年代以来美国制造业发展,深入阐述只有在马克思资本积累理论基础上才能解释厂商生产、投资行为,构造出他的破坏性竞争理论②。该理论认为,现代市场经济条件下厂商面临更为复杂的不确定性,金融资本的脆弱性与信用关系的强关联响应,利润率的杠杆能力大大提升,厂商之间经济联系更为紧密,从而使竞争关系、竞争形态从"相互尊重"演变为"不投资即死亡"的强制竞争,竞争本来引发了竞争发展的阻滞力量,不断演化为"无序竞争"。由于无约束竞争体制及其环境发生了深刻变化,20

---

① 福特制的限制表现在:(1)大规模流水线作业适合标准化产品的生产,但机器的改造十分困难,不同工序的结合缺乏弹性,导致新产品开发时间很长;(2)产品的标准化增加了产品大规模出现缺陷的可能性,延长了产品销售时间并增加了存货成本;(3)企业内部分工的细化阻碍了不同岗位之间的交流,使管理部门、研发部门与生产部门各自为政,催生庞大的官僚体系,阻碍企业内信息的流通。参见:Smith T. Technology and Capital in the Age of Lean Production: A Marxian Critique of the "New Economy" [M]. NewYork: State University of New York Press, 2000.

② Crotty J. Rethinking Marxian Investment Theory: Keynes-Minsky Instability, Competitive Regime Shifts and Coerced Investment[J]. Review of Radical Political Economics, 1993, 25(1): 1-26.

世纪80年代以来资本主义国家面临着总需求与总供给的结构性过剩矛盾,国家间竞争的广化和深化推进又进一步强化了宏观经济与微观行为的耦合,从而引发体制性长期恶性循环,在世界市场的历史潮流中制造业长期的持续性产能过剩就无法避免[①]。

布伦纳在对20世纪70年代世界性结构性危机的研究中,对全球制造业的激烈竞争进行非均衡动态分析,提出资本主义竞争是推动经济发展的强制力量,这种破坏性力量以及由此产生的矛盾是危机形成和长期萧条的根本因素[②]。由于竞争的无序状态,厂商为实现利润最大化或市场占有率最优化,尤其为了阻止新的厂商进入必然采取价格竞争和非价格竞争策略。而新进厂商为了获得利润必然会通过削减成本、降低价格来增加市场份额,厂商的固定资本逐渐"沉淀",从而使整个部门的厂商成本加成能力弱化、利润率趋向下降,在激烈的竞争中形成过度投资"潮涌"和过剩生产能力,最终演化为经济增长停滞或危机凸现。因此,他在《全球动荡经济学》一书中,更强调竞争在生产力发展中更具破坏性,经济全球化时代国际资本输出与新兴市场崛起,发展中国家强劲的出口竞争力,供给与需求的矛盾进一步恶化,投资、产出和就业增长举步维艰,更加剧了利润率下滑的速率,整个经济体制资本投资回报率不可挽回地趋向下降,全球制造业产能过剩不可避免[③],甚至会引起更大范围、更具破坏性的生产过剩[④]。

此外,Romer(1979)、Semmler(1984)、二阶堂(Nikaido)、迪梅尼尔和斯蒂德(1984)、弗拉谢尔(1987)等人,也在竞争与价格、利润、平均利润、技术创新、技术变革等方面把马克思的竞争观进行了具体化研究。

---

① Crotty J. Structural Contradictions of the Global Neoliberal Regime [J]. Review of Radical Political Economics,2000,32(3):362.

② 孟捷,向悦文.克罗蒂和布伦纳的破坏性竞争理论比较研究[J].经济纵横,2013(5):1-8;齐昊.马克思主义是怎样解释金融危机的:围绕布伦纳的争论[J].政治经济学评论,2010(3):147-162.

③ 罗伯特·布伦纳(Robert Brenner).全球动荡经济学[M].郑吉伟,等,译.北京:中国人民大学出版社,2012.

④ 蒋宏达,张露丹.布伦纳认为生产能力过剩才是世界金融危机的根本原因[J].国外理论动态,2009(5):5-12.

二、西方经济学产能过剩理论的演化与新发展

从古典资产阶级经济学到现代西方经济学各流派,都努力从各自理论立场出发界定竞争及其实现方式,相互之间甚至展开了激烈的学术讨论甚至辩论。德姆塞茨指出"竞争在经济学中占有如此重要的地位,以至于难以想象经济学没有它还能是一门社会科学。……离开了竞争,经济学就主要由孤立的鲁宾逊·克鲁索经济的最大化的微积分学构成"①。本质上,各经济主体是通过竞争机制,实现利润最优化的行为选择。产能过剩理论也在竞争形态的深化研究中,逐渐呈现多种理论争鸣格局,在微观层面更深入地认识和理解了资本主义社会中厂商生产过剩行为的发生机制及其行业性产能过剩的根源。

(一)过度竞争与过剩生产能力

厂商为追求利润最优化除了进行合作性策略行为,还会进行非合作策略的阻挠行为。通常以降低竞争者的利润为代价,创造进入壁垒将竞争对手驱逐出市场或阻止潜在进入者进入,以期实现自己的利润增长。贝恩-索罗斯(Bain-Sylos)范式是最早研究设置过剩生产能力策略行为的,其假设潜在进入者相信在位厂商在进入实际发生后维持其原有产量,从而在位厂商充当斯塔克尔伯格产量领导者的职能,以致扼制了新厂商加入竞争。现实中,在位厂商一般是通过掠夺性地增加产品产量来阻滞潜在厂商进入生产领域,过度竞争也应运而生②。但此时,在位厂商所面临的问题是如何让潜在进入者相信它的可置信威胁③,随后 Schelling(1960)、Spence(1977)、Dixit(1979,1980)进行了扩展性研究④。在 Spence(1977,1983)的模型中,在位厂商预先设置好了生产能力,而潜

---

① 哈罗德·德姆塞茨.竞争的经济、法律和政治维度[M].陈郁,译.上海:上海三联书店,1992:1-2.

② 1956 年贝恩在《产业组织》一书中,首次明确提出了过度竞争的概念。

③ 孙巍等人认为"可置信威胁(credible threats)是指博弈的某一参与人通过承诺某种行动改变自己的收益函数,使得其他参与人认为自己的威胁确实可信,从而迫使其他参与人在充分考虑自己承诺的情况下作出相应的选择。如果潜在进入厂商不进入,在位厂商会选择高价;而当进入发生时,在位厂商会选择商战。这个策略就构成了对潜在进入厂商的可置信威胁"。详可参阅:孙巍,李何,李秋涛,等.垄断厂商的过剩生产能力可置信威胁行为分析[J].科学决策,2009(3):75-81.

④ Schelling T C. The Strategy of Conflict[M].Cambridge:Harvard University Press,1960;Spence A M. Entry, Capacity,Investment and Oligopolistic Pricing[J].The Bell Journal of Economic,1977,8(2):534-544;Dixit A. The Role of Investment in Enter-deterrence[J].The Economic Journal,1980,90(357):95-106.

在进入厂商则相信在其进入后,在位厂商就会完全实施自己的生产能力,形成进入壁垒,进入被阻止时表现为资源配置效率和技术运行效率下滑的闲置状态的过剩生产能力,因此厂商进入的威胁是不可信的。实际上威胁是否可信,是否影响潜在进入厂商,在位厂商是在阻止进入还是在容纳进入时达到最优,仍值得探讨。Dixit(1979,1980)进行的进一步拓展研究分析了进入锁定、进入可能被阻止和进入不可能被阻止三种情形。随后,在 1982 年鲍莫尔、潘泽和威利格等人在《可竞争市场和产业结构理论》一书中,提出了"沉淀成本"。由于沉淀成本的退出壁垒存在,厂商在进行阻挠策略性行为时更多是增加产量而不是减少。当进入壁垒和退出壁垒都很高时,虽然利润可观但风险亦很大;当进入壁垒低而退出壁垒高时,产业中沉积的生产能力无法及时释放,由于难以很快退出不得不继续经营,就会出现过度进入的生产能力过剩,引发市场竞争恶化,形成行业性产能过剩困局①。

(二)过度投资与生产能力过剩

由于信息不对称、委托代理关系、风险偏好、自由现金流、管理者过度自信等因素存在,厂商投资项目存在净值值小于零,偏离了厂商利润最大化目标,出现非效率投资行为,即过度投资,研究表明这一行为会诱致产能过剩形成。1970 年阿克洛夫(Akerlof)的《"柠檬"市场:质量、不确定性与市场机制》②首次分析了市场中交易双方的"不对称信息"可能导致市场失灵③。随后,Myers(1984)、Myers & Majluf(1984)等人的研究发现,外部投资者与厂商经营者在资产价值、预期现金流的收益等方面存在信息不对称时,厂商的融资债券价值就存在被偏离估值的可能,实际测算或评估偏离必然导致投资的过度或不足④。

---

① 陈秀山.现代竞争理论与竞争政策[M].北京:商务印书馆,1997;杜朝晖.现代产业组织学:理论与政策[M].北京:高等教育出版社,2005;吴汉洪.产业组织理论[M].北京:中国人民大学出版社,2008.

② 在英语中,"柠檬"意指"次品",因为柠檬就算里头坏了,外表却总是光鲜的。相反,桃子或李子则象征"正品",因为它们的腐烂总是由表及里,无法蒙人。

③ Akerlof G A. The Market for "Lemons": Quality Uncertainty and the Market Mechanism[J]. Quarterly Journal of Economics,1970,84(3):488-500.

④ Myers S C. The Capital Structure Puzzle[J].Journal of Finance,1984(39):575-592; Myers S C, Majlu N S. Corporate Finance and Investment Decisions When Firms Have Information That Investor Do Not Have[J].Journal of Financial Economics,1984 (13):187-221.

Narayanan(1988)、Heinkel 和 Zechner(1990)等人的研究也证实了这一观点①，由于信息不对称导致厂商融资过程中负净现值投资决策点出现，只要是高于该点的项目都会得到投资准许，此时过度投资行为就有可能发生。Jensen(1986)在委托代理关系的探寻中，发现石油行业职业经理人的个人效用是厂商的增函数，使得他们会选择那些净现值为负，却会增加厂商规模的项目，但这一投资行为无形中偏离了股东价值最优化目标②。因此，Hart(1995)研究指出职业经理人存在强烈动机建造"企业帝国"，从而会利用自由现金流，投资于净现值为负的项目③，表明管理者存在过度投资。Richardson(2003,2006)的研究发现过度投资行为普遍存在于美国厂商。总体来看，厂商在剩余现金流量中每 1 美元中就有 43 美分被用于过度投资④。Stigilitz(1996)的进一步研究发现，在转型经济体制下由于产权制度模糊且不完整、投资风险承担责任缺失等，导致职业经理人的投资行为趋向个人效用最大化，并会有较强烈的意愿或兴趣涉入庞大投资项目，导致总投资膨胀，从而诱发一定范围内的产能过剩⑤。随后，Heaton(2002)、Malmendier 和 Tate(2005)等人的研究还发现，当存在自由现金流的情况下，管理者的过度自信心理会加剧厂商的过度投资行为，二者呈显著正相关关系⑥。

（三）动态竞争与竞争优势

20 世纪八九十年代，竞争占支配地位，美国的自由市场崇拜者甚至认为竞争有超乎一切的力量，能够达到完美结局。真实竞争往往更为丰富且是不稳定的，一个健康的市场所需要的是生机勃勃的有效竞争，并带来"竞争性均衡"，使

---

① Narayanan M P. Debt vs Equity under Asymmetric Information [J].Journal of Financial and Quantitative Analysis,1988(23):39-51; Heinkel R, Zechner J. The Role of Debt and Preferred Stock as a Solution to Adverse Investment Incentives [J].Journal of Financial and Quantitative Analysis,1990(25):1-24.

② Jensen M. Agency Costs of Free Crash Flow, Corporate Finance and Takeovers [J]. American Economic Review, 1986(76):323-329.

③ Hart O. Firms,Contracts, and Financial Structure[M].Oxford:Oxford University Press,1995.

④ Richardson Scott A. Over-investment of free crash flow[J].Review of Accounting Studies 2006(11):159-189.

⑤ Stigilitz J E. Whither Socialism? [M].Cambridge: Massachusetts:The MIT Press,1996:97.

⑥ Heaton. Managerial Optimism and Corporate Finance[J]. Financial Management, 2002, 31(2):3-45; Malmendier, Tate. CEO Overconfidence and Corporate Investment [J].The Journal of Finance,2005(6):2661-2770.

现代经济充满活力。这就促使经济学家在更大范围更微观视角,去认识新经济环境下的新变化,即动态竞争(Competitive Dynamics)。因此,在实际市场经济中,约瑟夫·阿洛伊斯·熊彼特(Joseph Alois Schumpeter)认为竞争更多时候是一个激烈的复杂多变的动态性的多方位的经济上的市场争胜过程,是一个创造性的毁灭过程,是围绕"创新—垄断—进一步创新"的不均衡的循环发展过程,"创新活动"不断打破旧的均衡并走向新的均衡。人们又将动态竞争分为多点竞争和竞争互动,Porter、Karnani 和 Wernerfelt 最早在焙咖啡产业和重型机械行业的案例研究中关注了多点竞争①,多点竞争认为厂商间多市场关联程度越高,竞争强度因为厂商间攻击和反击的"相互制衡"而弱化,竞争行为变化态势则表现较稳定并可预期;而竞争互动则是对竞争者行为互动的研究,麦克米兰(MacMillan)、陈明哲(Chen)、米勒(Miller)、格莱姆(Grimm)、史密斯(Smith)等人对竞争者在竞争惯性作用下的战略行动和战术行动以获得在多个市场间相互争夺的溢出,从而赢得厂商竞争优势。

竞争优势理论最早由迈克尔·波特在 1980 年出版的《竞争战略》、1985 年出版的《竞争优势》以及 1990 年出版的《国家竞争优势》中进行系统论述。在《竞争战略》中阐述了目标集聚战略、差别化战略、成本领先战略。在《竞争优势》中创立了价值链理论。在《国家竞争优势》中,则分析一个国家如何形成整体竞争优势,提出了著名的波特钻石模型理论。此后,对竞争优势研究开始从宏观转向厂商微观行为研究,如厂商战略性资源;厂商动态核心能力;厂商学习、创造和管理知识的能力等。

(四)经济增长与周期性规律

虽然古典经济学时代的斯密、李嘉图、马尔萨斯等人就已经开始研究随着时间的变化一个国家的实际产出(GDP)的增长问题,即经济增长。但是,其后相当长一段时间内尤其是边际革命之后的新古典经济学,经济学家更多精力倾

---

① Porter M E. Competitive Strategy: Techniques for Analyzing Industries and Competitors [M]. New York: Free Press, 1980; Karnani A, Wernerfelt B. Multiple Point Competition [J]. Strategic Management Journal, 1985(6):87-96.

注于资源的优化配置问题,而不是关心如何把蛋糕做大的经济增长问题。直到20世纪三四十年代罗伊·F.哈罗德(Roy F. Harrod)的论文《论动态理论》和专著《动态经济学导论》出版,以及埃弗西·多马(Evsey Domar)的论文《资本扩张、增长率和就业》《扩张与就业》发表,标志着现代经济增长理论的诞生。多马的增长模型,讨论了投资的生产能力创造效应和需求创造效应,加强了经济不稳定是固定的观点,暗示了如果投资没有按照既定比率增长,经济将会衰退。随后,索洛(R. M. Solow)、卡尔多(N. Kaldor)、帕森奈蒂(Lui Lodovico Pasinetti)、米德(J. E. Meade)、罗默(P. Rome)、卢卡斯(R. Lucas)、格罗斯曼(G. Grossman)等人对经济增长理论进行了拓展性研究,丹尼斯·麦多斯(Denis Meadows)等人甚至提出"增长的极限",指出"人口和工业生产能力这两方面就会发生突然的、无法控制的衰退或者下降"[1]。

　　而约瑟夫·阿洛伊斯·熊彼特(Joseph Alois Schumpeter)则构建了一个理论体系来解释经济周期和经济发展理论。他认为经济变迁的关键是引入创新,最主要的创新者是那些执行新的组织、引入新的产品、引进新的生产过程、建立新的企业组织形式的企业家[2]。当新企业通常以竞争的方式挤垮老企业,"这个客观机制使繁荣走向终结,引起危机和萧条……以危机的爆发为特征,诸如恐慌、信贷制度崩溃、破产扩散以及其他事件"[3],从而出现生产过剩性危机。因此,经济波动代表了对创新的适应过程,产生经济发展的过程也产生了经济波动,产能均衡被打破和产能过剩的形成过程,每一次萧条都代表向新均衡的艰难移动[4]。

---

① D. 梅多斯,等.增长的极限[M].北京:商务印书馆,1984:65.
② 熊彼特认为并不是所有的企业领导者、管理者或实业家都是企业家,他们有些人可能在不尝试新思想或新的做事方式的情况下经营企业。企业家也不是风险承担者,这一功能留给了股东,股东通常是资本家而不是企业家。
③ 约瑟夫·熊彼特.经济发展理论[M].孔伟艳,朱攀峰,娄季芳,译.北京:北京出版社,2008:148.
④ 约瑟夫·熊彼特.经济分析史:1—3卷[M].杨敬年,译.北京:商务印书馆,1991,1992,1994;约瑟夫·熊彼特.资本主义、社会主义与民主[M].吴良健,译.北京:商务印书馆,1999;约瑟夫·熊彼特.经济发展理论[M].孔伟艳,朱攀峰,娄季芳,译.北京:北京出版社,2008.

三、不同过剩理论的比较与科学性研判

凯恩斯指出"经济学理论并不是提供一个已有结论并可以马上应用于政策的体系。相对于教条,更是一种方法、一种思维方式、一种帮助掌握这种方法的人得出正确结论的技术",事实上,没有一种模型与现实完全契合。无论是马克思主义过剩经济理论还是资产阶级过剩经济理论都是如此,它们是一种思维方式,是一种策略性的思考,并把分析应用到模拟不完全竞争中的方法。当有人问起马克思最喜欢的是什么时,他毫不犹豫地答"怀疑一切"。在《资本论》及其手稿中,马克思坚持"对现存的一切进行无情的批判"①,以批判的眼光考察了资本主义经济制度及经济理论,形成了具有指导性意义的过剩经济思想、研究方法。当前,对不同过剩经济理论的比较和科学性批判也要"从最过硬的事实出发"②,"实事求是地考虑运动的实际出发点"③,客观地比较分析与批评不同理论流派的思想主张。

(一)马克思主义过剩经济思想比较与科学性研判

马克思的过剩经济思想在传播和发展过程中由于有国情不同、代表的阶层利益不同以及个人因素的差异,结合相应的实践进行了"重新发现""改造""修正",他们的一些观点可以说是马克思过剩经济思想的具体化甚至是重大发展④。

列宁在霍布森、希法亭、布哈林、考茨基等人研究的基础上探究了垄断与竞争关系的本质,发现了"自由竞争已让位于资本家的垄断同盟"⑤,从中开始了帝国主义经济学的理论创新,科学地分析了资本主义经济发展中出现垄断资本主义新变化的关键所在,是生产过剩危机在新的历史条件下的新的表现形态。

---

① 中共中央编译局.马克思恩格斯文集:第十卷[M].北京:人民出版社,2009:7.
② 中共中央编译局.马克思恩格斯文集:第二卷[M].北京:人民出版社,2009:601.
③ 中共中央编译局.马克思恩格斯全集:第三十六卷[M].北京:人民出版社,1974:576.
④ 程恩富.马克思主义经济思想史:欧美卷[M].上海:东方出版中心,2006:22-23.
⑤ 中共中央编译局.列宁选集:第二卷[M].北京:人民出版社,1995:472.

因此,可以说列宁"在新的历史条件下发展了马克思、恩格斯的思想"①。但在方法论上,显然只局限于资本主义经济发展阶段上的分析,是不全面的,也是缺乏自觉的。此后,保罗·巴兰和保罗·斯威齐在列宁探究的基础上,从更为微观的视角开启了垄断资本的运行机制与厂商互相勾结与合谋行为分析,有助于人们更好地认识资本的本质属性是为了获得更高额的垄断利润,以及生产过剩危机形成的经济行为演化机理,突出强调了经济主体主观能动性作用的发挥。但他们对资本主义经济基本运动规律,如利润下滑、资本积累、价格规律等理论的改变和修正,却也遭到了赛姆勒等人的严厉批评,甚至认为他们是非马克思主义经济学。因此,SSA 和调节学派避免了列宁的局限,尝试将社会发展阶段与经济制度结合起来,在福特主义体制下竞争压力通过劳动力成本控制来影响生产,垄断调节下竞争环境发生新的表现形式和作用机制,开创了马克思主义经济学的制度分析。在新自由主义政策和制度框架下,破坏性竞争理论发现了厂商无法对供给做出调整而出现核心产业长期性产能过剩的形成机理。但该理论也面临诸多挑战,福斯特就提出"布伦纳描绘的生产过剩和过度投资现象,只有当竞争被取代、垄断势力占据主导的条件下才是可能的";高峰则认为破坏性竞争导致寡头利润边际消失的论断不完全符合实际,有待商榷②。虽然现当代马克思主义经济学家对过剩经济理论问题的探讨仍然有许多不足、不清晰甚至有待商榷之处,还需要我们进行更为深入的研究和讨论。但在不同社会不同发展阶段不同国情下探讨其投资与消费等方面导致生产过剩和停滞的具体特征,在不同程度上丰富了马克思主义过剩经济理论的内涵,仍然值得肯定。

(二)西方经济学产能过剩理论比较与科学性批判

产能过剩是一个复杂的过程,每个市场都不尽相同,它有不同的种类和程度。由于国情不同、代表的阶层利益不同以及个人因素的差异,西方经济学各

---

① 顾海良,张雷声.20 世纪国外马克思主义经济思想史[M].北京:经济科学出版社,2006:87.
② 高峰.关于马克思主义竞争理论的几个问题[J].中国人民大学学报,2012(6):43-48.

理论流派对产能过剩展开了进一步的探索和争论。在当代西方经济学产能过剩问题的研究中,过度竞争理论、过度投资理论、动态竞争理论、竞争优势以及经济增长和经济周期理论自觉地引入了各种分析方法,较为客观地分析了多种竞争形式的运行机理,大大推进了对资本主义经济中产能过剩的研究。过度竞争又被称为"自杀式竞争",厂商为了实现进入阻滞,以抬高自己压低别人的方式进行,以实现市场份额争夺权,行业内激烈的过度竞争导致了过剩生产能力的形成。而在拥挤的市场中,过度投资会使实际厂商数量高于最佳均衡时的数量,从而引发资源配置无法实现最优化,出现规模不经济和社会福利损失。这些观察,较好地从微观层面回应了厂商设置过剩生产能力的行为。但在现实中除了厂商内在的逐利本性使然外,还会受到政策、经济环境、体制性等其他因素的诱致,从而使厂商过度投资和过度竞争行为的影响因素更为复杂。此外,企图通过价格协定或兼并限制来遏制恶性竞争已经被证明并不可行。而竞争优势理论在解构厂商竞争力"暗箱"中,认识从静态向动态、从外生向内生不断演化,对厂商生产规模持续扩张能力来源的解释得到了较为普遍的认可,从而为行业中部分厂商生产能力过剩辨识提供了有利的工具。

熊彼特把资本主义经济发展的过程看作一个创造性的毁灭过程,而过程的基本动力来源便是"创新"活动,从而对自由竞争状态和垄断状态作出了与前人迥然不同的评价,并且指出创新只能造成经济周期波动而不是经济的持续繁荣,经济生活呈现出周期波动。相比较而言,熊彼特强调从经济内部的原因来寻找推动经济发展的和变动的动力,是比较符合客观实际情况的,也具有辩证法的优点。但我们也应该认识到创新也仅是资本主义市场经济的一个方面,并不是全部。他在论述创造性走向毁灭的过程中,并没有很好地论证生产过剩的发生机制,并认为即使生产过剩发生也是资本主义经济的一种过渡时期,有能力实现阶段性自我修复,他的夫人伊丽莎白·布迪·熊彼特认为显然这使"熊彼特成为资本主义的热心辩护人"①,而不是谴责资本主义。虽然,资产阶级经济学家对生产过剩行为考察,是以自由竞争为前提,并以厂商利润最优化和资源优化配置为主要目标,这有助于我们更全面客观地把握社会主义市场经济中生产过剩形成机理,更深刻认识和理解社会市场经济中现代厂商的竞争行为具有重要的借鉴意义。

（三）两类产能过剩理论比较与科学性批判

马克思从资本主义生产方式的本质和内在矛盾出发,对资本主义过剩经济的形成规律做出了突破性的贡献,正如威克斯所说"马克思在方法论上对资产阶级政治经济学的突破是如此完全和彻底,以至于形成了一次方法论上的革命"②。随着资本向更大规模厂商的集中,更多的垄断组织和卡特尔取代了资本主义早期阶段的相对自由竞争,市场无政府状态导致的比例失调,或消费不足或利润下滑,经济危机不可避免地逼近。因应现实经济困局的诉求,马克思主义经济学和资产阶级经济学在著书立说和相互争论中,不断论证和阐释生产过剩危机的表现及其规避方法。

从理论前提看,马克思主义过剩经济思想强调厂商的主观能动性和追求超额利润的偏好。而西方经济学产能过剩理论则重视理性经济人分析范式下,通过竞争形式的更新和竞争策略的调整,实现厂商竞争优势再造,以实现长期利润帕累托最优。因此,马克思主义经济学相对更重视对行为本质的批判性研究,而西方经济学家则更强调优化资源配置下行为调整的利润实现导向的研究。从生产过剩形成机制上看,马克思主义过剩经济思想着重从资本主义制度根源出发,重视马克思的基本原理应用,强调再生产过程中的矛盾性,认为生产过剩危机是资本主义社会根本矛盾不可调和的产物,特别强调不同阶级和阶级分化可能产生的威胁。而西方经济学产能过剩理论则认为生产过剩是厂商在竞争中的策略性行为或者是经济螺旋式循环发展过程中的过渡形式。从治理策略

---

① 熊彼特.从马克思到凯恩斯十大经济学家[M].宁嘉风,译.北京:商务印书馆,1965:8.

② John Weeks. Capital and Exploitation[M].Princeton：Princeton University Press,1981:149.

来看,马克思主义过剩经济思想认为垄断并不能消除竞争,走向高级的社会经济结构是治理的根本,也是消除贫困的根本。而西方经济学产能过剩理论则十分重视厂商策略性行为的治标手段研究,以缓解生产过剩带来的利润损失和优化资源配置。这些策略并不能从根本上消除这一问题,反而使产能过剩问题不断演化和复杂化,最终全面爆发生产过剩的危机。"显然,资产阶级经济学家在这些问题上并没有什么更多的作为,他没有提出建立在缜密分析基础上的准确预言"[1],"因此人们普遍认为,马克思主义的方法更加正确"[2]。当然,我们也应该清醒地认识到,有些马克思主义经济学家试图将马克思的、斯拉法的、后凯恩斯的、现代制度学派的以及一些新的西方经济学产能过剩理论综合起来用于分析资本主义的生产过剩,这在多大程度是可能的、是科学的,仍然值得深入研究。

虽然西方经济学产能过剩理论在某些方面与马克思主义过剩经济思想相背离,但从研究过程、研究手段以及研究结论上依然有其合理性部分,如兰格认为西方经济学产能过剩理论能够抓住资本主义经济日常生活的现象等[3],并且已经认识到新古典理论的优点。它对马克思主义过剩经济思想的深化研究,有着十分重要的理论推动。马克思主义过剩经济思想只有在不断的理论纷争中,才能建立科学的马克思主义过剩经济分析的理论框架,才能更加清晰更加科学地分析当代生产过剩危机的形成机理与治理策略,为生产力的发展与经济的长期繁荣扫清障碍。

[1] M. C.霍华德,J. E.金.马克思主义经济学史(1929—1990)[M].顾海良,张新,译.北京:中央编译出版社,2003:397.
[2] M. C.霍华德,J. E.金.马克思主义经济学史(1929—1990)[M].北京:中央编译出版社,2003:398.
[3] Lange O.Marxian Economics and Modern Economic Theory[J].Review of Economic Studies,1935(2):191-192.

第四节 产能过剩测度趋势及其应用

测度产能过剩程度的方法较多,产能利用率是其中一种重要方法,即测度市场需求与产能之间的关系,也称设备利用率。从国内外实证研究来看,这一指标能很好地反映实际产出和工业生产能力之间的比率,最能反映产能过剩程度。总体而言,产能过剩测度是在大规模微观数据基础上以实证研究为主,再辅以综合行业特征识别与案例研究进行综合判定、辨识。

一、国外产能过剩测度的主要方法

(一)峰值法(Peak-to-Peak,PTP)

峰值法是一种对假定时间序列内生产率在其峰值年间的平均变化率来确定生产单位潜在生产能力的方法,是国际上最简捷的能力度量方法。Ballard 和 Roberts(1977)、Hsu(2003)等人利用峰值法,测算了美国沿海岸 10 种渔业的捕捞能力及其利用率。该方法数据要求低且易获得,仅需要投入和产出单序列就可以进行测算。但可能存在的不足就是,峰值点的设备利用率比相邻点值高也未必就是设备利用率的最优点。

(二)最小成本函数法(Min Cost Function Method)

Cassels(1937)是利用最小成本函数法测度产能过剩的先驱。Morrison(1985)利用该方法对美国汽车行业的产能利用率进行了测算[1]。Garofalo 和 Malhotra(1997)利用该方法对 1983—1990 年美国 48 个州制造业领域的产能利用率进行了测算[2]。

---

[1] Morrison C J. Primal and Dual Capacity Utilization : An Application to Productivity Measurement in the U.S. Automobile Industry[J].Journal of Business & Economic Statistics, 1985,3(4):312-324.

[2] Garofalo G A, Malhotra D M. Regional Measures of Capacity Utilization in the 1980s[J].The Review of Economics and Statistics,1997,79(3):415-421.

（三）生产前沿面方法（Production Frontier Method）

生产前沿面又称生产可能性边界，即采用生产函数分析厂商实际要素投入和产出数据之间建立回归模型，呈现出以投入量的函数估计最大产出。Michaell Farrell（1957）基于生产效率测度思想进行了开创新研究[①]。在此基础上后人沿着参数方法（Parametric Estimation Method）和非参数方法（Nonparametric Estimation Method）两个方向进行了拓展性研究。

参数方法是通过建立最大可能产出与实际可能投入之间的函数参数，从而得到描述生产前沿面的生产函数前沿。Aigner 和 Chu（1968）、Timmer（1971）、Dugger（1974）等开展过相关研究[②]。目前比较推崇的是随机生产前沿面模型，Greene（1980）、Stevensen（1980）、Lee（1994）等人的研究比较有代表性。

非参数方法是生产效率测算的结果分解后不再发生替代而是按照相同比例增减的非参数度量。数据包络分析（Data Envelopment Analysis，DEA）方法是一种利用非参数的数学规划技术来求解产能利用率的方法。Fare 等人（1989）将基本的 DEA 模型扩展到产能利用率的计算[③]，利用投入和产出数据构造出生产前沿，使用线性规划方法确定在给定的要素投入下，最大的产出量能否实现；或者给定产出水平，确定需要的最小投入水平。从已有文献来看，由于 DEA 模型存在诸多缺点，比如 DEA 是一种确定的模型，度量误差等引起的产出测量波动被解释为无效率，故其使用并不广泛。

---

① Farrell 模型的建模思想是采用一系列适合的线性规划模型求解出所观测投入空间的凸边界。Farrell M J. The Measurement of Productive Efficiency[J]. Journal of the Royal Statistical Society, 1957, Series A, 120:253-281.

② Aigner D J, Chu S F. On Estimating the Industry Production Function[J]. American Economic Review, 1968 (58):826-839; Timmer C P. Using a Probabilistic Frontier Production Function to Measure Technical Efficiency[J]. Journal of Political Economy, 1971(79):776-794; Dugger R. An Application of Bounded Nonparametric Estimating Functions to the Analysis of Bank Cost and Production Functions[D]. University of North Carolina, 1974.

③ Fare R, Grosskopf S, Kokkelenberg E C. Utilization and Technical Change: A Nonparametric Approach [J]. International Economic Review, 1989, 30(3):655-666.

（四）单一指标法——产能利用率（Capacity Utilization）

单一指标主要指产能利用率。产能利用率指实际产出与设计生产能力的比值，是反映产能利用情况最为直接的指标。威廉·J.史蒂文森（2012）在《运营管理》一书中提出产能利用率＝（产业实际产量÷产业实际生产能力）×100%。行业的产能利用率则是以行业的现有产出占该行业可以达到的最大设计生产能力的比重来衡量。基于该方法，Nelson 就用美国私有电气设施行业 1961—1983 年的相关数据计算了该行业的产能利用率。学术界普遍认可的美国产能利用率的"合意"值一般应在"79%～83%"，美国历史上只有越战时期产能利用率达到了 90%。

此外，Foss 提出利用实际用电量与最大可能用电量之间的比率测度产能利用水平，最大可能用电量使用电力设备的产能产出来替代；Klein 和 Preston 从生产函数的角度提出了产能产出和产能利用率的度量方法；Shaikh 和 Moudud 使用协整方法测算长期与资本存量共同变化的产出作为产能产出，进而得到产能利用率。

二、国内产能过剩测度的主要方法

（一）企业设备利用率调查

主要是国家统计局定期对 12 000 家工业企业进行经营状况调查，国家统计局并不对外公布这一数据，而是以合成后的景气指数形式出现。此外，国家统计局定期对外发布我国工业企业财务指标的状况，也可以为我们从财务指标维度分析产能过剩问题提供数据来源。

（二）中国人民银行企业设备利用率调查

为了及时掌握企业生产、经营及资金供求状况，了解企业经营管理者对经济形势的判断、预测，为中央银行分析、判断和预测经济运行趋势及制定货币政策提供准确、及时的信息，中国人民银行在全国 29 个省（自治区、直辖市）选定

5 000余户企业作为调查企业[①]。

(三)已有研究涉及的主要测度方法

(1)综合指数测量。运用各种能反映产能利用情况的指标综合成一个指数来考察产业产能利用情况。其主要包括产能利用率、销售利润率变动率、价格指数变动率、库存变动率。如周劲、付保宗建立由一个程度指标和三个效应指标构成的产能过剩评价体系。冯梅、陈鹏运用综合指数,从分析产能利用率、利润率变动率、库存变动力和价格变动率等多个指标测算1996—2012年钢铁产业产能过剩状态和程度,并对未来3年钢铁产业产能过剩程度进行了预警[②]。

(2)峰值法。峰(Peak)是指产能充分利用期,被用作产能指数的基本参考点。每个生产单位的产出水平显著高于前、后年的年份被称为"峰年"。如沈利生(1999)利用峰值法测算了我国潜在经济增长率变动趋势[③]。路楠林(2007)运用峰值分析法对中国制造业的产能利用率进行了测算[④]。何彬(2008)运用峰值法对1999—2006年制造业28个行业面板数据进行测度,同时按照波动程度将制造业28个行业划分为三种类型[⑤]。由于峰值法测算结果较大程度上取决于计算者对峰值的选取,随机性较强、结果较为粗糙,因此使用范围不广。

(3)生产函数法。将生产过程中所消耗的各种要素投入进行综合考察,受到比较多研究者的欢迎和认可。孙巍等(2009)利用成本函数对我国制造业28个行业1997—2006年的产能产出和产能利用率进行了测算[⑥]。韩国高等(2011)在成本函数的基础上,对中国重工业和轻工业中28个产业1999—2008

① 调查企业涉及27个行业,分为月度企业财务数据调查和季度问卷调查,调查内容包括企业资产负债和损益的财务数据以及企业总体状况、市场需求、资金、效益、投资等六方面的情况。

② 冯梅,陈鹏.中国钢铁产业产能过剩程度的量化分析与预警[J].中国软科学,2013(5):110-116.

③ 沈利生.我国潜在经济增长变动趋势估计[J].数量经济技术研究,1999(12):3-6.

④ 路楠林.产能过剩与市场结构的相关性研究[D].长春:吉林大学,2007.

⑤ 何彬.基于窖藏行为的产能过剩形成机理及其波动性特征研究[D].长春:吉林大学,2008.

⑥ 孙巍,李何,王文成.产能利用与固定资产投资关系的面板数据协整研究[J].经济管理,2009(3):1-10.

年的产能利用水平进行了测算①。沈坤荣等（2012）利用生产函数对生产能力利用率进行了测度，并结合中国35个工业行业1998—2008年面板数据进行了产能利用率测算②。

此外，还有学者通过描述性统计指标分析产能利用情况，利用行业统计数据来衡量产能是否过剩。如江源（2006）利用工业普查数据的描述性统计分析结果评价了我国原煤、粗钢、水泥、电解铝、汽车等行业的产能利用情况，并得出这些行业普遍存在产能过剩的结论③；利用企业的相关指标（涉及产品可销售天数、存货水平、利润率等）衡量产能过剩状况。如巴曙松（2006）认为，衡量产能过剩的依据除了产能与实际产量之间的差距之外，行业不同程度存在存货上升、产品价格下跌、企业利润率下降等状况，也是衡量产能过剩的重要指标④。王岳平（2006）还对全部工业、炼钢、炼焦、水泥制造、电力生产、汽车制造、纺织业等行业的产成品资金占用率、销售率、亏损面和资金利税率等指标说明产能过剩的问题⑤。

三、本研究的测度方法与应用说明

实践中，出于统计与测度数据可获得性与数据分析信度效度考虑，通常采用产能利用率来衡量或判断产能过剩及其程度⑥，国际上公认的合理区间是79%~83%⑦（表1-4）。

---

① 韩国高,高铁梅,王立国,等.中国制造业产能过剩的测度、波动及成因研究[J].经济研究,2011（12）：18-31.

② 沈坤荣,钦晓双,孙成浩.中国产能过剩的成因与测度[J].产业经济评论,2012（4）：1-26.

③ 江源.钢铁等行业产能利用评价[J].统计研究,2006（12）：13-19.

④ 巴曙松.当前产能是否真的过剩[J].中国投资,2006（7）：15-19.

⑤ 王岳平.我国产能过剩行业的特征分析及对策[J].宏观经济管理,2006（6）：15-18.

⑥ 该指标等于实际产出与潜在产能（潜在产能是指经济中已经形成的产出能力,不包括在建和拟建的产能）之比.

⑦ 美联储认为,如果产能利用率达到85%,就可以认为实现了产能充分利用；超过90%,则可以认为产能不足,有可能引发通货膨胀；如果明显低于79%~83%,则说明可能存在产能过剩.资料来源：国家统计局工交司.产能过剩行业调整对策研究[J].中国国情国力,2006（10）：35-36.

表 1-4 部分国家和地区产能利用率 单位:%

国家或地区	中值	均值	最大值	最小值
美国(1967—2012)	80.6	80.7	88.4	67.2
美国(1967—1979)	84.5	83.8	88.4	74.4
美国(1987—1999)	77.7	77	80.6	67.2
美国(2000—2012)	81.3	81	85	73
欧洲(1991—2012)	82	81.3	85	69.5
欧洲(1991—2008)	82.3	82.3	85	77.4
欧洲(2009—2012)	78.1	76.4	80.7	69.5
巴西(2005—2012)	81.6	81.5	83.7	78.4
中国台湾(1981—2007)	78.8	78.7	83.4	72.5

资料来源:根据各证券公司研究报告整理摘编.

为了更加科学全面地看待我国产能过剩问题,本研究力求将市场经济一般规律与我国特殊国情相结合。由于我国长期保持较高的投资率,新增产能增加较快,则有必要调低判断产能过剩的标准,以更好地激发市场竞争力。当然,考虑到本研究的时间限制,结合数据的可获得性,最容易实现的产能利用率的测度是用单一指标法,其次是峰值法;如果能够获得更多的微观数据,将考虑采用综合指数法、生产函数法和随机生产前沿法。此外,还将结合各类宏观经济数据、行业统计数据、企业生产经营指标等来描述产能过剩状况,如生产指数、销售指数、库存指数等,具体涉及生产指数——生产者加权、生产指数——生产效率加权、生产者成品增长指数、库存指数、原材料消耗指数、原材料在库指数、原材料在库率指数、未来生产预期指数、产品价格变化、成品资金占有率、销售率、亏损面、资金利税率、资本金收益率、总资产报酬率、利息支付倍数、劳动生产率、开工率指数、雇员数量、生产能力指数等。目前已掌握的数据包括历年中国工业经济统计年鉴、1985 年和 1995 年中国工业普查资料、2004 年和 2008 年全国经济普查统计资料等。

2

我国产能过剩问题的历史演进与治理绩效

改革开放以来,在我国由计划经济向市场经济转轨的发展过程中,工业产品也由供给约束向需求约束转变,不同社会发展时期和工业经济领域开始持续性面临多样化的"产能过剩""重复建设""过度投资"或"过度竞争"等相类似的问题困扰,并表现出不同的特征,对我国经济健康发展带来了一定的威胁。我国经济发展中长期存在周而复始的产能过剩问题,不同发展阶段有不同的特点,急需系统梳理改革开放以来产能过剩问题的独特性和演化轨迹①,厘清产能过剩治理政策变迁与经济绩效。约瑟夫·熊彼特曾说过:"任何企图表述'科学现状'的论述实际上是在表述为历史所规定的方法、问题与结果,只有对照其产生的历史背景来考察才有意义。换句话说,任何特定时间的任何科学状况都隐含它过去的历史背景,如果不把这个隐含的历史明摆出来,就不能圆满地表述这种科学的状况"②。产能过剩的历史梳理为我们提供了最好的方法,提供了更好认识和理解产能过剩理论与实践的桥梁,以及各种经济现象之间是如何关联的,否则我们就无法深刻了解或解释现实的、正在迅速发展变化的我国的产能过剩,更无法正确回答什么是社会主义市场经济中的产能过剩及其形成机理如何发生。

第一节　改革开放初期产能过剩问题辨识: 1978—1991

由于十年"文化大革命",中国经济受到重创,绝大多数中国人已经清醒地认识到旧路线和旧体制的弊端,逐步达成改革开放共识。正如邓小平所言:"不改革不行,不开放不行。过去二十多年的封闭状况必须改变。我们实行改革开放政策,大家意见都是一致的,这一点要归功于十年'文化大革命',这个灾难的

---

① 美国学者 E. 雷·坎特伯在他所著的《经济学简史》一书中指出,"历史是研究思想的基础……在经济学家眼中,历史从来都不会被忽略"。详可参阅:E. 雷·坎特伯.经济学简史[M].北京:中国人民大学出版社,2011.李义平.经济学百年:从社会主义市场经济出发的选择和评价[M].3 版.北京:中国人民大学出版社,2014:16-17.

② 约瑟夫·熊彼特.经济分析史:第 1 卷[M].杨敬年,译.北京:商务印书馆,1991:18.

教训太深刻了。"①因此,1978 年十一届三中全会后,开始了一场由农民发动的工业化运动,增量改革拉开序幕。农村承包制催生了几千万个家庭农场,而后乡镇企业和民营企业的异军突起大大开拓了市场,反过来又促进了国有经济改革走向深入,社会主义市场经济开始"出场"。

一、产能过剩的经济背景与表现形态

　　十一届三中全会之后,为了解决严重的结构失衡②,按照"调整、改革、整顿、提高"方针,我国开始了工业化战略的重大调整。政府调整轻重工业结构的具体措施包括:压缩过大的基础建设规模,调整重工业的增长速度和服务方向,控制重工业部门的发展;专门出台文件制定和实施各种扶植轻工业的优惠政策,要求加快发展轻纺工业,增加轻工业产品和消费品供给,对轻工业发展起到了重要作用。1978 年 4 月《关于加快工业发展的若干问题的决定(草案)》,开始从发展重工业向消费导向型工业发展转变,以释放消费能力和鼓励消费,注重市场需求导向,优先发展轻工业,以纠正扭曲的产业结构。实践中,压缩了基本建设投资规模,清理并减少了在建的建设项目,加快了消费品工业的发展③。1980 年 1 月 7 日,中共中央出台轻纺工业"六个优先"政策④,着重调整重工业的内部结构,加快为农业、消费品工业和交通运输业服务的重化工业的发展;对消耗高、质量差、亏损严重的企业进行关、转、并、停,各行各业发展轻工业的积极性被调动起来。与此同时还出台了一系列促进工业经济发展的社会经济政策,如 1981 年 7 月出台的《关于城镇非农业个体经济若干政策规定》,要求保护个体经营户的正当经营、合法收益和财产;1982 年 9 月,国务院首次批准 6 类

①　邓小平.邓小平文选:第三卷[M].北京:人民出版社,1993:265.
②　邓小平指出:我们过去长期搞计划,有一个很大的缺点,就是没有安排好各种比例关系。农业和工业比例失调,农林牧副渔之间和轻重工业之间比例失调,煤电油运和其他工业比例失调,"骨头"和"肉"(就是工业和住宅建设、交通市政建设、商业服务业建设等)比例失调,积累和消费比例失调。引自:邓小平.邓小平文选:第二卷[M].北京:人民出版社,1994:250.
③　数据来源:1993 年中国统计年鉴。
④　即能源、原材料、电力供应优先;基本建设项目优先,挖潜、革新、技术改造措施优先;银行贷款优先;交通运输保障优先;使用外汇和引进技术优先。

160 种小商品可以根据市场供求规律进行企业自主定价。此后,轻工业的绝大多数产品陆续都由企业根据市场供求规律自行定价;1982 年 11 月出台了《关于当前完善工业经济责任制的几个问题》,要求进一步完善工业经济责任制;1984 年 11 月出台了《关于轻工业集体企业若干问题的暂行规定》,该文件推动了轻工业集体企业改革步伐;以 1985 年 1 月出台的《关于放开工业生产资料超产自销产品价格的通知》为基础由此形成所谓的价格"双轨制";1985 年 5 月 24—25 日,国家经委、国家体改委等 7 个部门联合召开国营小企业转让试点工作座谈会,会议决定在邯郸、丹东、大连等十个城市中选择部分国营工业小企业进行试点;1986 年 7 月 4 日,国务院发布了《关于加强工业企业若干问题的决定》(即"企业管理十七条")。1987 年党的十三大基本形成了多种经济成分共同发展,以市场为导向的全面工业化发展模式,使工业化更具灵活性。

这一时期,在宏观政策环境改革下持续放松微观经营机制和资源配置制度促进了非国有经济的成长,乡镇工业异军突起[①],国有工业企业全面推行经营责任制,我国工业经济上了一个新台阶。据测算,改革前 26 年(1953—1978 年)我国的总要素生产率平均为负增长(其中 1953—1957 年总要素生产率为 0.77%,对经济增长的贡献率为 8.7%)[②];1979—1989 年我国的总要素生产率和它对经济增长的贡献率分别为 2.48%、28.5%[③]。在基本建设方面,国家发放了转向贷款,地方投资重点也由过去发展小钢铁、小机械、小化肥转向发展轻工业,各行各业发展轻工业积极性很高。1978 年集体企业的单位数为 26.4 万个,占到全社会企业的 75.98%,其中乡(社)办的就有 16.41 万个,占 47.1%,1984 年增至 35.21 万个,占 80.6%,1985 年集体所有制企业和个体企业总和急增至 508.99 万个,占 98.16%;1990 年,该数目已迅速发展到 783.85 万个,占 98.5%[④]。而这些

---

① 中国工业经济统计年鉴数据显示,1986 年从事食品加工的乡镇企业达到 213 869 家,1987 年增至 224 403 家;1986 年有 166 528 家乡镇企业生产建材,1987 年增至 187 307 家。在机械和纺织部门的乡镇企业,1987 年分别有 58 040 家和 28 848 家,而在化工部门的乡镇企业为 18 828 家。

② 总要素生产率是技术进步、组织与制度安排引起的生产率。在 1957—1978 年,中国的技术进步并没有停止,总要素生产率为负的主要原因是组织与制度安排缺乏效率。

③ 杨坚白.速度·结构·效率[J].经济研究,1991(9):44-47.

④ 根据 1949—1984 年和 1991 年中国工业经济统计年鉴相关数据整理。

集体企业和个体大多属于劳动密集型和低技术门槛。在 1979—1983 年的 5 年中,轻工业共完成基本建设投资 103.36 亿元,为前 28 年的 60%;更新改造费 52.58亿元,占全国同期技改费的 8.11%。新增固定资产 232 亿元,在 1980—1988 年的 9 年中,轻工业固定资产原值由 344 亿元增加到 1 028 亿元,增长近两倍①。从 1980—1989 年固定资产投资看,轻工业建设总资金 1 529 亿元②。在工业总产值中,如表 2-1 所示,轻工业比重也在不断增大,从 1978 年的 32.4%,上升到 1991 年的 38.1%。轻重工业企业生产单位数比重,也从 1978 年的 58.7%,上升到 1991 年的 68.4%,如表 2-2 所示。集体工业产值也由 1982 年的 1 017.74亿元增加到了 1992 年的 2 777.21 亿元,平均每年增长 8%③。

表 2-1 1980—1991 年工农业总产值中农轻重比例

单位:%

	1978 年	1980 年	1985 年	1989 年	1990 年	1991 年
农业	24.8	27.2	27.1	22.9	24.3	22.1
轻工业	32.4	34.3	34.6	37.3	37.4	38.1
重工业	42.8	38.5	38.3	39.8	38.3	39.9

资料来源:国家统计局工业交通统计司.中国工业经济统计年鉴[M].北京:中国统计出版社,1992:19.

表 2-2 工业企业生产单位数比重

单位:%

	1978 年	1980 年	1984 年	1985 年	1986 年
轻工业	58.7	60.2	57.6	70.6	67.8
重工业	41.3	39.8	42.4	29.4	32.2

① 陈新,丛国滋.中国轻工业四十年(1949—1989)[M].北京:中国轻工业出版社,1990:246.
② 其中啤酒用资 76 亿元、塑料制品业用资 57 亿元、家用电器业用资 43.6 亿元、日用化工用资 70 亿元,合计资金 246 亿元,约占轻工业同期全部建设资金的 16%。资料来源:宫景隆.轻工业发展问题研究[M].北京:中国轻工业出版社,1993:249.
③ 根据中国工业经济统计年鉴相关数据整理。

续表

	1987 年	1988 年	1989 年	1990 年	1991 年
轻工业	70.2	68.4	68.4	67.4	68.4
重工业	29.8	31.6	31.6	32.6	31.6

资料来源:根据 1949—1984、1986、1992 年中国工业经济统计年鉴相关数据计算.

有关部门于 1981 年制定了电视机、电冰箱、洗衣机、收录机等耐用消费品的发展规划,许多生产一般机械产品、军工产品的企业开始转向生产家用电器。据统计,到"七五"末,我国共引进彩电生产线 100 多条,年装配能力达 2 000 多万部;51 家电冰箱厂从国外引进生产线达 65 条,仅"阿里斯顿"生产线就先后引进 10 多条,产能值达 1 500 万台[1],家电行业产值增长速度最快。1981—1990 年,家用电冰箱、录音机、洗衣机、电视机、电风扇产量年均增长率分别为57.6%、44.9%、39.1%、26.8%、23.1%,平均年增长 42%,为同期工业总产值的 3～4 倍。从国际比较来看,此时电视机、洗衣机产量等开始逐步赶上,并超越欧美发达国家。如 1980 年电视机产量为 249.20 万台,超过同期英国的 236 万台和法国的 193 万台,到了 1984 年我国电视机产量就达到了 1 003.81 万台;家用洗衣机 1981 年为 128.08 万台,开始超过了同期英国的 112 万台,1982 年产量达253.26 万台,开始超越同期德国的 166 万台(如表 2-3 所示)[2]。此时,1978—1988 年工业霍夫曼总值比从 0.76 上升为 0.97,工业霍夫曼净值比则从 0.63 上升为0.81,轻工业比重从 43.1%上升为 49.3%,重工业比重从 56.9%下降为 50.7%,工业轻型化显著。轻重工业比重变化说明我国工业化战略重点已发生变化,由改革开放前的优先发展资本品生产推动工业化进程,转变为优先发展消费品生产带动工业化的发展。

---

[1] 魏后凯.从重复建设走向有序竞争:中国工业重复建设与跨地区资产重组研究[M].北京:人民出版社,2001:37.

[2] 国家统计局工业交通物质统计司.中国经济统计资料(1949—1984)[M].北京:中国统计出版社,1985:44,47-48,231-233.

表 2-3　中国、德国、英国、法国家用电器产量比较

单位：万台

	中国			德国			英国			法国		
	冰箱	洗衣机	电视	冰箱	洗衣机	电视	冰箱	洗衣机	电视	冰箱	洗衣机	电视
1978	2.8	0.04	51.73	281	229	424	117	120	242	—	172	210
1979	3.18	1.81	132.85	293	2 323	411	98	131	248	—	191	185
1980	4.9	24.53	249.20	301	166	443	101	132	236	—	196	193
1981	5.56	128.08	539.41	279	176	461	103	112	231	—	181	196
1982	9.99	253.26	592.01	279	166	420	108	123	238	—	164	216
1983	18.85	365.86	684.01	281	161	470	117	137	288	—	142	203
1984	54.74	578.06	1 003.81	267	169	392	—	—	—	—	—	—
1985	144.81	887.2	1 667.66	—	—	—	—	—	—	—	—	—
1986	225.02	893.4	1 459.40	—	—	390	—	—	288	—	—	204
1987	401.34	990.2	1 934.37	—	—	400	—	—	290	—	—	190
1988	757.63	1 046.8	2 505.07	—	—	370	—	—	303	—	—	190

资料来源：国家统计局工业交通统计司.中国经济统计资料（1949—1984），北京：中国统计出版社，1985：44，47-48，231-233.

　　随着轻工业的基本建设投资和生产流动资金的改革，轻工业的生产要素逐渐走向基本上由市场配置的局面，企业开始成为市场竞争的主体。在工业化发展不断增速的同时，可比产品成本大幅提高，特别是在 1985 年多数主要轻工业产品的成本普遍有了上升。资金利润率和产值利润率普遍降低，某些行业出现了全行业亏损现象，产能过剩问题开始频繁出现。据不完全统计，1980 年全国计划外小纸厂有几千个，仅河南一个省就有 860 个。全国肥皂生产能力是 100 万吨，1979 年只生产了 70 万吨，原料油供应只能满足生产能力的 70%，但仅湖南、四川、江西、安徽、江苏五省小肥皂厂就有 1 014 个①。与此同时，电机、家

①　宫景隆.轻工业发展问题研究［M］.北京：中国轻工业出版社，1993：17.

电、啤酒、塑料等热门产业生产能力大大超过了市场正常需要,甚至远远脱离了原材料供应能力。从表 2-3 可以看到,1978 年全国冰箱、电视和洗衣机分别为 2.8 万台、51.73 万台和 0.04 万台,而到了 1984 年分别上升到 54.74 万台、1 003.81万台和 578.06 万台,1988 年则进一步增加到了 757.63 万台、2 505.07万台和 1 046.8 万台,市场供给严重超出当时市场需求水平①。再以医药行业为例,20 世纪 80 年代在以"新产品、新技术和外向型"为基本内容的"医药行业利用外资指导三原则"的指引下,医药工业开始大规模引进外资,外商合资企业稳步上升。制剂能力从 1988 年的 62%下降为 1992 年的 51%,但医药三资企业数却从 1988 年的 54 家增加到 1992 年的 214 家,前四名医药企业市场占有率仅 13%②。调查显示,1990 年我国计算机装机量估计已超过 7 万台,但有效开工率还不到 50%,而发达国家计算机的有效开工率高达 98.5%③。

此外,从设备利用率考察来看,1985 年各部门设备利用程度高低的顺序是:(1)纺织工业的棉布织机设备利用率(97.54%);(2)纺织工业的棉纺锭设备利用率(96.36%);(3)石油工业的油井利用率(86.22%);(4)建筑材料工业的回转窑运转率(84.07%),历史最好水平 89.61%(1956 年);(5)建筑材料工业的水泥磨运转率(1984 年,67.10%),历史最好年份 84.79%(1958 年);(6)机械工业的金属切削机床利用率(50.3%)。可见利用最充分的是纺织机器设备,最差的是金属切削机床。我国机床利用率非常低,分布在民用机械制造部门使用的机床约占 90%,一般利用率只有 50%左右;分布在军工机械部门使用的机床约占 10%,利用率更低,有的低到 30%以下④。从不同部门金属切割机床利用率来

---

① "再如,自行车、缝纫机、机械手表,生产能力分别为年产 5 600 万辆、1 500 万架、5 000 万只,而 1989 年实际产量仅达到 3 600 万辆、950 万架、2 100 万只,生产能力闲置率分别为 35.7%、36.6%和 58%。而新兴的家用电器、啤酒、塑料生产能力闲置的现象也很严重,家用电冰箱为 39%、家用洗衣机为 50%、啤酒为 34%、塑料加工为 38.4%。"数据来源:宫景隆.轻工业发展问题研究[M].北京:中国轻工业出版社,1993:251.

② 刘学,陈文选,郑东连,等.利用外资对中国医药业的影响[J].国际贸易,1994(2):19-21.

③ 马洪,周叔莲,汪海波.中国工业经济效益问题研究(下)[M].北京:中国社会科学出版社,1990:71.

④ 马洪,孙尚清.中国经济结构问题研究[M].北京:人民出版社,1981:329.

看,超过 50% 的仅有机械部(1980 年和 1985 年)、煤炭部(1984 年和 1985 年),但都处于产能闲置率较高水平,如表 2-4 所示。对苏州市 1985 年建成的 215 个生产企业调查显示,建成后不能投产的有 20 个,占 9.3%;生产能力利用率不到 25% 的有 41 个,占 19.1%;生产能力利用率在 25%~50% 的有 45 个,占 20.9%;生产能力利用率在 51%~75% 的有 43 个,占 20%;生产能力利用率在 76% 以上的有 66 个,占 30%。也就是说,有近一半的新建企业生产能力利用率不足 50%[①]。而 1986 年统计数据显示,1981—1985 年全国所有独立核算工业企业百元固定资产原值实现的产值,分别为 96 元、95 元、95 元、96 元、94.97 元,表现出其整体效益水平不高[②]。1989 年以后许多行业中企业亏损比重和大规模亏损增长持续上升。

表 2-4　金属切割机床横向利用率比较

单位:%

部门或行业	1980 年	1984 年	1985 年
机械部	50.1	48.4	50.19
船舶工业总公司	30.26	30.23	33.08
铁道部	44.58	44	47.83
核工业部	48.27	46.99	46.31
兵器工业部	34.78	33.36	32.41
煤炭部	48.26	55.93	56.91
航天工业部	36.36	30.01	40.41
中国汽车工业公司	44.57	49.73	52.08
水电部	40.79	42.53	43.37
地质矿产部	48.73	47.82	49.25

资料来源:马洪,周叔莲,汪海波.中国工业经济效益问题研究(下)[M].北京:中国社会科学出版社,1990:69.

---

① 　马洪,周叔莲,汪海波.中国工业经济效益问题研究(下)[M].北京:中国社会科学出版社,1990:72.
② 　1985 年中国统计年鉴第 375 页,1986 年中国统计年鉴第 326 页。

二、产能过剩的治理政策与经济绩效

改革开放初期,经济体制全面深化改革中进行工业化战略和产业结构调整,1978—1988 年的十年中民营企业开始大规模进入机械、建材、纺织、食品等工业部门,乡镇企业、小企业发展数量迅速膨胀,实现工业化、现代化的方式发生了根本性转变①。从供给来看,经济体制市场化改革,市场在资源配置中基础性作用逐渐显现,市场经济体制基础上的增长机制和结构纠偏机制逐步建立;在工业生产方面,国家下达的指令性计划产品,由 1984 年的 123 种减少到 1988 年的 50 种,同期国务院各专业部门下达的工业生产指令性计划产品品种由 1 900多种减少到 380 种②。从需求来看,需求导向型的工业战略,开始释放消费能力和鼓励消费,并从需求端倒逼推进产业发展与结构优化,供需相互作用的市场机制开始逐步构建。自 1980 年实行轻工业"六个优先"政策以来,长期受到压抑的消费需求突然被释放,出现了 20 世纪 80 年代初期纺织工业等高速增长,20 世纪 80 年代中后期家用电器等耐用行业的"潮涌"性投资和快速发展,促进了全国城乡市场的繁荣。但是,由于计划作用的式微,市场机制还没有完全发育,部分消费品生产和国内中间投入生产的断层,部分商品开始由"卖方市场"转变为"买方市场",消费者对商品的选择更为严格了,出现了"持币待购"和"储币选购"的现象。这一时期市场力量的引导和中央行业政策扶持,轻工业出现了急剧扩张,导致了新兴厂商向刚刚开放的市场过度进入,引发了"重复建设、重复生产与生产集中度下降"等一系列问题③。在市场结构和工业组织演进过程中,由于进入成本的重复以及由此又造成了资源重复配置,出现了社会福利效应损失,产业政策从鼓励发展向遏制过快膨胀转变,但治理绩效并不

① 林毅夫,刘明兴.经济发展战略与中国的工业化[J].经济研究,2004(7):48-58.
② 萧国亮,隋福民.中华人民共和国经济史(1949—2010)[M].北京:北京大学出版社,2011:242.
③ 江小涓.制度变革与产业发展[M].北京:北京师范大学出版社,2010:60.

明显①。

　　在家电产业急剧扩张的同时,政府部门开始对产能开始有意识的控制。首先就是以计划调节的方式对行业发展速度实施调控。如,1980 年设定电冰箱 5 个定点城市(北京、上海、广州、天津、苏州)200 万台年产能规划以及其他 9 个地区 120 万台规划年产能,总规模控制在 320 万台。并在 1984 年、1985 年对电冰箱行业进行二次产业发展规制与产能规模控制,以期通过 20 家优质企业供应达到规模经济效益。但实践中,由于受到各方面压力和影响,经过各方谈判和反复平衡,按照"一个省市、一个部门至少有一个电冰箱厂"的原则确定了 44 家电冰箱定点生产企业。而实际上这些大多数都是先上马、后认定的企业,从某种意义上说,区域间产业无序竞争导致了国家产业规制失效②。其次,以政府指令性计划遏制产能过剩。1982 年,《关于严格控制固定资产投资规模的补充规定》将电视、冰箱、洗衣机等行业列入产能严控类③。主要通过加强国家级以及省、市、自治区和产品归口部门共同项目审批;政府选择定点生产厂、财政拨款计划和信贷计划等方式。但即便如此,地方政府和企业对家电行业的积极性仍然很高。鉴于此,1985 年 1 月《关于采取紧急措施、严格控制盲目引进电冰箱生产线的通知》明确对电冰箱厂点调整整顿。1985 年 6 月,《关于加强电冰箱行业管理、控制盲目引进的报告》明确实行生产许可证制度,引进厂点从原来 116 个减少到 41 个,产能从 1 350 万台减少到 822 万台,且 1~2 年内不再增设

---

① 张军.改革、转型与增长:观察与解释[M].北京:北京师范大学出版社,2010:83.

② 刘世锦、江小涓指出:"在建设阶段,只有 11 个项目是由轻工业部作为主管部门批准的,其余的都是各个地区和其他部门批准的,但最终还是得到轻工业部的认可。按照电冰箱厂合理经济规模 40 万台计算,如果这些企业都能达到规模经济要求,将使总规模达到 1 700 万台,实际已经超过了当时的市场需求。"资料来源:刘世锦,江小涓.竞争性行业如何实现生产集中——对中国冰箱行业发展的实证分析[J].管理世界,1996(1):121-130.

③ 文件规定从 1983 年开始,对于加工工业产品和耗能高的产品项目的建设,除大中型项目按国家规定权限审批外,小型项目的计划任务书,必须由省、市、自治区和产品归口部门共同审批联名下达。当前需要控制的建设项目,主要是棉纺锭、毛纺锭、化纤原料与抽丝、纺织机械、纺织器材、汽车、机床、农机、内燃机、轴承、电机、电视机、电冰箱、电风扇、洗衣机、缝纫机、自行车、手表、卷烟、酒、原盐、塑料和橡胶的加工制品、油漆、农药等。引自国务院《关于严格控制固定资产投资规模的补充规定》(国发[1982]153 号)。

新厂址。1985 年 7 月,《关于控制重复引进 制止多头对外的报告》,明确第一批"暂停进口和引进生产线"项目囊括冰箱、电视和洗衣机等,并列入国家级审批范围①,同时还将电冰箱、洗衣机、空调器和电风扇列为国家限制进口的机电产品②。

但行政部门普遍存在希望扩大投资规模的"投资饥渴症",各地政府和各类规模企业仍有很高的积极性进入家电行业,生产能力在全国各地重复铺开,产能控制政策、产能规制的作用并不明显③。有关部委不断地下发文件并作出规定,但由于各级政府审批权限以建设规模予以划分,地方常采用规避策略、化整为零等。如 20 世纪 80 年代中期,省级项目审批权定在投资额 1 000 万元以下,导致 1984 年全国已签订的 42 个电冰箱引进项目中,其中 24 个 1 000 万元以下投资规模的项目实际生产规模只有 5 万~10 万台,与设置的年产 20 万台的最小规模经济相差甚远。到 1984 年年底,全国生产和试制电冰箱的厂点已增加到 116 个,即将落地引进的项目 56 项,生产能力为年产量 1 350 万台,大大超过了市场预测的 1990 年 750 万台的需求量④。同期,政府对洗衣机行业也进行了规划和调控,即使已实行了企业准入限制和行业整顿方案,但 1988 年厂商数就达 100 多家,产能规模高达 1 600 万台。而对显像管的调控政策,工业产品增长与配套能力矛盾性日益突出,"1985 年我国电视机生产量为 1 668 万台,同时显

---

① 第一批国家限制进口的机电产品(含散件):1.汽车;2.计算机;3.电视机;4.显像管;5.摩托车;6.录音机;7.电冰箱;8.洗衣机;9.成套录像设备及录(放)像机;10.照相机;11.手表;12.空调器;13.汽车起重机;14.电子显微镜;15.复印机;16.电子分色机;17.X 射线断层检查仪(CT);18.气流纺纱机;19.录音录像磁带复制设备;20.计算器;21.录音机机芯;22.自行车;23.收音机;24.电风扇。其中,第一至第十九种(其中第十二至第十九种为增列)产品由国家经委报国务院集中审批;第二十至第二十四种产品按国务院国发〔1985〕20 号文件规定,授权各地方、各有关部门自行审批。

② 同时,为了弥补 1985 年以前电视生产线重复引进这一失误,电子工业部对过于分散的电视机工业进行重组。1985 年指定了 8 家企业作为彩电生产定点厂,并只给这些厂分配显像,以控制生产厂家的数量及彩电产量。

③ 如,1985 年确定了 41 家企业为国家定点生产电冰箱的企业,并明确规定不允许上新的冰箱厂,但各地仍然在继续上新项目。到 1988 年,全国的电冰箱厂家多达 100 多家,其中仅浙江省就有 30 多家。资料来源:江小涓.经济转轨时期的产业政策:对中国经验的实证分析与前景展望[M].上海:格致出版社,2014:75.

④ 《关于加强电冰箱行业管理、控制盲目引进的报告》(国发〔1985〕77 号)。

像管只生产了 823 万只,配套能力不到一半。其中彩色电视机生产量为 435 万台,同期显像管生产能力只有不到 100 万只"①,大多数依赖进口来弥补,从而使管制政策的有效性大打折扣。电冰箱、洗衣机等行业的情况相似②。

　　1987 年 10 月,中共第十三次全国代表大会召开。大会报告强调,有计划的社会主义商品经济具有计划与市场的内在统一性,进一步提出"国家调节市场,市场引导企业"的社会主义商品经济运行机制,对市场的地位和作用给予了新的认识。《关于加强物价管理、严格控制物价上涨的决定》明确了工业消费品的价格管理、引导和开放政策,强化价格闯关能力建设。与此相伴随的是,不断高攀的通货膨胀(1988 年通胀率高达 19.7%),全国各地爆发了恐慌性提款及抢购,但依然无法消除过剩性产能。1988 年 9 月起先后发出《关于清理固定资产在建项目、压缩投资规模、调整投资结构的通知》以及《关于进一步清理固定资产投资在建项目的通知》,明确全面清理在建项目、压缩投资规模,其中就包括彩色显像管、显示管、投影管及配套零部件;为彩色、黑白显像管配套的玻壳;对国家行业规划和定点之外的电冰箱、洗衣机等项目,均予以暂停建设。随后,1989 年 3 月在《国务院关于当前产业政策的要点的决议》中指出,对一般加工产业生产能力过大、高水平的加工能力不足、企业之间的生产联系和协作配套组织得不好的进入产能调控③。1989 年,《关于进一步治理整顿和深化改革的决定》确立了"改革和建设的重点突出地放到治理经济环境和整顿经济秩序"。此后,1990 年 7 月,《关于贯彻国家产业政策对若干产品生产能力的建设和改造加强管理的通知》指出,对重复建设、引进和改造的盲目产能扩张④,实行严格的

---

① 中国经济体制改革研究所发展研究室.工业增长中的结构性矛盾[M].成都:四川人民出版社,1988: 19.
② 家电产业充斥了大量的小规模组装企业,行业内的不对称投资严重,各地纷纷上马组装企业,而关键零部件生产厂家少而又少。1988 年中国大约 200 厂家电冰箱组装厂的组装能力是 800 万台左右,国内压缩机厂家只能生产大约 200 万台压缩机,供需缺口相差达 600 万台之多,占组装能力的 3/4。数据来源:根据 1989 年中国工业经济统计年鉴相关数据计算。
③ 如电风扇、电冰箱、洗衣机等属加工能力严重过剩的行业就被列为停止或严格限制基本建设的产业。
④ 尤其对汽车、乙烯、冰箱压缩机、彩管玻壳、录像机、棉纺等生产线加以严控。

审批程序、加强资金和外汇管理。1991 年 4 月,《固定资产投资方向调节税暂行条例》规定,将家用电冰箱、冰柜、洗衣机、吸尘器、电风扇、空调器及压缩机等列为国家禁止发展项目。1991 年 7 月,《关于严格控制企业继续生产积压产品的通知》[①];1991 年 8 月,《关于继续严格控制固定资产投资新开工项目的通知》等,通过行政审批、产业监管等方面多视角进行产能规模控制,化解产能过剩。1992 年 1 月,《关于控制若干长线产品和热点产品建设项目审批请示的通知》再次重申要"避免一边解决已经形成的重复建设问题,一边又出现新的盲目重复建设",对生产能力仅发挥 50% 的彩色电视机,生产能力仅发挥 40% 左右的电冰箱、冰柜及压缩机,一律不再审批新的项目,在严格控制以上几种产品总生产能力的前提下,要加强对现有企业的调整和改组,关停一批、兼并一批、改造一批。虽然经过 1988—1990 年的治理整顿,社会总供给与总需求实现了基本平衡,通货膨胀得到了有效控制[②],但也应该清醒认识到这一时期,虽然采取了诸多严格调控产能的措施,实际上政策总体作用十分有限,"有令不行有禁不止"是一种很普遍的现象。现实运行中基础设施建设和技术改造项目在管理部门、管理层级、审批权限、政策诉求、准入限制等方面存在差异,但由于这两类项目的界限模糊特征,导致相当多地方政府和企业为了规避审批、监管、准入等诸多障碍,通常是以"技改"之名,谋"项目"之实,"致使技改成为各种工业项目的'防空洞',许多重复建设项目自此而生"[③]。如 1991 年,彩电产量 1 205 万台,内销 542 万台,出口 260 万台,积压 400 万台[④]。在供给过剩的情况下,商家开

---

① 采取限供、停供计划内的能源、原材料和运力,停发、限发银行贷款,责令转产,限期整顿等措施控制积压产品的持续增加。

② 中国社会科学院工业经济研究所.2008 中国工业发展报告:中国工业改革开放三十年[M].北京:经济管理出版社,2008:71.

③ 国家计委长期规划和产业政策司.关于江苏省重复建设重复引进状况的调查报告[J].经济研究参考,1992(Z6):208-214.

④ 江小涓.体制转轨中的增长、绩效与产业组织变化:对中国若干行业的实证研究[M].上海:三联书店,1999:85.

始无视价格规定开始降价,价格控制已经不可能恢复①,行业性生产能力过剩、规模不经济、竞争异常激烈的供需格局形成。此后,全国各地开始意识到这一行业已由投资热点转向了对立面,家电行业市场开始进入了一个新的调整时期。

"激进式"改革战略的提倡者的观点是,有一个受市场导向的、有贯彻政策能力的政府和一个走向市场经济的总体规划(Lipton & Sachs,1990)。但就这个时期中国的家电行业来看,政府提出政策,例如电冰箱、洗衣机、电视机等20世纪80年代初期的规划、1985年的制定定点厂政策、1989年的控制价格和流动政策,都是强化政府规划和控制的政策。虽然这些政策在一定程度上满足了市场需求,但很难说是市场导向的,更不用说是走向市场经济的总体规划。上述研究表明,中央决策与地方政府、厂商主体之间存在着差异化的利益诉求,一旦三者之间的需求难以平衡,中央政府的产业布局与规制就难以得到地方政府和企业的积极贯彻落实,产业规制效能就难以保证,可以说产能过剩防范和化解仍然面临诸多"理性"和"非理性"困局。

第二节 社会主义市场经济初期的产能过剩：1992—2001

1992年初,邓小平发表了著名的"南方谈话",号召加快改革和发展。他的讲话促进了经济的上升势头,在全国上下掀起了新的改革和发展的浪潮。1992年党的十四大明确建设"社会主义市场经济",全面规划了经济社会改革。我国经济进入了新一轮的高速增长时期,大多数产品开始由市场定价,区域、部

---

① 直到1992年4月,政府以中国视像协会的名义规定彩电"标准价格",政府仍想控制彩电价格,但是没有成功。彩电的过量供应还导致了凭票销售制度的废除,而且对彩电的特别消费税也于1992年4月开始正式取消。但实际上,地方政府为了促进销售,已于1990年左右停止征收该税。资料来源:江小涓.体制转轨中的增长、绩效与产业组织变化:对中国若干行业的实证研究[M].上海:三联书店,1999:85.

门、行业和企业按照"摸着石头过河"的思路主动行动,积极推进本地区、本单位、本行业、本企业的改革深化,生产自由化大大促进我国产业结构状况经历了一次全面变化。到 20 世纪 90 年代中期,我国全社会短缺状态开始转向产能过剩约束,几乎所有的工业部门都面临生产能力过剩的问题,这意味着中国经济已摆脱短缺经济成为过剩经济。

一、产能过剩的经济背景与表现形态

治理整顿的结束和"七五"计划的完成,为加快改革开放和现代化建设创造了有利条件。1991 年后,党中央陆续通过扩大内需的方针和适度从紧的财政、货币政策,1993—1997 年成功地实现了由经济过热到"软着陆"[①],接着在1998—2000 年又在反过冷、反通缩中保持了经济的稳定、持续、快速增长。全部企业数量由 1978 年的 34.8 万个,发展到 1997 年的 972.3 万个,产值则由 1978年的 4 231 亿元增加到 2001 年的 95 448.98 亿元,增长了 22.5 倍;其中轻工业由1 806 亿元增加到 37 636.93 亿元,增加了 20.8 倍;重工业由 2 425 亿元增加到57 812.05 亿元,增加了 23.8 倍。这样,在 1992—2001 年,国内生产总值年均增长率达到了 9.7%,不仅超过了 1979—1984 年年均经济增长率(为 8.7%),也超过了 1985—1991 年年均经济增长率(为 9.5%)。但这期间经济增长的特点不仅在于速度快,而且在于稳定(经济增长率最高年份与最低年份的差距比较小),在中华人民共和国经济发展史上首开了由 1958 年"大跃进"开始的强波周期到中波周期再到轻波周期转变过程的先河[②]。

[①] 从 1993 年开始,中国经济增长速度明显加快,而在随后的几年里中国经济出现过热,通货膨胀显著。1993 年上半年,经济过热的势头即开始出现。具体表现主要是"四高"(高投资增长、高货币投放、高物价上涨和高贸易逆差)、"四热"(房地产热、开发区热、集资热和股票热)以及"两乱"(金融秩序混乱、市场秩序混乱)。

[②] 汪海波.我国"九五"、"十五"宏观经济分析[M].北京:经济管理出版社,2002:19-21.

对工业管理体制进行改革,主要是对政府管理机构进行改革和职能转变①。党的十四大提出了社会主义市场经济体制的改革目标是,工业企业逐步建立产权清晰、权责明确、政企分开、管理科学的现代企业制度。1993 年,《关于建立社会主义市场经济体制若干问题的决定》,开始从制度上推动和理顺政府与企业的关系。同年推进行政管理体制改革,先后组建中国航空工业总公司、中国航天工业总公司、中国轻工总会和中国纺织总会,率先退出政府部委序列,实现向行业协会职能的转变。1995 年,中央提出进一步把专业经济管理部门逐步改组为不具有政府职能的经济实体或自律性行业管理组织。在此后的国务院机构改革中,加强宏观调控部门,调整和减少专业经济部门,加强社会中介组织的建设成为工业管理体制改革的主旋律。1998 年,中国的工业管理体制进行了规模最大也是最彻底的一次机构改革,国家不再保留政府直接管理企业的职能。电力、冶金、煤炭、化学、机械、电子 6 个工业部被撤销,改为国家经济贸易委员会直属局。同时,军队、武警部队和公检法机关所办经营性企业于同年底全部移交地方,中央党政机关、政府各部门与所办经济实体和所管理的企业脱钩工作也如期完成。这为政企职责最终分开和政府部门的职能转换奠定了基础。1999 年以后,各级地方政府机构在改革中,按照中央的归口部署,撤销了各个工业局,以各级政府为主导直接管理。工业经济运行的工业管理体制,从此发生了根本性变化。管理工业经济的专门机构相继被撤销,相应的管理职能也得以转换,政府不再给企业下达生产计划和指令性任务,政企职责已经完全分开。政府用市场经济的法律规范进行调整,用国家

---

① 虽然作为政府工业管理部门改革的试点从 1982 年就已经开始,但是直到 1992 年才全面铺开。以原第六机械工业部直属企事业单位和交通部部分直属企事业单位为主,于 1982 年组建了中国船舶工业总公司,成为国务院直属的正部级全国性专业公司,不再担任政府的行政管理职能。1983 年又先后成立中国石油化学工业总公司和中国有色金属工业总公司。1988 年,政府机构改革的历史性贡献是首次提出了"转变政府职能是机构改革的关键"这一命题。国务院在调整和减少工业专业经济管理部门方面取得了进展。如撤销国家计委和国家经委,组建新的国家计委。撤销煤炭工业部、石油工业部、核工业部,组建能源部。撤销国家机械工业委员会和电子工业部,成立机械电子工业部。撤销国家物资局,组建物资部。撤销航空工业部、航天工业部,组建航空航天工业部。撤销水利电力部,组建水利部。撤销隶属于原国家经委的国家计量局和国家标准局以及原国家经委质量局,设立国家技术监督局等。

中长期发展规划和产业目录进行引导,对高能耗、高污染的工业项目进行监管控制,限期整改和关停,加大技术改造和新产品开发的支持力度等。新的历史条件下,规范竞争秩序,增强工业企业国际竞争力,促进产业集中度的提高和合理布局,保护环境,保护劳动者的合法权益,促进经济、社会和自然环境的协调成为工业管理的主要目标。各种从生产到经营的直接控制越来越少,取而代之的是法规制定、计划引导、信息沟通、监管服务和产业规制。

在我国经济继续向前推进的同时,从 1992 年开始的工业和整个国民经济过热状态进一步加剧,经济进入新一轮扩张,整个工业出现再度高速增长。表现为:(1)货币过量投放,金融秩序紊乱。截至 1992 年 6 月 23 日,全国货币净投放 585 亿元,比去年同期多投放 532 亿元①。同时还出现乱集资、乱拆借,大量资金体外循环。(2)投资需求和消费需求呈现膨胀趋势,1992 年上半年国有单位固定资产投资比上年同期增长 70.6%,行政事业单位管理现金支出增长 90%,都大大超过经济增长的幅度。(3)工业增速加快,基础性行业瓶颈逐渐凸显。6 月工业增幅达到 30.2%,而实际交通运输承载力仅能满足工业发展需求的 30%~40%,电力、油品供需矛盾加剧,有的地方又出现"停三开四"现象②。社会供需总量失衡,通货膨胀进一步加剧③。1996 年国民经济实现"软着陆"和买方市场基本形成④,从所有制结构变化来看,非国有经济发展壮大,使竞争成为工业结构调整的推动力。从工业结构看,20 世纪 90 年代以来,以原材料加工为重心的重工业化和以消费品工业高速扩张为重心的轻工业化,并且重工业化和高加工度化相结合为工业结构向技术集约化转型升级奠定了基础。市场机制对工业

① 国家统计局.1993 年中国经济年鉴[M].北京:国家统计出版社,1994:38.
② 汪海波.新中国工业经济史:1979—2000[M].北京:经济管理出版社,2001:386.
③ 在这样的情况下,中央政府提出要发展支柱产业和优化产业结构。1993 年《政府工作报告》提出"要振兴机械电子、石油化工、汽车制造(和建筑业),使之成为支柱产业"。1994 年 3 月国务院审议通过《90 年代国家产业政策纲要》,强调国家产业政策要解决的重要课题有六大内容,其中有两项专门提到:要加快发展支柱产业,带动国民经济的全面振兴;加快高新技术产业发展的步伐,支持新兴产业的发展和新产品开发。
④ 武力.中华人民共和国经济史:增订版,上卷[M].北京:中国时代出版社,2010:38.

结构变动的引导作用不断完善,在激励机制增强的同时,约束机制也不断增强,生产开始受制于消费,受制于市场需求。进入 20 世纪 90 年代中期以后,我国多数消费工业品已呈现供大于求的态势。相当部分工业品生产能力利用率不高,一般加工工业大规模扩张之后出现了相对过剩,生产能力利用率趋于下降。

根据第三次全国工业普查资料,"285 种主要工业品中,仅 14.7%的 42 种工业品产能利用率在 75%~85%,有 76.5%的 218 种工业品产能利用率低于 75%,其中约 31.6%的 90 种工业品产能利用率不足 50%,如照相胶卷仅 13.3%、电影胶片 25.5%、电话单机 51.4%、内燃机 43.9%、自行车 54.5%。一些重要产品生产能力利用不充分,如大中型拖拉机为 60.6%,小型拖拉机为 65.9%,钢材为 62.0%。1995 年盈利企业盈利总额为 2 833.5 亿元,比 1985 年增长 1.9 倍;但亏损企业亏损总额增加 1 158.1 亿元,增亏 28.6 倍;销售收入利润率 3.1%,比 1985 年下降 8.8 个百分点;总资产利税率 6.4%,下降 13.0 个百分点"[1]。到 1996 年年底,"发电设备产能利用率在 25.5%以下,小型电子计算机产能利用率为 3.5%,全国 3 万多亿元国有资产被长期闲置的达 1/3"[2]。表 2-5 显示,依据中国工业经济统计年鉴资料计算,到 2001 年年底已形成彩色电视机年末生产能力为 8 661 万台,而 2001 年彩色电视机实际产量为 4 093.7 万台,当年生产能力利用率为 47.27%;表 2-6 显示,1999 年年底已形成的家用洗衣机生产能力为 2 296.67万台,而当年家用洗衣机产量为 1 342.17 万台,当年生产能力利用率为 58.44%,由于样本数据生产能力为重点工业企业生产能力,因此实际生产能力利用率比估值更低。这也就导致了,为什么这一时期市场争夺出现了 VCD 大战、冰箱大战、洗衣机大战、彩电大战等。表 2-7 显示,1995 年到 2001 年汽车生产能力均处于过剩生产能力状态,1995 年生产能力利用率最低为 44.22%。同期,化学农药原药生产能力利用率也出现了类似情况,如表 2-8 所示。在医药工业,第三次工业普查数据显示,1995 年我国化学药品原料制造业前 4 位和前 8

---

[1]　根据中华人民共和国 1995 年工业普查相关数据整理。
[2]　李江涛.产能过剩:问题、理论及治理机制[M].北京:中国财政经济出版社,2006:26.

位企业销售额的集中度分别为 14.8% 和 21.6%，化学药品制剂制造业分别为 11.3% 和 17.2%，生物制造业分别为 34% 和 44.4%，均远低于目前发达国家的水平。在 6 000 多家各类医药企业中，特大型的仅 4 家，大型的有 117 家，绝大部分都是小型企业。第三次工业调查统计显示，我国化学原料药生产能力利用率也只有 37.4%，其中抗感染类药为 14%，激素类药为 14.5%，皮肤科用药为 16.1%，五官科用药为 5.2%，化学制剂为 24.9% 等（如表 2-9 所示），低于同期美国医药行业平均 65% 的生产能力利用率，总体上盲目布点生产，生产能力过剩较为严重。而随后，据国家统计局对 1997 年全国重点企业的 67 种主要工业产品现行生产能力利用情况的统计，全国只有 1/3 的产品生产能力利用率在 80% 以上。

表 2-5　彩电工业产品产量、重点企业产品生产能力与利用率

年份	产量（万台）	重点工业企业产品生产能力（万台）	利用率（%）
1995	2 057.4	4 468	46.05
1997	2 711.33	5 069	53.49
2001	4 093.7	8 661	47.27

说明：表中生产能力为重点工业企业的数据，因此实际产能利用率比估值更低。

数据来源：根据中国工业经济统计年鉴相关数据计算.

表 2-6　主要工业产品产量、重点企业产品生产能力与利用率

年份	家用洗衣机			家用电冰箱		
	产量（万台）	重点工业企业产品生产能力（万台）	利用率（%）	产量（万台）	重点工业企业产品生产能力（万台）	利用率（%）
1995	948.4	2 183.19	43.44	918.54	1 820.83	50.45
1997	1254.5	2 513.95	49.90	1 044.43	2 579.97	40.48
1998	1 207.31	2 227	54.21	1 060	1 694.35	62.56
1999	1 342.17	2 296.67	58.44	1 210	1 501.48	80.59

说明：表中生产能力为重点工业企业的数据，因此实际产能利用率比估值更低。

数据来源：根据中国工业经济统计年鉴相关数据计算.

表 2-7 汽车产品产量、重点企业产品生产能力与利用率

年份	产量（万辆）	重点工业企业产品生产能力（万辆）	利用率（%）
1995	145.27	328.54	44.22
1997	158.25	240	65.94
1998	163	267.56	60.92
1999	183.2	288.99	63.39
2000	207	266.8	77.59
2001	234.17	374.08	62.6

说明：表中生产能力为重点工业企业的数据，因此实际产能利用率比估值更低。

数据来源：根据中国工业经济统计年鉴相关数据计算.

表 2-8 化学农药原药产品产量、重点企业产品生产能力与利用率

年份	产量（万吨）	重点工业企业产品生产能力（万吨）	利用率（%）
1995	41.7	100.1	41.66
1997	52.7	75.73	69.59
1998	55.9	76.16	73.40
1999	62.5	88.37	70.72
2000	60.7	93.35	65.02

说明：表中生产能力为重点工业企业的数据，因此实际产能利用率比估值更低。

数据来源：根据中国工业经济统计年鉴相关数据计算.

表 2-9 1995 年我国主要医药产品生产能力与利用率

	乡以上工业企业年末生产能力（吨）	全部工业企业和生产单位生产量（吨）	生产能力利用率（%）	调整后生产能力利用率（%）
化学原料药总计	1 301 523	486 775	37.4	25.1
抗感染类药	446 518	62 367	14	9.4
解热镇痛药	69 988	38 173	54.5	36.5
维生素类	58 531	30 345	51.8	34.7
抗寄生虫病药	10 143	3 508	34.6	23.2

续表

	乡以上工业企业年末生产能力(吨)	全部工业企业和生产单位生产量(吨)	生产能力利用率(%)	调整后生产能力利用率(%)
激素类药	5 873	849	14.5	9.7
抗肿瘤药	165	60	36.4	24.4
心血管系统用药	5 074	2 024	39.9	26.7
呼吸系统用药	4 077	2 901	71.2	47.7
泌尿系统用药	160 991	5 803	3.6	2.4
血液系统用药	2 880	2 088	72.5	48.6
诊断用药	1 980	1 446	73	48.9
调节水、电解质、酸碱平衡用药	11 879	9 090	76.5	51.3
麻醉用药	957	524	54.8	36.7
生化药(酶及辅酶)	18 932	5 599	29.6	19.8
五官科用药	3 136	162	5.2	3.5
皮肤科用药	15 571	2 511	16.1	10.8
滋补营养药	294 670	192 914	65.5	43.9
制剂用辅料及添加剂	33 149	14 260	43	28.8
制剂(万支、万粒、万片)	126 912 952	31 608 676	24.9	16.7
中成药	1 211 599	613 635	50.6	33.9
蜜丸	79 541	30 993	39	26.1
冲剂	239 644	77 122	32.2	21.6
片剂	153 891	54 620	35.5	23.8
口服液	276 710	83 041	30	20.1
胶囊	44 080	11 690	26.5	17.8

说明:调整后的生产能利用率系按照该数值的67%计算。

资料来源:第三次全国工业普查办公室.中华人民共和国1995年第三次全国工业普查资料汇编:综合·行业卷[M].北京:中国统计出版社,1997.

与此同时,全社会产品库存压力逐年增大,1993 年为 4 037 亿元、1995 年为 6 705.5 亿元,1997 年约为 3 万亿元,其中约有 13 000 亿元为非正常库存,国有企业库存积压品金额达到 4 000 多亿元,约占国内生产总值的 5%[①]。尤其在 1998 年东南亚金融危机的影响下,我国宏观经济运行出现了严重衰退趋势,经济增长率跌至 7.8%,1999 年达到 7.1% 的谷底,并开始了长达数年的通货紧缩。由于能源、原材料供给短缺,大多数行业生产能力偏大,产品供过于求的矛盾日益突出,各地所形成的生产能力相应出现大量闲置现象。邓小平同志"南方谈话"之后,全国各地开始借由改革开放、招商引资,为改善投资环境纷纷兴建专门开发区(保税区、出口加工区、高新技术园区、经济技术开发区等),导致产业结构趋同和行业过度竞争趋势强化。而低水平盲目建设和重复建设开发区,利用率低、资源浪费严重[②]。1992 年我国各类开发区 8 700 个,规划土地开发规模 15 000 平方千米,实际开发 307 平方千米,实际开发和规划开发比率为 2%[③]。经过 1993 年的清理,到 1997 年各类开发区仍有 4 210 个,其中 3 080 个为非法设立,规划土地开发规模 12 357 平方千米,实际开发 1 852 平方千米,开发率为 15%[④]。

二、产能过剩的治理政策与经济绩效

总体来看,随着市场经济体制的逐步建立,产能过剩治理十分重视与产业结构调整、升级相结合,重视产业发展中增长模式转换问题。产能过剩治理政

---

① 从建筑行业来看,1996 年全国商品房积压 5 037 万平方米,其中普通住宅占 97.15%。

② 大量的"经济开发区或工业园区"真实空置率和闲置率远远超过预期。如,成都郊县一个大镇大概总计有 8 万~9 万人,该镇此前已经有了一个工业园区大概 3 万亩,借力 2008 年地震后的东风又建设了一个 10 万亩的开发区。大约 6 年后,对外宣称有 170 多家企业入驻,投产产值 60 亿元。实际情况却是修了围墙挂了牌牌的企业也就 96 家,真正在生产有员工的(超过 30 人的)才 17 家,而实际的产值肯定不会超过 5 亿元。再如,资阳的一个县在 2009 年建设了 15 万亩的工业园区,2013 年上报园区产值 30 多亿元,而实际有的说 3 亿元,有的说 8 000 万元,反正就是加起来也没有 4 亿元。

③ 小岛丽逸,蟠谷则子.发展中国家的城市政策与社会资本建设[M].简光沂,译.北京:中国城市出版社,1998:33.

④ 郑静,薛德升,朱竑.论城市开发区的发展:历史进程、理论背景及生命周期[J].世界地理研究,2000(6):79-86.

策运用大量直接干预的方式逐步减少,导向性间接干预方式不断增加,综合运用经济、法律、行政等多种手段。

计划体制改革方面[1],改革前 120 多种国家指令性计划生产的工业产品,到 20 世纪 90 年代末已减少到不到 5 种。投资体制改革方面,改变了计划经济体制下投资主体、决策层次、投资方式、投资来源和管理方式单一的特征,逐步呈现投资主体多元化、决策多层次、方式多样化、投资来源多渠道、管理方式间接化的格局。与此同时,价格、财税、金融等领域体制改革也都取得了重大进展。1992 年开始进行了一系列彻底解除价格管制的决定,在涉及原料、生产资料及运输服务的项目由原来的 737 项削减至 2001 年的 13 项[2]。

市场机制对产业和产品市场供给与需求结构的调节能力开始显现。具体表现在工业增加中,加工工业向原料工业的比重变化,二者之比 1990 年为 1.8 倍,1995 年下降到 1.37 倍,到 1998 年又回升到 1.65 倍,总的变化趋势是需求对工业结构高加工度化的约束逐渐加强(如表 2-10 所示)。但也应该看到,由于缺乏市场力量的有效推动,相当一部分工业品生产能力利用率不高,使产业结构高度化的战略并没有得到很好实现。与此同时,工业产业布局以及国有企业改革滞后,以及生产技术落后、加工水平低的影响叠加,也弱化了市场机制的调节作用,阻碍了产业之间的融合、不同资本集之间的互济和资源有序流动,进而影响了工业结构的整体性调整和螺旋式升级。例如在原料工业的多数行业中,国有经济一直占很高比重或处于垄断地位,非国有经济发展受限,产业中竞争不充分导致技术进步缓慢,产业相对生产率下降,产出的增长过多地依赖于投入的增加,使资源不得不逆高度化配置,影响了工业结构的高度化发展。

---

[1] 指令性计划大幅度缩小,指导性计划逐步成为计划的主要形式,市场逐步成为社会生产资源配置的主要方式。

[2] 彭森,陈立,等.中国经济体制改革重大事件[M].北京:中国人民大学出版社,2008:409.

表 2-10　按工业增加值计算的工业结构的变动

单位:%

项　目	1990	1992	1995	1997	1998
加工工业	38.9	38.9	35.3	38.1	39
以工业品为原料的轻工业	13.7	12.9	1.6	12.9	13.4
以工业品为原料的重工业	25.2	26	23.7	25.2	25.6
原料工业	21.6	25.2	25.8	23	23.7
加工工业/原料工业(倍)	1.8	1.54	1.37	1.66	1.65

资料来源:根据历年中国工业经济统计年鉴整理.

　　为制止产能过剩,加快行业调整和改组步伐,《90 年代国家产业政策纲要》为整个 20 世纪 90 年代各项产业政策制定提供了指导和依据,旨在有效调整和优化产业结构,使产业布局更加合理。同年,国务院通过了国家计委会同国家经贸委(现为商务部)、机械部等有关部门制定的《汽车工业产业政策》,这是国内第一部行业性的产业政策,以期实现目前投资分散、生产规模过小、产品落后、产能过剩的状况,促进汽车工业投资的集中和产业的重组①。1996 年《国民经济和社会发展"九五"计划和 2010 年远景目标纲要》,把调整工业生产结构、提高经济效益放在突出位置;强调了基础设施和基础工业要避免盲目发展和重复建设,提高资源利用率,提高质量;要因地制宜选择适合本地条件的发展重点和优势产业,避免地区间产业结构趋同化和过度竞争化。1997 年 5 月国务院颁布《中国的能源政策》,基于能源使用率不高、结构不尽合理、盲目发展与重复建设并存等问题,提出了煤炭工业大中小并举、石油工业稳定东部和发展西部等六大内容。例如,为了治理和调整煤炭生产企业竞争过度、煤炭资源浪费严重等一系列问题,同年出台了《煤炭法》和《矿产法》规范煤炭生产秩序、限制煤炭

---

①　重点解决生产厂点多、投资分散;审批项目乱;重复引进低水平产品;定点厂建设及国产化速度慢(即散、乱、低、慢)的问题,增强企业开发能力,提高产品质量和技术装备水平,促进产业组织的合理化,实现规模经济。

产量。据 27 个产煤省(区、市)统计,"到 1997 年底,全国共取缔无证矿井 14 700 多处,停产整顿 8 600 处,边生产、边整顿矿井 7 500 多处,国有煤矿井田范围内的无证矿井已关闭 3 500 多处,超层越界矿井由整顿前的 2 966 处减少到 1 610 处,全国小煤矿由整顿前的 7.3 万多处下降到目前的 5.8 万处。1997 年与 1996 年相比,我国的煤炭产量下降了 0.3 亿吨。1998 年国务院再次决定压缩煤炭产量。"①亚洲金融危机以及国内经济暴露内需不足问题,以及之前产业结构的诸多矛盾。1998 年 3 月《政府工作报告》指出"经济建设中盲目投资、重复建设现象比较普遍,国民经济整体素质和效益不高",提出要"推行重点行业和重点企业改革和发展""鼓励组建大型企业集团,支持强强联合,实现优势互补,防止简单拼凑集团和盲目扩大规模"等。同年《关于国务院机构改革方案的决定》,消除政企不分的组织基础,到了 2001 年 2 月撤销了几乎所有的工业专业经济部门,共 9 个:电力工业部、煤炭工业部、冶金工业部、机械工业部、电子工业部、化学工业部、地质矿产部、中国轻工业总会、中国纺织总会,改组中国石油和中国石化两大公司,明确其无制定政策和管理条例的职能,摆脱了传统的专业经济部门行政职能,彻底市场化。这一改革被普遍认为是从计划经济体制到社会主义市场经济体制改革转变,实现政企分开的重大步骤②。1999 年《政府工作报告》首次提出是重复建设导致了产能过剩,并明确了重工业、轻工业等产能过剩行业淘汰标准、目标以及政策等③。同年,中央经济工作会议进一步要求,"要加快工业结构调整,促进产业优化升级。近几年,煤炭、纺织、石化、冶金等行业的结构调整取得了初步进展,但大而全、小而全、低水平重复建设的

①　史丹.中国能源政策回顾与未来的政策取向[J].经济研究参考,2000(20):20-26.
②　冯飞.迈向工业大国:30 年工业改革与发展回顾[M].北京:中国发展出版社,2008:291.
③　《政府工作报告》指出"市场需求不旺,启动难度较大;多年重复建设造成大多数工业行业生产能力过剩,经济结构矛盾更加突出,经济运行质量和效益不高;部分国有企业经营困难加剧"等当时国民经济存在的突出问题,要求"防止重复建设,加快行业调整和改组步伐。除少数属于提高技术水平、产品升级又有市场的项目之外,各级政府要停止审批工业建设项目,银行也要停止向这类建设项目贷款。要继续压缩纺织、煤炭、冶金、石化、建材、机电、轻工等行业过剩的生产能力,坚决淘汰那些技术落后、浪费资源、产品质量低劣和污染严重的小企业;同时,要打破垄断,鼓励竞争的原则,通过联合、兼并、改组,形成技术水平高、有竞争能力的企业集团"。

现象还比较严重,传统产业的改造升级进展缓慢,工业结构调整异常艰巨。必须加快对老工业基地和传统产业的技术改造,淘汰落后的设备和工艺,压缩过剩的生产能力,积极发展新兴产业和高技术产业。"此后,2000年和2001年《政府工作报告》都延续强调了上述治理政策,这也从另一个侧面反映治理效果不佳,问题突出。

因此,在买方市场约束明显增强的情况下,为了强化产能过剩治理力度和指导性,把过剩的生产能力化解,把没有市场前景的产品淘汰,促进结构调整,优化产业布局。为了应对1997年亚洲金融危机后,国内需求大幅下滑,钢铁等行业大量生产能力过剩的现状,1999年1月,国家经贸委颁发了《关于做好钢铁工业总量控制的通知》,指出钢铁产业存在日益突出的重复建设和工业结构不合理等问题,并要求压缩钢铁产量10%(以1998年钢产量为标准),坚决制止重复建设,3年内不再批准新建炼钢、炼铁、轧钢项目,通过淘汰落后,永久性地消除一批落后生产能力,严格控制钢材进口、限制出口,1999年钢材进口总量控制在700万吨以内,仅限于国内生产和生产能力不足的品种。同月,《淘汰落后生产能力、工艺和产品的目录》(第一批)颁布,范围涉及10个行业,共114个项目。同年8月,国家经贸委又发布了《工商投资领域制止重复建设目录》(第一批),范围涉及17个行业,共201项内容①。9月,《关于严格控制造修船基础设施重复建设的意见》明确规定"九五"后两年暂停审批造修船基础设施建设项目,"十五"期间对确有国际竞争力的造修船基础设施建设项目,严格审批;规范修船工艺设备、扩建项目和外商投资企业增资项目的批复手续;各有关商业银行在审批造修船设施建设项目贷款时,由国家有关部门批准;未经核准的项目,有关商业银行一律不予贷款,海关不予放行进口设备与材料。该文件目的在于

---

① 文件明确规定,对列入目录的这些项目均属于违反国家法律规定、低水平重复建设严重、造成当前生产能力过剩、需总量控制的项目;工艺技术和生产方式落后,已有先进、成熟工艺和技术替代的项目;污染环境、浪费资源严重、原材料和能源消耗高的项目;对列入目录的项目,凡涉及国家资产投资的,各级政府投资主管部门不予审批,各银行、金融机构不予贷款,土地管理、城市规划、环境保护、消防、海关等部门不得办理有关手续。

防止造修船行业重复建设的现象蔓延,促进船舶工业健康发展。国家经贸委《关于加快我国铁合金工业结构调整的意见》明确了从 1999—2005 年铁合金行业产能规划,要求停止新建各类铁合金电炉(炉窑)和高炉,淘汰关停落后设备 441 台(套)、关停铁合金生产企业 1 210 家等。与此同时,国家经贸委关于印发《国家重点技术改造项目审批程序和规定》(国经贸投资〔1999〕889 号)的通知,根据授权对有关技术项目可研报告进行严格审批,重点审查产品的市场需求、是否重复建设、改造方案的可行性、淘汰落后生产能力方案的可行性以及投资水平是否合理等。1999 年中共中央《关于国有企业改革和发展若干重大问题的决定》,将"建立现代企业制度,是国有企业改革的方向"硬化国企预算约束,将国有企业推向市场,有力地化解了产能过剩问题。1998—2000 年,在全国范围内进行了国有企业"三年改革与脱困"。2000 年初,国家经贸委相继发布了《关于做好总量控制工作的通知》和《关于下达 2000 年钢铁生产总量控制目标的通知》等政策,严格控制新增产能;同时出台了《关于清理整顿小钢铁厂的意见》,要求钢铁行业提高冶金行业发展的质量和效益,依法清理整顿小钢铁厂。随着总量控制、限产保价政策、现代企业制度的实施以及国家实行积极的财政政策以扩大内需,进一步推动了市场需求。到 2000 年年底,国有及国有控股工业企业实现利润 2 392 亿元,比 1997 年增长 1.97 倍,全国 31 个省区市全部实现整体盈利。1997 年亏损的 6 599 户大中型企业减少 4 799 户,占 72.7%。钢材市场逐步好转,钢铁企业经济效益开始回升[①]。

通过这一阶段多种治理政策的组合,逐步实现了工业企业市场化运营,市场机制在防范和化解产能过剩中的作用日渐凸显,宏观政策的导向性、规范性作用显著。但也应该看到,由于产能过剩问题与我国投资体制、地方政府经济利益、预算软约束、多元化投资主体利益博弈、市场结构等交织并存,使得单一化产能过剩治理政策实际执行效果并不能完全实现预期效果。此外,我们也应

① 赵英.中国产业政策变动趋势实证研究:2000—2010[M].北京:经济管理出版社,2012:164.

该承认,这一时期产能过剩的倒逼机制,促进了我国 20 世纪 90 年代市场化改革步伐,"没有一定程度的重复投资,区域之间的正面竞争便不可能形成"[①],产品的种类、技术、质量都出现了显著改善,市场供需平衡机制与平等竞争机制以及买方市场逐渐形成。在这种机制正面作用刺激下,中国的制造业取得了非凡的进步,2001 年中国工业经济统计年鉴数据显示,到 2000 年,中国的企业已经能够生产范围极广并在价格上极具国际竞争力的工业产品,工业制成品在中国出口商品中的比重高达 90%。

第三节　加入 WTO 后我国产能过剩问题演化: 2002—2008

加入 WTO 后,我国经济体系加速对外开放,加速融入了全球产业链,经济全球化[②]推进速度明显加快,市场全球化、生产全球化和金融全球化不断发展和深化。随着经济体制改革深化,产业规制由具体规定投资项目的指令性计划,转变为指导经济发展方向的弹性较大的规划,不再与直接的项目投资挂钩,财政投资退出了竞争性产业的工业项目,开始从"需求侧"进行管理,寻找"政策抓手"成为防范和化解产能过剩政策的主要考虑。

一、产能过剩的经济背景与表现形态

2001 年 12 月 11 日我国正式加入 WTO,WTO 规则约束迫使我国各项产业

---

① 罗纳德·哈里·科斯,王宁.变革中国:市场经济的中国之路[M].徐尧,李哲民,译.北京:中信出版社,2013:193.

② 经济全球化的定义已有许多,例如 1997 年联合国贸发会议《世界投资报告 1997》中的定义是"全球化的概念既指货物和资源日益加强的跨国界流动,也指一套管理不断扩大的国际经济活动和交易网络的组织结构的出现";国际货币基金组织在其 1997 年 5 月《世界经济展望》中,为经济全球化下的定义是"跨国商品、服务贸易及国际资本流动规模和形式的增加以及技术的广泛传播,使世界各国经济的相互依赖性增强"。

政策做出相应调整。关税总水平大幅下降了。关税作为一种限制国外企业进入的壁垒的作用已经基本失效。配额许可证管理等非关税壁垒,一部分被取消,如粮食、羊毛、棉花、腈纶、涤纶、聚酯切片、化肥、部分轮胎等产品的配额许可证管理被取消;一部分被重新修订,如外经贸部(2003 年整合为商务部)制定了《进口配额管理实施细则》和《特定产品进口管理细则》等;并以关税配额管理替代了配额许可证管理,当时的国家计委颁布了《农产品进口关税配额的管理办法》以及 2002 年重要农产品、羊毛、毛条、化肥等关税配额管理办法。同时废除了一批与世贸组织规则不符的法律、法规,一批新的法律、法规出台。《中华人民共和国反倾销条例》《中华人民共和国反补贴条例》和《中华人民共和国保障措施条例》于 2002 年 1 月 1 日生效;在知识产权方面,出台和修改完善了《专利法》《商标法》《著作权法》《计算机软件保护条例》等;在投资领域,对各类中外合资合作、外商直接投资的基本法律及实施细则做了必要修订,公布了新的《外商投资产业指导目录》。更为重要的是,中国首部《反垄断法》于 2008 年 8 月 1 日开始正式实施,标志着我国的反垄断和竞争政策进入一个新阶段。因此,2002 年后出口的快速增长消化了产能,并通过增加收入等间接效应进一步促进了投资增速的提高。

从 2003 年尤其是第四季度开始,中国经济出现了"过热"的现象,2007 年下半年,投资增速再次提升,对外贸易依存度居高不下(表 2-11),能源与基础原材料行业需求猛力增长,投资率居高不下。中国统计年鉴数据显示,2002 年我国全社会固定资产投资 43 202 亿元,投资率从 2002 年的 38% 攀升至 2008 年的 44%,投资几乎占到了当年 GDP 的一半。经过两年固定资产投资膨胀,到 2005 年新一轮的产能过剩问题愈演愈烈,波及行业类型越来越广(表 2-12)①。与此同时,伴随着 2008 年美国金融危机来临,我国外部订单需求急剧萎缩,而长期

---

① 从总量上看,重点行业的"产能过剩",不仅表观上"产能过剩",同时也存在比较突出的潜在"产能过剩";从结构上看,这些行业的"产能过剩",不仅反映出本行业中产需总量不协调的矛盾,而且突出地反映在本行业内部结构性不协调矛盾,以及结构性"过剩"与结构性"短缺"并存的问题上。

以来国内总需求的整体性不足,内外"双困"更是加速了工业产能过剩的规模和影响。因此,为了保持经济的持续稳定增长,各级政府部门加强了对微观经济的干预和控制,采取审批、准入条件等行政手段对钢铁、电解铝、水泥等"过热行业"的投资、生产活动进行直接控制,使行政力量配置资源的能力和手段大大强化,而市场在资源配置中的基础性作用则遭到削弱。

表 2-11　工业企业外贸依存度及行业出口在总出口中占比

工业企业分类（按 2007 年外贸依存度排序）	外贸依存度（%）		行业出口在总出口中占比（%）	
	2007	2008	2007	2008
通信设备、计算机及其他电子设备制造业	66.3	64.3	36.1	35.5
文教体育用品制造业	59.5	52.7	1.7	1.7
仪器仪表及文化、办公用机械制造业	48.2	44.9	2.9	2.8
家具制造业	41.6	33.6	1.4	1.3
皮革、毛皮、羽毛(绒)及其制品业	41	35.9	2.9	2.6
纺织服装、鞋、帽制造业	40	34	4.2	4
工艺品及其制造业	39.9	35.2	1.9	1.8
橡胶制品业	24.4	21.7	1.2	1.2
电气机械及器材制造业	23.6	21.1	7.9	8.1
金属制品业	23.5	19.6	3.7	3.7
纺织业	21.1	19.2	5.5	5.2
塑料制品业	21.1	18.4	2.4	2.3
木材加工及木、竹、藤、棕、草制品业	15.9	12.3	0.8	0.7
通用设备制造业	14.8	13.2	3.8	4.1
交通运输设备制造业	13.7	14.7	5.2	6.2
专用设备制造业	13.1	11.9	1.9	2.2
医药制造业	9.9	9.1	0.9	0.9
印刷业和记录媒介的复制	9.8	8.9	0.3	0.3
食品制造业	9.4	8	0.8	0.8

续表

工业企业分类(按2007年外贸依存度排序)	外贸依存度(%)		行业出口在总出口中占比(%)	
	2007	2008	2007	2008
化学原料及化学制品制造业	9	8.1	3.3	3.5
农副食品加工业	8.2	6.8	2	2
非金属矿物制品业	8	6.7	1.7	1.8
化学纤维制造业	8	9.3	0.5	0.5
造纸及纸制品业	7.9	6.4	0.7	0.6
黑色金属冶炼及压延加工业	7.2	6.5	3.3	3.7
有色金属冶炼及压延加工业	5.9	5	1.5	1.3
饮料制造业	3.3	2.7	0.2	0.2
水的生产和供应业	3.2	2.5	0	0
有色金属矿采选业	2.7	1	0.1	0
非金属矿采选业	2.6	1.8	0	0
石油和天然气开采业	2.2	2.2	0.3	0.3
燃气生产和供应业	2.1	1.1	0	0
石油加工、炼焦及核燃料加工业	1.9	1.5	0.5	0.4
煤炭开采和洗选业	1.7	1	0.2	0.2
烟草制品业	0.7	0.5	0	0
废弃资源和废旧料回收加工业	0.6	0.3	0	0
黑色金属矿采选业	0.3	0.1	0	0
电力、热力的生产和供应业	0.2	0.2	0.1	0.1

资料来源:CEIC数据公司,湘财证券研究所.

表 2-12　相关行业过剩特征的重要指标比较

	产成品资金占有率（％）	销售率（％）	亏损面（％）	资金利税率（％）	产成品资金占有率（％）	销售率（％）	固定资产净值产值变化率（％）
全部工业	11.57	98.74	17.89	13.05	0.05	−3.12	−5.67
炼铁	8.99	99.25	27.01	12.2	0.21	−7.07	−32.83
铁合金冶炼	21.48	94.52	41.68	9.54	2.2	−4.01	−23.6
铜冶炼	7.54	105.04	13.81	15.13	0.4	−1.97	−44.62
铝冶炼	8.21	92.98	22.6	13.94	−0.79	−2.13	−0.54
汽车制造	11.24	100.16	20.34	12.51	−0.65	0.94	8.74
炼焦	18.11	97.06	32.15	11.55	0.01	−2.08	0.95
电石	12.19	98.57	20.54	9.31	−0.29	−0.24	−1.42
纺织业	17.03	97.05	15.81	9.07	−0.56	0.62	−11.97
煤炭开采和洗选	6.73	101.93	10.01	16.84	0.84	−1.64	−31.1
水泥制造	10.63	97.19	35.75	7.2	−0.34	1.81	2.31
电力生产	0.7	100.6	32.75	8.47	−0.16		−7.65

说明：此处销售率按（产品销售收入／工业总产值）×100 计算，与按（销售值／工业总产值）×100 计算的结果略有出入，但不影响结果。根据国家统计局提供的数据计算。

资料来源：王岳平.下半年经济增长速度可达 10.2%［N］.21 世纪经济报道,2006-09-18.

国家发展和改革委员会 2005 年年底的统计数据表明,钢铁、铁合金、焦炭、铜冶炼、电石、电解铝、汽车行业产能过剩突出,煤炭、水泥、电力、纺织等行业存在潜在产能过剩。具体来看,"2005 年年底中国已形成炼钢能力 4.7 亿吨,在建能力 0.7 亿吨、拟建能力 0.8 亿吨,当年钢铁消费量在 3.5 亿吨左右,表明钢铁产业生产能力已经大于市场需求 1.2 亿吨。2005 年我国粗钢产量达到 3.49 亿吨,比上年骤增 6 888 万吨,增长率超过 24.56%,总量约占全世界产量的 30%,相当于产量排名第 2、3、4 位国家全部产量的总和。"[1]与此同时,钢材价格全面下跌,原材料价格居高不下,95% 的钢材产品价格跌破成本,企业产成品资金占用增长 50%,钢铁工业整体走向微利甚至亏损的形势下,相当多的企业仍在继续增产,加剧了市场供大于求的矛盾。

铁合金行业,2005 年共有铁合金生产企业 1 570 家,总生产能力已达 2 213 万吨,"2005 年铁合金产量为 1 067 万吨,国内消费总量为 930 万吨,出口量为 174 万吨,进口量为 37 万吨,表观需求量也只有 1 067 万吨。全国产能利用率仅为 48%,部分地区企业产能利用率仅为 30%。"[2]同时有在建项目 161 万吨,拟建项目 123 万吨,若建成投产,产能规模增至 2 500 万吨。但产能标准达到 25 000 千伏安准入条件的"仅占全行业产能的 4.1%,环保达标的企业仅占 31%,大量产能来自高耗电、污染重的低效电炉,其中 5 000~25 000 千伏安电炉占总生产能力的 77.3%,5 000 千伏安以下电炉产能有 160 万吨,占总生产能力的 7.2%"[3]。而且产业集中度低,10 万吨以上产能企业仅 28 家,产能 470 万吨,分别占企业总数的 1.8% 和产能总量的 21.2%,1 万吨以下小企业多达 787 家,产能 407 万吨,分别占企业总数的 50.1% 和产能总量的 18.3%[4]。冶金铜业也出现类似情况[5]。

从煤炭行业来看,1998 年亚洲金融危机后,政府一面大力关闭小煤窑,一面减少固定资产投资,1998—2001 年平均每年下降 26.28%;2002 年经济回暖后,能源供不应求,煤价飞涨,小煤窑大量超产,导致安全、环保等问题丛生。2005

---

① 中国社会科学院工业经济研究所课题组.我国制造业发展的回顾与展望[C].中国社会科学院工业经济研究所内部资料.
② 陆百甫.当前我国产能过剩问题剖析与对策[J].中国产业经济动态,2006(21):35-51.
③ 《国民经济运行重大问题研究》课题组.当前我国"产能过剩"问题剖析与对策[R].中国发展研究基金会报告,2006:6.
④ 《国民经济运行重大问题研究》课题组.当前我国"产能过剩"问题剖析与对策[R].中国发展研究基金会报告,2006(22):7.
⑤ 2004 年我国粗铜冶炼能力为 163 万吨,进口铜精矿 288 万吨。由于受市场需求和高铜价的利益驱动刺激,我国铜冶炼投资盲目扩张,2007 年底将形成 370 万吨铜冶炼生产能力,远远超过国内铜精矿可能的保障能力和国际市场可能提供的铜精矿进口量,带来资源严重短缺和巨大的产能过剩问题。据统计,2005 年我国全年铜产量为 258 万吨,其中利用国内铜精矿的产量仅为 65 万吨,仅占总产量的 25% 左右,75% 左右是靠外国矿粉生产的,对国际矿源依赖程度过高。

年全国煤炭开采及洗选业建设总规模 8.5 亿吨,施工规模 7.08 亿吨,当年新开工项目为 4.1 亿吨,占施工总规模的比重高达 54.2%,存在潜在产能过剩。全国有焦化生产企业 1 300 多家,机焦总生产能力约 3 亿多吨,比 2004 年产能扩张 25%。如果加上尚存的土焦和改良焦产能,我国炼焦总产能近 3.2 亿吨。2005 年我国焦炭总产量为 2.3 亿吨,同比增长 17.9%,占世界焦炭产量的 57.5%,其中机焦产量 2.33 亿吨,同比增长 24.4%。包括煤焦化、煤气化、煤液化和电石等产品的煤化工产业也存在产能过剩问题,2005 年年底我国电石生产能力是当年产量的 2 倍,约有一半存在闲置;焦炭生产能力高出国内市场需求 7 000 多万吨,同时在建和拟建各 3 000 万吨;甲醇产量 536 万吨,在建甲醇规模已接近 900 万吨,拟建和规划产能还有千万吨以上[1]。

电解铝行业产能已经高达 1 030 万吨,尚有 260 万吨限制能力,但仍有在建项目 11 个,建设总能力 112 万吨,投资总额约 73 亿元,尚有 10 个拟建项目,总能力 140 万吨。除了中国铝业公司以外,其余的大部分处于亏损状态[2]。"2005 年我国氧化铝生产能力为 890 万吨,电解铝生产能力达 1 070 万吨,铝加工能力 710 万吨,电解铝生产总量为 781 万吨,产能平均利用率为 75% 左右,产能过剩、产量过剩问题同时存在,产能大量闲置。"[3]

2005 年年底我国水泥产量占到全世界水泥总产量的 60% 以上[4],全国水泥生产能力已达 13 亿吨,实际产量 10.6 亿吨,特别是落后生产能力比重仍占 60% 左右,全行业盈亏相抵后实现利润总额 80.5 亿元,同比下降 38.7%。规模以上

---

[1]　国家发改委《关于加强煤化工项目建设管理促进产业健康发展的通知》(发改工业〔2006〕1350 号),2006 年 7 月 7 日。

[2]　电解铝冶炼能力、氧化铝供应能力、铝土矿采选能力不匹配,氧化铝生产成本高,产量仅能满足需求的一半左右。2005 年电解铝企业平均产量仅 7.4 万吨,且用电矛盾突出,出口量偏大,氧化铝占生产成本比例过高,企业亏损严重。2005 年亏损的 80 个冶炼企业几乎全部是电解铝企业,亏损额 13.1 亿元,同比增长 1.1 倍。2005 年铝加工企业平均产量仅 0.42 万吨。行业整体装备水平低,技术经济指标落后,高附加值加工品种不足;电解铝液直接铸轧的比例低,资源浪费严重。资料来源:国家发改委《关于加快铝工业结构调整指导意见的通知》(发改运行〔2006〕589 号),2006 年 4 月 11 日。

[3]　资料来源:《关于加快铝工业结构调整指导意见的通知》。

[4]　从 2002 年起水泥行业固定资产投资开始加速,并在 2003 年达到高峰。2003 年全国水泥行业完成固定资产投资 303.24 亿元,比 2002 年增长 88.42%;2004 年全行业固定资产投资达到 434.55 亿元,比 2003 年增长 43.3%。到 2004 年年底,我国水泥生产能力接近 11 亿吨,其中新型干法熟料生产能力达到 3.3 亿吨。

5 149家水泥企业中亏损企业达 1 851 家,亏损面 35.9%,比上年增加 8.9 个百分点,亏损额 48.9 亿元,同比增长 74%。

电力行业 2002 年 6 月以来,发电设备生产与供应也极不均衡的矛盾十分突出[①]。电力产能结构矛盾突出,"2005 年年底我国电力行业发电总装机容量达 50 841 万千瓦,其中火电 38 413 万千瓦,占 75.6%,水电 11 652 万千瓦,占 22.9%,核电 685 万千瓦,占 1.35%"[②],风电、太阳能电比重很小[③]。

从汽车行业来看,2002 年和 2003 年我国汽车需求出现爆发性增长,增长率分别为 38.8%和 36.7%,而汽车投资也在 2002 年和 2003 年进入高增长期,增幅分别为 56.3%和 87.2%。2004 年全行业固定资产计划投资 2 572 亿元,比 2003 年同期增长 50%;完成总投资 832 亿元,比 2003 年同期增长 53.3%。随后 2004 年价格战波及全行业上百种产品,年平均降幅 13.1%,最高达 25.4%[④]。"2005 年年底我国仍有近 120 家整车组装企业,汽车行业总生产能力 1 000 多万辆,实际生产汽车 570.77 万辆,销售 575.82 万辆,生产能力超过实际需求 430 多万辆。"[⑤]同时各地在建项目产能 220 万辆、拟建汽车生产能力约 800 万辆,2005 年全行业的产能利用率仅为 71.5%,其中轿车行业 72.5%。到了 2007 年汽车行业产能为 1 316 万辆,实际产量只有 888 万辆,过剩生产呈现扩大趋势。尽管库存少,销售率高,但全行业固定成本居高不下且经济效益持续下降,难以掩盖产能过剩事实。其中,仓栅式运输车、厢式车、改装车及专用车制造的生产能力闲置

---

① 国家发改委《关于加快电力工业结构调整促进健康有序发展有关工作的通知》(发改能源〔2006〕661 号)2006 年 4 月 18 日。

② 数据转引自《2006 年中国电力市场研究报告》(国家经济信息中心内部资料)。

③ 我国电力行业的装机结构不尽合理,小机组装机比例偏高;2004 年年底全国小机组总规模达 8 600 多万千瓦,其中 0.6 万~5 万千瓦火电机组有 3 796 台,装机规模为 4 666 万千瓦(单机 0.6 万千瓦以下小机组近 1 500 万千瓦,另有小型燃油机组约 2 500 万千瓦)。

④ 2004 年我国汽车工业结束了连续两年的高速增长,生产和销售增长率大幅度下降。2004 年,国内汽车生产企业生产与销售分别完成 507.05 万辆和 507.1 万辆,分别比 2003 年增长 14.1%和 16.5%,在销售的 507.1 万辆中有约 50 万辆形成经销商库存;2004 年我国出口汽车 13 万辆(含 6 万辆场地用车),进口汽车 12 万辆;国内市场汽车总供给量为 512 万辆。

⑤ 《国民经济运行重大问题研究》课题组.当前我国"产能过剩"问题剖析与对策[R].中国发展研究基金会报告,2006(22):8.

比较显著。在全国 117 家整车厂中,年产量不足 1 万辆的将近 100 家[1],规模经济效益比较弱。

我国纺织行业生产和出口规模迅速扩张,化纤、纱、布、呢绒、丝织品和服装产量与产能均占世界第一位,其中,纤维加工量占全世界总加工量的 36%,纺织品出口总额占全球纺织品服装贸易总额的 24%。我国现有纺锭已超 7 000 万锭,比 20 世纪末压锭时的 4 500 万锭又净增 2 500 万锭以上。我国纺织服装业中,50%以上的生产能力是为出口来料加工,30%左右是为外商"贴标"、按款生产,只有 10%左右的生产能力是自主品牌生产。技术创新能力差,大多为中低档产品,缺乏高质量高档次产品。只能赚取非常低廉的加工费,出口加工企业平均利润率仅为 3%。一旦经济风险爆发,产能过剩问题就会全面渗透,出现大量产品价格战、工厂倒闭等现象。

二、产能过剩的治理政策与经济绩效

随着我国经济社会不断发展,产业结构不断实现高级化、合理化。但由于受到体制性、政策性、资源性等因素的约束,在经济高速增长的同时伴随着相当程度的涉及范围广的产能过剩,尤其是投资规模偏大、部分行业和地区盲目投资、低水平重复建设比较严重、产能利用率低等。2002 年政府工作报告指出"产业结构不合理和经济体制改革深层次问题尚未解决",2003 年则进一步指出要"搞好钢铁、汽车、建材等行业发展的规划和调整……进一步淘汰落后生产能力,推进部分产能过剩行业调整"等。宏观经济管理部分更加明确了抑制部分行业、局部领域出现过热的目标。这一时期,汲取了 20 世纪 80 年代和 90 年代产能过剩治理经验,为防止经济出现大的起落,弱化了行业生产指标化控制,有关部门逐渐增强和改善宏观经济调控能力,"敏锐地把握国际国内经济形式变

---

① 　王丹妮.我国首次确认汽车产能过剩[N].民营经济报,2006-04-07(12).

化,增强预见性、针对性和有效性"①,综合运用货币政策、财政政策和产业政策,对投资规模进行科学控制,减轻通货膨胀压力,实现产业发展从"量"向"质"的根本性转变。2006 年,政府严控投资时再次强调对产能过剩治理,国家出台了一系列宏观调控政策措施②,行政力量配置资源的能力和手段得到一定程度强化,相关部门也发布了加快推进产能过剩行业结构调整的文件。

(一)钢铁、电解铝、水泥行业产能过剩治理

2002 年 4 月,《关于制止电解铝行业重复建设势头意见的通知》,要求制止重复建设,严格项目审批,清理整顿建设项目,引导企业正确投资和决策等③。2003 年 12 月 23 日,《关于制止钢铁、电解铝、水泥等行业盲目投资若干规定的通知》④,文件强调要加强产业政策和规划导向,严格市场准入管理,强化环境监督和执法,加强用地管理,加强和改进信贷管理,认真做好项目清理工作,以遏制盲目投资、低水平重复建设的势头,有效防范和化解产能过剩,促进这些行业健康发展。随后 2004 年 4 月 26 日,《关于调整部分行业固定资产投资项目资本金比例的通知》,明确钢铁项目资本金比例由 25% 及以上提高到 40% 及以上;水泥、电解铝、房地产开发项目(不含经济适用房项目)资本金比例由 20% 及以上提高到 35% 及以上。2004 年 4 月,《关于清理固定资产投资项目的通知》,国务院明确重点清理钢铁、电解铝、水泥等项目和 2004 年以来新开工的项目。

---

① 朱镕基.政府工作报告(2003 年 3 月 5 日)[N].人民日报,2003-03-06.
② 文件指出部分行业盲目投资、低水平扩张导致生产能力过剩,已经成为经济运行的一个突出问题,并从严控投资项目、淘汰落后产能、促进兼并重组等方面提出了治理措施。由于市场经济体制还不够完善,在使用宏观调控政策时,还同时运用了必要的行政手段。但对这些辅助性行政手段的局限性和副作用的充分估计则差异性比较大。如,在 2003 年、2004 年就采取主管部门联合发文,采用行政审批等行政手段对投资过热行业的投资、生产活动进行直接控制。从那时起"宏观调控要以行政调控为主"就成为正式的指导方针。详可参阅:吴立波.行政调控为何忽然发力[J/OL].瞭望东方周刊,(2004-05-17)[2018-01-30].新浪网。
③ 该文件的目的在于制止一些地方政府和一些属于淘汰范围的小火电厂不顾国家发展规划、产业政策和环保法规要求而大规模新建电解铝生产能力的行为。
④ 内含《关于制止钢铁行业盲目投资的若干意见》《关于制止电解铝行业违规建设盲目投资的若干意见》和《关于防止水泥行业盲目投资加快结构调整的若干意见》三个文件。

2004 年 4 月 28 日,国务院召开常务会议,听取对"铁本事件"调查,成为国家维护宏观调控政令畅通的一个典型。2004 年 7 月 25 日,国务院发布《关于投资体制改革的决定》,上收了钢铁行业的核准权限。而新的《政府核准的投资项目目录》规定,已探明 5 000 万吨以上规模的铁矿开发项目和新增生产能力的炼钢、炼铁、轧钢项目由国务院投资主管部门核准。同时还辅之以其他政策进行协调配合:①信贷政策方面,2004 年 4 月 30 日国家发改委、人民银行、银监会联合发文《关于进一步加强产业政策和信贷政策协调配合控制信贷风险有关问题的通知》,并发布《当前部分行业制止低水平重复建设目录》;②价格杠杆方面,2004 年 6 月 16 日,全国销售电价水平每千瓦时平均提高 2.2 分钱,对钢铁、水泥、电解铝等 6 个高能耗行业区分淘汰类、限制类、允许和鼓励类企业试行差别电价;③环保政策方面,2004 年 6 月 20 日,环保总局、国家发改委、监察部等联合举行环保专项整治活动,钢铁、水泥、电解铝等行业是重点。

随后,2005 年 7 月 20 日国家发改委令颁布《钢铁产业政策》,加大产能过剩调整力度,防止低水平重复建设,强化钢铁行业发展规划和市场导向引领。此时,产能过剩问题日益突出。2006 年,根据《关于加快推进产能过剩行业结构调整的通知》对已经出现明显产能过剩的钢铁、电解铝、电石、铁合金、焦炭、汽车等行业和存在潜在产能过剩的水泥、煤炭、电力、纺织等行业进行总量控制、淘汰落后、加快结构调整。随后各相关部委配发了《关于加快铝工业结构调整指导意见的通知》《关于加快水泥工业结构调整的若干意见的通知》①《关于钢铁工业控制总量淘汰落后加快结构调整的通知》,以及 2007 年国务院印发《节能减排综合性工作方案》,包括 40 多条重大政策措施和多项具体目标。2007 年 4 月 27 日,国务院召开钢铁工业关停和淘汰落后产能工作会议,与河北、山西等

---

① 《意见》明确指出,治理目标是累计淘汰落后生产能力 2.5 亿吨。企业平均生产规模由 2005 年的 20 万吨提高到 40 万吨左右,企业户数减少到 3 500 家左右。水泥产量前 10 位企业的生产规模达到 3 000 万吨以上,生产集中度提高到 30%;前 50 位企业生产集中度提高到 50%以上。新型干法水泥吨熟料热耗由 130 千克下降到 110 千克标准煤,采用余热发电生产线达 40%,水泥单位产品综合能耗下降 25%。粉尘排放量大幅度减少,工业废渣年利用量 2.5 亿吨以上。石灰石资源利用率由 60%提高到 80%。

10 个主要产钢省（区、市）政府签订责任书,明确"十一五"期间关停和淘汰落后炼铁能力 3 986 万吨、炼铁能力 4 167 万吨①,至此产能淘汰和产能规模控制才取得实质性进展。

（二）铜冶炼行业产能过剩治理

2005 年 11 月 3 日,《关于制止铜冶炼行业盲目投资的若干意见》,明确要做好项目的清理整顿;强化产业政策导向和市场准入管理;控制投资规模,将铜冶炼项目资本金比例由 20% 及以上提高到 35% 及以上;统筹研究铜原料进口环节增值税政策;加强信贷管理,优化信贷投向,规避信贷风险;加强环境保护监督管理②;加大铜冶炼产业结构调整力度,组建企业集团,提高产业集中度。该文件出台旨在尽快制止铜冶炼行业盲目投资的势头,促进铜工业持续健康发展。此外,还针对一些地方政府和行业企业盲目投资铜冶炼行业,导致市场无序、过度竞争和金融风险隐患提出了一系列意见。

（三）汽车工业产能过剩治理

1994 年 7 月,《汽车工业产业政策》颁布实施,这是我国汽车工业的第一部产业政策,也是我国工业领域政府出台的第一部产业政策,系统阐述了汽车工业产业发展重点、产业组织、产业技术、产业规划与项目管理等,此后我国汽车产业生产能力和重点汽车企业规模步入迅速发展和快速扩张时期。加入 WTO 后,我国汽车工业面临着严峻挑战:①下调关税税率。平均税率到 2006 年 7 月

---

① 2007 年 12 月 27 日,国家发改委与 18 个省(区、市)及宝钢集团签订了第二批《关停和淘汰落后钢铁生产能力责任书》,按照要求,这些地区到 2010 年,将累计关停和淘汰炼铁能力 4 931 万吨、炼钢能力 3 610 万吨,涉及企业 573 家。

② 对现有铜冶炼企业执行环保标准情况进行监督检查,定期公布环保不达标生产企业名单,对达不到排放标准或超过排污总量的,由地方人民政府限期治理,治理不合格的予以停产或关闭。要加快淘汰落后生产能力,根据相关产业政策和环保标准,立即淘汰 1.5 平方米及以下密闭鼓风炉,2006 年年底前淘汰反射炉、电炉和 1.5~10 平方米(不含 10 平方米)密闭鼓风炉,2007 年年底前淘汰所有密闭鼓风炉。

1 日汽车降至 25%、零部件降至 10% ①。②逐步取消保护汽车工业的非关税壁
垒,改变对外资汽车企业的管理规则,向所有外国供应商提供参与采购的平等
机会,实施"统一适用国产和进口汽车和零部件的法律、法规和标准……给予进
口产品不低于国产同类产品的待遇"②,从而有力地促进了市场竞争和落后产能
调整,有效提升了汽车工业产业竞争力。2004 年国务院颁布《汽车产业发展政
策》,促进国内汽车企业集团做大做强,引导现有企业兼并重组。推动汽车产业
结构调整和重组,避免散、乱、低水平重复建设,推进研发和技术创新能力同步
提升,形成独立自主知识产权,明确了今后中国汽车产业发展方向。2005 年 12
月,国务院发布了《促进产业结构调整暂行规定》和《产业结构调整指导目录》,
加强了汽车产业规划与管理。2006 年 12 月,《关于汽车工业结构调整意见的通
知》明确了对产能利用率高、产品供不应求的企业继续给予支持,对产能利用率
不足、产品供过于求的企业严格控制新增产能,把解决总量过剩和结构不合理
问题结合起来,建立汽车产能信息监测制度,发布国内汽车市场预测情况以及
汽车行业盈利情况和价格变化情况,引导资源合理分配。2006 年《加快推进产
能过剩行业结构调整的通知》将汽车行业列入调整范围,并增加了产能利用率
和自主创新水平等调节指标,避免散、乱、低水平重复建。而《关于加强固定资
产投资调控从严控制新开工项目意见的通知》则明确从严控制汽车行业新上项
目。由于受到国内家庭汽车消费释放等因素影响,汽车工业产量在持续增长的
同时汽车行业自主创新能力也在提升,但与发达国家仍有差距。如 2007 年丰

---

① 根据我国政府与世界贸易组织成员谈判达成的协议,小轿车、小客车(9 座)、四轮越野车关税税率,
自加入之日的约束税率将下调至 61.7%~51.7%,最终约束税率(2006 年 7 月 1 日)为 25%;装有发动
机的汽车底盘的关税税率,自加入之日的约束税率将下调至 40%~8%,最终约束税率(根据不同产
品分别在 2002 年、2004 年、2005 年、2006 年实施)为 20%~10%;汽车车身(包括驾驶室)的关税税率
自加入之日的约束税率将下调至 46%~34%,最终约束税率(到 2006 年 7 月 1 日)为 10%;各类汽车
零部件的关税税率自加入之日的约束税率将下调至 35.7%~6%,主要汽车零部件约束税率(从 2002
年到 2006 年 7 月 1 日逐步实施)为 25%~10%;汽车发动机的关税税率自加入之日的约束税率将下
调至 31%~18%,最终约束税率(从 2004 年到 2006 年 7 月 1 日逐步实施)为 10%。资料来源:《中国
加入议定书》(第 152 号减让表——中华人民共和国)。
② 资料来源:《中国加入工作组报告书》第 195 条。

田全球产量 936.6 万辆①,与我国 2008 年的全年总产量基本持平。

从以上各行业治理来看,政府集中采用了土地政策、金融信贷政策、行业核准机制、检验监管制度等治理手段,以期抑制投资非理性增长和生产能力非均衡扩张。虽然整体性盲目投资势头得到遏制,但是部分地区的违规项目仍未按要求缓建或停建。如,从 2006 年开始电力产能投资又有反弹(尤其值得注意的是,一些地方和企业小机组和燃油机组建设项目再次抬头),大量电站项目上马,有的"大干快上"违规建设。2006 年全国合同订货发电设备达 1.4 亿千瓦,2007 年为 6 700 万千瓦,在建、拟建项目继续投资电力产能 5 亿千瓦。从铜冶炼行业治理来看,我国铜冶炼产能扩张的势头并没有遏制住,对 500 万元以上固定资产投资项目统计资料分析,2006 年 1—5 月铜冶炼行业新开工项目,同比增长 50% 以上,投资总额同比增长 78%。而且新上项目中许多仍是低水平、高污染项目,有的还是国家明令禁止的落后技术,不少是单项产能仅为几千吨的小规模、高污染项目。

因此,我们应该认识到,这一阶段治理产能过剩实践在实现多重目标方面取得了积极成效,但同时也面临一些困难和问题。尤其一些产业政策出台,也存在诸多不合理、不科学之处②。

---

① 赵春艳.从比较优势到竞争优势:基于中国汽车产业的实证研究[M].北京:中国经济出版社,2012:131.

② 如 2002 年 4 月计委(现改名为国家发改委)、经贸委《关于制止电解铝行业重复建设势头的意见》,预测 2005 年电解铝需求量 550 万吨,过剩 130 万吨。实际上,2005 年电解铝产量 781 万吨,消费量 774.85 万吨。需求预测值比实际值低估 40%。2003 年 11 月,国家发改委等五部门《关于制止钢铁行业盲目投资的若干意见》,预测到 2005 年年底将形成 3.3 亿吨钢铁生产能力,大大超过 2005 年市场预期需求。实际上,2005 年钢铁产量 3.5 亿吨,消费量为 3.4 亿吨,产能 4.3 亿吨。产能预测值比实际消费量低 3%。2003 年 11 月,国家发改委等七部门《关于制止电解铝行业违规建设盲目投资的若干意见》,预测 2005 年年底电解铝产能将超过 900 万吨,远远超过 2005 年全国电解铝预计消费量 600 万吨水平。实际上,2005 年消费量为 775 万吨,产能 1 079 万吨。消费预计值比实际消费量低 29.2%。预测值与实际值的偏差,很可能导致政策偏离了资源配置最优化的目标。

第四节　当前产能过剩基本特征与风险测度：2009—2016

工业化在经济起步和发展的中期阶段发挥了重要作用。随着 2008 年我国人均 GDP 达到 22 698 元(约合 3 340 美元)，我国已经进入工业化的中期阶段。北京、上海、天津以及广东、浙江、江苏和山东等发达省市自治区则已进入后工业化时期①。我国企业在金融危机发生之后加速了走向世界的步伐，我国经济与世界经济的相互依存度空前提高。外部经济的冲击，使结构不尽合理、产能过剩等制约我国经济发展的诸多矛盾和问题更为凸显，因此我国开始实施了强有力的宏观政策刺激计划，以缓冲信贷危机和金融动荡对我国经济体的直接影响，"减少经济疲弱和金融压力相互加强的反馈循环的负面影响"②，使危机"软着陆"。英国著名作家狄更斯的《双城记》中有一句名言流传于世："这是一个最好的时代，也是一个最坏的时代。"以此来比喻金融危机后，在微妙国际环境中继续向前发展的中国经济——"这可能是全球最坏的经济环境，却也是中国经济的相对最好时期"。

一、产能过剩的经济背景与表现形态

进入"十一五"时期以来，我国 GDP 实现了年均超过 10%的增长。2005—2009 年的 5 年间，货币供应量增长了 75.4%，年均增长 15.1%③。这一扩张速度远快于 1929 年大萧条出现之前美国的信贷扩张速度，信贷的过度扩张埋下了经济隐患。2007 年下半年美国"次贷危机"引发的以 2008 年雷曼兄弟破产为标

① 国际上衡量工业化程度的经济指标之一，人均 GDP 达到 1 000 美元为工业化初期阶段，3 000 美元为工业化中期，人均 5 000 美元为工业化后期。
② 林毅夫.繁荣的求索：发展中经济如何崛起[M].北京：北京大学出版社，2012：3.
③ 刘世锦，等.陷阱还是高墙？——中国经济面临的真实挑战和战略选择[M].北京：中信出版社，2011：151.

志的华尔街金融危机,金融机构融资能力丧失,金融市场严重混乱①,立即对中国严重失衡的经济结构产生了影响。"一方面使长期以来国外市场的出口经济遭受重挫,出口对我国 GDP 的拉动从 2007 年的 2.6% 下降到 2008 年的 0.8%;另一方面,因国际资本在次贷危机发生后纷纷涌入商品期货市场而推动了初级产品价格的上涨,使中国产生了严重的输入型通胀"②,生产者价格指数(PPI)由 2007 年的 5.4% 上升到 2008 年 4 月的 8.1%,而 2008 年国内 CPI 月度最高也达到 8.7%、GDP 增长率下降到 9%,萧条趋势显著。为应对本轮全球经济危机输入型的构成对我国经济的负面影响,2008 年中央出台文件,提出在 2010 年年底前新增投资 4 万亿元(其中中央安排 1.18 亿元,其他来源于地方政府、企业与银行)(表 2-13)。2008 年 8 月—2009 年 12 月,中央政府连续 7 次发出文件调高相关商品的出口退税率,传统领域和新兴领域均出现了产能的快速扩张③,试图以此弱化国际市场需求下降对我国出口导向的经济体系的冲击。我国经济在 2009 年第一季度即开始恢复增长,GDP 增长率在 2009 年达到 9.2%,在 2010年达到 10.4%,而全球 GDP 在同期分别萎缩了 2.3% 和 4.1%。进入 2012 年,世界经济出现了自 2009 年金融危机以来前所未有的严峻局面,欧债危机呈现长期化趋势反复发作,经济运行的动荡和不确定性显著增加,全球经济增速明显放缓,经济出现二次探底。这导致 2012 年以来外需乏力,我国出口增速放缓,国内产能释放压力增加,经济增长放缓。同时,受宏观形势以及国家调控措施的影响,2012 年开始房地产市场的投资已开始趋缓,也使相关产业的产能过剩更加严重,笔者根据工业经济统计年鉴相关数据测算此时期工业总体产能利用

---

① 伯南克.金融的本质:伯南克四讲美联储[M].巴曙松,等,译.北京:中信出版社,2014:66.

② 王建.关注增长与通胀格局的转变点[J].宏观经济管理,2008(8):11-13.

③ 2008 年 10 月,钢的生产水平降至年产 4.2 亿吨,比年内最高水平下降 26%。在国家刺激经济政策的作用下,钢铁生产开始逐步回升,2009 年 6 月以来,各月始终保持较高生产水平。2009 年全年产钢56 784万吨,比上年增产 6 753 万吨,增长 13.5%。在全球钢产量除中国外减产 21.5% 的大背景下,国内消费需求强劲,弥补了出口大幅度减少的压力,与上年相比,出口减少回流到国内粗钢 4 479 万吨,国内粗钢表观消费达到 56 504 万吨,增长 24.8%,创历史新高。受固定资产投资拉动,全年钢材需求结构也发生变化,以建筑钢材为代表的长材增长幅度高于板材、以生产长材为主的地方企业增幅高于重点大型企业。2009 年长材增长 23.4%,高于板材 9.3 个百分点。地方小企业增长 25.1%,高于重点大中型 13.9 个百分点。数据来源:工业和信息化部. 2009 年钢铁行业发展回顾及 2010 年展望[EB/OL](2012-02-11)[2019-06-30].中华人民共和国工业和信息化部.

率已回落到 80% 以下,产业结构进入强制性调整阶段。工业和信息化部统计,2012 年产能过剩行业已从钢铁、水泥、有色金属等,扩展到电石、煤炭、纺织、化纤、风电、多晶硅、光伏等十几个行业,企业经济效益大幅下滑,工业企业累计亏损数同比增长 26.9%[1],关停并转企业增加,陷入全面性产能过剩格局。

表 2-13 4 万亿元投资的结构分布

投资方向	额度(亿元)	占比(%)
铁路、公路、机场、电网	18 000	45
灾后建设	10 000	25
新农村建设	3 700	9.2
生态环境	3 500	8.8
保障性住房	2 800	7
自主创新与结构调整	1 600	4
文教卫生	400	1

资料来源:根据国家发改委宏观经济研究院相关资料整理.

钢铁行业面临比较严重的产能过剩压力。根据对下游行业进行调研分析,2013 年我国钢材实际消费量约 6.86 亿吨,钢材市场社会库存 3.84 亿吨,占比 35.89%。"2013 年我国已有炼钢产能近 10 亿吨,产能利用率仅 72%,明显低于正常水平。2012 年 80 家重点大中型钢铁企业累计实现销售收入 35 441 亿元,同比下降 4.3%;实现利润 15.8 亿元,同比下降 98.2%,销售利润率只有 0.04%"[2]。2013 年全行业主营业务收入达到 88 608 亿元,同比增长 7.5%;实现利润 2 588 亿元,销售利润率 2.9%,虽较 2012 年有所提升,但仍处于工业行业最低水平,盈利率持续下降(表 2-14)。从产业集中度看,"粗钢产量前十名的钢铁企业集团产量占全国总量的比重为 39.4%,同比下降 6.5 个百分点;前 30 家

---

① 周振华,等.新机遇·新风险·新选择:中国经济分析 2012—2013[M].上海:格致出版社,上海人民出版社,2013:9.

② 工业和信息化部.2012 年钢铁工业运行情况分析和 2013 年运行展望[EB/OL].(2013-02-08)[2016-03-30].中华人民共和国工业和信息化部网.

占 55.1%,下降 5.9 个百分点;前 50 家占 65.3%,下降 4.6 个百分点"[1],产业集中度不升反降,加剧了市场竞争。大型钢铁企业精品板材项目不断增加,板材产能开始集中释放,高端产品同质化竞争加剧。从钢铁企业负债率来观测,"2012 年重点大中型钢铁企业资产负债率为 69.4%,同比上升 0.6 个百分点。33 家资产负债率在 80% 以上的钢厂年产钢约 1.2 亿吨。与行业效益最好的2007 年年末相比,企业资产负债率上升 12.5%,产成品资金占用同比增长 9%;企业银行借款同比增长 8.4%。同时,应收、应付账款同比分别增长 7.3% 和3.1%。"[2]"企业财务费用支出规模偏大,2012 年大中型钢铁企业支出财务费用802.8 亿元,2013 年财务费用同比下降 3%,但仍支出高达 786.2 亿元,远高于实现利润水平,钢铁企业资金压力日益增大,企业经营风险加大"[3]。

表 2-14   主要钢铁企业的盈利率

单位:%

地区/国家	2008	2009	2010	2011	2012	2013
中国	8.2	4.5	4	2.4	1.3	0.43
美国	12.9	−9.1	0.9	4	3.7	—
欧洲	12.6	−1.3	5	6	2.8	—
日本	7.2	2	4.7	1.9	0.8	—

资料来源:根据历年中国工业经济统计年鉴相关数据整理计算.

水泥行业属于产能严重过剩的基建行业,受房地产市场影响较大。2009 年

---

[1] 工业和信息化部统计显示,2012 年以来多数重点大中型钢铁企业受市场低迷影响采取了减产措施,在一定程度上缓解了市场供需关系,但一些非重点企业却借助低成本优势增产。如 2012 年前 11 个月,重点大中型钢铁企业产量同比下降 0.6%,非重点企业增长 23.3%,前十名钢铁企业产业集中度也由 48.3% 降低到 46.1%。在重点大中型钢铁企业投资同比降低 27.8% 的情况下,非重点企业投资增长 17.4%。非重点企业占钢铁行业固定资产投资比重达到 83.6%,远超重点大中型企业。数据来源:工业和信息化部. 2012 年钢铁工业运行情况分析和 2013 年运行展望[EB/OL].(2013-02-08)[2016-03-30].中华人民共和国工业和信息化部网.

[2] 数据来源:工业和信息化部.2013 年钢铁工业经济运行情况[EB/OL].(2014-02-21)[2016-03-30].中华人民共和国工业和信息化部网.

[3] 数据来源:工业和信息化部.2013 年钢铁工业经济运行情况[EB/OL].(2014-02-21)[2016-03-30].中华人民共和国工业和信息化部网.

以来产能利用率整体偏低,产能利用率 2010 年为 65%、2011 年为 70%、2012 年为 72.7%、2013 年为 73.4%。在"4 万亿元"政府投资的拉动下,2009 年水泥制造业核准开工新建生产线 500 多条,完成固定投资 1 521 亿元,比上年增长57.7%,且大部分于 2010 年建成投入生产,导致概念新增产能 5 亿多吨。2012年受国民经济下行、固定资产投资增速减缓和国家实施住房价格调控政策等因素影响,水泥熟料实际产能富余 37.6%(即产能利用率仅为 62.4%),实际水泥产能富余 32.3%(即产能利用率为 67.7%)。2013 年全国水泥产量 24.161 360亿吨,当年末水泥生产能力 32.9 亿吨(其中水泥粉磨企业 2 061 家,水泥制备能力 13.7 亿吨),折算产能利用率 73.4%。2013 年年末,在建水泥生产性固定资产投资项目 388 个,在建新型干法生产线 249 条(2014 年 1 月 20 日之前已投产3 条),熟料生产能力 3 亿吨,水泥制备能力 4.8 亿吨,2014 年 1—6 月又新增水泥生产线 22 条。"2013 年水泥生产能力净增 2.2 亿吨,比上年净增量多 7 900万吨;水泥粉磨企业净增 143 家,其中部分为关停窑生产线转为粉磨企业,粉磨企业水泥制备能力净增 1.4 亿吨,比上年净增量多 4 800 万吨。2013 年年末,拥有非新型干法熟料生产线企业 407 家,非新型干法熟料能力 8 900 万吨。其中年产 30 万吨及以下企业约 300 家,熟料能力约 5 000 万吨。"[①]与此同时,违规水泥建设项目仍然屡见不鲜,无证生产和经营企业也大有存在,水泥行业仍然面临产能过剩巨大压力。

目前国内大部分行业冶炼产能过剩,电解铝行业最为突出。国际铝价从2002 年的 1 350 美元/吨一直上升到 2006 年的 2 569 美元/吨,铝冶炼行业利润总额从 2004 年的 106 亿元上升到 2007 年的 369 亿元,电解铝投资持续增长,产能扩张明显。"2010 年底全国电解铝产能达 2 300 万吨,实际产量 1 560 万吨,设备利用率仅 70%。2010 年 1—11 月铝冶炼行业利润 104.41 亿元,销售利润率仅 3.59%,大大低于工业行业平均水平。"[②]自 2011 年 8 月以来,电解铝的销

---

① 中国建筑材料流通协会.中国建筑材料流通发展报告(2013—2014)[R].内部资料,2014:9.
② 数据来源:《关于遏制电解铝行业产能过剩和重复建设引导产业健康发展的紧急通知》(2011 年 4 月 20 日)。

售价就开始低于生产成本出现倒挂。2012 年,全国电解铝平均销售价格为 15 636元/吨,平均生产成本为 16 200 元/吨,全行业亏损面达到 93%,但仍有约 800 万吨在建产能。即使如此,2012 年我国铝冶炼行业固定资产投资增幅近 25%,利润降幅最大,同比下降 92.7%,主要集中在电解铝行业。导致 2014 年 2 月价格触底达到 13 220 元/吨,行业亏损面继续扩大。到 2013 年末国内电解铝产能已达 3 200 万吨,实际产量仅为 2 490 万吨,铝冶炼亏损 23.1 亿元。2014 年 1—4 月,有色金属工业中唯一亏损行业是铝冶炼,全行业亏损总额 88.3 亿元,净亏损额高达 70.4 亿元,比去年同期净增加 38.9 亿元。由于国内外需求短期难以改善,随着新疆等西部地区产能的逐步释放,我国电解铝行业经营将继续恶化,电解铝化解产能过剩问题将更加突出。

2009 年,平板玻璃被国务院列为六大产能过剩行业并加以调控。2009 年底国内玻璃深加工比率仅 36%,而工业发达国家深加工玻璃的年产量占 60% 以上。2010 年产能利用率约为 70%、2012 年为 73.1%。由于新开工生产线迅速增多,远远超过市场预期,从库存来看全国玻璃生产企业库存自 2012 年 10 月之后持续攀升,目前约为 2 862 万重量箱,较去年同期增长近 150 万重量箱,接近 3 000 万重量箱的历史高位。数据显示,"截至 2013 年末,平板玻璃生产线在建项目 48 个,平板玻璃生产能力 1.7 亿重量箱,其中在建浮法玻璃生产线 40条,能力 1.6 亿重量箱。2013 年增加的 30 条浮法玻璃生产线,1.07 亿重量箱浮法玻璃能力,其中隶属于大企业集团生产线 23 条,能力 8 200 万重量箱。"[①]新开工生产线迅速增多,远远超过市场预期。当然,也应该认识到由于平板玻璃生产的高度连续性,造成每年产能中一般都有 10%~15% 的生产线处于冷修或维修中,因此实际产能有一定的缩减。

船舶行业的产能过剩是世界性的。除 LNG 等专用船以外,船舶装载量供给严重过剩。世界造船市场年平均成交量在 2007 年出现峰值,曾一度高达 2.7 亿载重吨,2012 年只有 4 686 万载重吨。目前,世界船舶行业的产能约 2.2 亿载重吨,而我国约为 8 010 万载重吨,如果包括三年以上没有产出的产能以及转至海

① 数据来源:2013 年平板玻璃产能现状[EB/OL].(2014-02-26)[2017-05-12]中玻网.

工和修船等领域的产能,总体产能约 1.2 亿载重吨。2012 年,全球新船成交量价齐跌,船价比高峰期跌去了 50%。全球手持订单排前 15 名的船厂拥有全球 50% 的订单,而 360 多家船厂仅持有 10% 的订单,一半以上造船企业近两年无单入账,且相当部分是我国船舶企业①。前瞻产业研究院发布的《2013—2018 年中国船舶制造行业市场需求预测与投资战略规划分析报告》研究显示,2012 年我国船舶及相关装置制造行业亏损企业数量达到 247 家,同比增长 39.55%;亏损总额达到 104.57 亿元,同比增长 233.34%;销售利润率同比下降 7.51%;资产负债率达到 71.57%。2012 年全年完成营业收入 242.76 亿元,比 2011 年下滑 15.41%;归属上市公司股东的净利润则从 2011 年的 22.52 亿元下降到 2 687 万元,骤降 98.81%。我国最大船舶企业中国熔盛重工集团控股有限公司业绩显示,2012 年亏损人民币 5.726 亿元,2013 年亏损人民币 86.837 亿元,相比上年亏损额增加逾 14 倍。目前,我国造船产能利用率为 75%,如果按照全口径的产能则低至 50%~55%,主要设备利用率不到 50%,其中福建省产能利用率为 46%、安徽为 41%、浙江为 51%②,船舶企业开工普遍不足。

光伏行业阶段性产能严重过剩。2008—2011 年,我国光伏行业产能加速发展,已有及在建的组件产能总量约在 30 吉瓦(1 吉瓦 = 100 万千瓦),占 2011 年全球光伏组件总产能的 60%,光伏行业产能出现严重过剩。2012 年,全球晶硅组件产能共 60.3 吉瓦,其中来自中国的产能就高达 40 吉瓦,占比 66.33%,而 2012 年全球光伏组件的需求为 25 吉瓦,显示产能已严重过剩。2012 年,浙江省单晶硅片生产企业 96% 停产,光伏电池、组件生产企业中,中小型企业开工率不足 50%。浙江省 370 家光伏企业中有 2 家破产,5 家停产清算,20 家离开光伏行业,亏损面达到 80% 以上,总亏损额 50 亿元左右。江苏省硅片、电池和组件的产能利用率均未超过 60%,规模以上光伏企业数量从 418 家减少为 380 家。2013 年受到政策诱导,光伏行业出现低位回暖,"2013 年全国多晶硅产量 8.4 万吨,同比增长 18.3%,进口

---

① 2012 年,全球新签造船合同只有 4 686 万载重吨,而我国新签造船合同 2041 万载重吨,占全球份额的 43.2%。但即便如此,与上年度我国 7 600 万载重吨的造船完工量相比,仍然相差甚远。在 2013 年全球工作量即将见底的造船厂中,我国造船厂数量将占其 68%。

② 张军扩,赵昌文.当前中国产能过剩问题分析:政策、理论、案例[M].北京:清华大学出版社,2014:6.

量 8 万吨;电池组件产量约 26 吉瓦,占全球份额超过 60%,同比增长 13%,出口量 16 吉瓦,出口额 127 亿美元。国内市场快速增长,新增装机量超 12 吉瓦,累计装机量超 20 吉瓦,电池组件内销比例从 2010 年的 15% 增至 43%。全行业销售收入 3 230 亿元(制造业 2 090 亿元,系统集成 1 140 亿元)"[1]。但从浙江省情况来看中小企业开工率也在 70% 左右,江苏省总体产能利用率虽然提高了 10%~20%,但硅片、电池和组件的产能利用率仍然较低,分别是 62.6%、65.7% 和 67%[2]。总体来看,光伏产业市场仍有发展空间,其阶段性过剩特征显著,由于其"两头在外"的行业特点导致其深受海外市场影响较为敏捷。

此外,风电设备、化纤、纺织业、房地产、服装、造纸、非金属制品、有色金属、不锈钢、电子机械、汽车、煤化工、医药工业、农药、大豆压榨、大型锻造以及碳纤维、风电、多晶硅、锂电池等战略性新兴产业均存在不同程度的产能过剩。

二、产能过剩的治理政策与经济绩效

国际金融危机对全球经济发展格局产生了深远影响,也对我国实体经济造成了较大冲击,工业产能过剩加剧。2009 年开始,我国开始采取各项政策促进经济复苏,构建积极的十大产业调整与振兴规划政策[3],以扩大行业需求。具体治理政策如下:

综合类产能过剩治理政策。具体包括:2009 年 9 月的《关于抑制部分行业

---

① 工业和信息化部电子信息司.2013 年我国光伏产业运行情况[EB/OL].(2014-04-23)[2016-09-30].中华人民共和国工业和信息化部.

② 张军扩,赵昌文.当前中国产能过剩问题分析:政策、理论、案例[M].北京:清华大学出版社,2014:73.

③ 2009 年 1 月 14 日至 2 月 25 日,40 天内国务院连续召开 6 次常务会议通过了钢铁、汽车、纺织、装备制造、船舶、电子信息、轻工、石化、有色金属、物流等十项重点产业调整和振兴规划。具体形成了《钢铁产业振兴规划》(2009 年 1 月 14 日)、《汽车产业振兴规划》(2009 年 1 月 14 日)、《纺织工业调整振兴规划》(2009 年 2 月 4 日)、《装备制造业调整振兴规划》(2009 年 2 月 4 日)、《船舶工业调整振兴规划》(2009 年 2 月 11 日)、《电子信息产业调整振兴规划》(2009 年 2 月 18 日)、《轻工业产业调整振兴规划》(2009 年 2 月 19 日)、《石化产业调整振兴规划》(2009 年 2 月 19 日)、《有色金属产业调整振兴规划》(2009 年 2 月 25 日)、《物流业调整振兴规划》(2009 年 2 月 25 日)。

产能过剩和重复建设,引导产业健康发展的若干意见》①,2010 年 4 月的《关于进一步加强淘汰落后产能工作的通知》②,2010 年 9 月的《关于促进企业兼并重组的意见》③。为贯彻落实上述意见,工信部随后发布了《关于进一步加强企业兼并重组工作的通知》和《关于加快推进重点行业企业兼并重组的指导意见》(工信部联产业〔2013〕16 号)④,进一步助力推进汽车、钢铁、水泥、船舶、电解铝、稀土、电子信息、医药等行业兼并重组。此外,2011 年 12 月,国务院在《工业转型升级规划(2011—2015 年)》(国发〔2011〕47 号)中更提出,"十二五"末期相对于"十一五"末期,钢铁行业前 10 家的产业集中度(按产品产量计算,下同)要从 48.6%提升到 60%,汽车行业前 10 家的产业集中度要从 82.2%提升到 90%以上,船舶行业前 10 家的产业集中度要从 48.9%提升到 70%以上。2013 年 5 月还颁布《关于坚决遏制产能严重过剩行业盲目扩张的通知》。2013 年 10 月,国务院颁布《关于化解产能严重过剩矛盾的指导意见》⑤,为此工信部等 12 个部委联合于 2013 年 1 月配套颁发了《关于加快推进重点行业企业兼并重组的指导意见》,《意见》明确了汽车、钢铁、水泥、船舶等行业的兼并重组目标和任务。2014

① 政策导向是控制产能盲目扩张,不再核准和支持单纯新建、扩建产能的钢铁项目。各地严禁借等量淘汰落后产能之名,避开国家环保、土地和投资主管部门的监管、审批,自行建设钢铁项目,不断提高企业的"入门"规模标准。

② 该政策以电力、煤炭、钢铁、水泥、有色金属、焦炭、造纸、制革、印染等行业为重点,按照《国务院关于发布实施〈促进产业结构调整暂行规定〉的决定》(国发〔2005〕40 号)、《国务院关于印发节能减排综合性工作方案的通知》(国发〔2007〕15 号)、《国务院批转发展改革委等部门关于抑制部分行业产能过剩和重复建设引导产业健康发展若干意见的通知》(国发〔2009〕38 号)、《产业结构调整指导目录》以及国务院制订的钢铁、有色金属、轻工、纺织等产业调整和振兴规划等文件规定的淘汰落后产能的范围和要求,按期淘汰落后产能。

③ 该意见要求以汽车、钢铁、水泥、机械制造、电解铝、稀土等行业为重点,推动优势企业实施强强联合、跨地区兼并重组、境外并购和投资合作。

④ 系工业和信息化部、国家发改委、财政部、人力资源和社会保障部、国土资源部、商务部、中国人民银行、国务院国有资产监督管理委员会、国家税务总局、国家工商行政管理总局、中国银行业监督管理委员会、中国证券业监督管理委员会联合发文。充分说明该文件的国家战略意义和指导地位。

⑤ 该政策计划采用行业管理、环保、土地、金融、价格、财税、职工安置、信息公开、监督检查等 9 项政策措施,用 5 年的时间实现产能规模基本合理、发展质量明显改善、长效机制初步建立的目标。根据《关于进一步加强淘汰落后产能工作的通知》(国发〔2010〕7 号),依据《关于下达 2013 年 19 个工业行业淘汰落后产能目标任务的通知》,工信部分别于 2013 年 7 月 18 日、8 月 26 日和 9 月 9 日将 2013 年工业行业淘汰落后产能企业名单第一批、第二批和第三批予以公告。根据公告,2013 年炼铁产能淘汰 277 万吨;炼钢产能淘汰 697.9 万吨。

年8月,工业和信息化部印发《部分产能严重过剩行业产能置换实施办法》要求①,钢铁、电解铝等行业要严格落实等量或减量置换要求,坚决遏制产能盲目扩张势头。同时,国家发改委产业协调司还配套颁发了《关于做好产能严重过剩行业违规项目清理整顿有关事项的通知》以及2013年7月的《关于金融支持经济结构调整和转型升级的指导意见》②。虽然出台了大量的产能过剩治理政策,局部地区也出现和缓的趋势③,但全国行业性产能盲目扩张并没有得到有效控制。

分行业产能过剩治理政策。钢铁行业是受到冲击较为严重的行业之一,我国钢铁产业出现了产需快速下滑、价格急剧下跌、企业经营困难、全行业亏损的局面。钢铁行业面临的重大任务就是结构调整与产能过剩治理,把技术改进、压缩淘汰落后产能和兼并重组相结合。2009年3月20日公布实施了《钢铁产业调整和振兴规划》(规划期2009—2011),并在控制总量、淘汰落后、优化布局、联合重组等方面提出了具体的目标和任务。随着国家扩大内需、促进增长一揽子计划政策效果的逐步显现,但产能过剩矛盾仍然不断加剧。随后,2010年6月颁布《关于进一步加大节能减排力度加快钢铁工业结构调整的若干意见》。2012年9月,为进一步加强钢铁行业管理,规范现有钢铁企业生产经营秩序,工业和信息化部颁布了《钢铁行业规范条例(2012年修订)》。

"十一五"中期以来,我国水泥行业项目投资增速加快,直到2012年水泥行业效益才出现显著的大幅度下滑。此后,2010年《关于促进企业兼并重组的意见》、工信部《水泥行业准入条件》和《关于加快推进重点行业企业兼并重组的

---

① 《办法》要求,产能严重过剩行业项目的新建、改建和扩建项目须制订产能置换方案,实施等量或减量置换,在京津冀、长三角、珠三角等环境敏感区域,实施减量置换。已超过国家明令淘汰期限的落后产能,不得用于产能置换。京津冀、长三角、珠三角等环境敏感区域需置换淘汰的产能数量按不低于新建项目产能的1.25倍予以核定,其他地区实施等量置换。

② 这些文件进一步明确,对实施产能整合的企业,要通过探索发行优先股、定向开展并购贷款、适当延长贷款期限等方式,支持企业兼并重组。

③ 2014年前11个月福建省淘汰落后产能目标任务进展较为顺利。全年计划淘汰项目33项,至11月底已完成25项,其余也基本拆除完毕,全省已淘汰落后产能铁合金1万吨,电石6万吨,水泥30万吨,造纸23.48万吨,制革85万标张,印染1 500万米,铅蓄电池525.88万千伏安时,其中电石、制革、印染、铅蓄电池已提前完成年度目标任务。资料来源:福建省经贸委内部资料,2014年12月。

指导意见》精神,2013 年 6 月颁布《加快推进水泥行业兼并重组实施方案》,进行规划治理,水泥行业产能过剩矛盾有所缓解。"2013 年水泥熟料增加能力与减少能力相抵,水泥熟料能力净增 5 700 万吨,比上年少增长 1 700 万吨;其中新型干法生产线净增 48 条,比上年少增长 61 条;新型干法熟料能力净增 9 000 万吨,比上年少增长 6 700 万吨。2013 年水泥熟料能力利用率 75.1%,与上年基本持平;水泥能力利用率 75.9%,比上年回升 2.2 个百分点。"[1]产能过快增长势头得到初步遏制,固定资产投资已经持续第三年下降[2]。实际上,自国办发〔2003〕103 号文件开始对钢铁、水泥、电解铝等产能过剩行业实施宏观调控以来,国家颁布了与水泥产业有关的宏观调控政策文件多达 38 个,但其产能过剩顽疾仍无法根治。

光伏产业不仅在实现我国环境保护以及能源替代的国家战略方面具有重要地位,也位列目前我国具有自主品牌和国际竞争力的少数行业之一,是提升我国经济全球竞争力不可多得的突破点之一。但由于多方面的原因,特别是国外需求的骤降,我国光伏产业从供不应求转变为供给远超过需求。总体来看,除处理新政策的修正、细化和落实之外,下大力气减少不当的行政干预、强化市场监督已成为化解产能过剩、促进结构调整的当务之急。截至 2014 年 12 月,自 2012 年以来政府密集出台了以"国八条"《国务院关于促进光伏产业健康发展的若干意见》为核心的以促进光伏产业发展为主的系列新政策,包括 2013 年9 月 23 日《关于光伏发电增值税政策的通知》,2013 年 8 月《关于发挥价格杠杆作用促进光伏产业健康发展的通知》,2013 年 7 月《关于分布式光伏发电实行按照电量补贴政策等有关问题的通知》,2013 年 7 月《关于促进光伏产业健康发展的若干意见》,2012 年 9 月《关于申报分布式光伏发电规模化应用示范区

---

① 中国建筑材料流通协会.中国建筑材料流通发展报告(2013—2014)[R].内部资料,2014:9.
② 2013 年水泥制造业完成限额以上固定资产投资 1 329 亿元,比上年下降 3.7%。投资新建新型干法生产线 80 条,是 2003 年以来最少的。2013 年增加新型干法生产线 85 条,其中复产 5 条,新建 80 条。新建生产线数量比上年减少 41 条,新建水泥熟料能力比上年减少 5 900 万吨。数据来源:周鸿锦.2013 年新增产能过快增长效益下滑初步遏制[N].中国建筑报,2014-02-17.

的通知》,2012年6月28日住房和城乡建设部公告第1428号《关于发布国家标准〈光伏发电站设计规范〉的公告》,2012年2月《关于组织实施中央国家机关屋顶光伏发电示范项目的通知》,2011年7月《关于完善太阳能光伏发电上网电价政策的通知》,工信部2013年9月和10月颁布的《光伏制造行业规范公告管理暂行办法》《光伏制造行业规范条件》,2013年11月《关于印发分布式光伏发电项目管理暂行办法的通知》。在金融业,由于光伏行业产能过剩以及"无锡尚德"等事件影响,银行对所有光伏企业的信贷支持实行"无差别"的紧缩政策,同时资本市场也因光伏产业过剩而限制融资,治理效果显著。

三、当前我国产能过剩次生风险辨识

与产能过剩关联的价格下滑、效率损失、利润下降、债务风险、信用危机增加并扩散,若化解不及时、不恰当,这些又将可能导致一系列的全局性经济风险。并且我国多数地方政府的财政收入很大比例来源于当地产能过剩企业的税收,政府在产能过剩行业发展之初也通过各种地方融资平台进行投资,因此当大企业或大项目遭遇产能过剩时势必会对地方的资金链造成威胁,产能化解中可能就会给金融体系造成大量坏账,增加地方的金融风险。马克思指出"商品卖不出去,就会发生危机"[①],"正是在危机中,它们的统一、不同因素的统一才显示出来。相互联系因素的独立只能强制地作为具有破坏性的过程表现出来。"[②]

从行业债务风险来看,产能过剩行业负债率普遍偏高,并且实际债务风险上升趋势显著。"2013年我国钢铁行业平均资产负债率升至69.4%,超过60%的国际警戒线,负债总额约3万亿元"[③]。并出现了部分钢铁企业停产、债务违约甚至老板跑路,钢铁企业资金链断裂从零星个案演变为行业性危机。2014年

---

① 中共中央编译局.马克思恩格斯全集:第二十六卷[M].北京:人民出版社,1979:581.
② 中共中央编译局.马克思恩格斯全集:第二十六卷[M].北京:人民出版社,1979:571.
③ 况娟.资金与环保压力太大的钢企应有序退出[N].21世纪经济报道,2014-04-05.

第一季度建材、钢铁、有色、化工应收账款同比分别增长26.3%、16.9%、26.5%、16.6%,增幅均高于上年同期水平。而2014年1—9月全国规模以上工业企业应收账款增加11.3%,财务费用增长了14.6%,销售收入只增长了8.3%,经济下行与产能过剩矛盾持续上扬,严重打击了社会投资信心。

从行业经营效益来看,由于行业性产能过剩,导致价格战成为必然选择,交通、有色金属、建材、化工、煤炭等制造行业利润率增长恶化甚至出现严重亏损,其中2014年1—9月糖行业利润下降了46%;重点钢铁企业2012年1—6月利润同比减幅95.81%、累计亏损37.5%[①]。

从新增不良贷款来看,产能过剩直接诱致银行贷款面临的信用危机。不良贷款从2011年四季度到2013年一季度增幅达到23.6%,由4 279亿元提高到5 265亿元,其中可疑类不良贷款增幅26.34%,由1 883亿元上升到2 397亿元,且制造业额度高达1 770.7亿元、不良率1.6%。除银行业外,还涉及大量民间融资和影子银行的风险,大量弃贷、恶性三角债等矛盾突出,整个社会金融体系和信用体系面临严峻挑战。在产能过剩治理过程中,由于企业现金流日趋紧张,一旦银行强制性收回贷款,将给企业造成更大困难,并增加信用风险。如何确保过剩产能行业的贷款安全成为银行面临的一项紧迫任务。

从就业质量情况来看,一方面,产能过剩使生产企业开工不足和部分企业倒闭,将影响就业形势,增大就业压力,解决不好容易引发失业潮,不利于社会稳定。另一方面,产能过剩使经济下行风险加大,2014年6月汇丰PMI指数创连续9个月的新低,产能过剩诱发的金融风险正不断渗透实体经济,最终可能引发通货紧缩。人力资源和社会保障部调查数据显示,"2011—2013年河北省

---

① 2013年上半年钢铁行业亏损面40.3%,钢铁主业几乎全面亏损,平均资产负债率近70%,亏损企业资产额合计1.44万亿元,负债额合计1.06万亿元。尽管如此,近年来钢铁行业投资仍保持在高位,目前在建、设计和规划的炼钢、炼铁产能分别为0.7亿吨和1.1亿吨,如全部投产,届时我国炼钢、炼铁产能将分别达到10.4亿吨和10.1亿吨。如不采取有效措施予以制约,钢铁产能过剩将加速发酵甚至集中爆发,引发严重的系统性风险。2013年一季度煤炭开采、钢铁、化工、有色、专用设备、船舶等行业的利润增幅同比分别下降40.3、5.2、14.4、11.4、2.3个百分点。资料来源:李新创.闯出化解钢铁业产能过剩的新路[J].求是,2014(1):37.

产能化解就涉及 827 家企业的 12 万人,按照产能压缩与化解计划到 2017 年将涉及 54.7 万人(其中钢铁 42.6 万人、水泥 6.5 万人和平板玻璃 5.6 万人),其中相当部分是'4050'人员(人力资源和社会保障部数据显示,40 岁以上的老职工占受调查企业的 45%)、文化水平较低且技能单一人员以及工龄较长者(10 年工龄职工占调查总数的 40%以上)"①。同时,安置员工的资金缺口较大,失业保险参保率不高。根据邢台市统计,当地化解钢铁、水泥、平板玻璃行业产能过剩将涉及职工 8.5 万人,其中参加失业保险的职工只有 2.3 万人。大量人员需要重新再就业,社会矛盾很可能会集中爆发,如何在有限空间腾挪化解,依然任重道远。

综观改革开放以来我国产能过剩问题演进与治理政策变迁,我们发现虽然产能过剩问题是市场经济条件下一个带着普遍性的经济现象,但我国每个时期的产能过剩问题都具有鲜明的"中国特色"。它始终是在行政干预、投资冲动等多重因素的影响下,逐渐从传统领域到新兴领域出现了产能的快速扩张,一旦发生大规模的恶性竞争和企业破产,将有可能引发新的矛盾和问题,给整体经济带来不可估量的危害。当然,对于中国产能过剩治理的系统梳理,让我们更清醒地认识到,当前经济增长过程中的产能过剩,尤其随着我国民营企业已经从贸易商或代理商走向代工或生产商、正在转向创立/拥有品牌阶段,更需要在全球化动态经济增长过程中来辨识和治理,以更好地促进系统性风险逐渐增高、资产价值趋向下降、信贷不断收紧等问题的解决,增强企业和消费者的信心,拨开经济悲观论的雾霾。

---

① 其中唐山钢铁到 2017 年计划减产 4 000 万吨粗钢、2 800 万吨铁,经测算将直接影响 10 万人就业。再如江苏沙钢集团下属的一家特钢公司,共有 3 000 多名职工,企业亏损严重,计划关停。一家企业同时有 3 000 多人需要再就业,在当地可能形成巨大震动。而且,国家人力资源和社会保障部对部分省份的调查显示,目前受到影响的职工中,40 岁以上的占受调查企业的 45%,属于劳动力市场上的弱势群体。在受调查的企业,10 年以上工龄的职工占全部职工的 40%以上。通常,在一家企业工作时间越长,转岗就业难度越大,职工越不愿意离开企业。并且调查发现,许多职工表示,完全靠自己到市场上再找一份工作很困难,同时由于家庭负担重、抗风险能力差,感觉自己没有能力去创业。资料来源:白天亮,杨柳.压减产能,工人何处去[N].人民日报,2014-12-01(19).

第三章

3

我国产能过剩的形成机理

毛泽东在《实践论》中指出"感觉到了的东西,我们不能立刻理解它,只有理解了的东西才更深刻地感觉它。感觉只解决现象问题,理论才解决本质问题"[1]。只有"认清中国的国情,乃是认清一切革命问题的基本的根据"[2]。也正如道格拉斯·诺斯所言"我们从来没有真正地理解现实。我们所拥有的理论、信仰和模型是非常不完善的,它们是这个错综复杂的世界过程的过度简化,通常是静态性的过度简化"[3]。对我国产能过剩测度数据众说纷纭,高伟(2014)实证研究结果甚至认为 2011 年全国产能利用率均值 56% 创历史新低[4],比官方发布的数据更低、经济形势更严峻。因此,如果能够对我国产能过剩问题的规律认识得越透彻,对其自身的形成机理、演化规律总结得越深刻,认识和指导未来发展的能力就越强。

第一节　国家治理转型、宏观经济波动与产能过剩

库茨涅茨指出"经济增长过程中的结构变动引起的改革,贯穿于整个社会母体组织中,而不单单是在经济活动和经济制度中。新的经济效应正是从这种社会母体的普遍的改造中出现的"[5]。国家治理转型作为一种改革,是我国为了适应宏观经济周期性波动中新的经济增长和变化形势的要求,贯穿于整个社会经济发展过程。在制约因素由供给侧转向需求侧之后,作为市场经济一般范畴的产能过剩开始频繁困扰我国经济,经济社会矛盾突出,我国政府采取了一系列措施,深层次的结构调整成为相当长时期的工业化主线。

---

① 毛泽东.毛泽东选集:第一卷[M].北京:人民出版社,1991:286.
② 毛泽东.毛泽东选集:第二卷[M].北京:人民出版社,1991:633.
③ 道格拉斯·C.诺斯.理解经济变迁的过程[J].经济社会体制比较,2004(1):1-7.
④ 高伟.产能过剩的测量、成因及其对经济增长的影响[J].经济研究参考,2014(3):25-38.
⑤ 西蒙·库茨涅茨.各国的经济增长[M].常勋,等,译.北京:商务印书馆,1985:373.

一、经济体制改革、国家政策诱致与产业组织演变

改革开放的推进不断深化对经济体制改革的认识，从 1978 年十一届三中全会强调物质利益在调动工人、农民积极性上的重要性；再到后来承认市场在资源配置中的作用，但是仍强调"计划为主、市场为辅"；而后，到了 1993 年十四届三中全会正式确立了社会主义市场经济的改革方向，当时的定位是市场在国家宏观调控下对资源起基础性作用。此次，十八届三中全会，则进一步指出经济体制改革是全面深化改革的重点，核心问题是处理好政府和市场的关系，市场在资源配置中起决定性作用①，更好地发挥政府的作用，实现了从"基础性"到"决定性"的艰难跨越。通过改革开放，我国在实践中重新认识了计划经济、商品经济和市场经济，伴随着计划体制、价格体制和企业体制改革的不断推进，技术不断创新、产业不断升级、基础设施不断优化和制度结构不断变迁，创造性地探索和发展了社会主义条件下的市场经济体制②，由政府计划推动的工业化逐步向市场主导的工业化转变。我国工业的快速发展使我国三大产业结构发生了显著变化（表 3-1），农村工业、消费品工业、城市工业等得到前所未有的发展，工业化水平大为提高，民间力量在工业化过程中扮演着越来越重要的角色。到 2012 年，社会消费品零售总额、农副产品收购总额和生产资料销售总额中，市场调节价的比重均在 98% 以上。目前，我国的制造业已经形成了齐全的产业体系和丰富的配套链条，规模已列居世界第四位，钢铁、彩电、服装、水泥、化肥、棉布、煤炭、光伏等 80 种工业产品的产量居世界首位。

---

① 习近平总书记 2014 年 5 月 26 日在中央政治局集体学习时强调，"提出使市场在资源配置中起决定性作用，是我们党对中国特色社会主义建设规律认识的一个新突破，是马克思主义中国化的一个新的成果，标志着社会主义市场经济发展进入了一个新阶段"。

② 李铁映.中国的改革——纪念改革开放 30 周年［N］.人民日报,2008-11-07.

表 3-1　1978—2013 年三大产业增加值比较

单位:亿元

年份	国民总收入	国内生产总值	第一产业增加值	第二产业增加值	工业增加值	建筑业增加值	第三产业增加值
2013	566 130.18	568 845.21	56 957.00	249 684.42	210 689.42	38 995.00	262 203.79
2012	518 214.75	519 470.10	52 373.63	235 161.99	199 670.66	35 491.34	231 934.48
2011	468 562.38	473 104.05	47 486.21	220 412.81	188 470.15	31 942.66	205 205.02
2010	399 759.54	401 512.80	40 533.60	187 383.21	160 722.23	26 660.98	173 595.98
2009	340 319.95	340 902.81	35 226.00	157 638.78	135 239.95	22 398.83	148 038.04
2008	316 030.34	314 045.43	33 702.00	149 003.44	130 260.24	18 743.20	131 339.99
2007	266 422.00	265 810.31	28 627.00	125 831.36	110 534.88	15 296.48	111 351.95
2006	215 904.41	216 314.43	24 040.00	103 719.54	91 310.94	12 408.61	88 554.88
2005	183 617.37	184 937.37	22 420.00	87 598.09	77 230.78	10 367.31	74 919.28
2004	159 453.60	159 878.34	21 412.73	73 904.31	65 210.03	8 694.28	64 561.29
2003	134 976.97	135 822.76	17 381.72	62 436.31	54 945.53	7 490.78	56 004.73
2002	119 095.69	120 332.69	16 537.02	53 896.77	47 431.31	6 465.46	49 898.90
2001	108 068.22	109 655.17	15 781.27	49 512.29	43 580.62	5 931.67	44 361.61
2000	98 000.45	99 214.55	14 944.72	45 555.88	40 033.59	5 522.29	38 713.95
1999	88 479.15	89 677.05	14 770.03	41 033.58	35 861.48	5 172.10	33 873.44
1998	83 024.28	84 402.28	14 817.63	39 004.19	34 018.43	4 985.76	30 580.47
1997	78 060.85	78 973.03	14 441.89	37 543.00	32 921.39	4 621.61	26 988.15
1996	70 142.49	71 176.59	14 015.39	33 834.96	29 447.61	4 387.35	23 326.24
1995	59 810.53	60 793.73	12 135.81	28 679.46	24 950.61	3 728.85	19 978.46
1994	48 108.46	48 197.86	9 572.69	22 445.40	19 480.71	2 964.69	16 179.76
1993	35 260.02	35 333.92	6 963.76	16 454.43	14 187.97	2 266.46	11 915.73
1992	26 937.28	26 923.48	5 866.60	11 699.50	10 284.50	1 415.00	9 357.38
1991	21 826.20	21 781.50	5 342.20	9 102.20	8 087.10	1 015.10	7 337.10
1990	18 718.32	18 667.82	5 062.00	7 717.40	6 858.00	859.4	5 888.42
1989	17 000.92	16 992.32	4 265.92	7 278.00	6 484.00	794	5 448.40

续表

年份	国民总收入	国内生产总值	第一产业增加值	第二产业增加值	工业增加值	建筑业增加值	第三产业增加值
1988	15 036.82	15 042.82	3 865.36	6 587.20	5 777.20	810	4 590.26
1987	12 050.62	12 058.62	3 233.04	5 251.60	4 585.80	665.8	3 573.97
1986	10 274.38	10 275.18	2 788.69	4 492.70	3 967.00	525.7	2 993.79
1985	9 040.74	9 016.04	2 564.40	3 866.60	3 448.70	417.9	2 585.04
1984	7 243.75	7 208.05	2 316.09	3 105.70	2 789.00	316.7	1 786.26
1983	5 985.55	5 962.65	1 978.39	2 646.20	2 375.60	270.6	1 338.06
1982	5 330.45	5 323.35	1 777.40	2 383.00	2 162.30	220.7	1 162.95
1981	4 889.46	4 891.56	1 559.46	2 255.50	2 048.40	207.1	1 076.60
1980	4 545.62	4 545.62	1 371.59	2 192.00	1 996.50	195.5	982.03
1979	4 062.58	4 062.58	1 270.19	1 913.50	1 769.70	143.8	878.89
1978	3 645.22	3 645.22	1 027.53	1 745.20	1 607.00	138.2	872.48

注：1980 年以后国民总收入（原称国民生产总值）与国内生产总值的差额为国外净要素收入。

资料来源：2014 年中国统计年鉴.

　　从 1978 年《中共中央关于加快工业发展若干问题的决定》开始，尤其 20 世纪 80 年代中期以后推行产业政策在我国很受重视[①]，并广泛存在于许多领域中。例如，《关于当前产业政策要点的决定》（1989），就涵盖了工农全行业，素有世界产业政策之"最"美称。但实践中产业政策制定与执行之间却存在诸多偏离，长期以来产业政策的实际绩效并没有达到设定之初的目标。许多产业开始出现不符合预期和不合理的行为，表现出市场失灵状态。恩格斯在致康·施米特的信中所说："国家权力对于经济发展的反作用可以有三种：它可以沿着同

_____

[①]　1986 年中共中央关于"七五"计划的建议中列入了产业政策的内容，这是官方文件首次使用这一概念，学术界对该问题的探讨还要早一些。

一方向起作用,在这种情况下就会发展得比较快;它可以沿着相反方向起作用,在这种情况下,像现在每个大民族的情况那样,它经过一定的时期都要遭到崩溃;或者是它可以阻碍经济发展沿着某些方向走,而给它规定另外的方向——这种情况归根到底还是归结为前两种情况中的一种。但是很明显,在第二和第三种情况下,政治权力能给经济发展造成巨大的损害,并能引起大量的人力和物力的浪费。"①从产业政策制定过程来看,由于产业政策的限定性,中央各部门和地方政府作为本部门本地区利益的代表,出现了不同部门、不同地区之间的利益之争,竞相提出各种理由成为中央政策的优惠对象(表3-2)。并存在一种倾向,就是在位厂商总是积极推动新制定政策限制潜在的进入厂商,以防止重复生产建设。但与此同时,我们发现各部门和地区在这些问题上却存在"双重标准"现象,厂商逐利本质,导致其不仅要维护既有行业类别,又有强烈偏好要进前景预测较好的行业或产品。不同区域之间"双重标准"现象的普遍存在,使得工业交叉发展与区域结构趋同矛盾并行,即产业同构化,进一步加剧了产能过剩矛盾。如20世纪80年代电冰箱、洗衣机、彩电等家电的产业组织政策,就存在这些因素,最后由于受到"各方面压力"和利益博弈影响,不但没有控制生产达到规模经济,反而出现政策生产是按照"一个部门、一个省区、一个直辖市原则上有一家"形式实现平衡,这又进一步强化了产业政策与产业规划的盲目性,前文研究已经表明这些政策又在某种程度上强化了重复建设和重复生产问题,产能过剩问题的矛盾性加剧。

---

① 中共中央编译局.马克思恩格斯文集:第十卷[M].北京:人民出版社,2009:597.

表 3-2　各部门各地区对优惠政策的要求(1978—1991)

行业或地区	要求成为重点的理由	政策要求
冶金工业、煤炭工业、石油工业、电力工业、核工业、化学工业、农业、林业、交通运输业、邮电通信业等	"瓶颈"产业,基础产业	给予优惠政策优先发展
微电子工业、航空工业、航天工业、某些机械行业、某些化学工业、核工业等	高新技术	
纺织工业、轻工业、电子工业、船舶工业等	劳动密集型行业或技术密集型行业	
机械工业、微电子工业、汽车工业、建材工业、建筑工业、化学工业	支柱产业、带头产业	
东部地区	对外开放,资金收益率高,劳动生产率高,新产品新技术比率高	
中部地区	老工业基地,工业基础雄厚,技术力量强,大中型国有企业多,地理位置适中	
西部地区	资源产区,为中、东部地区长期做贡献,能源充裕,延边地区,少数民族地区	

资料来源:江小涓.制度变革与产业发展:进程和案例研究[M].北京:北京师范大学出版社,2010:13.

在国家产业政策和经济体制改革过程中,虽然产能过剩问题没有得到根本解决,但在产业发展过程中产业组织却在逐步发生演化。尤其从 20 世纪 90 年代后期以来,产业政策成为我国政府最常用的经济政策手段,产业政策形态越加丰富,产业政策影响力越来越强,产业政策手段的运用越加熟练,产业政策在经济宏观调控中的作用得到了扩大。最突出的例子是,为了应对全球金融危机,中央政府迅速推出了《汽车产业调整和振兴规划》《电子信息产业调整和振兴规划》《纺织工业调整和振兴规划》《船舶工业调整和振兴规划》《有色金属产业调整和振兴规划》等十大重点产业政策,主要涉及产业需求刺激政策、产业竞争力政策、产业生产规模政策、产业组织政策以及外部约束性政策等多方面内容,这些对稳定中国经济,应对金融危机,起到了重要作用。随着经济全球化深入,使市场超越国界,从一国扩大到全球,各国市场趋于一体化(图3-1)。我国产业组织的市场范围实现拓展,一改国内企业竞争格局,加大了企业竞争的广度和深度,由此企业进入相关市场的难度得以改变,市场进入壁垒呈现多样化特征,企业追逐全球化规模经济的同时,市场集中度也在发生变化。在地域范围的拓展上,贸易范围扩大、跨国公司全球生产布局;在商品范围的拓展上,信息产业的融合、金融业的融合、物流产业的融合以及能源产业的融合,产业融合开始催生了商品范围更广的大型企业,市场结构更趋向集中。市场进入壁垒发生变化,由于企业追求全球规模经济,规模经济壁垒、产品差异和技术壁垒加强,沉没成本下降导致进入壁垒降低;与此同时,企业策略性进入壁垒难以实施,企业竞争由对抗性竞争转向合作性竞争,更多企业采取容忍进入的行为,竞争与合作共存,企业通过合作竞争谋求双赢或多赢。从企业规模来看,中国、美国和世界500强企业按产业划分的最大最小规模均在不断扩大[1],追求规模经济优势仍然是企业重要的战略目标之一,部分产业市场趋于集中,寡头垄断趋势明显,甚至出现了全球性的寡头垄断企业。发达国家经济发展的实践也表明,适度的符合专业化协作要求的重复建设和同业竞争是市场竞争的需要,竞争性的市场能够达到效率的优化。产能过剩的表现形态与形成机理也在产业组织演化过程中发生新的变化。

---

[1]　杨蕙馨,等.经济全球化条件下产业组织研究[M].北京:中国人民大学出版社,2012:106-112.

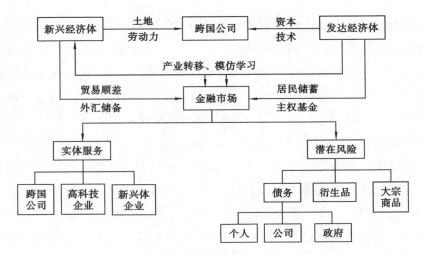

图 3-1　经济全球化运行机制

资料来源:袁志刚.中国(上海)自由贸易实验区新战略研究[M].上海:上海人民出版社,格致出版社,2014:2.

二、宏观经济波动、通货膨胀传导与利润率平均化

市场经济是一种动态经济。在不完全竞争市场上,企业之间为在长期内获取最大利润,不仅不断地在自身相互之间展开各种形式的竞争,而且在一定意义上也在同消费者进行着某种博弈或竞争,从而出现宏观经济波动。当竞争表现在企业之间持续进行的同时,必定不断有一些企业因自身商品处于劣势地位无法销售出而滞留在自己手中,从而使得商品不断呈现出"过剩"状态;当竞争表现为生产者和消费者之间的博弈时,且前者具有优势地位之时,消费者或丧失了购买商品的能力或欲望,或者不断采取"用脚投票"的方式,同样使得商品呈现出"过剩"状态。当经济景气时,竞争参与者和竞争规模的扩大,经济趋向繁荣,宏观经济表现为上升通道,竞争所产生的"过剩"问题并不严重。此时,企业盈利能力预期普遍加强,生产能力与生产规模扩张就成为"理性选择",一旦超过经济体承载限度的大规模产能扩张就必然会导致经济体的过热和通胀等。然而,当经济景气发生逆转时,需求得到满足或需求能力开始下降,市场需求规模便会趋于缩小。由于存在跨期决策的预先储备行为和调整过程的滞后性,企

业产能控制失调,产业结构失衡,供给与需求之间的缺口越来越大,产能过剩矛盾就越显著,以致"过剩"问题越来越严重,经济趋于衰退,经济周期表现为下行通道。当然,由于产能过剩导致市场资源配置扭曲,市场中买卖双方经济行为调整与适应,也在某种程度上加剧了宏观经济波动。我国宏观经济波动具有显著的朱格拉周期特征①,其分析逻辑是以更新投资企业固定设备与投资收益率波动关联互动为基本特征。研究显示,我国主要经历了 1981—1990 年、1991—1999 年、2000—2009 年三个主要朱格拉周期,并在不同周期内我们已经观测到固定资产投资波动幅度影响着经济波动态势,从微观视角而言就是企业主体产能投资波动(图 3-2),投资增速始终快于消费增速,且保持在 1.2 倍左右的差距(表 3-3)。不难发现,该波动特征与我国产能过剩问题演变发展的阶段基本吻合,也就是说产能过剩与宏观经济波动的幅度和方向是基本一致的,即呈现同向变化规律。孙巍、尚阳、刘林(2008);耿强、江飞涛、傅坦(2011);吴言林、白彦、尹哲(2013)等人的研究也证实了这一观点。

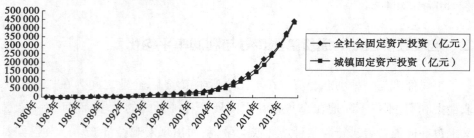

图 3-2　1980—2013 年固定资产投资规模走势

资料来源:中国统计年鉴.②

表 3-3　2003—2012 年我国固定资产投资平均增速和消费平均增速

单位:%

指标名称	固定资产投资完成额:累计同比	社会消费品零售总额:累计同比
2003	29.1	9.1
2004	28.8	13.3
2005	27.2	12.9
2006	24.3	13.7
2007	25.8	16.8
2008	26.6	21.6
2009	30.4	15.5
2010	24.5	18.4
2011	23.8	17.1
2012	20.6	14.3

资料来源:Wind 资讯.

Carol Corrado 和 Joe Mattey(1997)研究表明,产能利用率与通货膨胀存在显著相关关系,尤其与消费物价水平增速呈显著的正相关[1]。在多元时间序列模型研究,表明产能利用率是通货膨胀最重要的指标之一,由于产能利用率在时间上表现出更强的平稳性,它可以作为预测通货膨胀变动的监控指标之一。当通货膨胀发生时,表现为物价上涨和货币贬值,无论是 CPI 还是 PPI 均显示强劲上扬与持续走高(图 3-3),都会影响利润率实现,严重时会逼迫企业经营困境,经济下行态势显著,如 2008 年 1—6 月就有 6.7 万家规模以上企业倒闭[2]。随后,为了促进经济复苏开始实施了扩张性货币政策,仅 2009 年我国人民币各项贷款增加 9.59 万亿元,同比增加 4.69 万亿元,同比 2008 年增长95.3%,信贷

① Carol Corrado, Joe Mattey. Capacity Utilization[J].The Journal of Economic Perspectives,1997,11(1):151-167.
② 田娟,王鹏飞.我国通货膨胀与产能过剩并存现象分析[J].中南财经政法大学学报,2008(5):21-25.

非均衡投放过度,直接导致经济运行中流动性过剩加剧。产能过剩加剧造成产品积压,流通中商品价值量减少,降低了对流通中货币的吸引力;同时产能过剩使得产品供给大于需求,不得不寻求海外市场,从而使国际贸易顺差加大,外汇储备增加,进一步恶化了流动性过剩。而流动性过剩则又会造成企业盲目投资,尤其商业银行放松对我国重要行业的贷款条件,部分行业产能过剩加剧,从而影响了国民经济的稳定。从 IS-LM 模型来看,产品市场和货币市场相结合建立一种均衡状态,以期实现总供给和总需求之间的矛盾。随着经济发展,产品市场上的供给和需求在总量上均迅速增加。但是,产品供给的增长要大于产品需求的增长,产品市场中长期存在着供大于求的状况。根据商务部发布的 600种主要消费品状况的调查分析,2006 年上半年,600 种主要消费品中,供求基本平衡的商品 170 种,占 28.3%;供过于求的商品 430 种,占 71.7%,没有供不应求的商品。与此同时,在产能过剩背景下,由于国外原材料价格和国内劳动力价格上涨,产能过剩行业产品价格仍然表现为上升趋势,银行不良贷款率持续增加,更进一步使宏观经济调控陷入多重矛盾。不难发现,随着经济体制的转轨和改革的深入,市场因素和非市场因素不可避免地长期同时存在,我国宏观经济运行的复杂性和特殊性显著,产能过剩与通货膨胀的矛盾日益突出,是由多种因素的相互作用造成的。

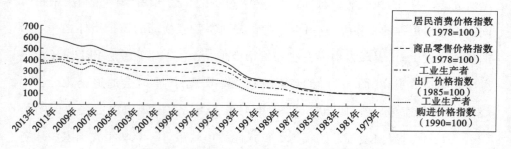

图 3-3　1978—2013 年 CPI 和 PPI 走势变化

说明:1.从 2011 年起工业品出厂价格指数改为工业生产者出厂价格指数。

2.从 2011 年起原材料、燃料、动力购进价格指数改为工业生产者购进价格指数。

资料来源:中国统计年鉴.

　　马克思在《资本论》第三卷中指出"一般利润率日益下降的趋势,只是劳动的社会生产力的日益发展在资本主义生产方式下所特有的表现"[①]。从长远来看利润率呈现平均化规律,由于各经济主体的逐利性,各种生产要素逐渐在不同产业部门间不断流出、流入和重组,经过多轮循环演化最终导致各产业部门都能按平均利润率获得平均利润。随着经济进一步发展,资本积累将被破坏[②],那些盈利能力低于平均水平的企业就会逐渐出现经营困难,克莱曼利用美国的数据分析了这一趋势(表3-4),尤其初始平均利润率越低,企业破产增加的数量就越多[③]。这意味着劳动密集型等利润率较低的行业,其遭遇利润率平均化导致破产的风险就越大,行业性产能过剩形成周期就越短,破坏性风险扩散速度就越快。

表 3-4　盈利能力下降导致企业破产的非线性效应

平均(中值)利润率	30.0%	27.0%	15.0%	12.0%
标准差	15.0%	13.5%	7.5%	6.0%
相对离散程度(变异系数)	0.5	0.5	0.5	0.5
无法生存的企业(利润率<6%)	5.5%	6.0%	11.5%	15.9%

资料来源:Kliman, Andrew. The Failure of Capitalist Production:Underlying Causes of the Great Recession [M].London:Pluto Press,2012:17.

　　与此同时,利率问题解决不好,由投资拉动的经济过热和通货膨胀就不可能消失,非政府融资就不可能正常化,广大居民对其所有的金融资产的预期就不可能稳定,进而整个经济就不可能进入持续发展的状态。利率改革之所以步履维艰,主要原因是受传统发展战略的制约,银行的商业性功能和政策性功能

---

① 马克思.资本论: 第 3 卷[M].北京:人民出版社,2004:237.
② 谢富胜,汪家腾. 马克思放弃利润率趋于下降理论了吗:MEGA² II 出版后引发的新争论[J].当代经济研究,2014(8):21-28.
③ 刘磊. 利润率下降危机理论的一个经验研究:《大失败:资本主义生产大衰退的根本原因》述评[J].中国人民大学学报,2014(2):117-124.

交织在一起,无法实现企业化经营①。

三、国家治理变迁、资源配置效率与生产能力约束

自 1978 年以来,我国治理战略开始转向以经济建设为中心,实施对内改革和对外开放,逐步形成以"结构调整和结构优化"为经济治理与发展的主线。资源配置方式和机制根本转变,即降低以至消除指令性计划的成分,由扩大市场调节的成分甚至全方位发展社会市场经济;所有制结构的根本转变,及降低国有经济和集体经济的比重,加大各类非公有制经济的比重;对外开放,即逐步取消对商品、资本、人员、信息跨越国境流动的限制。实践中,经济和社会结构迅速变化使相关经济决策部门不可能全面、及时、准确地获得产业规制所需要的信息并合理地使用这些信息②。因此可以说,急剧变化的经济基础与变化极为缓慢的上层建筑之间严重脱节、不协调、不适应。在我国市场改革未完成、各级政府还保留着很大的资源配置权力的条件下,各级政府的领导往往把"结构调整"理解为由他们按照"提高政绩"的方向进行配置,把"结构优化"理解为把资本和其他资源有限投入产值大、利税收入高的简单加工装配工业或重化工业,用经济"重型化"或"重工业化"的办法提高本地生产总值的增长率。因此,20 世纪 90 年代中期以来,投资驱动的"重型化",形成大规模投资,"铺摊子、上项目"的全国性热潮,过度投资拉动了投资率的持续强劲上扬,重复建设、重复生产等矛盾不断凸显。例如,我国投资在 GDP 所占的份额也由改革开放之初的 25% 左右提高到 2004 年的 44% 以上,大大超过了我国和世界其他各国经济

---

① 林毅夫,蔡昉,李周.中国的奇迹:发展战略与经济改革[M].增订版.上海:格致出版社,上海三联书店,上海人民出版社,2002:176.

② 赫维茨和瑞特两位经济学家也将经济机制视为一个信息交换和调整的过程,当信息的交换处在平稳位置上时,一个配置结果即被决定。分散决策从本质上来说是信息不完全的一种特征——信息分散于各个生产和消费决策者。人们通过对需求和供给等经济活动的信息交换、传递来做出生产和消费的决策。引自:利奥尼德·赫维茨和斯坦利·瑞特.经济机制设计[M].田国强,等,译.上海:格致出版社,上海人民出版社,2009.

发展史上的最高水平①。到目前为止,我国存在一种"投资冲动怪圈",各地或部门都是通过增加项目、投资、信贷来推进发展进程,但随着项目开始增多,信贷不断扩张,经济开始繁荣,并进一步演化了通货膨胀;而通货膨胀发生后,中央政府又采取各种应急措施来调适,又会倒逼地方经济下行压力,财政收入下降,产值下降,企业不振,就业减少,从而形成通货紧缩危机。如此循环,政府总是在通货膨胀与通货紧缩治理之间徘徊。如 2008 年中央推出的 4 万亿元刺激方案,就直接撬动了 20 万亿元信贷,M2 占 GDP 比重一度接近 200%,货币宽松化政策,导致了此后的全面通货膨胀和资产价格的暴涨,随后 2009 年下半年中央政府又出台系列政策遏制这股暴涨潮,经济转而进入过冷,充分显示了我国经济内生治理机制尚未真正形成。

因此,在这种条件下形成的产能过剩,同时也显示了资源配置效率偏低。尤其在国家产业治理过程中,对如何在政策制定出来之前就能判断所采用的程度和方法是否"科学"和能否保证政策基本合理,目前一般的标准尚不清楚。因此,尽管经济学家们一直致力于研究它,但经济学仍然常常被称为"令人沮丧的科学"②。例如在 20 世纪 80 年代初期,鉴于当时电冰箱生产企业过多的情况,轻工业部约请了许多专家进行专业化探测,但中后期电冰箱实际产销量却与当时专家预测值相差 1 倍以上,理性认识的有限性再次凸显。在电风扇行业,专家们预测年生产能力保持在 1 000 万台左右比较合理,而实际上,到 80 年代中后期,仅出口就达 1 000 万台,国内需求为 3 000 多万台,年产量和销售量均达到 5 000 多万台③。如果真按照政府规划安排建设与生产,就会大大抑制生产与消费能力,资源配置效率将受到极大约束。从资本投资效率来看,地方和部

---

① 吴敬琏.当代中国经济改革教程[M].上海:上海远东出版社,2010:362.

② "令人沮丧的科学"这个词来源于苏格兰历史学家托马斯·卡莱尔,其本身的含义是令人费解的。卡莱尔(Carlye,1949)批评经济学家信奉供给与需求机制,与他所设想的社会模型:理想的奴隶制观点完全相反。因此,他不喜欢经济学,因为经济学为所有人的平等与自由、黑人解放以及奴隶制结束提供了分析支持。

③ 江小涓.经济转轨时期的产业政策:对中国经验的实证分析与前景展望[M].上海:格致出版社,上海三联书店,上海人民出版社,2014:89.

门结构化趋同使得一体化目标下的最优均衡值难以实现,资本沉淀,盈利能力恶化,过剩性矛盾凸显(Qin 和 Song,2002),资本生产效率持续下滑(表 3-5)。从边际资本—产出效率(ICOR),我们就可以发现投资的边际效率在 1994 年以后显著恶化了,尤其 2008 年以后投资效率恶化更加凸显,我国工业领域深陷产能过剩图圈,并表现出全面性扩散和系统性风险逼近态势。投资效率恶化,资源配置效率扭曲,经济增长的劳动吸纳能力下降(袁志刚,2002)。产能过度损耗直接约束了经济正常增长,生产能力充分发挥作用又受到进一步的约束与限制,过剩性陷阱开始形成并对经济体发挥更深刻的作用。

表 3-5　中国的边际资本—产出比率(ICOR)

年份	GDP 增量(亿元)	全社会固定资产投资(亿元)	ICOR
1980	479.60	910.90	1.90
1981	344.60	961.00	2.79
1982	432.30	1 230.40	2.85
1983	639.80	1 430.10	2.24
1984	1 236.50	1 832.90	1.48
1985	1 793.40	2 543.20	1.42
1986	1 237.80	3 120.60	2.52
1987	1 760.30	3 791.70	2.15
1988	2 965.80	4 753.80	1.60
1989	1 980.90	4 410.40	2.23
1990	1 638.70	4 517.00	2.76
1991	3 069.90	5 594.50	1.82
1992	5 020.30	8 080.10	1.61
1993	7 996.30	13 072.30	1.63
1994	12 125.00	17 042.10	1.41
1995	11 718.70	20 019.30	1.71
1996	9 406.50	22 913.50	2.44

续表

年份	GDP 增量(亿元)	全社会固定资本投资(亿元)	ICOR
1997	6 578.00	24 941.10	3.79
1998	3 882.60	28 406.20	7.32
1999	3 722.30	29 854.70	8.02
2000	7 336.10	32 917.70	4.49
2001	10 440.62	37 213.50	3.56
2002	10 677.52	43 499.90	4.07
2003	15 490.07	55 566.61	3.59
2004	24 055.58	70 477.43	2.93
2005	25 059.03	88 773.61	3.54
2006	31 377.06	109 998.16	3.51
2007	49 495.88	137 323.94	2.77
2008	48 235.12	172 828.40	3.58
2009	26 857.38	224 598.77	8.36
2010	60 609.99	251 683.77	4.15
2011	71 591.25	311 485.13	4.35
2012	46 366.05	374 694.74	8.08
2013	49 375.11	447 074.36	9.05

说明:ICOR=全社会固定资本投资/GDP 增量,即资本边际生产率的倒数,ICOR越大,投资的效率越低。

资料来源:笔者根据中国统计年鉴相关数据测算.

第二节　地方政府竞争、产业规制效应与产能过剩

在劳动分工及贸易的基本经济逻辑下,人们只专注于生产一种或极有限的几种产品,而自身所需要的大多数消费品则从别处获得,亚当·斯密对此进行

过非常深入的描述。大卫·李嘉图在此逻辑的基础上添加了地域因素,形成了我们所熟知的比较优势法则,即各个地区根据自身优势发展与之对应的产业,而自己不生产或无法生产的产品则通过进口获得。通过专业分工和贸易往来,不同地区之间形成了各自优势的产业集中区。但实际经济生活中,我国各地区并没有按照比较优势进行分工,它们的投入反而集中在了相似的产业和产品群中,致使不同地区间产业结构趋同。现实中,地方政府与辖区经济紧密联系在一起,在供给"经济增长"过程中地方政府官员在辖区经济发展中一直扮演着积极的角色,他们寻找资源、项目来推动发展地方经济的热情前所未有。因此,区域地方政府之间的过度竞争,是地方政府官员为增长而进行竞标赛性质的竞争(张军,2005;周黎安,2007),必然导致产能同构与生产能力过剩。

一、辖区资源争夺、税费优惠补贴与地方政府竞争

国家统计数据显示,截至 2013 年我国共有 31 个省级单位(市、自治区),333 个地市级单位(其中地市级 286 个),2 853 个县级单位和 40 497 个乡镇单位。地方财政收入从 1978 年的 956.49 亿元增加到 2013 年的 68 969.13 亿元,占全国财政总收入比重则从 1978 年的 84.5%下降到 2013 年的 53.4%。从支出看,地方财政支出从 1978 年的 589.97 亿元增加到 2013 年的 119 272.51 亿元,占全国财政总支出则从 1978 年的 52.6%上升到 2013 年的 85.35%[1](表3-6);这意味着,分税制在试图加强中央财权集中的同时,也强化了地方政府在我国经济发展中的作用。我国经济在行政管理体制上被分割成了最小的行政单位,而且在一个行政区划内,几乎所有的资源都由地方政府支配并发挥作用。20 世纪 90 年代我国实行了财政分权体制改革,中央与地方的财政关系上用"分税制"取代收入分享制的方案。1993 年《关于建立社会主义市场经济体制的若干问题的决定》和《关于实行分税制财政管理体制的决定》,明确提出了要从 1994

---

① 数据来源:中国统计年鉴(2014).

年建立新的政府间财政关系,开始用分税制取代之前的收入分享制,明确划分中央与地方(包括省和县)的税种和征管范围,事权主要交给地方政府实施,而中央政府主要从事国防等公共产品的供给以及转移支付等。从而改变了地方政府的约束和激励机制,加强了地方政府对促进经济增长的兴趣同时,加速了我国经济市场化、工业化和资本积累[①]。随着市场化改革深入与经济领域分权化,从财政角度而言我国地方政府在具体经济事务中扮演的角色越来越重要,地方政府之间围绕经济资源的竞争也越来越激烈。

表 3-6　1978—2013 年中央和地方财政收支及占比

年份	中央财政支出（亿元）	地方财政支出（亿元）	中央财政支出比重（%）	地方财政支出比重（%）	中央财政收入（亿元）	地方财政收入（亿元）	中央财政收入比重（%）	地方财政收入比重（%）
1978	532.12	589.97	47.4	52.6	175.77	956.49	15.5	84.5
1979	655.08	626.71	51.1	48.9	231.34	915.04	20.2	79.8
1980	666.81	562.02	54.3	45.7	284.45	875.48	24.5	75.5
1981	625.65	512.76	55	45	311.07	864.72	26.5	73.5
1982	651.81	578.17	53	47	346.84	865.49	28.6	71.4
1983	759.6	649.92	53.9	46.1	490.01	876.94	35.8	64.2
1984	893.33	807.69	52.5	47.5	665.47	977.39	40.5	59.5
1985	795.25	1 209.00	39.7	60.3	769.63	1 235.19	38.4	61.6
1986	836.36	1 368.55	37.9	62.1	778.42	1 343.59	36.7	63.3
1987	845.63	1 416.55	37.4	62.6	736.29	1 463.06	33.5	66.5
1988	845.04	1 646.17	33.9	66.1	774.76	1 582.48	32.9	67.1
1989	888.77	1 935.01	31.5	68.5	822.52	1 842.38	30.9	69.1
1990	1 004.47	2 079.12	32.6	67.4	992.42	1 944.68	33.8	66.2
1991	1 090.81	2 295.81	32.2	67.8	938.25	2 211.23	29.8	70.2
1992	1 170.44	2 571.76	31.3	68.7	979.51	2 503.86	28.1	71.9

[①]　张军.市场、政府治理与中国的经济转型[M].上海:格致出版社,上海人民出版社,2014:38.

续表

年份	中央财政支出（亿元）	地方财政支出（亿元）	中央财政支出比重（%）	地方财政支出比重（%）	中央财政收入（亿元）	地方财政收入（亿元）	中央财政收入比重（%）	地方财政收入比重（%）
1993	1 312.06	3 330.24	28.3	71.7	957.51	3 391.44	22	78
1994	1 754.43	4 038.19	30.3	69.7	2 906.50	2 311.60	55.7	44.3
1995	1 995.39	4 828.33	29.2	70.8	3 256.62	2 985.58	52.2	47.8
1996	2 151.27	5 786.28	27.1	72.9	3 661.07	3 746.92	49.4	50.6
1997	2 532.50	6 701.06	27.4	72.6	4 226.92	4 424.22	48.9	51.1
1998	3 125.60	7 672.58	28.9	71.1	4 892.00	4 983.95	49.5	50.5
1999	4 152.33	9 035.34	31.5	68.5	5 849.21	5 594.87	51.1	48.9
2000	5 519.85	10 366.65	34.7	65.3	6 989.17	6 406.06	52.2	47.8
2001	5 768.02	13 134.56	30.5	69.5	8 582.74	7 803.30	52.4	47.6
2002	6 771.70	15 281.45	30.7	69.3	10 388.64	8 515.00	55	45
2003	7 420.10	17 229.85	30.1	69.9	11 865.27	9 849.98	54.6	45.4
2004	7 894.08	20 592.81	27.7	72.3	14 503.10	11 893.37	54.9	45.1
2005	8 775.97	25 154.31	25.9	74.1	16 548.53	15 100.76	52.3	47.7
2006	9 991.40	30 431.33	24.7	75.3	20 456.62	18 303.58	52.8	47.2
2007	11 442.06	38 339.29	23	77	27 749.16	23 572.62	54.1	45.9
2008	13 344.17	49 248.49	21.3	78.7	32 680.56	28 649.79	53.3	46.7
2009	15 255.79	61 044.14	20	80	35 915.71	32 602.59	52.4	47.6
2010	15 989.73	73 884.43	17.8	82.2	42 488.47	40 613.04	51.1	48.9
2011	16 514.11	92 733.68	15.1	84.9	51 327.32	52 547.11	49.4	50.6
2012	18 764.63	107 188.34	—	—	56 175.23	61 078.29	—	—
2013	20 471.75	119 272.51	—	—	60 173.77	68 969.13	—	—

资料来源：中国统计年鉴（2014）.

由于中央政府和地方政府之间特殊的分权关系，形成了特定的垂直化行政管理架构和资源流动性的限制，尤其在分税制改革之后进一步固化，地方政府之间、中央和地方之间、政府与社会之间资源权利和机会的竞争与争夺进一步加剧。这种竞争策略往往带有保护性和掠夺性,不同主体之间的交易摩擦就更加凸显,破坏了经济良性增长。地方政府在经济的竞争过程中,为了更好促进地方经济增长与辖区内企业发展,出现了以"招商引资,扩大产能"为主要标志的经济发展趋同模式,通过税费优惠、土地租金减免、融资便利措施等方式降低区外企业进入成本。这种直接干预模式下,地方保护主义日益严峻,市场分割与透支日益严重,体制性过剩陷阱逐渐显现,"行政区经济"开始形成①。澳大利亚学者奥得利·唐尼索思在《中国学季刊》中,称之为"蜂窝状"经济②。"行政区经济"从短期的经济发展来看,劲头很足,但却始终无法避免"蜂窝经济"的悲剧,难逃两败俱伤的厄运。在招商引资、扩大产能过程中,各地方政府为了吸引资本,竞相在企业开办和经营过程中减免工商税收、政府规费的减免、优惠或进行税费补贴,并成为地方政府使用最广泛的竞争工具。企业税费负担比例往往影响投资者的决定。一份有关税率对外国直接投资的影响的报告分析得出结论说,税率增长一个百分点,就会引起外国直接投资下降 3.3%③。但由于税费补贴优惠并不是强异质性优惠政策措施,因而很容易被其他地区复制或模仿,具有短期竞争优势特征,从而导致重复建设、无序竞争、短期行为、区域市场分割等地方政府竞争行为的异化。因此,仅靠单一化的税费优惠并不能形成长期的竞争优势,甚至还会损伤地方财政资源,恶化投资环境,弱化了产业的本地化集聚能力,强化了过度投资,催化了地方产业同构与产能过剩。此外,地方政府出于对本地经济发展和财政税收考虑,积极干预金融机构的信贷投放以帮助本地重点扶持企业和本地重点投资项目协调银行贷款,转嫁融资成本和金融风

① 即与省级行政区相对应,逐渐形成了以省级政府管理与规划为核心,以省会城市为核心,以其管辖的行政区为边界。而且当前的大部分城市圈,比如广佛城市圈、郑州城市圈、武汉城市圈、长株谭城市圈等,基本上都属于"行政区经济"。舒庆,刘君德.中国行政区经济运行机制剖析[J].战略与管理,1994(6):42-48.

② 即人为地分割成互不相干与相互隔绝的地方经济单位,造成经济资源配置低效率,难以摆脱高成本、低收益的困境。引自:帕金斯.走向 21 世纪:中国经济的现状、问题和前景[M].南京:江苏人民出版社,1992:122.

③ 林毅夫.关于制度变迁的经济学理论:诱制性变迁与强制性变迁[M]//陈昕.财产权利与制度变迁.上海:上海人民出版社,1995.

险,减少投资企业自有资金投入规模。

二、产业政策诱导、中央—地方博弈与资源配置效应

改革开放以来我国政府开始运用产业政策对经济进行干预,以促进产业成长和经济发展,而产业政策实践也在这一过程中经历了不同发展阶段的变化。在 20 世纪 80 年代和 90 年代初期,产业政策主要表现为国家对经济的直接干预、政府对生产部门的不同程度的直接控制,通过对短线产业追加投资的方式促进产业结构调整,以及旨在限制市场和调整生产组织结构的一系列政府行为,其中典型的政策包括价格控制、直接给予企业生产补贴、进口限制、出口补贴。如 1989 年的《关于当前产业政策要点的决定》就明确了政府支持发展的产业和产品、限制发展的产业和产品,以及禁止发展的产业和产品。随着市场化改革深入与体制机制转型升级,我国产业政策的含义和实践方式也逐渐发生了变化,直接干预式的政策措施逐渐式微,开始立足于开放的市场经济,采取一系列以鼓励竞争、推动创新为主的间接干预措施,努力让市场机制更好地发挥作用,以促进企业的创立和发展壮大,从而提高产业竞争力越来越受各部门和地方政府的重视和青睐。如 1994 年《90 年代国家产业政策纲要》,则提出应给予支持的重点产业①。注重产业政策制定和实施要符合工业化和现代化进程的规律,注重发挥市场和民间资本的作用。中央政府在全国投资总量中所占的比重持续下降,改革开放初期全国固定资产投资的 2/3 由政府掌握,到 20 世纪 80 年代中期固定资产投资的比重下降到 10%以下,1993 年这一比重只有 6%②。

在行政放权的基础上,名义上根据建设规模和阶段实行分级审批,实践中地方政府恰恰利用了这一点政策模糊地带,通过"化大为小""化整为零"等方式将原先由国家级部委审批的项目转化为地方政府审批,如低估项目成本、以

---

① 如加快农业基础设施和基础产业的建设;确定机械、电子、石油化工、汽车和建筑业等国民经济的支柱产业;鼓励具有高附加值和国际竞争力的产品出口;提出形成适合我国产业特点和发展水平的产业组织结构;强调开发应用技术等。

② 江小涓.经济转轨时期的产业政策:对中国经验的实证分析与前景展望[M].上海:格致出版社,上海三联书店,上海人民出版社,2014:73.

技改之名谋基础设施建设之实等。至于中央政府发出的各种"通知""决定",对地方和企业的约束力更低,"有令不行,有禁不止"是一种很普遍的现象,投资数量的骤增大大超出了政府有效控制的边界,限制严控的行业却是发展最快的行业,盲目的"羊群效应"和理性的"潮涌现象"凸显。实际上,在官员晋升的"GDP"效应影响下,由于地方政府官员违规行为的政治惩罚措施和法律法规缺失下地方政府官员违规成本较低,地方政府绕开中央政府产业限制自行建设的动机强烈,中央与地方政府的合作均衡遭遇重创,具中国特色的新型产能过剩不合作均衡就此形成。从地方政府投资动机和投资方向的选择(表 3-7)来看,"增加地方财政收入"和"满足本地需求"在省级政府和市级政府中都分别排第1和第2位,"加快经济发展"和"在同级政府中领先"则分别排在第3和第4位,在两级政府中"基础设施及环境"都排在末位。

表 3-7 地方政府投资动因分析

项目投资动机	出现频率(%)	
	市政府	省政府
增加地方财政收入	89.3	87.9
满足本地需求	87.3	85.4
加快经济发展	85.7	84.9
在同级政府中领先	83.4	76.9
市政建设成就	78.6	75.8
基础设施及环境	50.5	54.6

资料来源:江小涓.经济转轨时期的产业政策:对中国经验的实证分析与前景展望[M].上海:格致出版社,上海三联书店,上海人民出版社,2014:75.

改革开放以来,中央将经济决策权下放到地方政府,本质就是市场逐步扩张和政府从经济领域有选择地退出,央地关系中上级政府对下级政府的调控从以计划为主过渡到以经济手段为主,这一关系在分税制实施后得到进一步强化,这种央地关系被称为"地方公司主义"或"经济联邦主义"(Montinola,Qian 和 Weingast,1995;Jin,Qian 和 Weingast,2005;钱颖一,2003)。中央允许各省在一定程度上偏离中央的政策,而各省也不会偏离中央政策太远,也就是宪法规定"遵循在中央的统一领导下,充分发挥地方的主动性、积极性的原则"。地方政府在制定政策并促进区域经济发展中扮演企业家角色,地方领导人可以不必严格遵循中央的政策,相反,地方领导人可以采用一种务实的方式来制定地方发展战略。这意味着,加强了地方启动经济改革的权力,地方政府参与了经济增长,并通过各种措施,在不对中央的政策进行很大偏离的情况下,将它们考虑的重点置于个体行为之上[①]。与此同时,分税制改革并没有改变政治上的集权,中央对地方政府考核的有效办法长期集中于经济指标,并在一定程度上前置性地认为实际经济 GDP 增长是反映地方政治能力与公共服务能力的关键性指标,从而诱致了地方政府间的经济资源竞赛。与此同时,随着权力和财富的逐渐增加,地方政府在应对中央时,改变了他们对利益的看法,也改变了他们的行动策略。地方政府不仅能够独立于中央来规划地方发展,还能够通过和中央谈判来追求更大的权力,形成了新的支配中央—地方关系的机制(表 3-8)。中央和地方之间的互动成为一个连续的过程,并且相互之间必须不断地和对方持续互动,以促进自愿合作,变成扩散互惠。可以说中央—地方关系的形成,不是一次性博弈,而是一系列的序贯博弈,是一种连续的互惠,一定程度上促进了中央和各地方之间的长期合作,强化了属地和区域的责任和利益边界。然而,由于中央对地区资源再分配能力的弱化和资源总量的有限性,地区利益经常凌驾于全国利益之上,导致不同地区之间因资源禀赋和优惠政策的差异极容易出现不平等竞争,地方保护主义[②]和贸易保护政策,地区之间市场分割与贸易壁垒就同时存在,无法真正实现全国市场一体化。由此,保护带来的价格扭曲会产生资源配置低效率,资源集聚过程中各地方经济发展严重失衡,总体市场过度竞争导致的我国经济结构上内在一致性缺失就不可避免,总体生产能力过剩与经济

---

① 既得利益和经济调控需要使得政府对资源权利的争夺仍然十分激烈,这种资源争夺不仅发生在政府和民间之间,而且也出现在中央政府和地方政府之间以及各级地方政府之间。

② 卡尔·波兰尼认为"每一个地方的保护主义都为浮现中之社会生活制造出一种保护的硬壳",当"内在的保护与外在的保护,社会性的保护与全国性的保护倾向融合在一起时……就被认为是保护主义运动之原因的集体主义困境",从而出现了自律性市场的损坏。引自:卡尔·波兰尼.巨变:当代政治与经济的起源[M].黄树民,译.北京:社会科学文献出版社,2013:343,346.

增长不均衡并存。

表 3-8　支配中央—地方关系的机制

机制	正当性	动机	过程	目的
强制	统一的领导和中央集权的必要性	中央管理和协调	人事任命和运动,等等	迫使地方服务
谈判	互利	私利	协商	解决冲突
互惠	相互能够接受	对别人的正当性,义务	自我调节,深思熟虑	自愿合作

　　资料来源:郑永年.中国的"行为联邦制":中央—地方关系的变革与动力[M].北京:东方出版社,2013:48.

三、地方官员激励、产业规制偏好与区域产业布局

　　在我国多层级多地区的政府间关系中,不同主体之间利益诉求差异性较大,目标函数大为不同,面临的约束条件也大为不同。中央政府与地方政府在金融资源、竞争约束、信息规模等方面都存在较大差异。这种结构性差异,就形成了我国地方政府官员独特的激励和行为方面的不同。从地方官员的晋升激励来看,"官场"升迁的机遇这种激励比地方财政收入又显得更为重要,即与地方经济发展水平密切关联,从而诱发了区域间的政治锦标赛模式(周黎安,2004,2007)。周黎安(2005)的研究发现,省级官员的升迁概率与省区地区生产总值的增长率呈显著的正相关关系[①]。Li 和 Zhou(2005)发现,辖区经济增长速度每提高 1 个百分点,书记省长晋升概率就显著地提高 10 个百分点[②]。因此,晋升锦标赛的存在,经常使得地方官员会积极推动有利于局部利益,但损害全局利益的非经济理性的行为,甚至还会出现即使是负利率预期也不能阻止其市

[①]　周黎安,李宏彬,陈烨.相对绩效考核:中国地方官员晋升机制的一项经验研究[J].经济学报,2005(1):83-95.

[②]　Li H,Zhou L.Political Turnover and Economic Performance:the Incentive Role of Personel Control in China[J].Journal of Public Economic,2005,89(9-10):1743-1762.

场进入,如经济开发区的泛滥、同质竞争和重复建设①。这也是为什么各地方在同一产业或建设项目的竞争中会经常无视经济亏损的原因。因为地方经济的发展离不开资本投入,所以地方官员热衷于招商引资,在基础设施、建设投资、优惠政策制定实施和竞争市场环境培育等方面都不遗余力,甚至出现"上有政策、下有对策"。为了吸引投资,地方官员往往愿意为企业服务,在土地征用、劳动用工等方面尽量满足企业的要求,甚至站在企业一方说话,陷入"越限制越发展,越调整越过剩"的困局。

这一矛盾伴随着我国整个经济改革过程,并没有明显减弱的迹象,并且在官员升迁、调动过程中持续加剧。任期内地方官员的重要任务就是将当地经济发展水平推向一个新的台阶,而短期内实现这一目标的有效手段则是通过增加投资来刺激地方经济增长。因此,对于上一任官员的产业政策以及经济发展的投资方向和投资重点就会进行相应调整,从而形成一定程度的资源耗散与重复建设。从地方官员的产业规制偏好来看,由于有序偏好、完备信息和精确测算能力缺失,在实际运作中制订出各种比较方案并选取较优方案可能性较低。因此,地方官员经常受到外部环境诱导或依靠直觉,或根据国别经验进行产业规制决策,在有限理性约束下遇到一些不可控因素的干扰时放弃理性思考,甚至照套理论或依据经验进行产业规制决策,现实中的政府存在着这种以直觉为特征的非理性决策的可能性。在各级政府机构缺乏或根本就没有问责机制和奖惩机制的情况下,产业政策的制定过分依赖理论或经验以至于完全放弃对信息和环境等复杂因素的认知时,实质上就是政府和厂商之间的一种强制执行的契约关系,政府的产业规制偏好会影响产业政策导向和财政、信贷资源、土地、税费优惠、管制标准等具体调控手段、实施。在产业规制中,地方官员规制政策和实施规制手段,通常存在着政治效用和经济效用的比较。总体来说,政治效用

①　国务院副总理汪洋在第十八届中国国际投资贸易洽谈会上反馈的数据显示,截至 2014 年 7 月国家级经济技术开发区 215 个,国家级高新技术产业开发区 115 个,国家级保税区 13 个,国家级出口加工区 63 个,国家级边境经济技术开发区 15 个,其他国家级开发区 57 个,省级开发区 1 170 个。

对地方官员产业规制行为的影响要大于经济效用,或者说政治效用函数大于经济效用函数,这是决定地方官员行为模式的一般机理。因此,地方官员的产业规制偏好,很可能会导致寻求特定产品或行业的区域规模经济,但在全国行业层面呈现理性"潮涌现象",加剧了全国性产业布局和地区性产业布局矛盾,产能过剩就不可避免①。这种地方性产业规制的资源配置与生产效应均不佳,只重视经济核算,不重视社会核算,只顾本地或本行业发展,不管这种发展对国家整体发展的负面影响,等等。如何让地方官员的产业规制能力提升,促动产业规制实现较满意的配置效应和生产效应值得深入探讨。

第三节 厂商能力特征、投资风险偏好与产能过剩

任何宏观经济问题的出现都是源于微观厂商主体行为的群体性演绎。由于经济发展阶段不同、国家社会性质差异,厂商内在结构的异质性也较为显著。与西方资本主义国家私有制不同的是,我国厂商主体包括国有制企业和私有制民营企业两大类型,多种组合结构样态,2012 年数据显示全国企业法人单位数为 8 286 654 个,具体如表 3-9 所示。现实经济活动,这两类由于发展规模、发展阶段等显著差异,导致实际厂商行为的偏好、特征等均明显不同,在多种因素交织作用下我国当前产能过剩矛盾的特殊性和复杂性就更为凸出。

---

① 如钢铁、水泥等行业过剩已经很严重,持续时间长达多年,产能利用率较低,虽然 2013 年上半年全国工业完成技术改造投资 2.3 万亿元,同比增长 21.7%,快于工业固定资产投资 5.3 个百分点,技术改造投资占工业投资的比重达到 42.2%,同比提高 1.9 个百分点。但投资减少并不明显,生产仍在增加,如 2013 年 1—7 月粗钢产量同比增加 2.67%,水泥产量同比增加 3.69%,平板玻璃产量同比增加 6.23%,电解铝产量同比增加 7.46%。数据来源:工业和信息化部运行监测协调局. 关于 2013 年上半年工业经济运行报告[EB/OL].(2013-08-02)[2016-09-30].中华人民共和国工业和信息化部.

表 3-9　全国企业法人单位数

按登记注册类型分企业法人单位(个)			按控股情况分企业法人单位(个)		
2012 年	2011 年	2010 年	2012 年	2011 年	2010 年
企业法人单位数 8 286 654	7 331 200	6 517 670	国有控股企业法人单位数 278 479	261 944	249 622
内资企业法人单位数 8 043 201	7 101 085	6 300 453	集体控股企业法人单位数 271 295	270 139	269 565
国有企业法人单位数 159 644	156 323	153 847	私人控股企业法人单位数 6 552 049	5 792 102	5 126 438
集体企业法人单位数 183 870	187 065	192 341	港、澳、台商控股企业法人单位数 101 518	95 382	89 681
股份合作企业法人单位数 74 697	73 159	71 810	外商控股企业法人单位数 109 103	102 989	98 412
联营企业法人单位数 13 585	13 399	13 032	其他企业法人单位数 974 210	808 644	683 952
有限责任公司法人单位数 1 090 375	917 113	773 324			
股份有限公司法人单位数 138 698	128 954	119 175			
私营企业法人单位数 5 917 718	5 254 870	4 683 851			
港、澳、台商投资企业法人单位数 112 602	106 013	99 049			
外商投资企业法人单位数 130 851	124 102	118 168			

资料来源:中国统计年鉴(2014 年).

一、厂商偏好、生产能力趋同与同质陷阱

预期效用理论经过冯·诺依曼和摩根斯坦深化后创立,并且第一次形式化

描述了"偏好",从此开启了偏好的规范研究。与发达国家相比,我国厂商偏好与生产能力趋同现象较为普遍。从偏好来看,对于那些产业是有前景的很容易达成共识,每个厂商都认为这个产业是利润率高的产业,也是将大量资金流向该行业。在我国快速发展阶段厂商进入门槛比较低,在没有信息发布和预警机制情况下,厂商对进入该行业的厂商数量不确知,就容易盲目乐观,结果导致过度投资。厂商乐观投资情绪在市场中传递,在"羊群效应"影响下金融机构、社会投资等先后"非理性"涌入特定行业,从而导致了不同时期不同领域工业扩张。短期内都在这种"社会前景共识"下获得了产业发展,但随后由于扩张速度、扩张质量以及需求增长均受到客观条件制约,这波过度投资引起严重的产能过剩。与此同时,对大型企业的实证分析也显示,竞争力总体水平较低,尤其是制造业部门,以及国有企业[①],中小企业自不在言[②]。2015 年,我国工业厂商研发投入占销售收入的比重仅为 1.2%,远低于美国、德国、日本等。而 2009 年规模以上工业厂商研究开发经费内部支出占主营业务收入的比重仅为 0.69%。根据陈实和章文娟(2013)的研究发现,我国当前的研发投入强度与发达国家工业化的第二阶段研发投入强度相当,但与发达国家的当前研发强度相比,差距较大,且厂商能力趋同显著[③],并导致了厂商只能集中在低端产品与服务的生产经营。

现实中资本的形成几乎全然是固定资产投资的结果,也就是新增加生产能力的结果。在需求增长减缓的条件下,生产能力同质性却在继续加速形成之中,厂商之间的竞争加剧,产品差异不显著,利润率相当,赢利必然下降,这足以

---

① 宋跃征,蔺涛.我国大企业竞争力的测评方法与实证分析[J].统计研究,2003(7).

② 林汉川,管鸿禧.中国不同行业小企业竞争力的评价比较研究[J].中国社会科学,2005(3):48-58;丁伟斌,荣先恒,桂斌旺.我国中小企业核心竞争力要素选择的实证分析[J].科学学研究,2005(5):650-655.

③ 它们具有这样的资源和能力特征:企业规模普遍偏小,并且拥有的大部分资源属于一般性资源,特性资源和战略性资源较少,从而使企业之间的异质性、互补性低;企业能力单一,没有核心技术,只能从事低附加值的经营活动,如一般性的加工制造、零售、房地产等;企业技术投入不足,对新技术、新知识的吸收和转化能力较低,因此表现出某种能力刚性。引自:丁永健.发展与转型双重约束下的重复建设治理研究[M].北京:科学出版社,2013:21.

暴露我国厂商投资偏好的非效率缺陷。而大规模厂商生产能力趋同产能的要素拥挤现象,又导致我国厂商大都选择劳动密集型的技术和生产方式,不利于企业的内生成长,不利于资本密集型技术和人力资源核心竞争力的培育与积累,从而产生强化效应,迫使更多的企业走规模式扩张而不是技术进步和人力资源累计的内生成长道路。尤其随着人口红利比较优势的式微,利用廉价劳动力占领市场,对以利润最大化为目标的企业来说,虽然是现实的选择,但已经到了拐点时刻。与此同时,改革开放为企业引进技术提供了机会,加上市场需求旺盛,消费热点持续改变,追求利润最大化的企业首先把注意力放在寻求高成长产业的"先进入"机遇上,以谋求供不应求阶段的高额利润。而当进入者不断增加,竞争加剧后,厂商就将重点放在以低成本为基础的价格竞争上,以保住和扩大市场份额,并在价格信息变动滞后等因素制约下,过度竞争就进一步恶化,产能过剩问题日趋严重。

二、厂商合谋、投资行为选择与沉淀成本

200 年前,亚当·斯密在《国富论》中指出,竞争使人丝毫不敢自满,因而刺激生产效率,而竞争者永远有共谋的动机,"不管是娱乐或消遣,同一个生意场上的人们很少聚在一起。可是在对抗公众或密谋抬高价格时,情况就不一样了。"[1]现实中厂商进入市场往往存在先后,由于生产能力沉淀性和作为一种"可置信的"承诺,先进入市场的企业完全可以不仅把投资作为直接扩大生产的行为,还可以发挥其"策略"效应,对潜在的进入者进行遏制。或者,如果遏制代价太大,在进入、容纳的同时,尽可能地"抬高自己,压低别人"。先进入厂商投资的策略性效应通常大于零,为了自身利润最大化,这种策略性行为有可能导致先进入厂商过度投资。

对于在位厂商而言,它可以在不改变其总成本的前提下改变其成本结构。

---

① 亚当·斯密.国富论——国民财富的性质和起因的研究[M].谢祖钧,译.长沙:中南大学出版社,2003:95.

通过对未来生产能力的事前投资,在位厂商在增加其固定成本的同时减少其边际成本。在位厂商边际成本的降低导致其产量水平提高,这使在位厂商可以根据进入者的任一产量来选择自己的最优产量。因此在面对进入者的进入时,在位厂商可以凭借其所拥有的生产能力可信的承诺对进入者采取更具攻击性的行为。即通过产能闲置扩大自身产能的规模,使市场潜在的供需状况发生变化,以构筑进入壁垒,给潜在进入者制造压力,从而阻止其进入,其产能闲置的战略就被称为可置信威胁战略。而通过增强其自身产能实力,在与客户或合作伙伴的谈判中占据主动,提高合作或者竞争的成功率,比如通过保留闲置产能能够使准时供货的承诺更可信。这表明,在位厂商就有先动优势,它可以通过对大量产出的承诺来利用先动优势,从而实现对竞争者进入规模的限制或完全阻止竞争者的进入,呈现出掠夺性行为。所以,厂商主动生产能力过剩,是以获取更高额利润为目标导向,而这种触发策略也就导致了厂商间在未来各期博弈循环中都将是一种过度竞争状态。

研究表明,进入是普遍存在的。邓恩等(1988,1989)采用美国 1963—1982 年的统计数据,计算标准产业分类体系(SIC)下两位编码的制造业的进入率。他们的估计结果显示,制造业的平均进入率(定义为在 5 年的一个时期内新进入厂商数量与该时期开始时的在位厂商数量之比)为 41.4%~51.8%(平均每年为 8%~10%)。据此,依据中国工业经济统计年鉴 1998—2013 年相关数据测算,我国制造业的平均进入率为 45.3%~50.1%[①],零售部门的进入率高达 60% 以上,特别是在经济繁荣时期更加显著。从厂商规模来看,进入市场的厂商主要是小规模为主。在一个产业中,以 5 年为一个基期,新进入者的累积市场份额之和处于 13.8%~18.8%。在美国,凯波和施瓦尔巴赫发现,每年新进入厂商的数量大约占该产业厂商数量的 7.7%,而产量却只占 25%,不过他们发现这个

---

① 涉及的厂商规模,不同统计年份有所不同。如 1998—2006 年范围为全部国有及年产品梢售收入在 50 万元及以上非国有工业企业;2007—2010 年为年主营业务收入在 500 万元及以上的工业企业;2011 年及以后年份为年主营业务收入在 2 000 万元及以上工业企业。

数据在 2014—2016 年一直下降。事实上,通过多元化经营进入新市场的在位厂商的规模普遍大于新的或重新组建的进入者。从存活率来看,进入厂商的存量率相对较低。邓恩等的研究发现,在新进入厂商中,大约有 61.5% 的厂商会在 5 年内退出市场,而有 71.9% 的新进入厂商会在 10 年内退出市场。波奇(1987)采用全美国所有行业的邓白氏数据,包括(但不局限于)制造业,发现大约 50% 的新进入厂商在第一个 5 年内会由于经营失败而退出市场[①]。不难发现,开始时大量的小厂商进入,最终失败退场,而这些厂商为另一群同类型的小规模厂商所替代,竞争同质化加剧。当然,产品和产业都有自身的生命周期,一般要经过初创、成长、成熟和衰亡四个阶段。经过初创期的试探,大家对产品逐步熟悉,到了成长期,产品销量增长,利润率上升,产品供不应求,产能利用率逐步上升,吸引大量厂商涌入。当进入成熟期之后,市场需求趋向饱和,竞争加剧,产能利用率达到峰值后开始下滑,开始出现产能过剩现象,我国体育鞋服行业就处于该调整时期。一旦进入衰亡期,开始出现更先进的替代品,在新产品的冲击下,市场需求就会出现明显萎缩,从而导致更严重的产能过剩。比如,光伏产业的技术更新非常快,需要不断更新生产线,这就导致旧的生产设备在尚未折旧完就要被淘汰,这部分产能也就成为过剩产能。

三、厂商激励、产业组织结构与进出壁垒

古典经济理论强调,厂商生产规模持续扩大的动因在于理性经济人追逐利润最大化的偏好,直到边际收益与边际成本相等时产能扩张才会停止。但现实中,我国制造业的大部分厂商,即使出现了行业性产能过剩,但聚焦于厂商个体并没有在下一轮的生产周期中对产能加以控制,从而减少厂商亏损,而是发生了普遍性的产能扩张。厂商激励逻辑表现为,产能过剩条件下生产规模缩减甚至厂商退出市场,就总收益而言,未来预期收益会小于产能扩张带来的收益。

---

① 林恩·派波尔,丹·理查兹,乔治·诺曼.当代产业组织理论[M].唐要家,等,译.北京:机械工业出版社,2012:153.

从市场需求激励来看,在厂商资本及其密度变化带来产量净收益函数中,根据当前及未来市场的需求变化进行投资决策。当认为预期需求会增加时,则厂商长期利润可实现累积增长,因此厂商就有强烈的动机扩张产能以实现长期利润最大化,产能行业性利用率水平高低则不在考虑范围之内。只有当净收益小于零时,厂商规模扩张才会停止,但更多时候也只是保持原有产能规模不变,此时厂商面临的仅仅是短期的产能过剩和产品过剩困局。从我国现实经济情况来看,市场需求激活是当前及未来一个时期相当重要的任务,厂商退出意愿不强,因此在可预期的市场需求增加的激励下,资本扩大所引起的产能规模扩张就会使得行业性产能过剩加剧。从产业政策激励来看,前文已经探讨了各种优惠政策对投资者行为的诱致与潮涌现象凸显。同时,还存在另一种情况,即产业政策的限制性激励。我国工业领域产能过剩时,政府介入干预手段和方式多样,通过限定厂商规模、提高行业标准、兼并重组提升产业集中度等,以期调整市场竞争过度和外部负效应,促进产业合理发展。然而对于厂商而言,投资决策是综合考虑各种制约因素的结果。当市场需求增长大于产业政策限制性激励的扩张,新增资本投资产生的效益大于退出成本和转移到其他行业领域的效益时,厂商依然会在限制性政策下产能扩张,如 20 世纪 90 年代以来的钢铁、水泥等行业始终处于过剩增长[①]。只有当市场需求增长小于政府限制性的激励扩张,新增资本投资的效益小于退出和转移到其他行业的效益时,产能扩张才会终止,甚至厂商退出与产业转移,此时产业政策规制发挥作用。从风险外部化激励来看,转型时期地方政府为促进本地经济发展而以低价供地使厂商可以较小的代价获得重要生产要素。土地资本的注入既可以显著改善厂商的资产负债表,又可以为新建投资获取大量银行贷款提供优良的抵押品,这样就可以使厂商较轻松地获得大量新建项目投资所需的巨额资金。而由于金融体系的预算软约束,金融机构在地方政府的积极干预下,加大了金融资源的本地投放力

[①]　在钢铁、有色金属冶炼、水泥等行业,"扶持大企业限制小企业"的产业政策,导致大中型企业为获得政策重点支持、小企业为避免被政策限制或淘汰而进行过度产能投资,进而推动过剩产能的形成。

度。在成熟的市场经济条件下,自有资金过少的新建项目或资产负债率过高的厂商很难获得贷款,但在我国自有出资比率较低的厂商依然可以在地方政府周旋下获得巨额投资所需资金。项目失败后,原有厂商获得了土地增值收益,而损失的大部分却由银行承担,厂商投资风险降低,投资风险外部化显著。因此,即使在经济下行的情况,厂商也有意愿进行产能扩张,以"赌"市场未来会好转,从而进一步强化了厂商的盲目投资建设与过度竞争倾向,无形中累积了产能过剩。

进入壁垒的存在,使厂商自由进入任何行业受到制约。当然,在现实的经济生活中,不同行业的进入壁垒是不同的,有些行业进入壁垒低,进入容易,进入的厂商相对多,产生垄断的可能性就较低。相反,有些行业进入壁垒高,进入困难,进入的厂商也就少,从而容易产生垄断。在国家主义作用机制下,我国国有企业在税收、价格、信贷等方面约束软化,往往会对收益产生偏高预期,而对进入成本产生偏低预期,从而做出过度投资的决策。虽然目前我国的产业规制总体上逐步放松,然而受制于国家的进入规制以及地方保护与地方分割,仍然有很多行业具有较高的进入壁垒,对于民营资本尤其严重。在目前转型经济的背景下,我国的民营企业得到了空前的发展,但是长期以来遭受市场准入方面的政策"歧视",尽管这种限制正在逐步放开,国有经济在金融、铁路、邮政、通信、航空、冶金、石油、电力等重要行业和领域,一直占据绝对垄断地位,民营与私营厂商很难介入。一些领域甚至出现了允许外资进入但禁止民营私企进入的现象。但另一方面,诸如水泥、平板玻璃等传统产业以及国家鼓励发展的多晶硅和风电设备等战略性新兴产业,相应的制度性壁垒则较低,进入相对简单。社会资源尤其是民营资本由于缺乏投资渠道,极易在这些行业出现过度进入的现象,造成这些行业产能的严重过剩,而这些资本密集型行业的落后产能又会因为沉没成本的因素而难以及时退出。

现阶段产能过剩的行业,多具有较高退出成本,即使在出现产能严重过剩的情况下,资源也不能通过市场的优胜劣汰及时流出。目前退出机制存在诸多障碍,一是一些地方政府为了考虑地区生产总值,主观上存在着保留过剩产能的冲动,也被称为"给僵尸企业输血"①。甚至地方政府出于政绩和税收的考虑,对本地区的市场通过各种方式事实上要求只能由本地企业进入,又加剧了不正当竞争的壁垒。二是来自银行等方面的债务损失压力,从而想方设法阻滞亏损企业破产转移等,尚德电力破产过程就充分说明了这一点。无锡尚德是上市公司尚德电力的控股子公司,2013年尚德电力因破产重组延迟递交2012年财务年报而受到纽交所退市警告,对于尚德电力来说,通过无锡尚德的破产来保全上市公司是最佳选择,但是无锡政府和相关银行是极其不希望无锡尚德破产,这就导致无锡尚德和地方政府及银行间产生了矛盾,破产过剩一波三折。三是劳动力补偿和安置费用造成的退出壁垒。尤其是在《劳动合同法》实施以来,要解雇雇员需要支付较高的费用。如果厂商不解雇,而是将原有职工转产到其他产业,也需要支付较高的培训费等。所有这些因素都会造成厂商退出的困难,导致欲退不能的窘境,从而形成产能过剩。

第四节　世界市场结构、消费能力稀缺与产能过剩

随着贸易自由化、跨境资本流动的便利化和市场有序的递级开放,"一切生产资料因作为结合社会劳动的生产资料使用而日益节省,各国人民日益被卷入世界市场网"②,一个国家的产业和企业能够同时捕获"静态惠益"与"动态惠益"③。消费和出口一直被经济学界认为是消化过剩产能的根本渠道。长期以来,我国内需不足现象十分突出,居民消费长期低位徘徊。而出口的长期加速增长又在一定程度上使我国产能过剩的真实性被掩盖了,2008年以后全球性金

---

① 在亏损的国有企业陷入困境时,地方政府往往力求扭转国有企业亏损的局面,对很多应该退出市场的厂商给予了更多的政策支持,"死马当作活马医"。
② 马克思.资本论:第一卷[M].北京:人民出版社,2004:874.
③ 静态惠益是基于现有生产能力可迅速实现的收益;动态惠益是与更大的全球市场相连接,产业和企业通过积极参与国际竞争,资源配置能力和竞争优势显著提高,技术与制度创新能力显著增强。

融危机和欧洲债务危机的相继爆发,实体经济遭受重创,外部需求大幅萎缩,出口大幅下滑,周期性和结构性产能过剩叠加,矛盾进一步凸显。正如马克思所预见的"整个国家的生产既不是用它的直接需要,也不是用扩大生产所必需的各种生产要素的分配来衡量。因此,再生产过程并不取决于同一国家内相互适应的等价物的生产,而是取决于这些等价物在别国市场上的生产,取决于世界市场吸收这些等价物的力量和世界市场的扩大。这样,就产生了越来越大的失调的可能性,从而也就产生了危机的可能性"①。与此同时,产能过剩也向别国扩张,也就如恩格斯所言"从欧洲的过剩资本就以交通工具投资等的形式分配于全世界"②。"世界性的商品市场、世界性的资本市场以及世界性的货币市场等在金本位制推动下,为市场机制取得空前的冲力,但却同时产生另一个深入的运动以对抗市场经济的危害性影响"③。

一、资本全球化、世界市场结构与经济协调

资本是市场经济运行和现代世界经济增长的核心问题。马克思在《资本论》中就非常重视资本形成与发展对经济发展的作用研究。他在《剩余价值理论》中指出"生产逐年扩大是出于两个原因:第一,由于投入生产的资本不断增长;第二,由于资本使用的效率不断提高"④。从而把资本形成规模的扩大与资本形成质量的提高并列为扩大再生产。并在《共产党宣言》中预见到资本通过世界市场的扩大和深化,从而带来了生产、消费和文明的相互依存和世界化,但它并"不是过去一直存在的",而是历史发展到一定时期的"结果",它以生产力发展和资本的扩张为基本动力,推动了世界经济持续增长(表3-10)。1998年,迈克尔·波特(Michael E. Porter)发表《产业集聚与新竞争经济学》一文,将其构筑国家竞争优势的钻石体系理论与区位理论结合起来,为世界范围内空间产

---

① 中共中央编译局.马克思恩格斯全集:第四十八卷[M].北京:人民出版社,1985:147.
② 恩格斯.关于英国的经济和政治发展的若干特点[M]//中共中央编译局.马克思恩格斯全集:第二十二卷.北京:人民出版社,1965:385.
③ 卡尔·波兰尼.巨变:当代政治与经济的起源[M].黄树民,译.北京:社会科学文献出版社,2013:157.
④ 马克思.剩余价值理论:第二册[M].北京:人民出版社,1976:598.

业组织形式赋予了新竞争含义。要素集聚、资本叠加等竞争优势的选择,并成为地方政府主动性的经济作为共识。当前,资本全球化已经成为一个显著的事实,市场范围的扩大,几乎在所有市场领域。根据《OECD 国际资本市场统计(1950—1995)》的数据,国际资本市场融资额在 1988 年为 369 393 百万美元,1995 年达到 832 243 百万美元(表 3-11)。在 2000 年之前早就超过万亿美元,近年来仍在大幅扩张。从表 3-12、表 3-13 中可看到,近年来全世界"上市公司已经接近 5 万家,上市公司总市值自 2000 年后就已超过世界各国国内生产总值;2007 年世界各国股票交易额与世界各国国内生产总值之比高达 187.4%,股票交易周转率为 157.2%"[1],显然收入较高的国家资本市场发展得更好。世界一体化的资本市场在加快资本在全球间流动和更高效配置的同时,也带来了金融市场与股市的全球震荡。2008 年美国金融危机波及实体经济的速度与程度,充分说明了世界资本市场的紧密度。

表 3-10　工业革命以来的全球增长(年均增长率)

年份	全球总产值(%)	全球人口(%)	人均产值(%)
0—1700	0.1	0.1	0
1700—2012	1.6	0.8	0.8
1700—1820	0.5	0.4	0.1
1820—1913	1.5	0.6	0.9
1913—2012	3	1.4	1.6

说明:1913—2012 年,全球各国国内生产总值增长率平均每年 3%,可以具体分解为全球人口年均增速 1.4% 和人均产值年均增速 1.6%。

资料来源:托马斯·皮凯蒂.21 世纪资本论[M].巴曙松,等,译.北京:中信出版社,2014:74.

---

[1]　杨蕙馨,等.经济全球化条件下产业组织研究[M].北京:中国人民大学出版社,2012:57.

表 3-11　国际资本市场活动(1988—1995)

年份	国际市场筹资总额（百万美元）	年度增长率（%）	OECD 国家筹资总额（百万美元）	非 OECD 国家筹资总额（百万美元）
1988	369 393	21.64	332 318.1	26 557.5
1989	385 313.6	4.31	347 776.2	24 605.8
1990	361 430.9	−6.19	316 653.2	29 358.8
1991	432 500.4	19.66	379 478.2	38 022.7
1992	458 255.1	5.59	404 420.8	32 960.2
1993	625 835.9	36.57	539 776.5	65 348.2
1994	669 702.1	7.01	587 336	69 992.9
1995	832 243	24.27	732 169.3	82 412

资料来源：OECD International Capital Markets Statistics 1950-1995.

表 3-12　上市公司数和上市公司总市值占国内生产总值的比重

国家和地区	上市公司数(家)			上市公司总市值占国内生产总值的比重(%)		
	2000 年	2006 年	2007 年	2000 年	2006 年	2007 年
世界	47 877	50 264	49 913	102.4	111.8	121.7
高收入国家	25 304	30 444	29 505	116.9	123.5	123.9
中等收入国家	20 998	18 039	18 626	36.6	75.2	118.2
低收入国家	1 575	1 781	1 782	7.9	23.3	39.9
中国	1 086	1 440	1 530	48.5	91.3	189.8

资料来源：世界银行数据库.

表 3-13 股票交易额占国内生产总值的比重及股票交易周转率

国家和地区	股票交易额占国内生产总值的比重(%)			股票交易周转率(%)		
	2000 年	2006 年	2007 年	2000 年	2006 年	2007 年
世界	152.5	141.7	187.4	122.3	129.9	157.2
高收入国家	178.2	172.4	218.5	130.5	149.4	180.8
中等收入国家	33.8	39.5	95.2	78.6	63.5	86.1
低收入国家	14.7	25.7	24.4	—	79.3	80.2
中国	60.2	61.5	237.5	158.3	102.0	180.1

资料来源:世界银行数据库.

经济全球化重塑了市场结构,无论是企业规模、市场集中度还是进入壁垒等方面都在不断发生着动态调整、变化。根据《财富》杂志发布的"2014 世界企业 500 强"数据,入围门槛达到 237 亿美元,其中我国上榜企业首次达到了 100 家。但 2014 数据显示,"世界 500 强企业净利润增长为 27%,我国仅为 8%。从结构来看,我国 500 强企业中 260 家制造业企业远不如 17 家银行,无论是营业收入总额、资产总额还是净利润总额,前者平均净资产收益率为 8.8%,后者为 18.6%。从成本投入看,我国企业技术创新投入明显不足,2014 R&D 研发投入仅 5 934.6 亿元,比上年增长 7.36%,远低于同期营业收入和净利润增速。除了轻视创新投入,我国大企业参与技术创新成果转化的动力也显不足。我国的科技成果转化率仅为 10%左右,远低于发达国家 40%的水平"①。

自加入 WTO 以来,我国关税总水平由入世前的 15.3%降至目前的 9.8% (2010 年就已经达到该水平),农产品平均税率由 18.8%调整至 15.2%,工业品平均税率由 14.7%调整至 8.9%,远低于发展中国家 46.6%的平均关税水平。中央政府共清理各种法律法规和部门规章 2 300 多件,地方政府共清理地方性政

---

① 2014 世界企业 500 强榜单 中国企业占 100 家[EB/OL].(2014-09-03)[2017-05-30].中研网.

贸易依存度较高(表3-15)。现实经济生活中,我国出口就业密度远远高于进口就业密度,出口商品主要集中在劳动密集型加工领域①,而资本、资源密集型的产品,则都是大量依赖进口的商品。这意味着,一旦外部经济受影响,内部经济风险规避能力则会急速下降。自2007年第三季度美国次贷危机开始,我国GDP增长率连续八个季度持续下降,2009年第一季度创造了自20世纪90年代初以来20年间最低增长纪录,直到2009年第二季度经济增长率才首次在危机后上扬,可以说是4万亿元投资和货币扩张政策的结果。亚洲开发银行甚至认为2009年第一季度7.1%的增长中,有6.2个百分点是由于投资拉动的②。从出口来看,自2008年11月起到2009年11月,13个月时间内我国出口同比增长持续下降(图3-4),进口连续12个月下降。与以往进出口在国民经济中贡献率基本保持在20%不同,2009年进出口增长拉低了2.9个百分点。从2008年3月开始,我国的PMI开始下降(图3-5),表明我国工业生产已经开始减速,几乎同时,零售商品总额增速也在下降。至此,我国实体经济已受到经济危机的感染,工业生产萎缩,对各种原材料的需求也开始大幅下降,出口产品订单下降,贸易量骤减,已有产品滞销,相关工厂减产、倒闭,周期性产能过剩冲击日益严重。

表3-15 工业企业对外贸易依存度及行业出口在总出口中占比

工业企业分类(按2007年对外贸易依存度排序)	对外贸易依存度		行业出口在总出口中占比(%)	
	2007年	2008年	2007年	2008年
通信设备、计算机及其他电子设备制造业	66.3	64.3	36.1	35.5
文教体育用品制造业	59.5	52.7	1.7	1.7
仪器仪表及文化、办公用机械制造业	48.2	44.9	2.9	2.8
家具制造业	41.6	33.6	1.4	1.3

---

① 例如:电子通信产品和纺织服装产品合计占出口总额超过一半,其他出口比重高的行业,如仪表仪器、文体用品、家具制造等行业,都是典型的劳动密集型行业。

② 国内消费贡献3.8个百分点,但是净出口拉低了2.9个百分点。

续表

工业企业分类（按2007年对外贸易依存度排序）	对外贸易依存度		行业出口在总出口中占比（%）	
	2007 年	2008 年	2007 年	2008 年
皮革、毛皮、羽毛（绒）及其制品业	41	35.9	2.9	2.6
纺织服装、鞋、帽制造业	40	34	4.2	4
工艺品及其制造业	39.9	35.2	1.9	1.8
橡胶制品业	24.4	21.7	1.2	1.2
电气机械及器材制造业	23.6	21.1	7.9	8.1
金属制品业	23.5	19.6	3.7	3.7
纺织业	21.1	19.2	5.5	5.2
塑料制品业	21.1	18.4	2.4	2.3
木材加工及木、竹、藤、棕、草制品业	15.9	12.3	0.8	0.7
通用设备制造业	14.8	13.2	3.8	4.1
交通运输设备制造业	13.7	14.7	5.2	6.2
专用设备制造业	13.1	11.9	1.9	2.2
医药制造业	9.9	9.1	0.9	0.9
印刷业和记录媒介的复制	9.8	8.9	0.3	0.3
食品制造业	9.4	8	0.8	0.8
化学原料及化学制品制造业	9	8.1	3.3	3.5
农副食品加工业	8.2	6.8	2	2
非金属矿物制品业	8	6.7	1.7	1.8
化学纤维制造业	8	9.3	0.5	0.5
造纸及纸制品业	7.9	6.4	0.7	0.6
黑色金属冶炼及压延加工业	7.2	6.5	3.3	3.7
有色金属冶炼及压延加工业	5.9	5	1.5	1.3
饮料制造业	3.3	2.7	0.2	0.2
水的生产和供应业	3.2	2.5	0	0
有色金属矿采选业	2.7	1	0.1	0

续表

工业企业分类（按2007年对外贸易依存度排序）	对外贸易依存度		行业出口在总出口中占比（%）	
	2007年	2008年	2007年	2008年
非金属矿采选业	2.6	1.8	0	0
石油和天然气开采业	2.2	2.2	0.3	0.3
燃气生产和供应业	2.1	1.1	0	0
石油加工、炼焦及核燃料加工业	1.9	1.5	0.5	0.4
煤炭开采和洗选业	1.7	1	0.2	0.2
烟草制品业	0.7	0.5	0	0
废弃资源和废旧料回收加工业	0.6	0.3	0	0
黑色金属矿采选业	0.3	0.1	0	0
电力、热力的生产和供应业	0.2	0.2	0.1	0.1

资料来源：CEIC数据公司，湘财证券研究所.

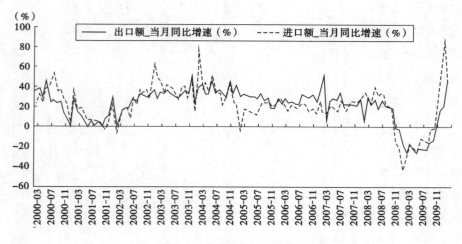

图 3-4　我国进出口增长率

资料来源：根据中经网数据绘制.

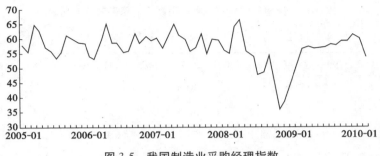

图 3-5　我国制造业采购经理指数

资料来源:根据中经网数据绘制.

　　经济危机发生时,随着资产价格持续下降,人们对经济的预期发生变化,从而导致储蓄率上升和消费率下降。从储蓄率来看,统计显示从 1992—2012 年,中国国民储蓄率从 35% 升到了 59%,居世界第一[①]。但长时期存在的过度储蓄和消费不足这种不平衡已成为中国经济增长的阻碍,保持 GDP 的持续平稳增长,缺乏内在动力,就是最终需求不足,制约了消费率稳增长。出口导向型的经济模式,加剧了经济结构失衡;同时,高储蓄也抑制了消费,不利于扩大内需,而同期民间投资渠道狭窄和风险多发等因素又进一步固化了我国城乡居民的高储蓄偏好。从长周期来看,我国消费需求普遍不足,居民消费率显著低于其他国家,美国、加拿大、德国、法国等居民消费率接近 60%,如表 3-16 所示。从根本上说,消费才是经济保持良性循环的最根本因素。在我国,投资与消费长期性的结构失衡,尤其进入 21 世纪以来,我国投资率不断上升,消费率逐年下降,从 2001 年到 2009 年,投资率由 36.5% 上升到 47.7%,消费率却由 61.4% 下降到 48%,其中居民消费率由 45.3% 下降到 35.4%。而且,过度投资会带来投资对消费的"挤占效应",大量工业过剩产能无法在国内市场消化,最终形成了产能过剩现象。

---

① 其中,政府储蓄率和企业储蓄率翻了一番,但居民储蓄率却没有变,1992 年为 20%,2012 年依然是 20%。2011 年初,央行公布的储户问卷调查报告显示,高达 85.8% 的城镇居民倾向于储蓄,只有 14.2% 的居民倾向于更多消费,这是 1999 年进行问卷调查以来的最低值。

表 3-16　我国与世界一些主要国家同期居民消费率比较

单位:%

国家	1990	1998	1999	2000	2001	2002	2003	2004	2005	2008	2009	2010
美国	66.8	67.2	67.9	69	70.1	70.8	70.9		70.1	70.7	71.2	
加拿大	56.2	57.5	56.7	54.9	55.8	56.3	55.9		55.3	55.7	58.9	
法国	55.3	54.8	54.8	54.4	54.7	54.7	55.5	56.1	56.7	56.7	58	
德国	56.8	57.6	58.2	58.9	58.6	58.6	58.6	59.1	59.1	57	58.9	
日本	53	55.6	56.4	55.9	57.2	57.2	56.9		57	57.7	59.3	
巴西		62.4	61.6	60.9	57.9	57.9	59.2	55.4	60.3	58.9	61.7	
印度	68.1	69.1	66.6	65.1	64.4	64.4	64	60.7	57.2	59.9	56	63.2
泰国	56.6	54.2	55.9	56.1	57.2	57.2	56.7	57.1	57.8	56	54.8	53.7
中国	48.8	45.3	46	46.4	45.3	43.7	41.7	39.8	38.9	35.3	35.4	34.9

资料来源:国家统计局《2011 年国际统计年鉴》.

三、经营国际化、贸易保护主义与产能过剩

从出口的产品结构看,我国工业制成品相比于初级产品成为出口的主体部分,也是我国产能过剩的主要领域。工业制成品的出口总量从 1998 年的 1 632.2亿美元上涨到 2012 年的 19 483.54 亿美元,上涨了接近 11 倍。我国工业制成品出口总量占总出口量的比重由 1998 年的 88.76% 上升到 2012 年的 95.07%,2011 年我国制成品出口总额占世界的比重为 15.4%(李晓华,2013)。在国际金融危机冲击下,国际市场需求大幅萎缩,也显示出以往我国出口巨大存量在缓解国内产能过剩和提供最终有效需求中的巨大支撑作用。但过于依赖外需,出口依赖程度高,世界市场紧密度高,经济体之间的传导与响应更为敏捷,极易产生产能过剩。如受国际金融危机影响,国际市场对无缝钢管的需求迅猛下降,再加上以美国为首的发达国家对我国钢管的反倾销和反补贴使得大量产品无法出口到欧美市场。光伏产业也是如此,2010 年以前我国 98% 的光伏

组件出口欧美市场,当前这个数字依然居高不下。受到欧盟反倾销政策和欧洲债务危机影响,欧美国家陆续下调光伏产业补贴,很多光伏电站的海外项目发展陷入停滞状态,国外市场需求萎缩导致了我国太阳能电池和组件出口大幅下降,2012 年,我国太阳能电池片及组件出口额 149.7 亿美元,占全部光伏产品出口的 64.2%,同比下降 42.1%。光伏产业这种“两头在外”的特点十分明显,主要生产设备和部分原料严重依赖进口,而产品则大量销往国外,面临需求萎缩,过剩的国内光伏产能压低了光伏产品的价格,在竞相争夺仅存的少量订单的同时,欧美国家对我国出口的太阳能电池展开的“双反”制裁进一步限制了光伏产业的发展。最终欧盟委员会决定自 2013 年 6 月 6 日起对来自中国进口的太阳能板征收 6 个月的临时反倾销关税,前两个月税率为 11.8%,此后升为 47.6%,且几乎包括硅片、电池片、组件等全产业链在内。这些措施使得我国光伏产业雪上加霜,特别是一些实力较弱且补贴政策难以覆盖的中小企业纷纷破产倒闭,产能过剩已经非常严重,整个行业 90% 以上的光伏企业面临着亏损、减产、停产等问题,其中无锡尚德的破产就是例证。研究表明,金融危机后两年内,与我国有贸易往来的国家共出台了 300 多项贸易保护措施,其中来自 55 个国家超过 100 项保护措施的针对对象是中国。如,美国对从中国进口的小型汽车轮胎和轻型卡车轮胎实施了三年的惩罚性关税(第一年为 35%、第二年为 30%、第三年为 25%)。而我国轮胎产能中 40% 的市场是海外市场,其中又有 35% 是销往美国,贸易保护主义又进一步加剧了我国轮胎行业的严重产能过剩。

随着我国、巴西和印度等新兴市场经济体产业升级与经济增长,发展具有更高附加值的资本密集型产业,其工资水平也不断上升。新兴市场经济体的劳动密集型制造业的厂商和就业岗位向撒哈拉以南的非洲地区等低收入国家转移。而生产能力沉淀性,又影响了新兴市场经济体劳动密集型制造业的转型升级,从而加剧了过剩生产能力的形成。与此同时,美国次贷危机引发的全球性金融海啸使得世界经济持续低迷,欧债危机的爆发及其不断深化使得世界经济的恢复更是充满了不确定性,并且从目前来看欧洲债务危机在未来几年内还无法得到根本解决。从长期来看,我国出口的增长势头将逐渐放缓,依赖出口来解决产能过剩与内需不足之间的矛盾的做法将不可持续。欧美国家经济低迷,将引发欧美居民的消费模式的改变,面对经济形式的不确定性,各国居民的消费预期下行。数据显示,2009 年美国居民的储蓄率从原来的几乎为零上升到6.9%,支出结构也呈新趋势,大幅降低了消费债务,更加重视家庭养老等储蓄。这种转变对于以美国为主要出口市场的我国来说极为不利,制约了国家贸易和投资的扩张,导致新兴市场国家和发展中国家的外部需求大幅下跌。与此同时,随着贸易保护主义的不断升级,各种国际贸易壁垒、贸易摩擦频发等现象日益突出,我国更是难以在短期内扩大出口,进一步激化了产能过剩矛盾。

随着金融危机爆发,欧美国家再工业化战略以通过技术创新推动实体经济发展,从而直接约束了我国产品出口竞争力①,进一步加剧了产能过剩态势。美国在经济复苏过程中逐渐加速了"再工业化"以及美国政府对"制造业回归"的强力推动,美国制造业投资恢复明显②,其本质是产业升级。研究表明,近几年有 14% 的美国公司把他们的生产工厂从国外迁回本土。"2014 年第一季度美国工业生产指数为 102.38,创历史新高,工业生产指数同比增长 3.43% ,工业总产值同比增长 3.66%,接近或超过了历史水平;2014 年 5 月,美国工业总体产出指数为 103.66,也是历史最高;2014 年 1—4 月,美国净发电量和电力销售月均同比增长率分别为 3.57% 和 3.72%,均大幅高于 0.61% 和 0.68% 的历史水平;

① 金融危机后美国推出"再工业化战略",其中期目标是"重振美国制造业,推动经济走出低谷",远期目标是"促进新型制造业的技术和设备在环保、能源、交通等领域广泛应用,抢占高端制造业战略制高点"。日本推出"重生战略",其战略重点是"启动节能环保、健康医疗、农林渔业、中小企业振兴";欧盟推出"2020 战略",主要包括三个方面的内容:首先是大力发展智能经济,发挥知识和创新优势;二是通过提高资源和能源的使用效率实现欧洲经济的可持续发展,着力推广新的能源应用技术;三是努力扩大就业。俄罗斯则推出"创新俄罗斯—2020",意在通过知识和技术的创新尽快摆脱依赖能源和原材料出口的现状。优先发展信息技术、太空技术、生物技术、核能以及节能技术。

② 研究表明美国制造业部门成为经济复苏中"闪耀的明星"。2011 年美国经济整体增长率为 1.7%,而制造业部门的增长率却高达 4.7%。同时,美国制造业部门就业人数在连续 12 年下降后,在 2010 年新增 10.9 万个工作岗位,并在 2011 年和 2012 年第一季度又新增了 34.5 万个就业岗位。资料来源:Thomas A. et al. A US Manufacturing Strategy:Not an Industrial Policy[M]∥张宇燕.全球智库观点:影响全球经济决策的声音:NO.1.北京:社会科学文献出版社,2013:326.

2014 年 1—4 月,美国制造业新增订单月均同比增长 2.73%,虽然不及 3.85%的历史水平,但高于 2.18%的危机水平①,表明美国再工业化已显成效。这对于我国长期依靠出口和投资拉动经济增长的产业结构所带来的产能过剩问题,受冲击最为严重的正是那些技术和管理水平粗放、产品附加值较低、抗风险能力较弱的出口企业。2002—2008 年我国对欧盟和美国的出口平均增速分别是 19.2%和 21.6%;2008 年至今,我国对欧洲出口增速下降 12.6%,为 7.2%,对美国出口则下降了 14.8%,为 6.8%。世界经济深度调整时期,我国外部需求与市场变化发生了新变化,短期内过剩生产能力将无法释放,产能过剩矛盾将进一步加剧。

---

① 　程实.美国经济假衰退有真威胁[EB/OL].(2014-07-01)[2016-08-30].搜狐财经.

第四章

4

世界主要发达国家产能过剩治理经验

纵观世界经济发展史,产能过剩不仅在国内屡次出现,在国际社会也频频发生,并且经常伴随着经济衰退和危机。世界主要经济体都经历过不同次数和不同程度的产能过剩,并且都结合实际出台了各种各样的政策,主要采取了产业政策和市场机制相结合的调控方式,以区别对待不同产能过剩类型(如周期性产能过剩、非周期性产能过剩),较灵活地处理了政府和市场的关系,尽可能降低产能过剩的风险和负面效应。

第一节　国际金融危机、全球经济增长放缓与长期产能过剩

21世纪初经济繁荣达到高潮、社会矛盾积累到相当程度、经济已在危机边缘运行多年的情况下发生了2008年的全球性金融危机。此后,对这场危机产生的原因阐释,可谓面面俱到,从监管失灵和监管者的无能,到市值价值的会计方法;从监管泛滥,到监管不足;从房产评估师、审计师以及评级机构的利益冲突,再到傲慢自大的华尔街金融家攫取现金报酬的贪婪。然而,我们应该更加清醒地认识到,"由于开拓了世界市场,使一切国家的生产和消费都变成世界性的了"①,当金融危机逐渐转向实体经济时,伴随着房地产、建筑业以及更广泛的制造业部门的产能过剩,国际商业环境中的资本、资产质量和信用风险都遭遇前所未有的"滑铁卢",并对企业盈利、私人部门投资和家庭消费都具有持久的负面影响,全球经济危机动荡成扩大化趋势。

一、美国金融危机、资本虚拟化与产能过剩

正如马克思在《资本论》中引注英国经济学家托·约·邓宁观点指出,"一旦有适当的利润,资本就大胆起来。如果有10%的利润,它就保证被到处使用;

① 中共中央编译局.马克思恩格斯文集:第二卷[M].北京:人民出版社,2009:35.

有 20% 的利润, 它就活跃起来; 有 50% 的利润它就敢铤而走险; 为了 100% 的利润, 它就敢践踏一切人间法律; 有 300% 的利润, 它就敢犯任何罪行, 甚至冒绞首的危险。"① 从危机的孕育和产生来看, 20 世纪 90 年代以来全球资源配置进一步细化, 产业发展的技术密集与高加工化日益发展, 发达国家传统制造业加速向新兴市场国家转移。在强大的产业和金融利益集团作用下, 经济放任程度和对监管的放松达到了较高水平, 而信息通信产业和互联网经济的快速发展使美国经济确实出现了人类有史以来的最长时期繁荣。金融地产业占 GDP 份额由 1980 年的 15.1% 上升到 2007 年的 20.7%; 信息技术产业占 GDP 比重由 3.9% 上升至 8.7%; 商业服务业占 GDP 比重由 6.2% 上升到 12.1%; 制造业比重则由 20% 下降到 11.6%②, 数据显示 2001—2007 年新兴经济体大量接受发达国家产能, 呈现产能过剩。2001 年, 美国网络经济泡沫破灭, GDP 增长率由 2000 年的 4.1% 下滑至 1.1%, 经济由减速变为负增长, 2001 年第三季度为负增长 1.3%。此后, 美国实行了宽松货币金融环境刺激过度举债和非理性繁荣。美联储连续 13 次降息, 将基准利率从 6.5% 降低到 2004—2005 年的 1%。随后美联储为控制通胀、维护汇率稳定, 政策再度转向, 连续 17 次加息, 基准利率再由 1% 提高到 5.25%。2004 年, 美国证监会允许投资银行杠杆提高至 30 倍; 2003—2007 年, 道琼斯指数从 3 700 点上涨到 6 800 点; 根据 IMF 2008 年 4 月全球金融稳定报告的统计, 2007 年流入美国的资本占全世界总量的 49.4%, 美国成为主要投资目的地, 商品和资本流动加大国际收支失衡, 催化了资产泡沫。2001—2007 年美国房价以平均 10% 的速度上涨, 2008 年住宅中位价格达到 260 200 美元 (表 4-1), 许多房主陷入"倒挂"的困境 (即欠款数额超过了住宅所值)。因此, 2006 年美国次级贷款不良率大幅上升, 市场规模达到 5 000 亿美元以上, 超过全部住房抵押贷款的 25%。截至 2007 年上半年, 美国金融市场上的次级贷款

① 马克思认为"资本来到世间, 从头到脚, 每个毛孔都滴着血和肮脏的东西"。引自: 中共中央编译局. 马克思恩格斯文集: 第五卷 [M]. 北京: 人民出版社, 2009: 871.

② 刘鹤. 两次全球大危机的比较研究 [M]. 北京: 中国经济出版社, 2013: 8.

接近 2 700 万份,占据抵押贷款总量的一半。与此同时,止赎诉讼案件(大多为次级贷款止赎案)仅在 2007 年内就增加了 75%,前两个季度超过了 32 万件①,形成了住房抵押贷款"证券化"混乱(表 4-2)。2007 年 4 月美国第二大次贷企业新世纪金融公司破产,标志着次贷危机爆发,资产大幅缩水、收益率下降、连续巨额亏损,从而面临流动性短缺的局面。2008 年次贷市场崩溃时超过 2 500 亿美元的"资产减记"。2007 年 6 月贝尔斯登等投资银行旗下基金巨亏,贝尔斯登年报称受抵押贷款市场疲软影响,公司季度盈利比上年同期下跌 10%②。2008 年 9 月,由于暴露出同次贷相关的巨额亏损,美国第二大投资银行雷曼兄弟破产,标志着金融危机爆发。2008 年 10 月,梅林被美国银行收购,高盛和摩根相继转为银行控股公司。数据显示,2008 年美国信用卡总债务接近 1 万亿美元;2008 年美国次级贷款总额达到 1.5 万亿美元,在次级贷基础上发行了 2 万亿美元的 MBS、10 万亿美元的 CDO 和 62 万亿美元的 CDS;2000—2009 年美国总体债务率由 260% 上升至 369.7%③,2002—2007 年最富的 10% 家庭的收入占总收入比例由 43% 再次上升至 50%,1.1 亿劳工 2008 年的税后工资少于 1982 年④,两极分化达到历史最高点。由于世界市场一体化和资本市场全球化,金融机构收缩资本使危机扩散。2008 年 10 月冰岛三大银行因购买次贷产品巨额亏损被国家接管,冰岛陷入破产边缘;2008 年 10 月,大规模国际资本从韩国、巴基斯坦等国撤出,这些国家出现外汇危机;2009 年初,因外资撤离,东欧国家出现

---

① 罗伯特·M.哈达威.美国房地产泡沫史[M].陆小斌,译.福州:海峡书局,2014:13.

② 2007 年 8 月 1 日,贝尔斯登宣布旗下两只投资次级抵押贷款证券化产品的基金倒闭,投资人总共损失逾 15 亿美元。8 月 5 日,贝尔斯登公司联席总裁兼联席首席运营官沃伦·斯佩克特宣布辞职,艾伦·施瓦茨成为公司唯一总裁。9 月 20 日,贝尔斯登宣布季度盈利大跌 68%。5 月底至 8 月底,公司账面资产缩水达 420 亿美元。12 月 20 日,贝尔斯登宣布 19 亿美元资产减记。资料来源:贝尔斯近期大事记[EB/OL].全景证券.

③ 截至 2009 年 2 月 27 日,美国国债总额占 GDP 的 80%,是"二战"以来的最高水平。美国政府负债 13 万亿美元,加上社会福利及医疗保障计划未作拨备的负债 106.8 万亿美元,总共负债 119.8 万亿美元。以美国政府一年 GDP 14 万亿美元衡量,美国政府实际上已经破产了。资料来源:许忻光.美国破产[M].广州:广东经济出版社,2011:176.

④ 杰克·拉斯姆斯.投机资本、金融危机以及正在形成的大衰退[J].马克思主义与现实,2009(3).:77-185.

偿付和外汇危机。在资本利益驱动和博弈下,2009 年美国通过"购买美国货"条款;欧盟对多项商品进行出口补贴;2010 年,日本、韩国以及新兴市场国家相继对外汇市场实行干预。从而加深了对实体经济的冲击,直接导致了 2008 年美国 GDP 零增长,2009 年下滑 2.4%;2008 年、2009 年美国消费价格指数分别为 3.8% 和 -0.4%;2009 年失业率达到 10%。

表 4-1　美国住房中位价格

年份	中位价格(美元)
1940	2 938
1950	7 354
1960	11 900
1970	17 900
1980	47 200
2000	79 100
2007	119 600
2008	260 200

资料来源:美国人口调查局.

表 4-2　证券次级贷款

年份	全部抵押贷款中次级贷款占比(%)	次级贷款中证券化占比(%)
2001	7.8	54.1
2002	7.4	62.9
2003	8.4	61.1
2004	13.5	75.7
2005	21.3	76.3
2006	20.1	74.8

资料来源:抵押贷款市场统计年报(2007).

从本质上看,次级贷款就是通过金融创新谋求巨额利润,大量资本非理性逃离实体经济进入虚拟经济。"计算机的应用催生了新一轮金融化的浪潮:几乎所有的商业活动都可以被转化为新股上市并融入股票的发售中;几乎所有类型的贷款都可以证券化并且批量发售,例如抵押贷款;几乎所有可定义的经济转轨都能够作为未来的收入源泉进行零售。企业的目标和思维方式也在金融化"①。金融在这一过程中创造的利润越来越高,甚至可以不经过制造业的生产也能实现利益主体的利润需求,是代表性的"幻想的资本价值的积累"②,资本呈现出金融化和虚拟化趋势。资本过度积累即流动性过剩和金融衍生品创新,而实体经济部门的利润率却出现了长期下滑趋势(表4-3),金融成本占实体经济利润的比例从1975年的73%上升至2008年的115%,净金融收入从1975年的-452亿美元下滑至2008年的-5 908亿美元③,资本积累能力进一步弱化。为了刺激增长与追求利润,企业再生产所需资金就通过发行股票、外债等融资方式来维持现金流和一定水平的利润率,但却不断陷入越融资实体经济利润越多用于支付利息和股息的困局,实际获得的利润率未升反降,信用借贷投资持续深化了产能过剩,从而使宏观经济陷入了周期性波动和长期下滑趋势。"利润率的下降在促进人口过剩的同时,还促进生产过剩、投资、危机和资本过剩"④。现实中,经济衰退导致消费者和投资者预期约束发生变化,相关支出减少,投资低迷。尤其财富负效应对消费者需求逆向刺激,大大弱化了美国经济增长中消费动力。数据显示,2009年美国私人消费占GDP比重下滑至72%,消费意愿和消费能力双双下降,进口萎缩,社会消费急剧下滑,全球贸易量锐减,制造业产值下降,第三产业产值大幅上升,实体经济利润率进一步恶化,产业空心化和金融化加剧,从而造成物质生产和非物质生产部门之间的比例失调。正

---

① 钱箭星.债务型经济增长:当代发达国家的经济特征[J].当代经济研究,2012(9):68-74.

② 马克思.资本论:第3卷[M].北京:人民出版社,2004:531.

③ 谢富胜,李安,朱安东.马克思主义危机理论和1975—2008年美国经济的利润率[J].中国社会科学,2010(5):65-82.

④ 中共中央编译局.马克思恩格斯文集:第七卷[M].北京:人民出版社,2009:270.

如马克思在《哲学的贫困》中所言"随着大工业的产生,这种正确比例必然消失;由于自然规律的必然性,生产一定要经过繁荣、衰退、危机、停滞、新的繁荣等等,周而复始地更替"①。美国金融危机的演化正是沿着这一发展轨迹,产业空心化导致社会生产中两大部类比例失调,以及循环过程中的延续性反复关系断裂,供给与需求约束性越发刚性,各类要素价格均衡失效,资本不断扩张的过程就是制造业部门持续产能过剩拓展的过程,从而引发"生产过程的突然停滞和危机"②。从根本上来看,资本积累过程由于没有按照其自身的演化规律"只能在一定限制内运动"③,并在这一过程中连续性演替,美国资本主义生产方式的"各种互相对抗的因素之间的冲突周期性地在危机中表现出来。危机永远只是现在矛盾的暂时的暴力的解决,永远只是使已经破坏的平衡得到瞬间恢复的暴力的爆发"④。当然,危机的爆发本身就是市场经济对产能过剩的一种反应和化解方式,通过淘汰过剩产能和低效率企业,并使劳动力市场在经过反复博弈后重新建立均衡,使资产价格与价值之间的耦合更符合实际市场运行规律,清楚市场中过剩货币,形成合理的资产价格和预期收益率。虽然深受欧债危机影响,但美国经济在强有力的政府干预和经济治理后开始复苏,资产价格和预期收益率开始逐渐恢复到正常水平,储蓄率也从 2009 年 5 月的 6.9% 下降到 2010 年 3 月的 3.3%。全球性长期产能过剩、人口老龄化趋势渐强、生产要素资源约束强化直接降低了潜在产能利用率,使得本轮危机治理进入较为困难和复杂的境地。

---

① 转引自:董瑞华,唐钰岚.《资本论》及其手稿在当代的实践与发展[M].北京:人民出版社,2013:263.(中共中央编译局.马克思恩格斯全集:第4卷[M].北京:人民出版社,1958:109.)

② 中共中央编译局.马克思恩格斯文集:第七卷[M].北京:人民出版社,2009:278.

③ 马克思在论述资本限制性时指出,"生产越发展,它就越和消费关系的狭隘基础发生冲突。在这个充满矛盾的基础上,资本过剩和日益增长的人口过剩结合在一起是完全不矛盾的;因为结合在一起的时候,所生产的剩余价值量虽然会增加,但生产剩余价值的条件和实现这个剩余价值的条件之间的矛盾正好因而日益增长。"(中共中央编译局.马克思恩格斯文集:第七卷[M].北京:人民出版社,2009:273.)"以广大生产者群众的被剥夺和贫困化为基础的资本价值的保存和增殖,只能在一定的限制内运动,这些限制不断与资本为它自身的目的而必须使用的并旨在无限制地增加生产、为生产而生产,无条件地发展劳动社会生产力的生产方法相矛盾。"(中共中央编译局.马克思恩格斯文集:第七卷[M].北京:人民出版社,2009:278.)

④ 中共中央编译局.马克思恩格斯文集:第七卷[M].北京:人民出版社,2009:299.

表 4-3 美国非金融部门实际产出和利润率:周期和阶段划分

周期	阶段	NBER 参考日期	本文日期	本文的节点	利润率 (%)	实际产出 (10 亿美元)
	1	1975(1)	1975(1)	实际产出低谷	6.64	1 810.9
一	2		1977(3)	利润率高峰	9.04	2 248.3
	3	1980(1)	1979(4)	实际产出高峰	6.98	2 400.3
	1	1980(3)	1980(2)	实际产出低谷	5.82	2 320.4
二	2	1981(3)	1981(3)	利润率和实际产出高峰	7.39	2 488.3
	3	1982(4)	1982(4)	实际产出低谷	5.91	2 351.8
	1		1988(4)	利润率高峰	9.13	3 314.8
三	2	1990(3)	1990(2)	实际产出高峰	8.42	3 352.5
	3	1991(1)	1991(1)	实际产出低谷	7.83	3 298.8
	1		1997(3)	利润率高峰	10.4	4 412.2
四	2	2001(1)	2000(1)	实际产出高峰	7.88	5 117
	3	2001(4)	2001(4)	实际产出低谷	5.8	4 863.1
	1	2007(4)	2006(3)	利润率高峰	9.83	5 789.9
五	2	2007(4)	2007(4)	实际产出高峰	8.26	5 904.1
	3		2008(4)	—	6.84	5 736.7

资料来源:谢富胜,李安,朱安东.马克思主义危机理论和 1975—2008 年美国经济的利润率[J].中国社会科学,2010(5).

二、欧洲债务危机、产业空心化与产能过剩

自 2008 年美国次贷危机引发全球金融危机以来,在世界经济领域陆续发生了一系列大的事件,欧洲主权债务危机便是其中影响最大、最深远的一件。希腊 2009 年 1 月宣布修改政府债务和财政赤字①,均超过《马斯特里赫特条约》

① 财政赤字和公共债务高达 GDP 的 12.7%和 113%。

约定的临界值 3% 和 60%，范围涉及 2005—2008 年以及 2009 年预计的政府赤字和公共债务，大幅向上修改财政统计数据成为欧洲主权债务危机的导火索。2010 年 3—10 月，欧洲主权债务危机的蔓延使欧洲边缘国家和核心国家市场筹资压力出现了两极分化。2010 年 10 月—2011 年 4 月，爱尔兰和葡萄牙主权债务危机的爆发严重干扰了欧洲公债市场的正常运行。2011 年 4 月至今，希腊宣布 2010 年财政赤字为 10.5%，高于预期的 9.6%[①]。在希腊二次救助和美国债务问题的双重影响下，欧洲公债市场剧烈震荡。世界金融危机发生后，宽松的外部融资环境消失，欧盟重债国家经济增长方式的不可持续性日益凸显[②]，经济失衡，经济萎缩侵蚀了财政收入的来源。

　　由于深受世界宏观经济波动与财政状况恶化影响，国际信用评级下降，直接导致新发国债受阻，从而直接诱发了政府债务危机。为有效化解债务危机，就不得不通过提高税收、削减支出来走出困境，因此 2008 年欧洲国家提出的规模庞大的经济刺激计划使得政府债务急剧加重（图 4-1），从而引发全面的经济震荡。从金融领域到实体经济领域，过度信贷资本形成虚拟的有效需求，房地产、汽车等市场出现过度投资消费，在流通领域产生了各种金融衍生产品，受高回报利益的驱动，出现虚假的购买力，欧洲经济呈现全面衰退现象，生产过剩危机来临。银行业遭受重创，资产大幅缩水。法国巴黎银行和兴业银行、德国 IKB 工业银行、瑞士银行和冰岛三大银行等欧洲主要银行蒙受巨大损失。其中冰岛三大银行的负债总额超过冰岛国内生产总值的 12 倍之多，英国北岩银行遭到储户挤兑，富通集团因濒临破产而被拆分。欧洲中央银行 2009 年 6 月统计显示，2008 年欧元区综合性银行集团资产减少了 1 050 亿美元，到 2009 年 7 月银行的资产减值累计已超过 3 594 亿美元；银行利润率下降，不良贷款比率上升。

---

① 数据来源：欧洲统计局.

② "以希腊为例，在当前经济财政状况和融资条件下，如果希腊要使公债占 GDP 比例在 20 年内降低到 60% 以内，那么平均每年大概需要实现两位数的初级财政盈余。但在过去 50 年内没有一个 OECD 国家取得过这种财政成绩。事实上，近年来希腊财政巩固效果差强人意，2010 年的财政赤字最终突破预期达到 10.6%，远远不能让投资者相信希腊会创造奇迹。"资料来源：熊厚. 谨防欧洲债务危机影响世界实体经济[N].中国社会科学报,2011-09-06.

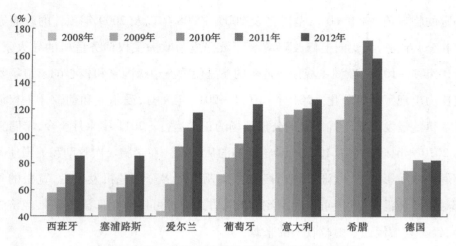

图 4-1　2008—2012 年欧债危机政府债务率变化情况

数据来源:欧盟统计局(2009—2013).

受严重结构性信贷证券损失、交易收入持续下降以及资产不断缩水等不利因素的影响,几乎所有欧洲银行的利润率均大幅下滑,股本回报率(ROE)从 2007 年的 15%变为 2008 年的-3%[①]。与此同时,还使诱致的抵押贷款支持证券、商业抵押贷款支持证券和汽车贷款贬值,可疑贷款和不良贷款比率从 2007 年的 2.1%上升到了 2008 年底的 2.4%[②];美元短缺造成资本金压力上升,英、德、瑞银行业各存在 3 000 亿美元的缺口,荷兰银行业则有 1 500 亿美元的缺口[③],消费、投资和出口全线下滑。私人消费和零售业信心指数 2008 年 12 月欧元区分别下滑了 30%和 20%,2009 年第二季度欧盟国家的固定资本形成总额累计降幅高达 14%,货物进出口额降低了 17%,服务进出口额降低了 16%。2009 年 1—6 月欧盟对美贸易顺差下跌到 159 亿欧元[④]。非建筑业投资尤其是制造业中的设备投资降幅高达 20%;房地产泡沫大面积破碎,建筑业全面化滑坡。西班牙、英国、法国、爱尔

①② 　EBC. EU. Banking Sector Stability[D].Work Paper, 2009(8):8-30.

③ 　Bank for International Settlements, Monetary and Economic Dept[J].International banking and financial market developments, BIS Quartorly Review, 2009(9):15-25.

④ 　Eurostat.Newsrelease[J]. Eurostat News Release, 2009(9):28-43.

兰等房地产实际价格大幅度下降,欧元区建筑业甚至出现40年来的首次负增长；失业率上升,劳动力市场萎缩。2012年1月,欧盟27国平均失业率为10.7%,欧元区平均失业率为11.7%。重债国情况更为严重,同期希腊失业率为26%,西班牙为26.2%,葡萄牙为16.3%,爱尔兰为14.7%①。

　　从本质来看,欧债危机的出现是资源错配的结果。虽然早在1992年签署的《马斯特里赫特条约》就将"增强共同体工业的竞争力"纳入共同体行动范畴,并在第130条中对共同体产业政策作出专门的规定,授权共同体委员会具体执行产业政策,即《阿姆斯特丹条约》和《尼斯条约》②。但并没有改变葡萄牙、爱尔兰、意大利、希腊、西班牙(该五国英文简写为PIIGS)为代表的实体经济产业空心化日益严重的趋势。PIIGS五国主要依赖旅游和房地产业,去工业化和产业结构单一化显著,劳动力成本加速上升,国际竞争力下降。与此同时,德国强大的制造业生产,工业实力和实体经济发达,又使整个欧盟经济结构失衡加剧。研究表明,开放竞争条件下欧盟地区"去工业化"趋势以及资本虚拟化发展,已经导致该地区自身造血能力的严重下滑,国际比较优势持续衰退。"3%左右的实体经济支撑着97%左右的金融投资,物质生产与非物质生产之间的比例关系严重失衡"③。葡萄牙第三产业占比74.1%,主要依靠服务业来拉动经济增长。2001年三次产业的就业结构,英国为1.4%、24.9%、73.7%;法国为1.6%、24.4%、74.1%;德国为2.8%、32.5%、64.7%;意大利为5.3%、32.2%、62.5%,产业空心化严重。从劳动力成本看,葡萄牙、爱尔兰、意大利、希腊、西班牙PIIGS五国单位劳动成本2007年相比10年前提高了32%,而欧元核心经济体仅提高

---

① 周弘.欧洲发展报告(2012—2013)[M].北京:社会科学文献出版社,2013:13.

② 2007年签署的《里斯本条约》又将其改为第十七编第173条。使欧盟委员会获得了正式的产业政策权力,但是委员会权力的获得并不是基于成果政策权力向超国家层面的转移,而是基于辅助性原则,作为成员产业政策的必要补充而存在,同时肩负着协调成员国产业政策的部分任务。

③ 如希腊工业基础薄弱,一、二、三产业分别占比5.8%、16.6%和77.6%,经济增长依赖旅游业和航运业。与希腊隔海相望的塞浦路斯第三产业占GDP的比例高达80%,高出欧盟近10个百分点,金融业占GDP的40%。资料来源:唐斯斯.增强实体经济活力 遏制产业空心化[J].宏观经济管理,2012(9):40-42.

12%,如图 4-2 所示。整个欧洲地区制造业大量外移,从欧洲主要国家工业指数(表 4-4)和国家固定资本形成总额增长率(表 4-5),即可明显发现欧盟实体经济空心化现象日益加剧,并以西班牙、法国、比利时等最为严重。

　　世界金融危机、主权债务危机和产业空心化叠加,消费需求锐减加剧了欧洲产能过剩问题的矛盾。如汽车行业销售量下降、行业负债率高企,54%的汽车行业上下游厂商陷入财务困境,过剩产能高达 700 万辆,占比 27%之多。根据 Inovev 的数据,菲亚特米拉菲奥里工厂是 2013 年欧洲产能利用率最低的工厂,目前仅以 16%的产能进行运转。雷诺桑杜维尔工厂之前的产能利用率也仅为 18%,标致雪铁龙的 Villaverde 工厂产能利用率为 22%。

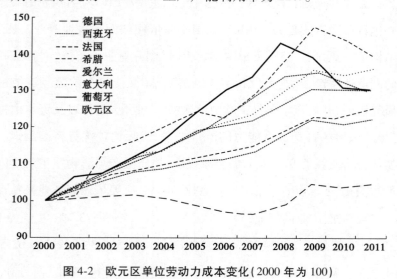

图 4-2　欧元区单位劳动力成本变化(2000 年为 100)

资料来源:OECD Economic Qutlook 91 database.

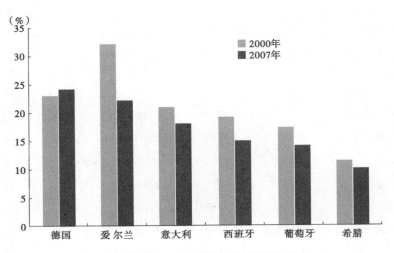

图 4-3　德国与 PIIGS 制造业增加值占比比较

表 4-4　欧洲主要国家工业生产指数

	2009 年	2010 年	2011 年	2012 年	
				第一季度	第二季度
比利时	104.28	106.5	110.98	106.42	102.94
保加利亚	96.6	97.52	103.19	100.71	103.45
捷克	101.62	113.93	121.25	119.92	119.12
丹麦	85.78	87.3	88.99	87.9	87.66
德国	93.73	103.65	111.47	111	110.87
爱沙尼亚	84.35	105.65	123.14	119.26	119.74
爱尔兰	—	108.93	108.98	107.65	111.27
希腊	89.86	83.76	77.01	74.09	74.65
西班牙	82.6	84.24	83.02	80.17	78.83
法国	86.8	90.5	92.24	90.89	90.56
意大利	83.1	88.22	88.31	84.87	83.51
塞浦路斯	99.81	97.64	90.02	83.21	83.3
拉脱维亚	85.33	97.51	106.11	109.77	111.92
立陶宛	98.27	104.66	112.62	113.28	108.9

续表

	2009 年	2010 年	2011 年	2012 年	
				第一季度	第二季度
卢森堡	93.2	89.02	86.79	83.39	82.1
匈牙利	97.34	107.85	113.81	112.74	112.29
马耳他	93.2	102.4	104.74	102.81	105.75
荷兰	97.34	106.5	105.69	106.07	106.58
奥地利	102.23	109.4	116.69	117.59	119.77
波兰	121.02	134.02	143.69	147.7	146.71
葡萄牙	90.64	92.03	90.16	87.29	85.35
罗马尼亚	116.95	123.49	130.91	130.93	131.76
斯洛文尼亚	95.93	101.23	104.04	104.32	105.28
芬兰	95.54	100.79	102.06	99.45	100.81
瑞典	85.1	93.15	98.48	96.9	98.4
英国	88.12	90.7	90.25	88.77	88.15
欧盟 27 国	—	97.69	100.85	99.59	99.24
欧元区 17 国	—	97.11	100.43	98.91	98.55
挪威	93.3	88.38	84.45	89.74	76.76
瑞士	—	117.07	117.89	—	—
土耳其	—	117.17	126.71	128.08	129.55

资料来源:欧盟统计局(2011 年 10 月 5 日和 2012 年 12 月 26 日).

表 4-5 欧洲主要国家固定资本形成总额增长率

单位:%

	2008 年	2009 年	2010 年	2011 年	2012 年	2013 年
比利时	2.9	-8.4	-1.4	4.1	0.7	1.6
保加利亚	21.9	-17.6	-18.3	-9.7	-2.2	3.6
捷克	-1.5	-11	1	-0.7	0	2.1

续表

	2008 年	2009 年	2010 年	2011 年	2012 年	2013 年
丹麦	−3.3	−13.4	−3.8	0.2	4.6	3.2
德国	2.5	−11.6	5.9	6.2	2.1	4.7
爱沙尼亚	−15	−38.3	−7.4	25.7	8.3	8.2
爱尔兰	−14.3	−27.7	−22.7	−12.2	−4	1
希腊	−7.5	−13.7	−15	−19.6	−6.6	6.7
西班牙	−4.8	−18	−6.2	−5.3	−7.9	−3.2
法国	0.5	−10.6	1.2	3.5	0.5	1.8
意大利	−3.8	−11.7	2.1	−1.8	−3.8	1.3
塞浦路斯	6	−9.7	−4.9	−13.1	−1.1	0.8
拉脱维亚	−13.6	−37.4	−18.1	27.9	6	10.4
立陶宛	−5.2	−39.5	1.9	18.3	4.8	8.2
卢森堡	1.4	−15.5	6.8	10.2	6.2	3.9
匈牙利	3.2	−11.1	−9.5	−3.6	−2.3	−0.7
马耳他	−25.3	−16.5	−13	−15.6	0	4.5
荷兰	5.1	−12	−7.2	5.7	−3.9	0.2
奥地利	4.1	−7.8	0.8	7.3	1.4	2.3
波兰	9.6	−1.2	−0.4	9	4.7	1.6
葡萄牙	−0.3	−8.6	−4.1	−12.1	−11.8	0.7
罗马尼亚	15.6	−28.1	−2.1	6.3	4.7	1.6
斯洛文尼亚	8.5	−23.2	−13.8	−8.1	−4.6	1.2
芬兰	−0.4	−13.2	1.9	6.8	−1.2	2.8
瑞典	1.4	−15.5	7.2	6.7	1.1	3.3
英国	−5	−13.7	3.5	−2.4	−0.6	3.2
欧盟 27 国	−0.8	−13	0.2	1.3	−0.9	2.2
欧元区 17 国	−0.8	−12.7	−0.1	1.4	−1.5	1.9
冰岛	−19.7	−51.4	−8.6	12.8	10.8	10.1
挪威	2	−7.5	−5.2	6.4	5.3	3.8
瑞士	0.5	−8	4.8	4	1.9	2.7

资料来源:欧盟统计局(2012 年 10 月 27 日).

三、全球性长期产能过剩对中国的启示

　　全球金融危机在欧洲依然不断扩大,发达国家陷入衰退之后毫无活力的复苏,居高不下的失业率,不断下降的主权信用评级,以及此起彼伏的债务危机。西方发达国家开始认识到,构建和重建稳固工业基础的积极意义,出现了"再工业化"浪潮。如何实现结构转型,促进各国产业梯度转移、调整部门就业结构和生产结构,为产业合理布局,在多极增长世界中产业的动态转移,优化资源配置与产能均衡实现,全面提升产业竞争力与国家竞争力。在 21 世纪的今天,Barry Eichengreen 指出"金融的黄金时代已经结束了",但世界各国对产能过剩发生、传导和治理机制所积累的一切理性知识和实践知识,依然是我国科学辨识产能过剩形成机理与制定长效机制的重要基础。美国金融危机和欧洲国家主权债务危机,影响重大,作用深远,既给我们带来了宝贵的经验教训,也给我们带来了丰富的启示,对于今后的危机应对和长期发展具有重要的指导意义。

　　第一,要正确处理好实体经济与金融发展的关系。实体经济的发展是整个社会发展和财富积累的源泉,金融发展的目的是促进实体经济发展。需要通过市场机制引导资本和劳动力的配置,从粗放型向效益型增长模式转变。金融资产总量应与实体经济需求保持相对一致,过度消费和投资都会导致经济泡沫,一旦经济下行,整个信贷体系就会失去根基,从而引起金融市场的激烈动荡,进而波及实体经济领域,出现系统性风险。尤其要防止实体产业空心化和制造业市场转移过程中可能会出现的危机,"截至 2013 年 6 月底我国各级政府负有偿还责任的债务 206 988.65 亿元、地方政府负有偿还责任的债务 108 859.17 亿元,并且地方债务增长较快,其中省级、市级、县级年均分别增长 14.41%、17.36%和 26.59%"①,这意味着有些地方可能存在着偿付危机。尤其当前大量资金已从制造业中转向了房地产和虚拟经济,要予以警惕。实体经济仍然是我国社会经济可持续发展的重要支柱,要强化产业结构转型和升级,强化金融服

────────────────

① 审计署发布全国性政府债务审计结果(2013 年 12 月 30 日公告),国家审计署网站。

务于实体经济的导向,加大实体经济部门的政策支持力度,有效防止产业空心化与金融过度供给。

第二,要加强金融机构监管与信用制度建设。金融监管和金融监督是金融市场稳定性的重要保障机制。此次危机,促进世界各国加大了金融监管力度和深化了制度改革举措,如2009年英国颁布新银行法案,欧盟委员会公布了欧洲金融监管改革计划;2010年美国通过了华尔街改革和消费者保护法,建立所谓"宏观审慎管理框架",以期实现企业和部门层面的风险承担和系统性危机之间取得平衡,并随着经济形式而灵活调整。结合十八届三中全会提出的"落实金融监管改革措施和稳健标准,完善监管协调机制"的要求,明确我国"一行三会"金融管理体制下承担宏观审慎政策主要职责的机构,界定好各金融监管部门的宏观审慎政策职能分工,建立和完善国家宏观审慎政策委员会制度,加强宏观审慎政策的预期管理。通过宏观审慎政策基于规则使用将减少金融监管部门由于对金融稳定形势误判导致的政策风险,并提高政策的透明度、前瞻性和稳定性,在金融创新与金融监管之间建立起一种动态平衡。与此同时,我们应该认识到在市场经济条件下,仅仅靠投资者的自律是不够的,还需要有来自政府的外部监督作补充。而"信用制度表现为生产过剩和商业过度投机的主要杠杆"①,因此要加强信用制度建设,遏制市场投资,形成有效的市场资源配置。

第三,实现货币政策与财政政策协同。货币政策与财政政策要保持相对稳健性和一致性。我国的金融是建立在现有国际货币体系基础上的,人民币的国际影响力越来越大。探索人民币成为国际上普遍认可的计价、结算、储备以及市场干预工具的经济过程,是由国内货币逐步转变为国际货币的过程,逐步建立与我国国情和国际地位相适应的国际金融体系秩序,以减少汇兑风险,与周边国家建立更加稳定的经贸关系。促进各国间资本市场监管协调和沟通机制,以降低资本市场的波动,保持宏观经济稳定,增强资本市场的运行效率。与此同时,在宏观经济较好的时期执行谨慎的财政政策,以中长期的经济增长为目标,强化货币政策与财政政策协同,为应对经济危机做好准备。在我国地方政

---

① 马克思.资本论:第3卷[M].北京:人民出版社,2004:288.

府过度负债和过度投资导致重复建设、产能过剩的情况下,需要采取从紧的货币政策以控制通货膨胀,要采取以稳定货币供应数量和控制信贷 GDP 占比为主的稳健的货币政策。并通过银行的信贷配置,挤出企业无效投资和促进家庭消费。

第四,要正确处理好收入分配与经济增长效率之间的关系,分配制度改革要有助于促进经济发展。每次金融危机都伴随着收入分配差距的快速扩大,前 1% 最富裕人群的收入占全部人群收入的 18% 左右,前 10% 最富裕人群的收入占全部人群收入的 50% 左右①。金融危机爆发后,世界各国就尽力防止就业的负面影响,社会保障既不能缺失也不能过度。如欧洲经济复苏进化明确提出的基本原则就是团结和社会公正,最大优先是保护欧洲公民免于金融危机的恶劣影响,通过承担社会责任的行动来保护工作岗位。欧洲经济复苏计划的 10 个行动中,前两个就直接针对就业问题。在 2009 年初向成员国提供 18 亿欧元资金,以加强积极劳动力市场政策和支持弱势群体。劳动力市场环境和供求关系的变化对企业经营有很大的影响,微观层面上的企业绩效变化,会导致宏观层面上整个实体经济和金融体系的连锁反应。因此,如果这一时期社会保障缺失会进一步加剧收入差距扩大、消费不足,从而造成生产相对过剩,影响社会稳定。过去 30 年,中国经济增长速度过快,而忽视了公平。新时期要兼顾效率和公平,在保持经济适度增长的同时,创造更为和谐的社会环境,避免社会结构固化导致的阶层分化。要积极建立和完善社会保障体系,提高消费对我国经济增长的拉动力度,以防止出现经济危机时期的"生产过剩"现象。

第五,建立健全公司治理结构与政府监管机制,实现二者之间的平衡。良好的公司治理结构能够降低公司管理层与股东、债权人之间的利益不一致,使得经营者能够更有效地管理风险,防范危机。美国金融危机和欧洲债务危机表明,公司有效治理机制的缺失,加剧了金融机构高管"代理人"问题,助长了金融机构追求高风险、高收益的激进经营策略,从而导致了宽松信贷和高风险投资泛滥,极大提高了金融机构的债务水平,高风险和高杠杆的经营策略为金融危

---

① 刘鹤.两次全球大危机的比较研究[M].北京:中国经济出版社,2013:248.

机的爆发埋下了隐患。因此,要发挥政府的监管职能,尤其对垄断行业的国有企业,既要有效监管,又要保护投资者的合法权益。在内部治理结构上,要通过适当的股票或期权激励抑制高管行为短期化,矫正公司高管激励机制的扭曲。避免金融冲击和恐慌导致实体经济的紧缩,并以更加市场化的方式促进实体经济发展,提高政策有效性,维护金融稳定,减少经济波动,做好应对危机结构性变化的长期准备。要以解决消费不足、投资过剩、国际经济不均衡等我国经济成长的结构性问题,谋求全球利益最大交集。

第二节　主要发达国家产能过剩及其治理机制

发达国家多已进入到后工业时期,在工业发展进程中都多次经历,不仅涉及传统工业和新兴产业,甚至还向金融和软件服务等第三产业蔓延。为此,美国、德国和日本等较早实现工业化、市场经济比较完善的国家,研究出台了各种各样的政策来缓解"产能过剩",以区别对待不同产能过剩类型(如周期性产能过剩、非周期性产能过剩),既有通过宏观经济调控来间接防范和化解,也有通过产业政策和市场机制耦合来优化调控与协作机制。通过深入研究国际社会化解产能过剩的政策实例,从他们的解决方案中总结经验和教训,厘清经济系统均衡的方法或策略,对我国当前化解产能过剩具有重要的借鉴意义。

一、美国产能过剩及其治理机制

巴塔耶在《消耗》(Consumption)中指出"任何增长都是有限制的,在个体的增长触及极限后,它就不得不将原本用于增长的过剩的能量消耗掉,保持自己不致崩溃"[1]。任何治理安排的出现既具有偶然性,也更是特定历史条件下的产

---

[1]　张生.积聚与消耗:苏联的工业化与美国的马歇尔计划——试析巴塔耶的普遍经济学的理论特征 [J].浙江学刊,2009(2):156-162.

物①。以美国为代表的市场体制确立较早的国家,产能过剩往往伴随着经济衰退和危机,任何一种类型产能过剩治理也都反映这一特定情境中。

(一)美国产能过剩的界定与划分

20 世纪 70 年代以来,美国多个行业在不同时间发生了程度较为严重的产能过剩(表4-6),产能利用率快速下降,低于80%。总共有五次:一是 20 世纪 70 年代中期,产能利用率从 1974 年的 85.1% 锐减到 1975 年的 75.8%,并在 1976 年初很快恢复到 79% 以上,长达 14 个月产能利用率低于80%。二是 20 世纪 80 年代初,产能利用率从 1980 年 6 月开始低于 80%,并在 1983 年第一季度达到最低的 72%,之后逐渐缓慢上升,直到 1987 年才恢复到 80% 以上,以汽车和钢铁等传统工业为代表。三是 20 世纪 90 年代初,1991 年至 1992 年产能利用率低于 80%,以汽车和钢铁等传统工业为代表。四是 21 世纪初,产能利用率从 20 世纪 90 年代中后期的 81.5% 下降为 2001—2003 年的 73.6%,由于深受互联网泡沫的影响,这一时期产能过剩行业以电子制造和信息通信产业等高新技术部门为代表。五是由于宽松的货币政策刺激下汽车、住房等消费泡沫化,次贷危机爆发诱致的需求不足,2008—2013 年美国产能利用率季度调查结果显示产能利用率持续低迷(图4-4),并向传统工业和新兴产业全面蔓延。分年度产能利用率数据显示,2008 年为 66.8%,2009 年为 68.7%(6 月为65.4%,最低,其中汽车产业产能利用率跌至低谷 53%,第四季度平均开工率仅为67.2%)②,2010 年为 74%(其中钢铁产能利用率为 62.3%),2011 年 6 月修正值为 76.9%(其中钢铁产能利用率为 67.4%),2012 年为 78.9%,2013 年 7 月为77.6%,2014 年上半年为 78.8%(其中 7 月实际值为 79.2%)。

---

① 约翰·L.坎贝尔,J.罗杰斯·霍林斯沃思,利昂·N.林德伯格.美国经济治理[M].董远生,王岩,译.上海:上海人民出版社,2009:32.

② 美国钢铁协会(AISI)12 月 30 日消息,截至 2009 年 12 月 26 日一周,美国国内粗钢产量为 144.5 万短吨,粗钢产量同比增长 48.2%,环比下降 2.3%,产能利用率为 60.6%。2008 年同期产量为 97.5 万短吨,产能利用率为 40.9%;截至 2009 年 12 月 19 日的一周,美国国内粗钢产量为 147.9 万短吨,产能利用率为 62%。截至 2009 年 12 月 26 日,2009 年美国累计粗钢产量为 6 280.2 万短吨,同比下降 37%,产能利用率为 51.2%。2008 年同期产量和产能利用率分别为 9 956.1 万短吨和 81.4%。

表 4-6　1980—2013 年美国制造业分行业产能利用率

单位:%

年份	机械	计算机和电子产品	电气设备、用品和部件	汽车及零部件	航空航天及其他运输设备
1980	83.44	86.77	81.76	59.79	84.4
1981	80.44	84.41	78.9	57.21	76.83
1982	66.59	80.95	69.7	50.7	69.73
1983	60.49	81.9	72.9	67.23	66.35
1984	70.91	87.52	82.41	81.66	69.72
1985	70.6	80.34	79.08	83.39	72.36
1986	70.15	77.48	80.19	79.46	73.99
1987	71.99	79.85	82.42	78.19	75.51
1988	80.37	81.47	87.22	82.63	79.92
1989	84.11	78.74	86.3	81.09	85.5
1990	81.72	78.77	83.9	72.25	85.11
1991	76.62	77.58	79.06	64.26	82.89
1992	75.36	79.63	82.17	72.44	77.53
1993	78.86	77.52	86.56	78.59	72.71
1994	83.53	80.34	91.83	85.92	66.65
1995	85.59	83.48	91.3	83.2	64.73
1996	84.62	81.09	90	80.44	67.47
1997	84.8	81.64	88.5	81.61	73.3
1998	81.61	77.92	86.11	78.68	81.22
1999	76.05	80.84	83.74	83.19	75.37
2000	77.19	84.66	86.45	81.45	65.16
2001	68.04	69.85	77.3	72.3	69.34
2002	67.14	60.9	73.7	78.61	65.88
2003	68.94	65.22	74.76	78.19	63.13
2004	72.66	70.98	77.28	76.83	62.5
2005	76.26	72.46	80.94	77.04	69.02

续表

年份	机械	计算机和 电子产品	电气设备、 用品和部件	汽车及 零部件	航空航天及 其他运输设备
2006	79.36	77.02	82.81	71.91	72.15
2007	82.7	75.52	87.56	71.45	83.7
2008	80.6	76.27	85.49	58.02	82.72
2009	63.46	69.55	68.55	43.73	72.54
2010	71.2	76.77	74.55	58.85	70.98
2011	79.19	76.2	79.18	64.37	69.57
2012	82.37	74.09	81.63	73.22	73.08
2013	81.23	73.35	81.39	75.6	73.1

资料来源：Wind 资讯.

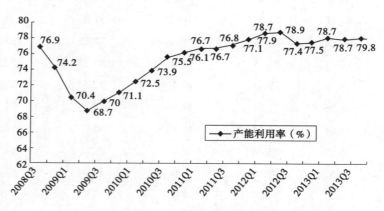

图 4-4   2008—2013 年美国产能利用率季度调查

资料来源：根据美国工业生产指数相关数据绘制.

（二）产能过剩治理机制建设

虽然历次美国产能过剩在过剩的背景、典型产业和程度上都有所不同，但其治理措施的成效依然值得肯定。纵观美国经济史，我们发现产能过剩化解的过程，往往也是该国宏观经济波动熨平的过程。其治理机制及其政策体系与美国崇尚自由市场经济的价值观念保持一致，十分重视市场机制在化解产能过剩中的作用,但也不放弃适时恰当的政府干预和管制措施,以期在更优质推进产业转型和升级过程中消化过剩产能。总体来看,不仅重视供给端的政策优化,也十分强调需求端的政策配套。

1.促进产业升级与技术创新

技术是传统工业的核心竞争力,创新是企业活力的源泉。那些具有创新能力和技术优势的企业,在面临困境时,政府应该伸出援手,协助他们度过困难时期,通过引导创新来保护企业。美国先后颁布实施了《重塑制造业政策框架》、《先进制造业国家战略计划》等,重塑美国在先进材料、先进工艺、先进生产技术平台等方面的竞争优势,以消化自身工业产能,抢占产业链制高点。1979 年,OEM 中唯一达到了标准、拥有 97 000 名员工、在美国最大企业中排名第 14 位的克莱斯勒公司濒临破产,政府通过《克莱斯勒贷款保证法案》规定了一系列的联邦贷款和供货商、交易商及福利归还条款。政府提供了 15 亿美元贷款、工会提供了 4 亿多美元、公司的银行提供了 5 亿美元、海外债权人提供了 2.5 亿美元、交易商和配件供货商贡献了 1.8 亿美元[1],以促进产业升级和技术创新。4 年后,1983 年 11 月克莱斯勒率先成功开发面包车,受到用户青睐。1984 年,面包车的销量突破 20 万辆,1985 年超过 25 万辆,1988 年就实现了 45 万辆销量[2]。此后在 90 年代美国还提出了"为了美国的利益发展技术"和"技术是经济的发动机"两个口号,投入大量的研发基金促进"官、产、学、研"联合开发高新技术产业,构建充满活力的科技创新体系,改善国家创新机制,并作为国家产业战略的重要组成部分,加大财政投入,增加对新生产能力的投资。以期通过不断合作和技术创新来提高企业的核心竞争力,实现产业转型和升级,获得全球竞争优势,就成为美国化解产能过剩的重要手段。

---

① 蒂莫·J.海迈莱伊宁,里斯托·海斯卡拉.社会创新、制度变迁与经济绩效:产业、区域和社会的结构调整过程探索[M].清华大学启迪创新研究院,译.北京:知识产权出版社,2011:138-139.
② 张军扩,赵昌文.当前中国产能过剩问题分析:政策、理论、案例[M].北京:清华大学出版社,2014:176.

2.兼并重组和落后产能淘汰

在产业利润下降与市场竞争日趋激烈的双重压力下,意味着该行业的无限增长遭遇阻滞,兼并重组在化解该行业产能过剩中就发挥着至关重要的作用。早在20世纪80年代美国就出台了《放松对存款机构管理与货币管理法》以及《加恩·圣杰曼法》,以平等竞争、放松管制与货币宽松为政策支持。通过实施减税政策(如降低税率、减小税基),刺激消费支出,以促进经济增长,防范和化解过剩产能,从而出现了美国史上第四次兼并重组浪潮,其中钢铁、石油等行业最为典型。由于钢铁陷入氧气转炉炼钢的技术路径锁定,产业竞争力式微,在美国政府主导下进入了为期20多年的兼并重组期。为了提升竞争力,国际钢铁集团收购了伯利恒公司,纽柯钢铁公司先后收购了趣科公司、伯明翰钢铁公司、斯洛伐克钢铁公司、Ambassador 钢铁公司和 Auburn 公司。经过不断调整和淘汰落后产能,最终形成美国钢铁公司、纽柯钢铁公司、国际钢铁公司和谢伟尔钢铁公司四大巨头,并跻身国际最大钢铁公司行列。再如煤炭行业,由于技术进步引发能源内部相互替代,而引致了煤炭工业出现产能过剩。有131年历史的煤炭巨头 Peabody 经过数次跨行业或向其他能源甚至混合兼并重组后,较好地提高了产业集中度,产业链向微笑曲线两端延伸,产能规模持续扩张,股价持续走高。

3.重视规范破产的法律程序

自1800年美国破产法诞生以来,随着社会经济发展不断修订和改进,始终致力于调整企业如何停止经营或如何走出债务深渊的行为,努力规范监管程序,以保护所有相关方的利益为目的。为了减小产能过剩对经济的破坏性,在无可奈何地让大量企业倒闭的同时,美国也积极出台政策,采取措施,为企业生存、兼并或政策庇护创造条件。通过严格法律程序规范破产,选择性地保留有创造力代表未来产业发展方向的产能,淘汰落后产能,以保护企业主及其股东的利益,明确破产期间可搁置债务偿还程序。保障员工的常规福利待遇、失业员工的出路和保护401(K)储蓄计划以及养老金固定计划中的资金不被提取,以期给濒临破产的企业重新回到商业主战场的机会,缓解并减小产能过剩对产出和劳动力市场的冲击,让公司可以在较短时间内走出破产阴影,促进调整后的产业更加健康、更加有活力。如2008年9月15日拥有158年漫长历史的老牌投行雷曼兄弟申请破产,美国财政部和美联储始终与华尔街高管进行谈判,此外还通过货币政策杠杆连续降低利率,以降低资本支出成本,加强投资能力建设,扩大投资需求,试图减小该公司破产对经济的冲击性和破坏性。

4.加强行业规范与监督管理

由次级贷款引发的金融危机严重影响了美国的实体经济和消费能力,消费者信心现况指数一度下跌到40以下(2010年12月该指数为24.9)、Sentix投资信息指数为负(2010年11月该数值仍为-6.18),使得各行业均出现了产能过剩,从传统行业向金融服务业蔓延。为此,美国政府不仅推出一系列措施来促进行业兼并重组和淘汰落后产能,更是突出强调行业规范与监管管理。如对大量金融机构的整顿,提高准备金、限制负债规模、建立自身危机处理系统等,从而控制金融机构规模扩张,仅2007—2011年8月就有402家银行倒闭[1]。此外,还成立了金融稳定监督管理委员会,出台了金融监督管理改革法案,加强行业监管,以期更好控制质量和风险,促进产业调整,优化产业结构。尤其要严加防止因政策扶持与监督管理缺失而引发非理性的过度投资(如形成次贷和衍生品泛滥),导致产能不能及时得到有效化解而出现泡沫破裂(如房价下跌、价格战浪潮等),从而形成产能过剩。

5.产业转移与贸易保护并举

早在20世纪40年代,美国就利用马歇尔计划[2]将其生产的过剩物质援助欧洲国家,即《对外援助法案》明确以商品援助输出为导向。数据显示,美国在

---

①　王去非,应千帆,焦琦斌,等.美国"中小银行"倒闭潮的回顾与启示[J].银行家,2012(1):79-82.
②　正式名称为"欧洲复兴计划"。这项计划签署于1948年4月,旨在帮助欧洲复兴从而抵御苏联的扩张。在马歇尔计划实施的4年时间内,极大地避免了美国"二战"后的经济衰退。美国在当时面临"二战"后大量退伍军人复员和军用品产能过剩,且美国内战、"一战"之后都遭遇到了需求下降,经济通缩,因此"二战"后1946—1948年股市估值低迷,投资者都在等待衰退的到来。最终,马歇尔计划创造需求的模式启动了全球黄金增长时代,美国股市也走入了近20年的大牛市。

1948 年至 1952 年间,对欧洲的经济援助达到 131.5 亿美元(相当于 2013 年通胀调整后的 1 480 亿美元,占 1948 年美国 2 580 亿美元 GDP 的 5%),其中赠款占 88%①,通过对外经济援助与合作向海外渐次转移过剩产能,有效地促进了该国的工业生产和对外贸易,实现了产业结构转型与升级,有效化解了美国当时的产能过剩矛盾。此外,在贸易保护上美国还经常利用货币政策杠杆扩大出口和弱化进口,如经济危机时期迫使人民币、日元和马克升值,以削弱这些国家的出口竞争力,为美国化解产能过剩赢得时间和空间。

不难发现,美国在防范和化解产能过剩问题上,并没有过度强调对微观经济主体的干预或具体产业行为的规制,而是更加强调宏观经济调控作用的发挥,更加突出产业转型升级与技术进步的诱致导向,向更高质量的产业结构梯度转移、平衡转换与持续攀升。使产能过剩矛盾在产业结构螺旋式上升过程中更好地实现产能化解与产能均衡,从而使其经济的世界地位更具有稳固性和号召力。

二、德国产能过剩及其治理机制

越来越多的人开始意识到德国工业正逐步进入智能工厂和智能生产的"4.0时代"②,其工业竞争力一直在世界上占有领先地位,是传统制造业大国。纵观德国工业经济发展史,不难发现技术与理念的与时俱进是其工业制造能力领先的重要保障,也是其化解产能过剩的重要内涵。德国是世界重要的出口国,其经济已深深嵌套于世界经济体系中,国际市场需求状况会迅速反映出口竞争力的强弱,因此德国也常常遭遇产能过剩困局。但总体而言,其产能过剩程度相对较低,防范和化解产能过剩的能力较好,这与其产业竞争力密切关联。

---

① 张茉楠.实施中国式"马歇尔计划"化解产能过剩[EB/OL].(2009-07-20)[2017-05-18].凤凰网.
② "工业 4.0"分为两大主题,一是"智能工厂",重点研究智能化生产系统及过程,以及网络化分布式生产设施的实现;二是"智能生产",主要涉及整个企业的生产物流管理、人机互动以及 3D 技术在工业生产过程中的应用等。通过信息物理系统(CPS)实现工厂/车间的设备传感和控制层的数据与企业信息系统融合,使得生产大数据传到云计算数据中心进行存储、分析,形成决策并反过来指导生产。

（一）德国产能过剩的界定与划分

"二战"以后德国经历了多次经济转型,其制造业对外贸易依存度不断走高,使其与世界经济的"黏性"加强,产能过剩与经济周期匹配性和协同性较一致。从德国经济发展史来看,其主要经历了两次较大规模的产能过剩影响。其一是20世纪70年代由于受世界经济滞胀影响,德国煤炭(产量占全国80%以上)、钢铁(产量占全国70%以上)和能源工业的集中地——鲁尔区产能过剩爆发。"二战"后世界能源革命进入了石油时代,在20世纪60年代初德国鲁尔区先后遭遇了"煤炭危机"和"钢铁危机"。在石油危机后,这一问题变得更为严重,钢铁、煤炭化工、采煤以及中性机械的产业弊端与产业结构矛盾加剧恶化,大量工厂倒闭,造成大约27.5万人失业,更恶化了该区53个城市的财政收入等[1]。其二是在2008年金融危机和随后欧债危机的影响下,德国经济萎缩了4.7%,产能利用率、工业生产指数和GDP增速均受到较大影响(图4-5),产能利用情况和GDP增速的协动性非常明显,其PMI指数在2012年后也基本在50以下徘徊(图4-6),表明经济增长放缓。现实经济生活中,电能出口几乎停止,货物出口也在较大范围减少(表4-7),消费者信心下降。德国工业库存积压相当严重、订单下降。Markit市场研究机构调研数据显示,2011年8月成品库存积压情况是有史以来最严重的[2],德国经济部数据显示2011年8月新增工业订单下降1.4%,其中国内订单下降3.2%[3],尤其装备和汽车制造业的国际需求增长乏力甚至下降,整体行业业绩下滑显著,虽然资产价格并没经历剧烈波动,但是产能过剩问题依然存在。

---

① 张丽平.德国经济转型未经历资产价格剧烈波动[N].中国经济时报,2014-09-19(5).
② Markit市场研究机构自1996年来每月调查500家企业的库存情况。
③ 周弘.欧洲发展报告[M].北京:社会科学文献出版社,2012:175.

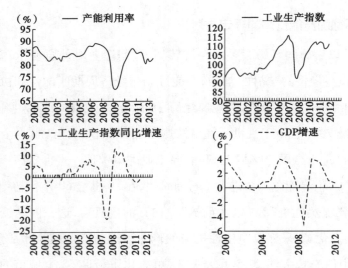

图 4-5 德国产能利用率、工业生产指数、GDP 增速

资料来源:张军扩,赵昌文.当前中国产能过剩问题分析——

政策、理论、案例[M].北京:清华大学出版社,2014:176.

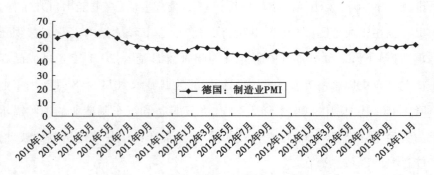

图 4-6 2010—2013 年德国 PMI 指数

资料来源:根据德国统计局相关数据绘制.

表 4-7　德国进出口同比增长比率

时间	进口金额同比（%）	出口金额同比（%）
2010 年 11 月	30.9	21.2
2010 年 12 月	24.3	20
2011 年 1 月	24.4	24.1
2011 年 2 月	27.1	20.1
2011 年 3 月	14.5	14.7
2011 年 4 月	18.1	12.1
2011 年 5 月	17.2	20.8
2011 年 6 月	6.2	3.3
2011 年 7 月	10	5.3
2011 年 8 月	13.2	14.4
2011 年 9 月	12	10.4
2011 年 10 月	8.9	3.7
2011 年 11 月	7	8.2
2011 年 12 月	5.4	4.9
2012 年 1 月	6.2	9.3
2012 年 2 月	5.8	8.5
2012 年 3 月	2.5	0.6
2012 年 4 月	−1	3.4
2012 年 5 月	−0.2	0.5
2012 年 6 月	2.1	7.5
2012 年 7 月	2.1	9.2
2012 年 8 月	0.5	5.7
2012 年 9 月	−3.6	−3.4
2012 年 10 月	6	10.5
2012 年 11 月	−1.1	−0.1
2012 年 12 月	−7.5	−6.9
2013 年 1 月	2.9	3

续表

时间	进口金额同比(%)	出口金额同比(%)
2013 年 2 月	−5.9	−2.8
2013 年 3 月	−7.5	−4.6
2013 年 4 月	4.3	7.7
2013 年 5 月	−3.1	−4.8
2013 年 6 月	−1.2	−2
2013 年 7 月	0.9	−0.3
2013 年 8 月	−2.3	−5.7
2013 年 9 月	−0.3	3.6

资料来源:根据德国统计局相关数据编制.

(二)产能过剩治理机制建设

在不同工业化发展阶段,德国也经历了产能过剩困局,但其影响相对较小,甚至在德国人观念中这是市场经济波动的"正常现象"。其经济发展动态虽然受影响,但与其他国家作比较来看,显然受外部环境影响较小,产能过剩对该国的影响也相对小得多。这得益于德国在创新性制造技术方面的研发投入和溢出,并在各种得天独厚的优势条件下,不仅顺利淘汰了落后产能,更是促进了德国技术进步,开拓了新型工业化的潜能——"工业4.0"。

1.政府财政政策调控与资源重组

德国政府采用财政手段调控产能过剩行业,降低产能过剩行业投资冲动,控制产能过剩行业冲动,推广企业并购,促进资源重组。如光伏产业,随着2011年第四季度德国强装光伏项目后形成市场井喷,同时受到欧债危机影响,德国光伏产业面临产能过剩。随后,2012年2月24日,德国政府就马上对光伏上网电价补贴进行削减,如在2012年3月9日一次性下调20%~29%,2012年5月起至2013年1月,每月下调0.15欧分/千瓦时,全年累计下调26%~35%;10兆瓦以上电站不再享有上网电价补贴;根据光伏系统规模不同,2013—2015年的计划下调幅度分别为 10%～15%,11%～17%,12%～21%等,以期通过价格导向调节过剩产能,降低投资热度,消除低端产能,促进行业健康发展。

2.科技创新与核心竞争力提升

生产有核心竞争力的产品是德国的一种价值观,精益生产方法是整个德国经济结构调整的指导模式。十分重视研发,形成高度的科技创新能力,大约有60%的研发人员在企业。从研发资源来看,有95%来自工业部门,除了私营企业外公立的科学、研究和技术机构也是该国研发战线的重要力量。与此同时,德国的职业技术教育十分发达,职业培训和职业化的基本体制已成为该国生产模式的一大优势。从技术工人到技术员再到工程师的相互重叠、环环相扣的资格认证结构保证了将技术密集型的概念成功地转换到商业现实中,对以制造业为导向的生产模式和职业培训制度又起着相互稳定的作用,从而能够广泛地挖掘传统发展道路的生产力和创新潜力,并且信息技术和先进设备的广泛应用不仅提高了生产智能化和生产效率,更提升了其核心竞争力和全球市场竞争力。这也使得企业拥有无可比拟的优势,占据着产业链优势端口,也有力地避免了过度投资和外部竞争介入,从而保障了该国即使在经济下滑时期也不会遭遇严重的需求萎缩和产能过剩。

3.行业协会中介组织与行业推广

德国约有 30 万个协会和联合会等社团组织与企业进行密切联系并做实际工作。通过行业协会等组织提供完善的产业信息,是德国应对产能过剩的独特方法。通过独立自主地开展行业内企业协调,积极避免重复建设和恶性竞争;通过对经济政策、产业政策和财税政策等的研究,准确分析和预测市场,促进合理的商业竞争机制形成,及时搜集和传递各类有益信息资源,为企业的规划和发展环境提供咨询服务。尤其对本国企业国际化,起到信息沟通和架设桥梁的作用,促进产品出口与竞争力提升。此外,在开拓国际市场过程中,通过展览会、交流会和研讨会等平台,更好地对接市场资源,增强信息对称性,减少交易成本。

4.企业动态能力与高度市场化耦合

德国的企业99%都是私人企业①,中小企业占多数。生产和投资都属于企业家的事,广泛的市场竞争,他们必须对市场进行科学评估,投资生产十分严谨,以设置合适的产能。因此相较世界其他国家的企业而言,德国企业的投资效益最高,企业自动调整产能的能力较好,控制投资规模微调产能是机制较为灵活,其市场动态捕获能力较为卓越。这主要得益于德国高度市场化的政策导向,充分依靠市场竞争,使得生产和销售基本都实现了ERP资源计划协调,线上生产与线下资源输送实现了无缝化对接。这种有效的生产和销售衔接方式,对于解决产品或商品过剩问题,化解库存压力和资金链供应紧张有着很高的效率。从而避免了产品出现滞后而不得不采取的降低销售成本的做法。因此,该类机制又可以促进德国企业不用支付政策的滞后成本(如通货膨胀、政府债务等),可以敏锐地察觉到市场的复苏并率先进行生产策略调整,抢占市场机会,并能在较短时间内化解过剩产能。

三、日本产能过剩及其治理机制

日本作为制造业大国,在工业现代化进程中,也在高速增长之后,内外需求急剧下滑,经历了多次周期性产能过剩。"二战"以来日本较全生产能力时期大幅下降,集中表现为整个行业产能过剩。为了避免产能过剩对经济的冲击,日本出台了一系列措施和法律法规,比较成功地消化了过剩产能,推进了产业转型和升级,拉动了经济增长。但也应该注意到,在不同时期产能过剩防范和化解政策体系的影响能力和政策效果均有所不同,充分说明了各项政策执行需要严格把握其社会经济的实施条件。

(一)日本产能过剩界定与划分

"二战"以后日本主要经历了5次规模较大的产能过剩。分别是:(1)20世

---

① 史贞.产能过剩治理的国际经验及对我国的启示[J].经济体制改革,2014(4):154-158.

纪 50 年代,由于战后通货膨胀,物价节节攀升,1951 年物价指数为 309.5[①]。由于军需生产的停止和轰炸的影响,大企业的生产和经营活动几乎停止,中小企业整顿倒闭,银行不良贷款不断膨胀,劳动力供给急剧增加了 940 万人,劳动力供给过剩。出口不振,带来滞销商品猛增,经济萧条加剧。(2)20 世纪 60—70 年代,在经济复苏过程中,物质生产迅速恢复,对外贸易依存度从 10%(1946 年)提升到 38.8%(1960 年)[②]。由于受到外部市场萎缩影响,出现了外汇危机,尤其是石油危机之后,日本在 50 年代确立的出口导向战略遭遇瓶颈,经济紧缩恶化,大量商品滞销,产能过剩矛盾加剧。(3)20 世纪 80 年代中后期,由于受到低利率和扩张性财政政策诱致,《面向 21 世纪产业社会长期设想》的颁布,行业竞相扩大,设备投资增长率均超过 15%,但工业生产率却没有任何变化,"僵尸企业"大量存在,生产设备闲置与产能过剩矛盾加剧。而 1986 年日本政府颁布《面向 21 世纪产业社会长期设想》的同时,外汇市场受到美国运用综合贸易及竞争法案干预,日元在随后三年升值 50% 以上[③],从而抑制了出口,加剧了产品库存压力,产能过剩显著。(4)20 世纪 90 年代,日本在经历了 20 世纪 80 年代以来的持续性货币增发和贬值,M2 占 GDP 比重从 1980 年的 140% 上升到 1991 年的 190%,货币信用宽松化渐强,地价、股价疯狂联动,资产价格循环上涨,流动性过剩加剧,1992 年日本经济泡沫破裂后[④],使得日本再次面临严重的产能过剩威胁。(5)2008 年世界金融危机后,受到全球经济增长放缓和新兴市场产能扩大的双重影响,日本 2008 年第四季度经济年化环比降幅创 1974 年以来纪录、出口同比跌幅近 50%、工业产出年初同比下滑 30%[⑤],面临的产能过剩问题变得更为复杂,一直到现在产能过剩问题依然困扰日本。

---

① 饭田经夫,清成忠男,等.现代日本经济史:战后三十年的历程[M].北京:中国展望出版社,1986:45.

② 1989 年 12 月 29 日,日经指数达 38 915 点,此后泡沫破灭,到 1992 年 8 月跌至 14 309 点.

③ 沈建光.当前经济与日本 20 世纪 80 年代多有相似[EB/OL].(2013-07-01)[2018-09-30].新浪财经网.

④ 小林义雄. 战后日本经济史[M].孙汉超,马君雷,译.北京:商务印书馆,1985:63.

⑤ 沈建光,肖红.日本:失落的第三个十年?[J].中国经济报告,2009(3):51-60.

（二）产能过剩治理机制建设

纵观"二战"以来日本在防范和化解产能过剩过程中,既注重宏观经济调控手段的应用,也重视对微观经济行为的规制;既强调产业政策的长期调控,也重视产能淘汰的短期手段;既注重国内市场需求启动,也重视国外市场需求开发;既强调产业政策的应用与深度拓展,也重视抑制政策过度干预、过度保护和限定产业政策适用范围或领域。日本政府旨在通过一系列经济措施和法律法规,将淘汰、消化、转移过剩产能置于防范和化解产能过剩的一体化框架内,对微观主体行为进行有效规制和诱导。总体来看,虽然不同经济周期发生的产能过剩表现形态和破坏性程度均有所不同,且影响面和相互关联的制约因素越来越多,但均较好地解决了经济周期内的产能过剩矛盾,足见日本产能过剩政策相对是比较成功的。

1.促进产业结构转型与升级

日本政府在面临产能过剩时,比较注重政府产业规制在其中的作用。早在20世纪60年代,日本政府就颁发了《贸易与外汇自由化大纲》《关于产业结构的长期展望》,并制定特定产业的法律,如《石油工业法》(1962年)、《电气事业法》(1964年)、《综合能源调查会设置法》(1965年)、《煤矿业重建调整临时措施法》(1967年)、《振兴机械工业临时措施法》、《振兴电子工业临时措施法》、《飞机工业振兴法》等法律,涉及租税特别措施、产业关税税率、进出口自由化政策、金融机构贷款配给等。并于1964年加入经济合作与发展组织(OECD),从保护贸易转向自由贸易体制,资本自由化机制逐渐形成。在"工业法"中,规定在产业合理化基础上从基础产业到新兴和成长型企业均在产业政策规制范围内,以补充市场机制和减少摩擦,引导产业结构转型与升级。数据显示,仅1964年就节约外汇数额达8 200万美元[①],1959—1971年增加了283万家企业[②],1970年重化工率提高到62%以上[③],钢铁、化学以及机械部门的出口贡献率高

---

① 小宫隆太郎,奥野正宽,铃村兴太郎.日本的产业政策[M].北京:国际文化出版公司,1988:43.

② 小宫隆太郎,奥野正宽,铃村兴太郎.日本的产业政策[M].北京:国际文化出版公司,1988:52.

③ 小宫隆太郎,奥野正宽,铃村兴太郎.日本的产业政策[M].北京:国际文化出版公司,1988:51.

达 75%。与此同时,还出台了《特定产业振兴临时措施法》等,利用政策推进大型企业兼并重组,钢铁、化工、汽车、机电等行业的企业经过多次合并集中,由最初每个行业 20~30 家企业合并为 4~5 家大型企业。加强产业扶持政策,对新兴的高新技术产业专门采取措施予以扶持,既有政府资助企业的技术开放也有政府部门直接组织基础技术研发。如 1961 年在政府支持下,由 6 家电子计算机企业共同出资建立了国产电子计算机的收购机构——日本电子计算机股份公司。对中小企业制定了《中小企业现代化促进法》(1967 年),调整生产领域、确立专业生产体制和实行共同化生产。通过制订产业政策的长期发展规划与战略,对生产和投资结构进行调整,推进企业间重组,产能过剩问题得到有效缓解,经济也得到较快发展。

2.淘汰过剩设备与落后产能

早在 20 世纪 60 年代企业的预期成长率与投资收益率很高,因此许多企业对设备投资都采取了非常积极的行动,生产要素窖藏行为显著。由于投资过热,以及工业技术更新速度之快,生产设备的沉没成本累积,就不可避免地出现了设备生产能力过剩的局面。为此,该时期产业政策重点就在于对过剩设备和落后产能的调控,通过官民协调对行业设备投资进行有效干预,企业在价格机制发挥作用的条件下进行资产选择行为,对生产和设备实行限制,科学限制机能,促进资源有效分配。1981 年止,政府的这项设备废弃事业累计花费了 3 800 亿日元,共废弃了 35 万多台织机和 500 万纱锭的箔纺机(包括捻纱机),废弃的设备数量,大体相当于 1966 年拥有的织机、精纺机数量的 1/3 和 2/5[1]。主要有:(1)建立设备注册制度,规范注册设备的使用范围、生产类型,明确产品生产的注册设备制导向,核定区域设备容量,控制新增设备规模。(2)核定设备生产能力标准,根据经济社会发展实际,动态调整设备生产能力门槛,以确保产能供给与市场需求的动态均衡。(3)淘汰落后设备,政府制定法律法规,建立废弃设

---

① 　小宫隆太郎,奥野正宽,铃村兴太郎.日本的产业政策[M].北京:国际文化出版公司,1988:406.

备淘汰机制。如 1956 年颁布的《纤维工业设备临时措施法》，就明确了利用政府资金收购和废弃"过剩织机"的办法；在 1964 年的《纤维工业设备等临时措施法》中，采用了"废旧更新"原则，即两台废弃旧设备可以添置一台新设备，允许开发银行发放贷款和实行特别折旧；到了 1967 年的《改善特定纤维工业结构临时措施法》（特纤法）将废弃过剩设备、设备现代化和企业规模适当化作为三项基本内容，以促进产品差别化和高级化；此外，还有 1978 年颁布的《特定萧条产业安定临时措施法》，对多个萧条产业实施调整，以实现产能过剩行业或部门停产或设备报废。（4）优化政府补偿兜底机制。政府不仅为过剩设备报废出资，还为被淘汰的落后产能企业转产提供贷款利率优惠。推广使用节能设备，并给予低息贷款，明确使用节能设备使用的特别折旧和税费减免优惠措施①。对因设备过剩淘汰而遭遇失业的人员提供就业服务支持、给予失业保险援助、参与公共事业等。1956 年中小企业现代化资金扶助法对职工数 100 人以下的企业提供无息贷款和职工数 20 人以下的企业提供设备租赁；1978 年还实施《中小企业转产法》为促进转产和停产实行贷款制度，贷款限额为 2 700 万日元，五年内偿还，利率大约为 7.3%～7.8%②。

3.拉动内需，消化过剩产能

由于日本产能过剩往往发生在宏观经济波动时期。因此，日本政府不仅重视产业结构调整，促进产业转型和升级，也强调通过宏观经济政策拉动国内需求，为日本消化过剩产能发挥积极的促进作用。分别是：（1）颁布实施"国民收入倍增计划"，强调通过提高国民收入，刺激最终需求，促进国内需求尤其是民间消费是消化过剩产能的重要途径。因此，在财政政策上一方面加大公共投资，另一方面加大减税力度。从 20 世纪 60 年代初开始，公共投资平均每年增加 25%左右，减税累积 1 000 亿日元。国民生产总值和国民收入增加了 1 倍，工

① 此外，还制定了特别折旧制度，允许企业把一部分利润作为固定资产折旧摊入成本以降低税收负担。
② 小宫隆太郎，奥野正宽，铃村兴太郎.日本的产业政策[M].北京:国际文化出版公司,1988:402.

资水平增加了 0.65 倍,工业生产增加了 2 倍①。(2)完善社会保障体系。"国民收入倍增计划"出台后,为了提高低收入阶层的实际购买能力,日本政府还构建了完善的社会保障体系。根据地区和产业的不同,分层次制定了最低工资制度,扩大社会保障覆盖范围,完善养老保险制度,提高养老金替代率。这一时期出台了《国民年金法》(1961 年)、《老人福利法》(1963 年)、《身体障碍者福利法》、《社会保障法》等,实现了"全民皆保险"的目标。在 20 世纪 80 年代还提出"建设和完备国民生活环境"②,充实社会公共投资,加强政府在市场经济中的作用③,切实拉动了日本国内需求,不仅化解了国内的产能过剩问题,还促进了设备投资与制造业生产的有效耦合。

4.拓展外需,转移过剩产能

20 世纪 80 年代中后期,日本由于前十年经济快速平稳发展,厂商规模不断扩大,产能容量持续增加,仅有 1 亿多人口的消费市场已无法平衡供需矛盾,出口重度受挫后,产能过剩矛盾加剧。日本政府开始出台政策鼓励出口与对外投资,大力发展出口导向型企业,通过对韩国、中国台湾、中国香港、新加坡"亚洲四小龙"的资本海外输出,将国内金属、化学、机械、汽车、电子等制造业的过剩产能向这些新兴市场转移,既实现产品出口也实现过剩设备出口和落后生产线的国际转移,从而建立了新型的国际分工体系和国际化生产网络。研究数据显示,"到 2002 年日本制造业海外生产率提高了 17.1%(其中电气机械业达到26.5%,运输机械业达到 47.6%)"④。与此同时,对石油化工、钢铁、化学、有色

---

① 小林义雄.战后日本经济史[M].孙汉超,马君雷,译.北京:商务印书馆,1985:114.

② 陈淮.80 年代日本产业结构及产业政策回顾与评价[J].外国经济与管理,1990,12(10):17-20.

③ 张鸿.论政府在市场经济中的作用——以日本的产业政策为例[J].外国经济与管理,2000(8):31-37.

④ 从不同时期日本制造业对外投资的重点产业领域看,对外投资额排在前三位的产业,1969—1973 年是纺织、化学和铁及非铁金属,分别占同期日本对外直接投资总额的 7.7%、6.1% 和 4.8%;1978—1984 年是铁及非铁金属、化学和电气机械,分别占对外直接投资总额的 7.6%、5%、4.8%;1986—1989年是电气机械、运输机械和化学,分别占对外直接投资总额的 6.4%、3.3%、2.7%。进一步分析可以发现,上述制造业在相应时期大多已进入产业发展的成熟阶段,在国内市场上开始面临过度竞争、生产过剩等问题,而通过海外进行产业转移,无疑有助于过剩产能的消化并推动这些产业的优化升级。资料来源:吕铁.日本治理产能过剩的做法及启示[J].求是杂志,2011(5):47-49.

金属以及机械等产品施行进口贸易保护政策,实施出口振兴税收制度和出口保险制度,有效实现了产业结构调整,促进了产业升级转型。

第三节　产能过剩治理的国际经验

纵观 20 世纪世界经济发展史,尤其对美国、德国和日本产能过剩及其治理机制的梳理,我们发现发达国家产能过剩往往与经济周期密切相关,是市场经济发展中必然会遭遇的约束。随着世界经济一体化,货币金融体系完全融入市场运行中,跨期交易、国际订货生产事后付款、网上交易事后付货、异地买卖和分散交易集中付款等模式也为产能过剩提供了更多的现实可能性。各国之间的经济相互影响越来越大,产能过剩问题也由开始仅在一国内短期发生,发展到全球性长期产能过剩。现实中,由于受到信息和环境等不确定性的影响,传统自由放任经济条件下难以实现生产效率和资源配置的双重满意结果,同时存在双重的市场失灵和政府失灵。从采取的措施来看,各国均强调从当时社会经济实际出发,都十分重视政府在防范和化解产能过剩中的积极作用,但更坚持政府作用的发挥要以市场机制为导向,并能针对不同行业制定因地制宜的政策措施,形成了较为有效的化解产能过剩的政策体系。

一、产能过剩治理与调控体系

美国的发展历程清晰地表明,即使已经成为一个世界上市场化程度最高的经济体,政策在促进经济增长方面仍然发挥着重要的补充作用①。因此,国际社会产能过剩治理过程中政府都依靠拉动内需、产业结构升级、产业结构调整、产业梯度转移、贸易壁垒和宏观经济调控等多种调控手段来应对持续性的、大规模的产能过剩。通过完善社会保障体系,深化收入分配公平公正机制,提振消

---

① 加里·皮萨诺,威利·史.制造繁荣:美国为什么需要制造业复兴[M].机械工业信息研究院战略与规划研究所,译.北京:机械工业出版社,2014:189.

费者信心,提高低收入阶层购买力,从而拉动内需增长,降低产能过剩对经济的冲击,以消化过剩产能;通过财政补贴和税费优惠减免等措施,引导资源配置和市场投资方向,避免投资过热和过度竞争形成,以期优化资源配置,防止非理性的"羊群效应"和理性的"潮涌"现象;通过出台产业政策,制定产业长期规划和战略,明确行业准入和退出标准,尤其是环保、资金链、管理等门槛,促进行业可持续发展能力提升,并从产业分散化向产业适度集中转变①,从而促进产业结构调整,促进产业转型和升级;通过产业梯度转移,既有向区域内相对落后地区转移,也有向国际新兴市场转移。既实现过剩产能转移,也实现资本输出或商品输出,从而提升了区域竞争力或国际竞争力;通过货币政策、贸易壁垒等宏观经济调控手段,促进过剩行业产品出口和抑制过剩行业产品进口,以此更好地保护国内市场不受产能过剩冲击而产生大规模的价格战或经济萧条。如美国多次利用美元的国际地位迫使日元、人民币等升值,就是旨在通过货币政策的国际影响,抑制日本和中国对美国过剩行业产品的出口。此外,国际上在促进产业升级过程中,十分强调科技创新在促进落后产能淘汰中的螺旋式上升作用,更注重运用竞争机制来改善国家的创新机制,突破关键技术,应用科技引领经济进步,以更好地形成市场集中和产能出清;在促进资源整合过程中,通过出台一系列的优惠政策措施,完善法律法规,促进产业重组,使产能由分散向集中整合,通常经过几轮的兼并重组后会形成数家规模较大的企业集团,从而既淘汰了落后产能,也实现了市场供需的相对均衡;在微观层面,政府十分重视产业规制,关注企业投资偏好及其实际行为,不断优化企业动态能力培育,针对规模企业形成不同的竞争优势,最终不论规模大小均能有效形成企业特有的创新能力、技术优势和抗风险能力,更能充分发挥市场作用。虽然国际社会建立了各种各样的调控体系,但都是以一定的市场

---

① 以汽车行业为例,从全球范围汽车发展规律来看,每个国家最多只能存活少数的几个有影响力的汽车品牌,实现产业集中于资源优化配置。如,1918年美国汽车行业拥有58个轿车品牌以及35个皮卡和SUV的品牌,到2014年美国只有13个品牌,而有影响力的仅7个品牌;德国历史上曾先后出现过219个品牌,到目前为止也只有8个品牌;日本在历史上曾经有68个汽车品牌,现在也只有9个厂商生产13个品牌,存活下来的品牌也都超过40年的历史了。此外,法国汽车行业的经验与教训是,目前三大品牌(标致、雪铁龙、雷诺)也都有超过90年的历史。英国的汽车行业亦如此,除了MINI外,其他品牌也都有超过50年的历史。资料来源:作者根据各汽车品牌发展史研究整理。

机制为基础,以政策措施为引导,更倾向于短期的需求管理和长期的市场自我运行来实现产能出清,实现经济的更高层次的跃迁。政策制定上越是能充分发挥市场功能,产能过剩就越能够得到妥善处理,当然对于非周期性的产能过剩,适当的政府干预措施是十分有必要且具有积极效应的。

二、产能过剩治理与监测预警

随着预警理论的发展、预警方法和技术的改进,监测预警系统在产能过剩治理中得到推广和应用,如指数预警系统、统计预警系统、模型预警系统、综合评分预警等,是政府经济政策决策和企业投资决策制定的重要参考依据。通过安全监测预警系统,可以有效掌握行业经济运行状况和产能变动趋势,也可以为判断产能过剩的程度及其形成机理提供较为科学的数据基础,进而可以有效避免市场盲目投资行为。如德国的企业就能有效地及时根据市场供需情况,及时调整产能规模,从而避免陷入长周期的产能过剩,还可以在较短时间内获取市场需求信息,从而为其更早更准进入市场提供有效的投资决策。

一般来说,国际社会通常从产能利用率、工业生产指数、开工率、库存比率等指标上观测产能过剩,还有经济景气指数、工业信心指数、零售信心指数、营建信心指数、采购经理指数、债务负担情况、固定资产投资速度与损益、年末生产能力、职工工资、劳动生产率、雇员数量、设备数量、企业数量、能源价格、行业亏损面、资本周转次数、工业品出厂价格、行业总产值、利润总额增速、产需情况指数、利息支付倍数、资本金收益率、市场价格指数等辅助指标来进行综合观测。当然还可以通过应收账款周转率、资产负债率以及存货周转率等财务指标①,来反映资金周转情况与生产经营情况。对于新兴产业和金融服务业等数据获取比较困难的产业,可以借助其他的指标来间接观测行业供需状况,如股

---

① 一般而言,存货出现较大幅度的增加,则意味着该公司经营状况正在恶化;如果存货保持相对稳定,则表明公司经营状况稳定。存货余额的增加在会计上要求企业做更多的减值准备,在这样的制度下,企业利润就将随之下降。因此,存货过度意味着资金周转效率低下,如果银行信贷出现萎缩或政策性收紧,上市公司的现金流就有断裂的风险。

票波动、价格指数、资本流动等。

从现实经济生活来看,国际社会对产能过剩行业的监测预警更多是通过一组综合性的指标体系,建构敏感性的监测预警系统来反映产能利用态势,建立产能过剩评价分析模型,以期更好地促进产业的健康协调发展。将产能监测预警置于经济运行中,尤其结合宏观经济形势实际,综合性地进行形势分析、预测,并为企业判断未来的供给趋势和需求状况提供依据,为制定投资决策提供有益的信息参考。

当然,从目前来看国际社会产能监测预警系统,由于数据可获得性以及各国国情的差异性,各国、各企业所采取的观测方法和判断工具均存在很大的差异性,多维数据结构的指标体系涵盖的范围也十分广泛,其综合性、客观性和可操作性也大为不同。当前,更多地还是停留在学者的应用研究层面进行探讨,在实际操作层面尚未形成一致性的监测预警系统,尤其是如何把握短期产能和未来可利用产能形成趋势仍然悬而未决,这也就是为什么国际社会产能过剩始终无法摆脱周期性循环的"厄运"。但对产能利用率的不同比值反映的产能过剩状态形成了比较一致的观点(图 4-7),不同行业产能过剩的合理界限受到行业特征、投资偏好等影响,应该是显著不同,未来预留产能是多少受到国别、行业、成长阶段等诸多因素影响。

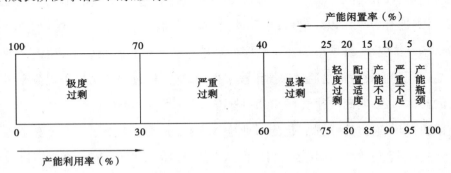

图 4-7　产能利用与闲置分类

三、产能过剩治理与法制保障

亚里士多德在《政治学》中指出,"我们应该注意到邦国虽有良法,要是人民不能全都遵循,仍然不能实现法治。法治应该包含两重意义:已成立的法律获得普遍的服从,而大家所服从的法律又应该是本身制定得良好的法律。"①哈耶克进一步强调,"从许多方面来看,中世纪的人所享有的自由要远远大于当下人士所一般认为的程度……中世纪提出的'法律至上'观念,作为现代各个方面发展的背景,有着极为深刻的重要意义,尽管这一观念可能只是在中世纪的早期为人们所完全接受;这一观念明确指出:国家本身并不能创造和制定法律,因为这种行为意味着对正义本身的否定,而且这是一种荒谬之举,一种罪恶,一种对唯一能够创造法律的上帝的背叛。在当时的数个世纪中,人们所公认的一项原则乃是,君王或者任何其他的权力只能宣布或发现已经存在的法律,或纠正其间所隐含的对既存法律的种种滥用情况,而绝不可能创制法律。"②这些都深刻论述了对法治精神的同一认识,法治的本质要求是人格平等,崇尚法律的权威地位,法治已成为现代社会文明程度的重要标志。在国际社会经济治理过程中,都十分强调法治的根本保障作用,在产能过剩治理过程中各国都纷纷出台了各种类型的法律法规,在法律面前人人平等(不仅包括普通劳动者,也包括厂商、资本拥有者等),以规范和约束市场行为,做到依法引导,强化法律意识,保障市场经济安全,维护市场经济秩序的稳定。在法治精神指引下,相当多数的产能过剩调控政策都是通过法律手段来推行,都是通过法律法规来规范竞争行为的具体形式,明确法律责任和惩罚标准,形成清晰的市场监督管理机制。强调依法行政,通过建立强制化的行业准入条件、能源消耗标准、质量安全体系等,促进政策与法律协同一致,当以保障产能过剩发生时消费者、劳动者以及利益相关者的合法权益不遭遇损害,降低产能过剩引发的系统性风险。我们也应

---

① 亚里士多德.政治学[M].吴寿彭,译.北京:商务印书馆,1965:199.
② F. A. 冯·哈耶克.自由秩序原理[M].邓正来,译.北京:生活·读书·新知三联书店,1997:204.

该看到,每个国家所出台的产能过剩治理法律体系虽然有其共同目标,但都是从其特定的社会经济文化出发来制定的,显示了其独特的国家特性。正如孟德斯鸠所言"为某一国人民而制定的法律,应该是非常适合于该国的人民的,所以如果一个国家的法律竟能适合于另一个国家的话,那是非常凑巧的事"①。因此,在强调国际接轨以及借鉴、吸收和利用世界各国产能过剩治理法律的同时,随着市场深化也要以适应本国社会经济文化为前提和归宿,法治精神应该成为产能过剩治理的根本保障。这既是国际社会产能过剩治理的重要经验和教训,也是我国在未来一段时期需要不断加强和深化的重点工作,真正做到有法可依,依法行政。

---

① 孟德斯鸠.论法的精神［M］.张雁深,译.北京:商务印书馆,1961:6.

5

我国产能过剩治理路径研究

马克思指出"哲学家们只是用不同的方式解释世界,而问题在于改变世界"①。而毛泽东同志则更直接地强调"无产阶级认识世界的目的,只是为了改造世界,此外再无别的目的"②。我国产能过剩形成的原因比较复杂,既有市场不完善的问题,也有政府干预不当的问题;不同行业之间既有共性,也有差异性;已经出台的"四个一批"的总体思路,虽然从总体上已经提出了化解产能过剩的方向、目标和任务,但在具体执行上仍需要科学和审慎地深化系统性、综合性、协同性的方案设计。从长期来看,关键在于以深化改革为突破口,转变经济发展方式,以创新驱动为战略导向,持续优化政府—市场关系,构建防范和化解产能过剩的长效机制。从短期来看,化解产能过剩的重点在于,进一步完善和落实中央"四个一批"政策,积极探索地方政府和企业组织产能过剩治理能力建设,并以法治精神为根本保障建立健全产能过剩治理的法律法规体系,法治化已成为我国化解产能过剩长短期政策体系有效实施的根本保障。

第一节 经济发展方式转变与我国产能过剩治理

变革是社会发展的动力,不仅适用于资本主义社会,更适用于整个人类社会的发展。正如恩格斯所说"这并不像某些人为着简便起见而设想的那样是经济状况自动发生作用,而是人们自己创造着自己的历史"③。因此,主动的、系统性的变革是社会主义社会发展的动力,经济发展方式转变就是"社会主义制度的自我完善和发展"④,加强我国经济结构调整,深化收入分配与投融资体制改革,优化资源配置,以实现产业结构转型升级和消费能力再造为主轴,是我国现阶段产能过剩治理的关键战略。

---

① 中共中央编译局.马克思恩格斯文集:第一卷[M].北京:人民出版社,2009:506.
② 毛泽东.毛泽东文集:第八卷[M].北京:人民出版社,1999:321.
③ 中共中央编译局.马克思恩格斯选集:第四卷[M].3版.北京:人民出版社,2012:649.
④ 中共中央关于经济体制改革的决定[M].北京:人民出版社,1984.

一、加快转变经济发展方式：产能过剩治理的关键战略

马克思曾指出资产阶级的动机"不是使用价值和享受，而是交换价值和交换价值的增殖"，因而"肆无忌惮地迫使人类去为生产而生产"①。与资产阶级"为积累而积累，为生产而生产"的历史使命不同，社会主义生产是为人民谋福利，是以实现"每一个人的自由发展"在具体历史时序的具体形态为价值宗旨，而不是为生产而生产。马克思主义中国化的历程表明，改革是社会进步和政治进步的强大推动力。恩格斯曾强调"我认为，所谓'社会主义社会'不是一种一成不变的东西，而应当和任何其他社会制度一样，把它看成是经常变化和改革的社会"②。对于实践中的社会主义特别是中国社会主义，因为"它不是在它自身基础上已经发展了的，恰好相反，而是刚刚从资本主义社会中产生出来的，因此它在经济、道德和精神等方面还都带着它脱胎出来的那个旧社会的痕迹"③，所以在经济实力显著增强的同时生产力水平总体上还不高，自主创新能力还不强，长期形成的结构性矛盾和粗放型发展方式尚未根本改变，我国社会主义建设仍需要在实践中不断发展和完善，不断解放生产，发展生产力，实现"每个人的自由发展"。以经济发展方式转变为根本的产能过剩化解就具有了重要的理论和现实意义，但同时也面临着深刻的艰巨性和复杂性。

世界公认我国的发展是高速的，但发展实践中不少地方、不少方面仍然面临"高投入、高消耗、高污染、低效益"的粗放型发展瓶颈。长期以来我国依赖于投资拉动经济增长，2013 年固定资产投资占 GDP 比重高达 76.7%④，投资效率呈下降趋势；但我国最近十年居民消费率却降到了 40% 以下（1978 年为 48.8%，

---

① 中共中央编译局.马克思恩格斯全集：第二十三卷［M］.北京：人民出版社，1972：649.
② 中共中央编译局.马克思恩格斯选集：第四卷［M］.北京：人民出版社，1995：693.
③ 中共中央编译局.马克思恩格斯选集：第三卷［M］.北京：人民出版社，1995：304.
④ 2013 年全社会固定资产投资高达 43.65 万亿元人民币，同比增长 19.6%，GDP 是 56.9 万亿元人民币，增长 7.7%，GDP 的增长绝对值为 4.1 万亿元。根据这些基础数据的测算，2013 年投资和 GDP 的比例已达 76.7%，而这个比例"十一五"是 59.5%，"十五"是 41.58%，"九五"是 32.83%，随着时间的推移，固定资产投资和当年 GDP 的比例越来越高，高达 76%。

2008 年为 35.3%)①,《城镇住房空置率及住房市场发展趋势 2014》的报告显示,2013 年我国城镇地区自住房空置率高达 22.4%(北京房屋空置率已达 50% 左右),投资与消费脱节,供给与需求不平衡特征显著。从能源消耗来看,我国企业消耗是全球平均水平的 3 倍,是日本、德国的八九倍②。与此同时,能源对外依存度高,如 2013 年天然气进口量为 530 亿立方米,对外依存度达到 31.6%,原油对外依存度达到 58%③。从污染来看,我国河流的污染率达到 99.7%④,大气污染和土壤污染持续走高,不利于社会经济协调发展。从比较优势来看,我国制造业长期处于微笑曲线低端⑤,出口附加值和盈利率偏低,受市场震荡影响较为敏感。随着人口红利等比较优势的逐渐丧失,"中国制造"也必然不断式微,如何走向"中国创造"新时代,如何建设创新型国家,如何在国内市场和世界市场的竞争压力下显示社会制度的优越,已成为当前及今后一个时期经济发展方式转变的重要内容。

长期以来我国经济发展依赖于投资和出口拉动,过分注重资本密集型的重化工业化投资,忽视了人的知识和能力的开发;与此同时,在社会经济转型过程中"体制性障碍"逐渐凸显,市场在资源配置中的作用被地方政府弱化,各地方

---

① 王秋石,王一新.中国居民消费率真的这么低么:中国真实居民消费率研究与估算[J].经济学家,2013(8):39-48.
② 本书编写组.加快经济发展方式转变干部学习读本[M].北京:中共中央党校出版社,2010:4.
③ 刘雪.中国主要能源对外依存度攀升,资源品定价市场化提速[EB/OL].(2014-02-08)[2015-05-12].新华网.
④ 本书编写组.加快经济发展方式转变干部学习读本[M].北京:中共中央党校出版社,2010:5.
⑤ 美国学者以罗技鼠标为例对这种比较优势加以说明。罗技鼠标在中国苏州生产,目前每年生产 2 000 万个,这 2000 万个鼠标又全部卖到美国去。这就是所谓的"两头对外"。一个罗技鼠标在美国市场上卖 40 美元,可是这 40 美元是怎么分布的?首先,生产罗技鼠标,使用罗技公司的品牌、专利,在中国加入 WTO 背景下,得保护知识产权,就要交专利使用费和品牌使用费,于是交了 20%,就是 8 美元。其次,鼠标到达美国得有一个物流过程,经销商、批发商、零售商,哪个环节都要钱,就这样又交出 37.5%——15 美元给人家。那么剩下的就是中国的吗?应该是,但实际上不是。这个鼠标与其叫"中国制造",还不如叫"中国组装"。因为鼠标里面有一些元器件我们生产不了,还得再买另外一家美国公司的,于是又给别人 35%——14 美元。最后只剩下 7.5%,也就是可怜的 3 美元是中国的。而这意味着中国苏州要从农民手里把这块土地给征上来,地方政府的利税、企业的利润、工人的工资以及水电等消耗都在这 3 美元里。显然实际比值应该比这 3 美元还低。资料来源:本书编写组编.加快经济发展方式转变干部学习读本[M].北京:中共中央党校出版社,2010:8.

官员以政绩为导向运用大量土地、贷款等资源拉动 GDP 高速增长,大部分生产要素的定价机制扭曲,价格信号异化,鼓励而非限制高耗费、高污染、高资本密集度产品的生产,导致有效需求严重不足。在投资率持续偏高、产出能力不断扩张和消费比重不断降低的条件下,必然出现投资和消费之间的失衡,社会经济资源浪费和经济活动低效率,从而导致生产过剩的经济困局。市场经济条件下的产能过剩不可避免,无论是周期性产能过剩,还是结构性产能过剩,更甚至体制性产能过剩,都要以转变经济发展方式为根本,要严肃抑制"发展的跨越欲、政绩的张扬欲、投资的奢侈欲、公产的剥夺欲"①。一是通过经济结构调整,逐步改变经济发展对投资的依赖,下调投资需求,不断提高投资质量和效应。要转向以国内需求拉动为主,尤其是消费需求的拉动作用,有效实施扩大内需战略。加强收入分配改革,完善社会保障体系,逐步增加国有资本红利上缴比例,加强"调高、扩中和提低"改革,从制度上、政策上切除人民群众的后顾之忧,培育和提升低收入阶层的购买力,切实改善居民的预期,释放他们的消费能力,全面实现消费能力再造。二是要持续深化产业结构转型和升级,推进过剩行业结构调整和升级,淘汰落后产能,加强科技创新支持与技术推动,提升"中国创造"的科技竞争力和国际竞争力。加大科技开发力度,贯通产、学、研价值链的无缝化对接,以转变对外贸易结构,逐步向"微笑曲线"两端攀升,不断减少低端、低附加值产品出口,增加高附加值、高技术含量和辐射带动能力强的高端产品出口,导向国际化的经营与资源优化配置体系,加快实现由国际垂直分工向水平分工转变。三是要加快推进社会经济体制改革,破除产能过剩的体制性、机制性障碍,理顺政府—市场—社会三者之间的关系,减少政府对经营性活动的参与,综合运用行政、经济和法律等手段努力营造有序的公平竞争的市场环境,实现投资过程中的社会公正和社会效益不断提高。致力于建立一套高效、科学的宏观投融资调控体系,推进金融、财税体制以及汇率形成机制等方面的改革,消除体制上的不利因素,从而彻底改变政府以投资驱动经济的增长模式,转向以创新驱动的发展模式,实现社会经济螺旋式上升。

---

① 　胡培兆.经济学本质论:三论三别[M].北京:经济科学出版社,2006:364-366.

二、经济结构调整、分配制度改革与消费能力再造

我国产能过剩的根本原因在于经济结构和产业结构布局不合理,致使资源严重浪费。实现经济结构合理化、高级别化,是考察一国经济运行状况的重要指标,也是衡量和判断各国经济发展质量的关键因素。改革开放以来我国宏观经济运行的环境发生了一系列新的变化。经济体制和发展模式处于双重转型过程中,即由计划经济体制向市场经济体制转型和粗放型经济增长向集约型经济发展转型。逐渐形成了经济主体和利益格局多元化,市场发育程度多层次化,资本市场、技术市场、资源及土地等要素市场的发育相对滞后,价格机制、竞争机制、供求机制的作用需要进一步发挥,竞争秩序混乱,垄断、不公平竞争时有发生,法制建设相对落后。产业结构低级和不合理的状况仍然制约国民经济的健康发展,经济发展中出现亟须解决的问题,呈现明显的阶段性特征。我国经济发展正处在关键时期,当前及未来一段时期我国经济结构调整要积极运用适当的政策工具,以优化产业结构,深化消费能力再造,进而解决产能过剩问题。正如马克思所言,"没有消费,也就没有生产,因为如果没有消费,生产就没有目的。消费从两方面生产着生产……消费创造出新的生产的需要……消费创造出生产的动力"[①]。

首先,要深化需求结构调整。早在《中共中央关于制定国民经济和社会发展第十一个五年规划的建议》中就已明确"促进人的全面发展,更加注重社会公平,使全体人民共享改革发展成果"。也正如亚当·斯密所说,"消费是一切生产的唯一目的,而生产者的利益,只在能促进消费者利益时,才应当加以注意"[②]。凯恩斯也强调,"消费乃是一切经济活动之唯一目的,唯一对象"[③]。萨缪尔森更是直接指出,"消费者可以说是皇帝。或者,更适当地说,每个人都是

---

① 中共中央编译局.马克思恩格斯选集:第二卷[M].3 版.北京:人民出版社,2012:691.
② 亚当·斯密.国民财富的性质和原因的研究:下卷[M].北京:商务印书馆,1974:227.
③ 凯恩斯.就业利息和货币通论[M].北京:商务印书馆,1963:90.

皇帝"①。这进一步明确了生产和消费的关系。在保持投资适度增长和稳定外需的同时,尤其是要增强消费领域投资,提高投资关联效应,甚至还可以通过投资创造新的消费需求,促进从生产主导型向消费主导型转变。在做好内需扩大的基础上,应努力通过境外经贸合作区、自由贸易协定、对外投资等渠道拓展国际市场,开辟新兴贸易市场。适时调整出口产品结构,支持部分产能过剩行业扩大出口,同时对一些高能耗、高污染以及资源性产品继续下调其出口退税,直至完全取消出口退税,进一步开发和创造出口需求。把产业链协同内嵌于其中,努力实现贸易企业、生产企业、金融机构和科研机构无缝化协同对接,以保持国内国际商品市场供求平衡。

其次,要进一步优化供给结构。全面提升和改造传统产业,加快工业化和信息化融合,大力推进技术改造,进一步提升产业整体素质。尤其要打破行业垄断和地区封锁,积极借鉴欧盟"精明专业化政策"模式,推动产业合理布局、集约发展,形成富有地方特色的产业集群。围绕重点企业和核心技术,以产业链、价值链和供应链为核心,提高产业整体竞争力。与此同时,要进一步优化产业成长结构,大力发展战略型新兴产业,利用产业政策打破行业壁垒,提高市场竞争力。对不同行业给予不同的政策导向,抑制已经处于产能过剩的行业的增长,保持商品市场供求的平衡。要加大对新能源、节能环保、新材料、新医药、信息网络等产业的政策扶持,加大财政投入和信贷政策支持力度,培育新的经济增长点。此外,还要综合运用法律、经济和必要的行政手段,结合环保、技术标准、产业和融资政策等,完善落后产能淘汰的激励政策,加大对落后产能的淘汰力度,使过剩的产能能够自由、及时地退出。

最后,要加强收入分配改革,科学调节收入分配,增加居民收入。通过完善社会保障体系,逐步增加国有资本红利上缴比例,加强"调高、扩中和提低"改革,鼓励居民消费。加大义务教育、公共卫生和基本医疗、公益性基础设施、生态环境保护、公共安全、住房等公共服务和基本社会保障投入,从制度上、政策

①　萨缪尔森.经济学:上册[M].北京:商务印书馆,1979:83.

上去除人民群众的后顾之忧,培育和提升低收入阶层的购买力。强化居民收入增长在国民经济和社会发展中的地位和作用,尤其是农民收入的稳定增长,要进一步理顺劳动、资本、技术、管理等生产要素的分配关系,提高劳动者报酬在初次分配中的比重。逐步缩小公共物品和公共服务在城乡之间、区域之间、行业之间和群体之间的分配差距,切实改善居民消费支出的预期,从而直接和间接地释放与扩大他们的消费能力,全面实现消费能力再造。财政投入还应该向农村倾斜,缩小城乡差距,要及时深化产能过剩行业的城乡消费统筹政策,进一步完善家电下乡、汽车下乡、农机下乡、家电和交通运输工具以旧换新等刺激消费政策和过剩产能化解政策,扩大财政补贴品种,鼓励城市中存在过剩生产能力的工商业下乡,加强农业综合生产能力建设,进一步拓展农村消费市场,以扭转最终消费率低的现象。

因此,从本质上看,产能过剩治理仍然是以增量改革的方式来获得我国产业转型升级的新动力,只不过增量所增加的是新的治理制度供给和新治理机制供给模式,即未来的治理设定的方式和机制,由此改变参与主体的行为方式和行为预期。产能过剩治理不过是改变产业发展利益分配方式,或者改变产业布局预期行为从而改变利益分配方式。如何实现区域产业布局与全国产业规制一体化促进经济利益分配方式的可持续发展,是所有好的治理机制的根本立足点或出发点,否则必然是一个糟糕的治理机制,实现可持续发展的治理体系实际上就是通过新的利益安排制度的形成完成可持续的激励机制。所以我国工业领域的产能过剩治理实践,在短期看将是进行利益切割分配的改革,但从长期来看,是为产业可持续增长动力寻求可持续的收益分配制度和要素积累激励机制,以激发可持续的增长动力。

三、深化投融资体制改革,优化资源配置功能

马克思的《资本论》早已在生产资本构成中分析了投融资中的固定资本和流动资本;在资本有机构成中分析了可变资本和不变资本的构成比例,阐明了资本有机构成不断提高的发展趋势;在产业资本职能形式中分析了货币资本、

生产资本和商品资本三种形式,阐明了产业资本在生产过程和流通过程中的表现形式及其实现机制;并在社会再生产两大部类理论中,分析了消费资料生产部门和生活资料生产部门的协调比例关系,进一步厘清了不同资本比例协同的重要性和关键性。一旦比例失衡,生产和消费之间出现矛盾,产能过剩的危机就会集中爆发,并可能会引发系统性经济风险。现实中,长期以来我国经济增长依赖于投资和出口积累的结构性矛盾日益加剧。政府部门致力于追求速度和规模,尤其是固定资产投资规模过快增长,人为扭曲了资金成本,导致过度投资而行业性产能过剩,以及瓶颈性产业投资不足并存的悖论。因此,防范和化解产能过剩就需要根据社会经济发展的需要,处理好固定资本和流动资本、可变资本和不变资本、消费资料生产和生活资料生产之间的协同关系,把握好投融资的重点、节奏和力度,优化投融资结构。防范和化解投融资风险,严格规范投融资管理,建立健全投融资平台尤其是地方平台,及时转换政府投资重点,强服务弱投资,为产业转型和升级提供有效的金融支持和金融服务。

积极推行差别化政策,创新化解方略,积极按照分类、分级、分业、分步进行分别处置,提高产能过剩行业的投资门槛,尤其在节能、环保、技术标准等方面加以引导和规范。为企业的发展提供结构合理、资本充足、来源合法的资金资源,即以正确的手段从合适的对象手中取得足够的资本来支撑工业产业发展。在消化和淘汰落后产能的同时,积极引导行业科技进步,促进技术创新,既保持我国制造业在全球的竞争力,又能从根本上缓解产能过剩矛盾,把长期积累的弊端和问题逐步化解。

在投资结构上,要放开竞争性领域的投资规模和投资速度,积极深化市场在资源配置中的作用。要发挥好中央投资的引导作用,发挥重大项目的引领和示范效应,深化节能环保、生态保护、公共基础设施等社会事业领域的投资力度和发展强度,深化战略性新兴产业和自主创新领域的投资能力建设。加强地方政府投资效率监管,促进社会资本投资规模,降低民间投资门槛,强化市场机制的资源配置能力。在固定资产投资结构中,要加大对企业技术和设备改造的支持力度,逐步提高技改投资占比,深化企业资本投资结构调整的能力建设,优化产品结构和技术结构。

在投资主体上,拓宽投资资金来源渠道,积极筹措社会经济事业发展所需资金,逐渐形成多元化的投资主体,深入贯彻"非公36条"及42个部门细则,积极推进和落实民间投资的"国民待遇"。发展直接融资模式,改变以大银行为主导的金融体系,打破"融资—上市—过剩"的怪圈,鼓励产能过剩的小微企业通过资本市场转型发展、提高生产工艺水平筹集资金。新时期,要建立健全民间投资监督管理措施,积极落实《反垄断法》《反不正当竞争法》等,为社会资本融入各产业领域创造公平竞争、平等准入的市场环境,保障全社会投资健康快速增长,在"绿色投资、高科技投资、民生投资、空间投资、海洋投资"①中真正形成"平等使用生产要素、公平参与市场竞争、同等受到法律保护"机制,真正落实企业的投资主体地位。

在投资决策上,以《国务院关于投资体制改革的决定》为指导,尽快出台"政府投资条例",一方面,要积极下放投资决策权,使投资的决策者拥有完整的投资决策权,强化决策者的承接能力,加强后续监管;另一方面,要规范地方政府投资行为,实行"谁审批、谁投资、谁决策、谁受益、谁承担风险",落实地方政府的主体责任,提高审批的科学性和严肃性,强化投资失败的领导问责制,依法惩处无效投资的决策者。地方政府要转变短期化投资行为,引导退出投资活动,审慎调控地方政府的投资冲动,并将地方政府行为纳入法制的轨道。此外,还要通过多种渠道收集、汇总信息,建立动态投资项目库,在进行深度分析的基础上,向社会定期发布相关信息,提高政府在投资决策方面的信息服务的功能。

在投资监管上,要避免多头监管、效率不高、责任不清的状况。切实提高投资监管的科学性、协同性,提高监管效率,着力解决投资调控、监管分散化局面。要明确不同投资主体的责任机制,构筑审批监督"安全网",强化投资问责制,并通过强化动态化的"负面清单制度",优化投资主体和客体的约束力,厘清政府、企业和市场的关系,积极释放市场活力,切实提高投资监管效率。

在金融风险控制上,通过推动金融体制改革,加强银行业不良资产管理,增

---

① 王双正.我国投资结构调整优化研究述评[J].经济研究参考,2013(16):12-24.

强商业银行风险抵御能力,提高商业银行风险管理和服务能力,构建风险隔离体系,最小化金融机构的负外部性。一方面,理顺地方政府与银行的关系,弱化地方政府对银行信贷的影响能力,降低银行为产能过剩行业提供资金的压力和动力,防止地方政府过度投资行为,并且在产能过剩转移化解中,科学预测财政金融风险,加强金融财政成本分析,做好风险控制[①]。另一方面,严格控制过剩行业融资规模,对产能过剩行业实行较高的贷款利率水平。优化行业融资限额控制,积极推进金融支持与产业政策导向的深度契合,实行差别化信贷政策,对高新技术产业和战略性新兴产业可以实行较低的贷款利率,鼓励向高端生产环节攀升。还可以实行差别化法定存款准备金体系,通过不同机构的不同准备金率,减少对产能过剩行业的投放,以缓解产能过剩的压力。与此同时,加强信贷审批管理,优化存量、控制增量,加强对钢铁、煤炭、光伏、纺织等行业的风险控制。还要加快推进利率市场化进程,强化我国社会主义市场经济中多种所有制企业在信贷市场中的平等融资资格。硬化银行预算约束,严格控制高污染、高能耗等落后产能行业的信贷支持。积极按照"赤道原则"推进绿色信贷服务[②],合理配置贷款资源,支持技术改造和产品升级,发挥资金杠杆对产业的指引作用。同时,可以鼓励个人的消费信贷,增加居民的消费,提升社会的总需求。最

---

① 目前来看,部分地方政府的财政收入很大比例来源于当地产能过剩企业的税收,政府在产能过剩行业发展之初也通过各种地方融资平台进行投资,因此当大企业或大项目进行产业转移时势必会对地方的资金链造成威胁,产能化解中可能会给金融体系造成大量坏账,增加地方的金融风险。因此,在产能过剩化解过程中要密切关注金融风险的发生。

② 绿色信贷在国际上并没有准确的定义,强调信贷活动要为"绿色经济服务",是一种绿色金融,主要是"赤道原则"。截至 2012 年包括花旗、渣打、汇丰在内的 73 家大型跨国银行已明确遵循赤道原则(其中来自新兴市场的国家有 13 家)。"赤道原则"要求金融机构对融资项目可能对环境和社会造成的影响进行综合评估,并利用金融杠杆促进该项目在环境保护以及社会和谐发展方面发挥积极作用。目前国内接受赤道原则的金融机构仅兴业银行 1 家。《2012 年绿色信贷发展报告》指出,在中国市值排名前 50 位的银行中,"两高一低"项目贷款余额占比依然较高,这一现象在城市商业银行表现尤其突出。截至 2013 年 6 月末,21 家主要银行机构绿色信贷余额贷款达 4.9 万亿元,所贷款项目预计节约标准煤 3.2 亿吨,节水 10 亿吨,减排二氧化碳 7.2 亿吨、二氧化硫 1 013.9 万吨、化学需氧量 464.7 万吨、氮氧化物 256.3 万吨、氨氮 42.8 万吨,对推动社会经济可持续发展有很好的引领作用。资料来源:杨姝影,马越.积极推动绿色金融法治建设[N].中国环境报,2014-11-13;李仁杰.市场化与绿色金融发展[N].中国金融,2014(4);成式.商业银行践行绿色金融及应关注的问题[J].国际金融,2014(4):69-72.

终形成多种方式化解金融风险,提升竞争力。此外,鼓励证券公司、资产管理公司、股权投资基金以及产业投资基金等向企业提供直接投资、委托贷款、过桥贷款等融资支持,尤其是为向海外转移过剩产能的行业提供金融支持。

在资源性产品市场上,进一步完善要素市场体系,完善市场在资源性产品价格形成机制中的调节作用,弱化政府定价与政府补贴职能。积极稳妥地推进资源性产品价格改革,破除关键领域影响价格有效传导机制,健全反映市场状况的顺畅的价格传导机制。首先要切实加快土地制度改革,弱化地方政府将土地作为招商引资的利好要素功能,建立规范的土地出让管理制度,建立规范的基准地价制度;其次,要进一步优化水电等生产要素价格改革,实行阶梯化水电价格管理体系,按照差别化策略推进资源的合理配置,协同煤、矿、气、油、水、电等资源性产品的价格关系与传导机制,促进要素市场稀缺资源的敏感性提升。此外,按照"谁污染、谁治理""谁污染、谁付费"以及"谁污染、谁负责"的原则,对高污染、高能耗的行业在综合现行排污费收费标准、实际治理成本、环境损害成本等因素基础上,科学确立征收环境保护税[①],建立和完善生态补偿责任机制,鼓励和引导下游与上游地区、开发与保护地区、生态受益与生态保护地区之间开展生态补偿,减少企业生产的负外部性效应,弱化过度投资行为。积极探索水权交易、碳汇交易等市场化生产补偿模式[②],以保障产能过剩治理过程中同步推进生态文明建设。

---

① 一般而言,环境经济手段主要有两类手段:一是庇古税,包括税收、收费、补贴和押金退款;二是科斯手段,包括自愿协商和排污许可证交易。二者的共通之处在于,它们都是为了使环境问题的外部效应实现内部化,都允许经济当事人为了实现环境目标通过成本收益的比较选择一种最佳方案。在实际中采用何种手段主要依据具体情况,在环境收益一定的情况,选择边际管理成本或边际交易成本最小的方法。目前,我国还是以排污收费为主,在一些省份开展了排污权交易试点,但范围有限。引自:田国强,陈旭东.中国改革:历史、逻辑和未来:振兴中华变革论[M].北京:中信出版社,2014:383.

② 据统计,从1990年开始实施总量限制下的二氧化碳排放权交易制度以来,美国当前的年度二氧化碳排放总量已经下降到了该制度实施前的50%以下;同时,据估计通过排放权的交易节省了高达80%的减排成本。材料来源:田国强,赵金华,林立国.关于高度重视和有效推进环境污染治理的几点建议[J].上海财经大学高等研究院:政策研究报告,2013(1):3-15.

第二节　经济自主创新驱动与我国产能过剩治理

在熊彼特的创新□□中写道："开动和保持资本主义发动机运动的根本推动力,来自资□□□□的新消费品、新生产方法或运输方法、新市场、新产业组□□□□□□茨在《各国的经济增长》中分析创新的不间断的□□□□□□握地预测这种连锁影响,几乎都是不可能。今天□□□□□□□一定创新的效果的荒谬可笑的预测"②。不难发现,创□□□□□工业化产生与发展过程中,引起了社会经济的一系列变化。世□□史表明,生产过剩的周期性经济危机在一次又一次的不间断的创新中有效化解了产能过剩矛盾,只有通过技术创新才能实现产品结构和技术结构的根本性转型升级。走创新发展的道路已是世界各国实现工业化、现代化发展的普遍规律,创新已经成为各国经济社会发展的主要驱动力和关键支撑③,"创新竞争力成为国家竞争力的核心要素"④。

一、自主创新驱动：产能过剩治理的根本路径

从世界范围来看,创新与技术进步之间相互作用关系的研究可谓异彩纷呈。最早可追溯到亚当·斯密的《国富论》和马克思的《资本论》,都论及了创新思想。但把这一思想概念化的第一人却是 1942 年的 Schumpeter⑤。此后,Romer(1987)、Freeman(1997)、Stiglitz(1998)、Michael Poter(2003)等人,对创新

---

① 约瑟夫·熊彼特.资本主义、社会主义与民主[M].吴良健,译.北京:商务印书馆,1999:146.

② 西蒙·库茨涅茨.各国的经济增长[M].常勋,等,译.北京:商务印书馆,1985:374.

③ 2014 年 5 月 24 日习近平同志在上海调研时强调"科技创新已经成为提高综合国力的关键支撑,成为社会生产方式和生活方式变革进步的强大引领,谁牵住了科技创新这个鼻子,谁走好了科技创新这步先手棋,谁就能占领先机、赢得优势"。

④ 李建平,李闽榕,赵新力.二十国集团(G20)国家创新竞争力发展报告(2001—2010)[M].北京:社会科学文献出版社,2011:1.

⑤ Schumpeter J A. Capitalism,Socialism and Democracy[M].New York：Harper Perennial,1962.

进行了拓展性研究,研究视角囊括了宏观经济学、产业组织与产业经济学、财政与公共政策学、发展经济学等,创新经济学的研究成果可谓汗牛充栋,越来越多的人认识到没有创新就没有人类社会的进步,产业创新能力已成为国家竞争优势的关键要素。因此,在学术界和实务界,人们开始了对存在多种不确定性和明显的随机特性的创新道路进行持续探索。罗斯维尔就曾对 20 世纪 50 年代以来的创新驱动道路进行研究,提出了著名的"基于创新拉动路径的五代模型",即工业技术创新推动;市场需求拉动;技术推动和市场拉动交互作用;技术、设计、制造、管理和营销一体化触动;系统集成网络撬动。此外,Kumpe 和 Bolwijn(1994)还提出了"基于市场竞争路径的创新模式",包括效率竞争型、质量竞争型、柔性竞争型和创新竞争型四种类型[①]。实践中,美国历次产能过剩化解,都十分重视产业技术进步的力量,注重研究与开发、技术转化和教育的投资,强化代表科技进步趋向的生产能力的投资,着力改善国家创新机制的能力建设,全面深化自主创新在国家、产业和企业层面的系统性引领作用。

从国内来看,早在 20 世纪 90 年代初就有人提出"率先创新"(雷家骕,1993)、"自主创新"(陈劲,1994;谢燮正,1995;杨德林、陈宝春,1997)的概念,但并没有引起我国社会的广泛关注。实践中,改革开放以来各经济部门陆陆续续引入了国外大量的先进理念、技术和设备。在国民经济得到很大改造和提升的同时,我国开始在多个制造业领域实施"以市场换技术"的战略和政策,但仍然无法摆脱"引进—模仿—落后—再引进"的陷阱,与此相伴随的就是不同产业不同行业在这一恶性循环过程中产能过剩调整和化解之间徘徊。利润捕获能力式微,产能过剩问题加剧,到 2005 年关于"应该实施自主创新国家战略"日益紧迫。直到 2007 年党的十七大报告明确提出,要"提高自主创新能力,建设创新型国家",明确要求坚持走中国特色的自主创新道路,把增强自主创新贯彻到现代化建设中的各个方面。到了 2012 年党的十八大报告进一步提出,要"实施

---

① 雷家骕,秦颖,郭淡泊,等.中国的自主创新:理论与案例[M].北京:清华大学出版社,2013:6-7.

创新驱动发展战略",并摆在国家发展全局的核心位置。2014 年 8 月习近平总书记召开中央财经领导小组第七次会议强调"加快实施创新驱动发展战略,加快推动经济发展方式转变",增强科技进步对经济增长的贡献度。

正如熊彼特所强调的,竞争产生了"创造性的毁灭",即现有的产品和生产方式不断为新的所取代。创新的内涵丰富,从大到小分别为:核心价值观和文化认同的创新→制度创新→经济理念创新→系统创新→产品创新→技术、品牌和营销创新→加工制造创新,从而形成自主创新的科学体系。通过自主创新使企业的利润来自其相对于竞争对手的低成本和高质量,以及由于自主创新形成的优势产品结构和技术结构的暂时性的垄断地位。在不断循环竞争过程中,竞争性自主创新的可能性越大,整体性过剩产能出清的可能性就越高,产能过剩矛盾也就在这一螺旋式上升过程中得以化解。我国产能过剩化解的根本路径在于,促进国家创新能力建设、产业技术创新和企业技术进步,不断在竞争中占据优势主导地位,不断实现产品结构和技术结构优化,建立市场占优的领先地位。因此,在国家自主创新层面,要始终坚持"科学技术是第一生产力"的指导思想,大力增强国家科技创新能力,大力增强核心竞争力,把增长自主创新能力作为国家战略。积极推进突破式产业创新,真正实现核心技术和关键技术国际前沿,通过自主创新获得核心技术、培育自主品牌,进而掌握市场控制权和利润控制权,从根本上维护我国在国际产业链分工中应有的地位。要积极实施"科教兴国"战略,强化人才培养,因为"全面发展的一代生产者,他们懂得整个工业生产的科学基础,而且每一个人对生产部门的整个系列从头到尾都有实际体验,所以这样的社会将创造新的生产力"①。建立健全有利于自主创新的科技条件和制度环境,如科研基础条件改善、科技投入规模增容、产业技术支撑能力建设等。在产业自主创新层面,根据不同产业类型实施不同的产业创新政策,系统运用技术创新、管理创新和市场创新,在原始创新、集成创新和引进消化吸收

---

① 中共中央编译局.马克思恩格斯文集:第九卷[M].北京:人民出版社,2009:314.

再创新过程中,突破关键核心技术。对于具有优势竞争力的产业要从原始创新起步,通过关键核心技术的突破,带动产业的整体发展。对于不具有核心竞争优势的产业,鼓励引进成熟、先进技术,再辅以消化吸收和再创新。按照"引进技术—消化吸收—模仿创新"并"进行技术积累和技术改造"的路径,培育产业的自主创新能力。对于落后产能行业则应该借助于"集成创新""组合性创新"来挖掘产业的生存潜力,在化解、淘汰落后产能的同时,借助"原始创新"来开辟产业发展的新路径。通过系统性的方案,投入足够的产业创新资源,特别是人力、资金、基础设施和基础性技术,形成各行业特定的独有的自由知识产权、技术、产品和标准,根本上形成产业国际竞争力、提升产业竞争优势的综合能力,这是产能过剩治理最为根本的突破和发展方向。

二、生产方式鼎新:第三次工业革命与竞争优势再造

工业革命(又称产业革命)一词起源于法国,法国经济学家热罗姆·阿道夫·布朗基(1837)在《欧洲从古代到现代的政治经济学史》一书中用于说明工业化开始时所经历的一场技术变革。"生产方式的变革,在工厂手工业中以劳动力为起点,在大工业中以劳动资料为起点。"[1]因此,马克思在《资本论》第一卷中指出:"17世纪末工场手工业时期发明的、一直存在到18世纪80年代初的那种蒸汽机本身,并没有引起工业革命。相反地,正是工具机的创造才使蒸汽机的革命成为必要。"[2]马克思把工具机的创造放在比蒸汽动力的使用更加重要的位置,"作为工业革命起点的机器,是用这样一个机构代替只使用一个工具的工人,这个机构用许多同样的或同种的工具一起作业,由一个单一的动力来推动,而不管这个动力具有什么形式"[3]。因此,工业革命的到来就意味着"经济性质的重大变化""由起飞进入持续增长"。从人类社会经济史来看,工业革命

---

[1] 中共中央编译局.马克思恩格斯文集:第五卷[M].北京:人民出版社,2009:427.
[2] 中共中央编译局.马克思恩格斯文集:第五卷[M].北京:人民出版社,2009:432.
[3] 中共中央编译局.马克思恩格斯文集:第五卷[M].北京:人民出版社,2009:432.

不仅是一场技术革命,更是一场政治革命和制度上的变革①,对社会观念、生产组织方式、生活方式、管理方式甚至教育方式都将影响深远。"在 10 年或 20 年后,经济的基本结构和社会的政治结构都发生了转变,致使今后稳定增长率能够正常地维持下去。"②18 世纪以来人类经历的两次工业革命,引发的"一系列剧烈的社会调整……时至今日仍在延续"③。

　　21 世纪以来,随着互联网技术的深化发展,各种新技术、新材料、新能源不断涌现,为第三次工业革命的发生奠定了技术基础。Peter Mash 在《新工业革命》、Hod Lipson & Melba Kurman 在《3D 打印:从想象到现实》以及 Jeremy Rifkin 在《第三次工业革命——新经济模式如何改变世界》等书中尝试探索第三次工业革命及其可能。其中以 Jeremy Rifkin 的"第三次工业革命是移动互联网技术与可再生能源的深度融合为支点,以'3D 打印机'为标志,是一场能源革命、材料革命、技术革命和信息革命"的观点④,引起了全球性关注和讨论。2013 年 9 月中央政治局到北京中关村集体学习时,习近平总书记强调"新一轮科技革命和产业变革正在孕育兴起,一些重要科学问题和关键核心技术已经呈现出革命性突破的先兆,带动了关键技术交叉融合、群体跃进,变革突破的能量正在不断积累。即将出现的新一轮科技革命和产业变革与我国加快转变经济发展方式形成历史性交汇,为我们实施创新驱动发展战略提供了难得的重大机遇。机会稍纵即逝,抓住了就是机,抓不住就是挑战。我们必须增强忧患意识,紧紧抓住和用好新一轮科技革命和产业变革的机遇,不能等待、不能观望、不能懈怠"⑤。

---

① W. W. 罗斯托.经济增长的阶段:非共产党宣言[M].郭熙保,王松茂,译.北京:中国社会科学出版社,2001:37.
② W. W. 罗斯托.经济增长的阶段:非共产党宣言[M].郭熙保,王松茂,译.北京:中国社会科学出版社,2001:9.
③ 麦格劳.现代资本主义:三次工业革命中的成功者[M].赵文书,肖锁章,译.南京:江苏人民出版社,2000:8.
④ 杰里米·里夫金.第三次工业革命:新经济模式如何改变世界[M].张伟体,孙豫宁,译.北京:中信出版社,2012:25.
⑤ 本报记者.敏锐把握世界科技创新发展趋势,切实把创新驱动发展战略实施好[N].人民日报,2013-10-02(1).

有学者指出,像历次工业革命一样,融合了智能制造、互联制造、个性化定制制造和绿色制造于一体,以能源网络化、数字化制造、组织模块化、工厂家庭化和发展生态化为主要特征的第三次工业革命,"将从根本上改变现有的生产方式和产业组织形式,改变国家间的比较优势条件和产业竞争的关键资源基础,进而重塑全球经济地理和国际产业分工格局。这将深刻影响我国产业结构调整演进的路径和进程,对我国制造业转型升级构成巨大挑战。"①

新时期,美国和欧洲从"去工业化"再到"再工业化"的转变,重塑本地工业竞争优势,积极引导海外制造业回归,目的就是要抢占第三次工业革命的先机。可以说新技术已成为全球产业的灵魂,是传统产业改造升级的动力。当前,我国更是要紧紧把握第三次工业革命浪潮,踏准新一轮科技革命和产业变革的时代节拍。随着我国劳动、土地、环境等要素成本急剧上升,国家间比较优势格局发生新变化,全球经济地理形成新格局,我国亟须促进制造业由"低附加值向高附加值、低技术密集向高技术密集、粗放发展向精益制造、大规模生产向大规模定制"②转变,生产方式和制造模式实现全面升级,网络经济与实体经济的系统性深度融合,开启一次重大的时代转型。我国要从技术、制度、组织等方面调整发展规划和加强研究,抢占第三次工业革命先机,提高空间经济产能密度,再造发展中国家竞争优势。

但正如邓小平同志 1985 年在全国科技工作会议强调"改革经济体制,最重要的,我最关心的是人才。改革科技体制,我最关心的还是人才"③,人才资源已成为社会经济发展的第一资源。斯大林也强调"人才、干部是世界上所有宝贵资本中最宝贵、最有决定意义的资本"④。人才是提高竞争力、生产力、创新能力以及创造消费者盈余的关键要素,是领军企业与其他企业之间最大的差别。后

① 吕铁.第三次工业革命对我国制造业提出巨大挑战[J].求是,2013(6):23-24.
② 中国社会科学院工业经济研究所课题组.第三次工业革命与中国制造业的应对战略[J].学习与探索,2012(9):93-98;芮明杰.第三次工业革命起源、实质与启示[J].新华文摘,2012,514(22):120-122.
③ 邓小平.有理想、有道德、有文化、有纪律[M]//邓小平.邓小平文选.北京:人民出版社,1995:3.
④ 斯大林.斯大林选集:下卷[M].北京:人民出版社,1979:373.

工业化时代,要形成有高端专业技能的高效劳动者和拥有高端技术能力的高效创造者①,则离不开人才培养。马克思指出"教育会生产劳动能力"②,人力资源开发"不仅是提高社会生产的一种方法,而且也是造就全面发展人的唯一方法"③。在人才开发基础上,我国制造业仍需要加强应对策略。如构建具有国际竞争力的高端高效的现代产业体系,即高级要素禀赋、高的价值链位势、高的价值链控制力、高的产出效率、高的附加值、高的正向外部性;发展战略性先进制造业;推动先进制造业与现代生产性服务业动态跨界融合实现;完善产业创新服务体系,促进知识积累和知识创新,全面提高产业创新、技术创新、商业模式创新的速度与孵化效率 ④,从而为我国在国际新分工体系中抢占先机和占据特有的竞争优势奠定基础。

三、产业科技革新：生产能力跨越与产业竞争力培育

正如希克斯所言"正是科学,尤其是自然科学,为工业开辟了如此宏伟的前景。随着时间的推移,科学与工业的关系已经变得愈来愈明显了"⑤。马克思在分析资本主义经济发展过程中,就探讨了诸如"机器为基础的生产方式的变革""技术革命""劳动生产率的变化",以及"资本有机构成的变化""干中学""机器改良""创新扩散"等产业技术创新问题,甚至还提出了"资本节约型创新"和"劳动节约型创新"二分法⑥。马克思认为科技创新会带来生产力的巨大进步和经济增长,是资本主义经济长期持续增长的动力。"资产阶级除非对生产工具,从而对生产关系,从而对全部社会关系不断地进行革命,否则就不能生存下去……生产的不断变革,一切社会状况不停地动荡,……这就是资产阶级时代

---

① 埃蒙德·菲尔普斯在《大繁荣——大众创新如何带来国家繁荣》一书中写道:"国家层面的繁荣源自民众对创新过程的普遍参与。它涉及新工艺和新产品的构想,是深入草根阶层的自主创新。"
② 中共中央编译局.马克思恩格斯全集:第二十六卷[M].北京:人民出版社,1972:210.
③ 中共中央编译局.马克思恩格斯文集:第五卷[M].北京:人民出版社,2009:557.
④ 芮明杰.第三次工业革命与中国选择[M].上海:上海辞书出版社,2013:85-94.
⑤ 约翰·希克斯.经济史理论[M].厉以平,译.北京:商务印书馆,1999:132.
⑥ 任力.马克思对技术创新理论的贡献[J].当代经济研究,2007(7):16-20.

不同于过去一切时代的地方"①。通过产业科技创新突破行业共性技术形成核心技术优势,以更好实现大产业化市场化,可以有效地熨平各种不确定性的波动和缓和各种供求矛盾②。

经济新常态下③的产业科技创新俨然已经超越了上述范畴,生产能力已跨越了第一次工业革命时代的动力机制,产业竞争力培育的社会经济基础也发生了巨大变化。目前,经济增长动力正在发生转换,新竞争优势不断累积。要从质量和效益中探寻产能过剩化解的长效机制,就需要深化产业科技创新力度,挖掘潜在竞争优势产业,优化产业科技创新政策与自主创新能力。研究数据显示,2013 年国家知识产权局共受理发明申请 82.5 万件,同比增长 26.3%,连续 3 年位居世界首位④。联合国世界知识产权组织(WIPO)数据显示,2013 年我国的国际专利申请数量和占全球比重均创新纪录,在 35 个技术领域之中有 21 个占据优势。我国已超过德国,在《专利合作条约》体系中排名第三,仅次于美国和日本。但在经济运行新常态中,我国生产能力跨越与产业竞争力培育仍然任重道远,2013 年在 2.6 万多项国际标准中由中国主导制定的仅占 0.5%⑤。当前,仍需不断深化产业科技创新,要积极借鉴美国和日本在产能过剩化解中科技创新的经验,围绕产业链布置创新链,努力突破产能过剩形成过程的关键核心技术障碍,克服资本集聚有限性的缺陷,不断提高空间经济产能密度,拓展生产潜能。

首先,加大科学研究与基础设备投入。在科技发展过程中,政府的作用不可忽视。当前及未来一段时期,创新驱动的根本支撑是科技进步。早在 1955

① 中共中央编译局.马克思恩格斯选集:第一卷[M].3 版.北京:人民出版社,2012:403.
② 行业共性技术攻关迫切,比如电动车核心技术电池就是典型案例,如果没有掌握核心技术,进行产业化会造成盲目低水平重复建设。
③ 在 2014 年 11 月 APEC 领导人峰会上,习近平总书记指出,中国经济呈现出新常态,他认为有几个主要的特点"速度——从高速增长转为中高速增长""结构——经济结构不断优化升级""动力——从要素驱动、投资驱动转向创新驱动"。并强调新常态派生新机遇,指出新常态下中国经济增长更趋平稳,增长动力更为多元,发展前景更加稳定。
④ 2013 年我国发明专利授权及有关情况新闻发布会[EB/OL].(2014-02-20)[2015-06-30].国家知识产权局.
⑤ 梅克保.把我国经济发展推向质量效益时代[N].人民日报(理论版),2014-12-26(7).

年美国政府提供的"研究与发展"费用就达 62 亿美元,占国民生产总值的 15%,20 世纪 60 年代后都保持在 22% 以上。当前,我国科学研究与发展费用投入仍然不足,要结合国家发展的战略目标,加大国家尖端技术的基础研究和应用研究投入力度。尤其是对于投资回报率低、周期长的风险领域,要以深化行政支持的方式介入科技发展,并为创新机制提供良好的氛围,强化科学技术市场利用率和价值转换率。加强科研院所、大学等协同创新机制,构建新型的研发合作机制,建立有效的研发合作组织。积极探索处理政府介入与科学研究之间关系的新机制、新办法。积极发展高新技术产业,优化优势产业的资源配置,加强生产分工,持续推进产业高级化、尖端化,不断优化产品和服务质量,提高产品设备稳定性,增加产品附加值,打造优势产业竞力①。

其次,鼓励企业的产业科技创新。无论是马克思的理论还是熊彼特的创新理论,都承认企业是技术创新的主体。在现实经济生活中,超额利润的追逐是企业进行产业科技创新的重要动力,创新企业的利润率高于一般企业的利润率。因此,要通过市场机制的诱导作用,利用税收优惠、财政补贴等办法,促进企业进入市场失灵领域,加强企业自主创新能力建设,尤其是中小企业的发展②。积极搭建平台,促进产学研一体化平台,适时推进研究联合体(RJVs,Research Joint Ventures)或产业科技创新联盟建设,更加重视三方联合培养人才,为促进各类研发组织资源的无缝化对接提供政策空间。尤其在应用研究中,要借鉴美国的经验深化市场在研发资源配置中的决定性作用,改进合作环境,努力实现国内外市场融合和不同产业的生产合作,积极引进国外先进的生产技术和生产模式,优化产业结构。强化企业在市场和竞争中的主体地位,加大技术投入,提升自主创新能力,促进质量升级和效率提高,以增强产业竞争

---

① 如贵州的磷化工业,通过招商引资引入磷化工企业已经能做到产供销一体化,特别是对废渣实现循环利用,产品既有市场竞争力,同时也符合国家当前发展煤电磷一体化的思路和环保政策,不失为产品创新与工业转型升级的典范。

② 尽管大企业是国民经济的脊梁和支柱,但中小企业更具有创新活力。美国 70% 的创新发明是由小企业实现的,欧盟中小企业人均创新成果是大企业的 2 倍,德国 67% 的专利技术是由中小企业研发注册的。美国评定的 20 世纪最为重大的 65 项发明创新都是由中小企业和个人完成的。资料来源:中国科学技术信息研究所.创新美国,2005 年科技发展战略译丛。

力，不断提高国际市场竞争水平。使企业从自为状态、零散状态向战略谋划和有组织实施转变，形成新型的人才聚集、资本聚集、产业集聚与要素重组新格局。现实中已经涌现了诸多企业科技创新案例，如奇瑞汽车基于核心元件的渐进式赶超的消化吸收再创新；一汽轿车等基于终端产品的集成创新；尚德基于技术突破的市场导向型的高端介入的原始创新，虽然尚德光伏由于欧盟反倾销等最后破产，但其经验依然值得借鉴。

再次，创新人才政策，优化人力资源配置。2014 年 8 月习近平同志在中央财经领导小组第七次会议中指出"创新驱动实质是人才驱动""要大力培育支撑中国创造、中国制造的高技能人才队伍"。新时期产业科技创新依托的是高端人才，要加快建立人才、智力、项目相结合的柔性引进机制，提高产业与人才协同。针对不同行业，实行不同的地区人才津贴制度，促进人才集聚。通过创新人才政策，优化人力资源配置，以期更好地实现产品创新，提高产品质量和科技含量，从而既能开发符合大众消费水平的物美价廉的产品，也可以针对高收入群体开发高精尖产品，以更好地满足社会不同层次和不断细化的市场需求。通过创新人才政策，吸引优质人力资源，并为引入行业生产的核心技术和关键部件生产技术，提高产品的科技附加值，做好充分的人力资源与科技资源储备。当然，在通过优秀人才尤其是创新型人才不断促进企业生产技术创新的同时，也通过技术外溢和学习效应实现国外自主研发与技术引进的有机结合，以期更好地优化工业结构。此外，还需要进一步强化制造业一线创新型人才的培养政策，提升一线员工的创新力。

最后，强化制度建设，完善相关法律法规。如何真正促进产业研发与市场需求实现无缝化对接，甚至促进作为创新主体的企业主动进行创新投资，不断形成一种制度惯性。强化产业科技创新制度建设与完善相关法律法规迫在眉睫，良好的制度环境是上述政策得以落实的根本保障，以改变长官意志治理经济、改变认"人"不认制度的法制权威虚无状态。在科技与市场的复杂性和不确定性不断提高的当下，就亟须通过制度创新深度嵌入产业实践来实现，借助完善的法律法规来提高产学研创新的积极性和主动性，规范创新行为主体的创新行为。进一步建立健全"产业科技创新条例""中小企业创新发展法""中小企业技术转移法""反不正当竞争法"等,但以不直接干预企业运作和创新活动为导向,促进其成为真正的创新主体。但政府部门可以在诱发和促进产业科技创新中发挥更大的作用,着力优化产业科技创新环境,积极优化财政投入结构,制定差别化税收和金融政策,适时创新各类要素市场交易中心、股权交易中心、中小民间金融等。建立有效的知识产权管理和保护制度,在自主创新和知识产权保护方面与优势企业有机结合,打造一条品牌发展之路。

四、信息技术创新: 大数据经济战略与产业生态变革

2008 年美国《自然》杂志首次提出大数据概念。麦肯锡的《大数据:下一个创新、竞争和生产力的前沿》(2011)表明,大数据①引领思维变革、商业变革和管理变革,改变了人们认识和理解世界的方式,已成为与人力资本、物质资本具有同等重要性的市场要素和生产资料,信息已成为一种重要资产,具有"量大、多源、实时"等特性,呈现多维性、多层次性、环境动态性等异质性②,各类数据大覆盖、大智慧与大融合,是新时期企业生产力与竞争力提升的关键要素。在大数据环境下,以从工业时代走向互联网时代,通过社交网络数据、产品信息数据、企业服务数据等,使市场信息愈发公开透明,从而改变客户行为方式,以及由客户行为变化所引发的一系列相应的产业生态革命。

随着制造技术与通信技术的迅猛发展,数据量的暴涨成了许多行业共同面对的严峻挑战和宝贵机遇,制造业整个价值链、制造产品的生命周期,都涉及诸多的数据,如产品数据、运行数据、价值链数据以及外部数据。通过网络协同配置各方资源,组织生产,分析、管理与挖掘更多各类有关数据,创造、生产与分享

---

① 大数据(Big Data)一词最早出现在 apache org 的开源项目 NUTCH 中,当时科学家用大数据这个术语来描述在更新网络搜索索引的同时进行批量处理或分析的大量数据集。1980 年,当代著名思想家阿尔文·托夫勒在其《第三次浪潮》中将大数据描绘为信息社会的重要篇章。人们对于数据的海量挖掘和大量运用,不仅标志着产业生产率的增长和消费者的大量盈余,而且也明确地提示大数据时代已经到来。资料来源:阿尔文·托夫勒著.第三次浪潮[M].朱志焱,译.北京:新华出版社,1996.
② 李文莲,夏健明.基于大数据的商业模式创新[J].中国工业经济,2013(5):83-95.

数据资源,是新时期产业生态变革的重要内涵。通过对消费需求所产生的海量数据与信息进行大数据处理与挖掘,最终通过互联网在职能设备之间传递,实现企业间"横向"的跨界资源联合,以优化知识挖掘、效益提升与创新促进。实现由智能设备进行分析、判断、决策、调整、控制并继续开展智能生产,带动产业技术升级,生产出高品质的个性化产品,提升生产效益[①],从而在数字化、智能化和网络化过程中实现真正创新制造企业的研发、生产、运营、营销和管理方式,促进供需无缝化对接,实现自组织动态实时监测,发挥积极的经济预警能力,以数据驱动形成新一代的智能工厂,促进数据产业与实体产业的深度融合、互联互通,从而实现通过发展智能制造调整产业结构,实现超范围的超行业的产业生态重组。

此外,要积极深化产业物联网建设,加强数据产业园建构,优化大数据挖掘战略,建设大型计算中心、数据灾备中心、应用开发平台、EC 产业园等,谨防信息孤岛,破除数据集成障碍[②]。通过建设大数据产业生态系统,对大数据进行深入的挖掘与应用,优化数据资产能力建设[③],增强数据意识和数据素质,以谋求抢占产业先机与制高点。通过先行谋划大数据战略,加强政策引导与扶持,创新大数据模式,加强基础数据整合,实现从前瞻性解决方案向预测性解决方案发展[④];执行相适应的信息技术政策法规,有效引导数据资源开发,积极推进智慧城市建设;深化软件研发人才培育,加强产业联盟建设,优化信息化发展环

---

① 欧盟委员会负责数字议程的委员尼丽·克洛斯认为大数据是经济发展的动力和燃料,可以创造机遇改造社会,是使服务更加个性化和透明高效的重要工具。英国经济与商业研究中心指出大数据改变创新途径,提升生产效益,为英国带来的经济收入高达 2 160 亿英镑。

② 在埃森哲和通用电气的调研中,当被问及实施数据分析战略的三大挑战时,受访企业提及最多的是"部门壁垒"(36%)、安全隐忧(35%)、数据整合(29%)。

③ 俞立平.大数据与大数据经济学[J].中国软科学,2013(7):177-183

④ "例如石化行业的预测性维护资产。在设备发生故障前进行预测性检修要比传统的计划性检修方式更有效——可使检修率下降 12%,综合检修成本降低 30%,并将故障发生率减少 70%。石化企业可以依靠预测性检修,避免不必要的设备停机,保持不间断的生产。比如,油气勘探和生产企业阿帕奇公司正采用这种方法来预测油泵故障,以最大限度减少生产损失。阿帕奇的高管指出,如果全球油气行业将泵的性能提高 1%,原油产量每天就能增加 50 万桶,从而每年为行业增加 190 亿美元的额外收益。"

境,开创多样化大数据生态系统,提升信息技术综合管理能力,把所有的产品和机器都立即互联互通和智能化,助力产业转型升级,从而推动实体经济的发展。

第三节　政府—市场关系优化与我国产能过剩治理

政府与市场关系的命题,是经济学理论和实践中最传统的命题之一。二者是现代经济学争论的重要话题之一,既有亚当·斯密的政府无用论,也有凯恩斯的"国家干预"论,还有新古典综合学派的"混合经济"论。恩格斯曾深刻批判"把权威原则说成是绝对坏的东西,而把自治原则说成是绝对好的东西,这是荒谬的。权威与自治是相对的东西,它们的应用范围是随着社会发展阶段的不同而改变的"①。政府和市场的关系也是如此,任何夸大某一类功能,盲目迷信某一种做法,都不利于优化政府—市场关系,不利于提升制度效率,不利于在社会主义经济建立和完善过程中有效防范和化解产能过剩矛盾。

一、优化制度引导市场模式,跨越产能过剩体制陷阱

在马克思看来,随着社会生产不断发展,人们不仅建立了社会生产关系,还建立了政府的强力组织、法律准则、道德约束和社会规范等上层建筑,并认为经济基础决定上层建筑。因此,"人们在自己生活的社会生产中发生一定的、必然的、不以他们的意志为转移的关系,即同他们的物质生产力的一定发展阶段相适应的生产关系。这些生产关系的总和构成社会的经济结构,既有法律的和政治的上层建筑竖立其上并有一定的社会意识形式与之相适应的现实基础。物质生活的生产方式制约着整个社会生活、政治生活和精神生活的过程。不是人们的意识决定人们的存在,相反,是人们的社会存在决定人们的意识。社会的物质生产力发展到一定的阶段,便同它们一直在其中运动的现存生产关系或财产关系(这只是生产关系的法律用语)发生矛盾。于是这些关系便由生产力的

---

① 中共中央编译局.马克思恩格斯文集:第三卷[M].北京:人民出版社,2009:337.

发展形式变成生产力的桎梏。那时社会革命的时代就到来了。随着经济基础的变更,全部庞大的上层建筑也或慢或快地发生变革"①。这种历史唯物主义的经验告诉我们,在产能过剩化解过程中,制度与市场之间的相互作用关系,必须是以制度引导市场的建立为前提。马克思指出"历来受人称赞的竞争自由已经日暮途穷,必须要自行宣告明显的可耻破产"②。诺思也强调了"制度提供了经济的一种激励结构,这一结构所涉及的,就是指明经济是朝着增长、停滞或衰退的方向变化"③。西蒙也同样认为市场经济的制度安排是一个体系,"市场只能与其他社会控制和决策方式一同使用,它并不能提供一种孤立的社会选择机制"④。因此,只有通过制度化约束的方式,才能优化产能布局,跨越产能过剩的体制陷阱。

一方面要转变政府职能,调整政府角色,强化公共服务。过去各级政府围绕着经济增长和产业发展目标,对企业提供直接或间接的支持,如土地、税收、银行贷款额度、劳动雇佣和社会保障、节能环保指标以及直接财政支持等,扭曲了市场行为,替代市场机制发展经济。新时期,要将政府工作重点转移到引导市场机制上来,按照健全市场规则、维护市场秩序、加强市场管理、清楚市场障碍的要求调整现行的政府职能,改变以批代管的前置性管制向以服务为导向的过程型监管转变。首先,发挥政府的总量信息优势,健全信息机制,加强产能过剩预警,引导资源合理配置。及时发布行业内的企业总数目、供需情况、产能利用率及投资、信贷等总量信息,真正从经济性管制向社会性管制转变。其次,将现行企业统计、景气指数与产能利用率评价结合起来,可从程度指标和效应指标两方面评价和衡量产能过剩:程度指标包括产能利用率,效应指标可以有资金利润率、银行呆坏账比率等指标,通过加权平均计算出衡量产能过剩程度的指数。逐步建立统一的识别、评估、预测行业产能利用水平的评估体系和预警系统。及时向社会

① 中共中央编译局.马克思恩格斯选集:第二卷[M].3 版.北京:人民出版社,2012:2-3.
② 马克思.资本论:第三卷[M].北京:人民出版社,2004:496.
③ 道格拉斯·C.诺思.制度、制度变迁与经济绩效[M].刘守英,译.上海:上海三联书店,1994:34.
④ 西蒙.社会事物上的理性过程.[M]//西蒙.现代决策理论的基石.北京:北京经济学院出版社,1991:171.

发布可能出现产能过剩的行业信息,按月公布产能利用率、已有和在建产能、市场需求等指标,预测产业发展趋势,引导企业合理投资。最后,政府部门要弱化产业政策的投资效应,适时改善产业规制格局,调整产业的不对称规制,防范和破除市场垄断行为,积极优化市场环境,真正促进市场在资源配置中发挥决定性作用,提高市场机制配置社会资源的效率,促进产业结构合理化。

另一方面,要进一步理顺中央与地方关系,优化中央与地方博弈中产能过剩治理的激励与合作。改革开放以来,中央向地方政府的行政性分权和以财政包干制为特征的财政分权为我国经济增长做出了突出贡献,大大促进了地方之间的要素竞争与市场活力,加强了地方分权的力度和广度,但也导致了产能过剩矛盾的加剧,往往限于"一统就死、一放就乱"的怪圈①。当前,要逐步改变单一经济发展指标考核地方政府领导"政绩"的办法,规范地方政府对经济的干预行为,转向建立有效市场秩序、统一开放的公平市场环境上来。进一步完善地方政府和官员政绩的考核标准,更加强调与公共服务、社会福利、发展质量等方面的考核,促进地方政府和官员的利益与经济的发展相一致,使地方政府行为长期化,以减少企业行为短期化。这就需要进一步优化中央与地方之间的财税分配,根据信息有效、激励相容以及外部性由谁承担的原则来进行划分,积极借鉴世界银行关于按政府级别划分财力和事权的建议(表5-1),使地方政府的财力和事权相匹配,打破地方保护和地方分割,弱化地方政府的投资动机,努力为市场机制的运行提供良好的环境。积极改进中央对地方的监管机制,加强惩罚与激励机制建设,明确地方政府的产能过剩治理责任,通过严格执法加强中央垂直领导,树立中央的威信。此外,还要促进区域之间的协作均衡,基于多尺度方法优化区域间创新差异与创新分工格局,避免地方政府之间以扭曲要素价格和诱导投资行为等主要的恶性竞争和过度竞争,导致过度的重复投资与建设。

---

① 《中华人民共和国地方各级人民代表大会和地方各级人民政府组织法》对中央和地方政府的职能关系也有原则性的界定。但在不同的发展时期和历史条件下,我国对这些原则的理解及其具体实施方式有过多次调整,但往往陷入"一统就死、一放就乱"的怪圈。权限划分是中央和地方关系的核心和基础。中央政府在对地方政府的管理体制上,总体上还是延续着以行政性分权为主的思路,其结果往往是政策不能得到有效执行、不能落地,迫切需要向经济性分权调整。

表 5-1　世界银行关于按政府级别划分财力和事权的建议

项目	中央政府	州政府	地方或省政府
收入	增值税	个人所得税	财产税
	个人所得税	全国性税收的附加税	车辆税
	消费税	零售税	使用费
	自然资源税	消费税	证照和收费
	关税	财产税	
	出口税	车辆税	
支出	三级医疗保健(控制传染病、研究)	二级医疗保健(医疗和治疗)	初级医疗保健
	大学教育	大学和中等教育	初等和中等教育
	道路和高速公路(城市间)	道路和高速公路(城市间)	道路和高速公路(城市间)
	公共交通(城市间)	公共交通(城市间)	空气和水污染
	自然资源管理	自然资源管理	固体废弃物处理、供水
	防务	警察保安	排污和防火
			土地使用管理和区域划分
			住房
			文化政策
			促进旅游
			警察保安

资料来源：世界银行.1997 年世界发展报告：变革世界中的政府[M].蔡秋生,等,译.北京：中国财政经济出版社,1997:128.

此外,还要进一步理顺政府与市场的关系。新中国成立以来有关政府(计划)与市场的关系问题的探索一直未停止。计划经济时期市场一直是批判对象。但随着改革开放时代到来,1978 年开始计划与市场相结合成为经济建设的重要手段,1992 年党的十四大则通过了《关于建立社会主义市场经济体制若干问题的决定》,此后政府与市场之间的博弈关系一直为人们所关注。1997 年,党的十五大报告在提出"要加快国民经济市场化进程""进一步发挥市场对资源配置的基础性作用"的同时,重点强调了政府进行宏观调控的目标和手段体系。2002 年,党的十六大报告在提出"要在更大程度上发挥市场在资源配置中的基础性作用"的同时,重点强调要"健全统一、开放、竞争、有序的现代市场体系",并对政府职能进行了新的界定,即"经济调节、市场监管、社会管理和公共服务"。2007 年,党的十七大报告提出:"要深化对社会主义市场经济规律的认识,从制度上更好发挥市场在资源配置中的基础性作用,形成有利于科学发展的宏观调控体系。"2012 年,党的十八大报告提出:"必须更加尊重市场规律,更好发挥政府作用。"新时期的经济社会发展要求我国政府应当是个强政府,政府在实际运行中的效能必须得到强化(谢庆奎,2002)。但就像市场不是万能的一样,政府同样也不可能是万能的。产能过剩化解中要充分肯定政府的主导作用,但并不等于政府包办产能过剩化解和排斥市场、集体、企业的介入。我国政府既要秉承高度介入和强大国家角色的价值观(王卓祺、彭华民,2009),消除市场经济的负外部性,加强对产权和契约的保护,又必须利用市场机制的调节功能,充分调动各种社会资源,增强产能过剩化解机制的多样性和前瞻性,共同促进中国特色产能过剩治理体系和治理能力建设的实现。

此外,在发挥好政府和市场作用的同时,要注意发挥行业协会的积极作用。行业协会可以借助自身信息搜集、专业人才集聚的优势,成为政府和企业之间的桥梁和纽带,公正、客观引导行业发展,为政府管理部门设置行业标准、行业准入条件、行业发展规划等提供公正、公允的政策建议。积极参与产能过剩调整化解的法律法规、宏观调控和产业政策的研究、制定,加强行业协会对产能过剩的存量控制与新增产能核准能力建设自律。

二、协同创新地方产业组织,化解产能过剩同构约束

改革开放以来,随着中央计划管理权力的大量下放,我国地方政府对地区经济增长和区域经济互动发挥着越来越重要的影响力,现实中地方政府已深深嵌入和支配区域经济的分工协作和竞争中。政府间财政包干的推行,以及晋升

锦标赛已从政治路线标准向强调经济增长的标准转变,地方政府的激励和合作行为发生了根本性的变化。与此同时,地区之间的竞争机制与合作方式也在悄然发生变化,更多时候地方保护主义和地方市场分割,既有行政壁垒限制,也有技术壁垒阻滞,既导致了经济相对封闭程度的提高,也导致了区域间产业规制与产业布局的同构化①。在招商引资中,区域之间"门槛一降再降,成本一减再减,空间一让再让",土地价格、税收优惠一再突破国家底线,区域之间已接近恶性竞争的程度,产能过剩、过度竞争、产业集中度低、规模经济效益弱等问题层出不穷。

第一,优化区域协同与竞争中产能过剩治理的激励与合作。区域经济协同与竞争中,地方政府不仅是为了实现财税和利润等经济上的指标而展开竞争,更多时候地方经济发展指标同时也是地方官员"晋升"的依据,也就是说地方官员的晋升与地方经济发展绩效紧密关联,是显著的"溢出效应"内在化表现。因此要优化这种关系,促进地区之间从竞争转向协同合作,优化地区间潜在比较优势产业的甄别能力,实现"抱团竞争",就需要将地方官员的晋升政治博弈破除。随着市场经济发展,区域分工与整合的需求日益增加,在区域协作的新型框架内(长三角、珠三角和渤海经济区)实现经济发展一体化、竞争与互动的过程。可以通过建立健全区域经济合作协调机制,实施一体化区域协同发展,如统一的市场准入政策、统一市场执法标准和统一市场法制环境,甚至允许金融机构逐步实现跨行政区综合经营和资金的跨行政区流动,实现资源共享共建。要积极强化和编制全国以及地方政府资产负债表,进一步完善不良贷款处置会

---

① 如 20 世纪 80 年代就爆发了数次区域之间的贸易封锁战和资源争夺战,比如生猪大战、羊毛大战、蚕茧大战等。1985 年至 1986 年,由于羊绒和羊毛的价格飞涨,我国北方羊绒区爆发了"羊绒大战",我国的羊毛主产区内蒙古、吉林、山西等地无一例外恢复了羊毛的统购统销,在省区交界地区,到处都设立羊毛收购站,以防羊毛流出本省。1985 年仅内蒙古赤峰市在与辽宁、河北交界地区就设立了 106 个,1986 年又增加了 70 多个。到 20 世纪 90 年代的"开发区热",到现在各地"造车大跃进""机场建设大战"等,不一而足。资料来源:张可云.区域大战与区域经济联系[M].北京:民主与建设出版社,2001:10-38.

商机制①,严控由于产能过剩可能引发的债务风险,对地方政府债务情况进行追踪动态分析。

第二,地方合意性产业政策与产业组织结构治理创新。统筹区域发展的一个重要方面,就是推进区域经济的优化布局,强化嵌入性(embeddedness)、突出探索过程(a recovery process)以及导向多样性关联化(related variety),即创新性合意性产业政策要求地方本土化、多方多维集体行动化和多样性关联化一体,以形成产业创新体系和生态环境。各地方政府要进一步明确区域发展战略,增强地方产业政策的合意性,尤其是结合资源、环境、人才等要素禀赋优势,更好地理解并深度挖掘本地化的创新资源,形成产业组织结构的集聚效应和辐射功能。整合企业家、政府官员、专家学者、中介机构的力量制定地方合意性产业政策,以带动区域产业带的要素集聚能力,优化地方生产能力布局,最大化孵化地方创新。在推进地方合意性产业政策过程中,必须既着眼于全国产业规制布局,也要着眼于区域之间产能分布规律,还要优化区域内部不同功能区的产业布局,大力限制资源高消耗、污染物高排放的工业企业向欠发达地区扩散。不断优化地方合意性经济政策、产业政策与市场的兼容度,打破地方利益对产业布局的影响,鼓励大型企业集团依托不同地区的资源、技术和市场优势实现跨区域经营,促进整体行业发展的集中化和大型化,推动系统性的产业组织结构创新,增强抗风险能力。

第三,审慎推进地方产能过剩行业的国有资本混合所有制改革。产能过剩行业往往都是效率损失较为严重,如何优化地方国有经济布局和结构,促进产能过剩行业的国有资本效率得到提升,建立健全现代企业制度和公司法人治理结构。虽然2014年政府工作报告明确要发展混合所有制经济,以增强经济竞争力,但是对于什么行业、什么领域哪些社会资本可以进入,仍然悬而未决。审慎推进产能过剩行业的国有资本混合所有制改革试点,突出依靠市场力量调整

---

① 在地方政府层面,尤其要发挥好"省、市、县"三级不良贷款处置会商机制的作用。定期召开协调会,做到协调前准备好,协调后落实好。

和优化存量产能,杜绝出现违规项目,谨防"私有资本的盛宴",防止"一刀切"。要坚持"两条腿走路",形成巨大的正外部性和外溢性,促进国有资本和民营资本在竞争中合作,在合作中壮大。当然通过混合所有制改革,加强政府专项资金扶持,可以充分发挥民间投资的灵活性和积极性,积极促进国有企业跨地区、跨所有权兼并重组,引导、规范和保护民间资本参与混合所有制改革,提高产业集中度,推动产能过剩企业的技术改造和转型升级。此外,在进行产能过剩行业的国有资本混合所有制改革时,要加强与产能过剩化解政策的联动机制建设,强化国有企业经理人员的创业精神和企业家能力建设①,增强中央与地方、地方与地方、地方与部门之间的相互协同与共建共享。

第四,提高地方政府的专业能力。地方政府在产能过剩形成中的扭曲激励,主要缘于政府自身的能力约束,即部门能力约束和官员能力约束。要加强地方政府的专业能力建设,就要通过加强自身的学习能力,提升对相关产业的识别能力、产业规划能力与信息捕获能力,谨防过度利用行政力量来扩张产能,现实中还需要加强与企业之间的互动和沟通,以更好地把握市场需求。在推动地方经济发展过程中,亟须改变传统项目直接投资的审批,转向依靠节能、环保、安全生产指标来约束和规范市场投资行为。优化政府信息服务能力与信息资源共享平台,及时、准确引导社会投资,强化区域内多方参与的"集体行动"机制,让市场机制真正发挥作用,形成"创业式的探索过程"。对于地方官员的能力建设,要加大人员甄选力度,加强官员知识的持续积累,这是提高地方官员实际工作能力的保障。要积极吸引具有丰富管理经验的复合型人才加入政策研究与制定,从根本上提高决策的正确性。在各级干部培训中,要加强产业组织经济知识等培训,优化地方官员产业规制、产业布局与项目运作的能力。此外,还要改革并完善地方官员政绩考核体系,针对不同发展水平区域,制定不同的

---

① 熊彼特认为,具有英雄主义气质的创业者能"史诗般"地创造性破坏旧均衡的同时,无中生有地创造崭新的创业机会。奥地利学派 Israel M. Kirzner 强调创业探索和利用创业机会过程中,创业机敏性的作用机制,使旧均衡的打破和新均衡的建立,创业者的创业精神不必创新,但仍然能够获得纯粹、平实而丰厚的创业利润。

绩效评价体系,转变政府经济治理思路,突出效益意识、质量意识、内涵意识。

第五,理顺地方政府与银行的关系①。实践中,优化地方政府—银行—企业之间协同机制与合作机制已成为产能过剩化解的关键环节。现实中,地方政府囿于晋升锦标赛压力下经济快速发展的动机强烈,为了解决区域内企业所需发展资金,地方政府往往会促进银行放款支持,而不顾该行业在全国范围内的发展态势,从而加剧了行业性产能过剩的形成。尤其是对于国家重点支持的行业,各地无论是否具备资源禀赋优势,都会采取积极的措施进行规划与建设,从而形成体制性产能过剩的格局,也恶化了银行的呆账和坏账,加剧了金融风险和地方债务危机。银行需要加强行业管理,硬化银行预算约束,完善内部控制机制及纠错机制。对已经发放的贷款,要加强重点跟踪与监测,及时发现、提示、控制与化解潜在风险,提高抗干扰能力与信用预警能力,严厉打击逃废债行为②,营造好金融生态环境,减少不良贷款损失③,防止产生新的不良资产④。同时,还可以防止同质化恶性竞争,对于不符合产业调整与产业振兴以及相关产业政策要求的项目,金融机构一律不得发放贷款,已发放的应及时采取适当措施予以纠正,确保系统规范、顺畅和高效运转,形成良性循环机制。

---

① 地方政府为企业提供的融资服务主要表现为:(1)地方官员帮助企业协调和争取贷款额度;(2)通过设立信托公司,以财政资金吸引银行资金投放给企业;(3)直接为企业贷款作担保,或者出资设立担保公司,帮助地方企业贷款;(4)帮助企业上市融资;(5)设立开放区,将土地批给企业,然后以土地做抵押向银行获得贷款等,企业实际拥有资产量并没有增量变化,无形中增加了金融风险,加剧了企业拿地的动机和偏好,以获得更多贷款授信。

② 要及时采取警示谈话、向社会公示、限制资产转让、限制高消费等措施,加大对恶意逃废债的惩戒力度。公安机关等要采取有效措施予以坚决打击。各地对资金链紧张的重点企业要加强监测,及时采取措施帮助企业解决实际困难。

③ 可以通过加快不良贷款核销进度。各地政府、银监部门、银行机构要主动对接,加快与当地法院的沟通协调,配合做好相关工作,共同提高金融纠纷案件的司法效率。同时,各银行业机构要积极争取核销指标,符合条件的务必争取全面核销。

④ 可以通过加快不良资产打包转让,积极发挥金融资产交易中心的作用,引导各家银行业机构尤其是地方法人银行机构挂牌转让不良资产,加快现金回收力度,尽快清除银行体内的"毒瘤"。

三、完善企业退出政策体系，建立健全长效防范机制

产能规模调整和退出，是市场自主化解产能过剩的机制，但该机制如何能积极有效地发挥依然需要政府部门相关措施的保障，以期达成国家产业发展战略目标。根据 2013 年《国务院关于化解产能过剩矛盾的指导意见》的精神，企业退出包含了转产、兼并重组、关闭停业、破产以及淘汰落后产能等多种形式，完善的企业退出政策是及时化解经济风险的重要保障。发挥好市场机制在配置资源中的决定性作用，通过及时调整企业进出，让落后生产能力及时退出市场，加快使其退出市场，提高资源配置效率，提高先进技术在产业结构中的比重，通过退出落后产能与进入先进生产能力来促进产业结构调整和升级，实现产能的供需平衡、合理竞争与行业的健康发展。可以从以下几个方面加以完善：

第一，完善财政扶持企业退出基金。促进落后产能淘汰，不仅是出于资源配置效率的考虑，更是实现政府宏观经济调控目标的重要依托。随着社会经济发展，部分技术水平不高、附加值较低的行业则需退出，国家需要强化瞄准的产业发展战略的政策目标导向，以促进经济发展再创新的制高点。因此，建议整合"关小基金""淘汰落后产能基金"等财政支出，设立统一的企业退出扶持基金。以解决企业退出后的各种难题，如工资发放、人员再就业。特别是对于国家严格调控的行业，由于政策性的关闭停产，则需要通过财政政策的支持，提高补助强度，实行赎买或奖励等策略，落细落小落实过剩产能调整。

第二，优化税收政策的引导与激励作用。税收调节机制有利于促进和增强优势企业对落实企业的兼并重组的动力，有利于促进生产要素和各种资源的优化配置。对于在兼并重组过程中过剩产能的废弃设备、土地、厂房等实施优惠政策，如可以在一定年限内享受一定额度的税收减免（或可以通过原值抵扣增值税等），或者从已纳税额度中返还一定比例作为设备损失、土地损益和厂房废弃的补偿费，以此来减轻企业过剩生产能力设备淘汰、土地转让、厂房转制等资金压力，为实现企业转产或重组提供资金保障。强化跨地区之间税收分配机制，按照"统一计算、

分级管理、就地预交、集中结算"原则,统一税收与税源,强化税收的杠杆作用,以期在不同地区之间实现更为公平、公正与合理的税收分配,减少由于税源萎缩导致的落后产能兼并重组的阻力,从而真正实现生产要素按照市场需求流转。

第三,引导国有资本从产能过剩领域退出。随着社会经济发展,钢铁、建材、化工、石油、汽车等在国民经济发展中的地位已经发生新变化,战略性新兴产业已经成为未来一个时期国家竞争力的重要增长极。积极引导国有资本及时从传统产能过剩领域退出,并适时转向国民经济发展继续的新领域,再造国有资本的引领作用和示范效应。我国上一轮国有资本改造的经验已经充分证明了,国有企业改制和重组,减少政府干预,降低企业退出成本,不仅实现了资源的优化配置与技术创新能力的提高,更实现了国有经济布局的优化,促进了国有资本结构调整,为实现新一轮的经济增长和产业结构升级做出了突出的贡献。

第四,促进过剩产能产业的中西部转移与海外资本输出。首先,结合"丝绸之路经济带"的构想,实行差别化经济政策,推动东部地区产业、产能和要素向中西部地区转移①,建设成套转移产业链拓展能力和配套服务能力,形成更好的产业布局和产业能力,全面提高产业集群、产业集中、产业集成、产业集聚的水平。与此同时,要加大激励银行向产业转移行业的信贷支持力度。其次,将产能过剩行业转移到新兴市场或将产能过剩行业的产品出口到世界市场,尤其要结合并利用好"丝绸之路经济带"和"21 世纪海上丝绸之路"(即"一带一路")建设连接世界的新型贸易之路,以更好实现全球性的利益协调与共享,加强互联互通,已成为世界各国化解产能过剩的重要手段。美国第二次世界大战后的"马歇尔计划"、日本 20 世纪 80 年代以来的过剩产能海外转移与资本输出,都是提高产业集中度和过剩产能化解的成功案例。如美国、德国、日本等汽车行业产能过剩时,就积极推进该行业的产品出口与境外设厂,通过各种优惠措施

---

①　从后发优势看,我国承接东部产业转移的地区主要有四大板块:一是我国西南、中南地区;二是丝绸之路经济带、新欧亚大陆桥等向西开放战略通道中的重要节点;三是长江黄金水道与上游流域整体开发;四是东北等老工业基地。在产业转移中应"以线穿点,以点带面",不能遍地开花,不能搞大呼隆,不能走"先污染、后治理"的老路。

促进消费者更换新车或者购买具有新技术特征的车,既能实现过剩产能的化解,又能实现装备、技术、管理与标准的输出,更能提升出口竞争力和国际竞争力。此外,还可以通过资本输出促进产业升级(如设立亚洲基础设施投资银行等),尤其在基础设施建设、港口、机场、电信、高铁和核电行业,加强向东盟国家和中亚工业化程度不高的国家对基础设备和能源设备的巨大需求量,实现资本优势和产业比较优势向境外延伸。当然,在产业国际转移过程中,要谨防欧美发达国家的"产业空心化",牢固将高端产业、关键零部件和核心研发能力留在国内。

第五,完善市场化退出政策,强化政策法律的约束效力。改革开放以来,为了促进市场经济发展,我国先后出台了《公司法》《破产法》《大气污染防治法》《水污染防治法》《固体废弃物环境防治法》《清洁生产促进法》《安全生产法》《劳动合同法》等企业退出的政策体系,此外还包括各部门、各地方政府出台的各类行政法规。市场经济必然是法治经济,当前急需强化这些政策的约束效力,加强知识产权保护,做到有法可依、有法必依,加大执法力度,加强政策执行与银行新增授信、项目投资竞争的关联度,真正在企业关闭破产、淘汰落后产能、兼并重组中发挥保障作用。此外,还要进一步降低企业注销资本,减轻产能过剩行业退出压力。

第六,推动产能过剩行业的兼并重组。产能过剩是兼并重组和提高产业集中度的大好时机。如浙江企业的经验,优化组合,发展壮大。兼并重组有利于抑制产能扩张,减少重复投资,并提高行业集中度,优化行业结构,提高产品的供给质量。一方面通过兼并重组措施,可以有效淘汰掉落后产能以及重复投资的设备,从而达到产能规模优化;另一方面,行业集中度的提高,有利于更好地控制增量,市场竞争秩序更为公平合理。马克思指出"在有些部门,只要生产发展的程度允许的话,就该把工业部门的全部生产,集中成为一个大股份公司,实行统一领导"①,如自然垄断行业就可以采取这种办法提升行业集中度。兼并重组既有横向企业联合收购,也有产业链式的联合,还可以促进境内外企业结成战略联盟,支持我国企业的跨国收购,为企业在境外设立各种目的的合资公司提供便利,促进资本进入国际市场打造更完善的机制。还要,加强行业信息引导,帮助企业解决信息不对称问题,促进资源优化配置。此外,务必严密关注产能退出过程中的金融风险,尤其是产能退出可能会对地方政府债务产生直接影响,防止对政府财政收入和银行贷款造成大的冲击。

第七,建立健全社会政策托底机制,解决企业破产和兼并过程中的人员安置和分流问题。严重过剩行业较集中的区域,失业人员怎么解决,失业人员如何再就业,尤其是困难群体再就业,要将化解产能过剩可能带来的社会成本降到最低,坚决维护社会稳定。当前,需要采取更有针对性的政策措施,建立健全产能过剩背景下社会政策托底机制,保障受产能化解影响职工的合法权益,避免大规模集中失业,帮扶"4050"等困难群体再就业。因此,首先就是各级政府,要发挥好企业应急周转资金的作用,推动银行加强转贷服务,帮助产能过剩企业解决年关面临的工人工资发放问题。与此同时,还要进一步健全社会保障制度,继续推进养老保险、失业保险和医疗保险制度的健全和完善,优化失业保险基金的稳定岗位补贴机制建设,拓宽社会保障资金来源渠道,拓展社会保障尤其是最低生活保障制度的覆盖范围,破除劳动力市场分割,建立健全"社会安全网"的兜底机制,确保地区稳定。完善就业公共服务,加强技能培训和职业教育,提高劳动者职业技能素质,增强人力资源市场能力建设,努力为企业退出时劳动者的顺利转移就业提供强有力的社会经济支持②。

---

① 马克思.资本论:第3卷[M].北京:人民出版社,2004:498.
② 目前绝大多数已成为独立的市场主体,政府鼓励企业稳定岗位的同时,要允许企业在法律范围内调配包括劳动力在内的各项要素资源。政府的职责主要是"托底"。对面临裁员的职工,政府应保护其合法权益,如何获得相应的经济补偿和社会保障等等。对"4050"人员等弱势群体,政府可给予特殊的帮扶。据了解,目前一些城市对距退休年龄不足10年的下岗职工给予公益性岗位安排。此外,还大量发展服务业,创造更多岗位。就业形势好,职工转岗将有更多机会。尤其要发挥好财政对退出产能集中的地区给予必要的扶持,妥善处理好关停企业的职工安置问题。

第四节 企业组织产能过剩治理能力建设

马克思在《资本论》中将企业组织看作一种"契约集合"或"权力组织",在对资本主义生产过程的分析中指出"人数较多的工人在同一时间、同一空间(或者说同一劳动场所),为了生产同种商品,在同一资本家的指挥下工作,这在历史上和概念上都是资本主义生产的起点"①。可见这种经济关系中包含多重内容,资本主义生产就是企业生产,是生产力的载体②。可以说,企业生产是市场经济的产物,是社会主义生产的重要内容,并作为生产力的载体之一,反映了一定的社会经济关系。我国产能过剩的形成不仅是宏观上产能整体概况,更是微观企业组织生产能力的直接反映,是一种社会经济关系的反映。企业组织生产能力水平,直接影响其是否能够强化市场需求匹配,是否能按照"帕累托"原则加以优化,是否真正形成了产能均衡的自生能力③。因此,在产能过剩持续性扩张并呈现长期化趋势下,企业组织微观层面如何加强产能过剩治理能力建设,

---

① 中共中央编译局.马克思恩格斯文集:第五卷[M].北京:人民出版社,2009:374.

② 企业是生产力的载体,是生产关系的体现。这一点,我们可以从马克思对尤尔关于资本主义工厂的两种描述的评价中看得更清楚。第一种描述是:"各种工人即成年人和未成年工人的协作,这些工人熟悉地、勤勉地看管着由一个中心动力(原动力)不断推动、进行生产的机器体系"(引自:《资本论》第 1 卷,第 482 页,北京:人民出版社,2004 年版),显然是从生产力或一般劳动过程对企业的认识。第二种描述是:资本主义工厂是"一个无数机械的和有自我意识的器官组成的庞大的自动机,这些器官为了同一个物品而协调地不间断地活动,因此它们都受一个自行发动的动力的支配"。这种描述包含基本经济关系对企业劳动者的劳动过程所带来的影响,即"表明了机器的资本主义应用以及现代工厂制度的特征"(引自:马克思.资本论:第 1 卷[M].北京:人民出版社,2004:508),因此劳动者的积极性、创造性受这种生产关系约束。资料来源:刘凤义.企业理论研究的三种范式:新制度学派、老制度学派和马克思主义的比较与综合[M].北京:经济科学出版社,2008:154.

③ 林毅夫认为一个企业的自生能力决定于其产业、产品、技术选择。并认为,在社会主义市场经济转型中,大量的企业是不具有自生能力的。现实中,为了扶持、保护这些没有自生能力的企业,由此国内再出一系列干预市场运行的制度安排和后果,被认为是一种在限制条件下的"次优选择"。因此,对于未来我国社会经济发展与转型来说,企业是否具备自生能力,是一个关键变量。政策目标不是产业结构或技术选择,而只能是为符合比较优势因而具备自生能力的企业发展提供服务。当企业的自生能力解决后,企业尤其是国有企业能否盈利,产能过剩能否实现防范与化解,就转向了新古典经济学理论里讨论的公司治理、市场竞争的问题,产能过剩有效治理的复杂性也就下降了。资料来源:林毅夫.中国经济专题[M].2 版.北京:北京大学出版社,2012:213-227.

如何形成产能均衡的自我管理与市场竞争策略优化的机制,如何化不确定的宏观经济环境为企业生产效率提升与竞争优势再造拓展空间,如何形成更为灵活、更具有市场效率的组织,就显得更为现实也更为迫切,具有重要的理论意义和现实意义。

一、创新驱动: 企业动态能力获得与产能过剩治理

新时期,我国企业尤其是民营企业"从主要依靠先发性的机制优势,向更多依靠制度创新、科技创新和管理创新转变"[①],真正形成产品创新的新常态与核心竞争优势。从研究与试验发展(R&D)经费支出占国内生产总值(GDP)的比重由 2000 年的 0.9%(895.664 5 亿元)上升到 2013 年的 2.09%(11 906 亿元),专利申请数由 2000 年的 10.53 万件上升到 2013 年的 237.7 万件,技术合同成交金额从 2000 年的 630 亿元上升到 2013 年的 7 469.0 亿元[②],可以说 21 世纪以来,我国政府把企业创新驱动作为经济结构调整和产能过剩治理的重要环节,创新驱动已成为我国产业技术进步与产业转型升级的重要支撑,是企业成长的重要途径之一[③]。Crépon(1998)、Criscuolo 和 Haskel(2003)、Griffith 和 Huergo(2006)等对各自国家企业数据研究表明,创新驱动对生产效率均有重要影响,内部化溢出效应显著。通过创新为企业发展获取所需的互补性资源、技术和知识,增强创新行为与技术进步效率,最终形成更高质量的产品创新(包含产品设计改进创新、创新性新产品、模仿性创新产品等等)。在长期的不确定性和激烈竞争的企业实践中,产品创新依然成为企业经营战略实现与否的关键[④],是企业持续性竞争优势形成的推进器,还是企业实现市场领先与规模经济的核心竞争

---

① 习近平.之江新语[M].杭州:浙江人民出版社,2014:160.

② 国家统计局 2000 年和 2013 年国民经济与社会发展统计公报。

③ 吴延兵,米增渝.创新、模仿与企业效率:来自制造业非国有企业的经验证据[J].中国社会科学,2011(4):77-94.

④ Kevin J L. Market Share,Profits and Business Strategy[J].Management Decision,2001,39(8):607-618.

力,甚至还可以阻滞潜在进入竞争者的威胁①。

现实中市场经济条件下的资源配置是动态性的,而创新驱动及其演化过程的行为规范就必然受到惯性和约束陷阱的影响,或者说是核心资源和技术存在的一种"刚性"(Leonard-Barton,1992)和"相对粘性"(Teece 等,1997)②。这种相对路径依赖的静态性与内外环境动态性矛盾下,核心资源和技术创新能否持续性为企业带来创新绩效受到了质疑。创新性行动与市场演化是否同步,就成为创新驱动能否实现的重要辨识。因此,可以说在外部商业环境异常复杂、技术变革十分快速的情境下,企业要继续维持核心资源和技术而成为持续的创新领先者,就需要强化动态的应变能力,即动态能力③。在动态复杂的环境中,企业要能够快速响应市场需求,有效匹配或协同内外部资源,持续地创造、扩充、升级、保护企业独特的资源基础,从而才能真正实现创新驱动,获取并保持竞争优势。在企业组织稳态发展过程中,动态能力是一种综合性的反应能力集合,是在反复实践与不断试错中习得的嵌入性的稳态能力特征,或称是 Zollo & Winter(2002)等人提出的"可重复的、稳定的集体行动模式"。既包括 Teece (2000、2007)、O'Reilly Ⅲ & Tushman(2008)等人提出的企业组织对外部商业机会与威胁的辨识能力,也包括 Teece & Pisano(1994)、Teece et al.(1997)等锚定的企业所需核心资源与关键技术的重构能力、重组能力与优化能力,以及 Eisenhardt & Martin(2000)、Danneels(2008)等倡导的资源捕获能力、创新投资能力等。经过不断演化成为企业内生的组织惯性,实现向创新产品需求和追求

---

① Carpenter G S, Nakamoto K. Consumer Preference Formation and Pioneering Advantage [J]. Journal of Marketing Research, 1989,26(3):285-298.

② Leonard-Barton D. Core capability and core rigidity: A paradox in managing new product development [J]. Strategic Management Journal, 1992, 13 (1): 111-125; Teece, D. J., Pisano, G., & Shuen, A. Dynamic capabilities and strategic management [J]. Strategic Management Journal, 1997,18(7):509-533.

③ 动态能力的思想最初起源于 Teece 等(1992)的一篇讨论论文《动态能力与战略管理》。随后,lansiti 和 Qark (1994)、Teece 和 Pisano (1994)分别发表了论文《整合与动态能力》《企业动态能力:导言》。尽管 Iansiti 和 Clark(1994)提出了动态能力的概念,但其研究重点主要是整合能力,应该说《企业动态能力:导言》是"动态能力"概念正式提出的标志(Teece 和 Pisano,1994)。

营销制造点的攀升,从而在组织微观层面化解产能过剩困扰发挥着积极的作用。而要促进组织获得上述动态能力驱动,则就亟须加强以下三个方面的创新能力建设。

从制度创新看,虽然随着市场的不断发育,市场体系将会渐趋健全,企业制度模式也会随之逐步调整[①],但从企业领先者的研究来看,制度创新在整个创新体系中居于基础和保证地位。通过加强制度创新形成相对透明的市场、显著的信息扩散和新企业的持续进入市场,众多企业为了能够突出自己进行大大小小的创新以及生产新产品和开拓新市场。因此,还要加强制度一体化结构,通过长期合同实现准纵向一体化[②],并在系统性连贯性方面能够形成独具特色的竞争优势。从而促进不管是高新技术企业和新兴产业的差异化创新调整,还是其他类型的传统企业都能充分利用外部资源,强化互补性竞争或资源的柔性联盟建构。在制度创新的探索过程中,新的隐含知识涌现,外溢风险可以得到有效控制,动态效率更优则更易于实现,规范化、系统化和科学化的制度创新机制逐渐形成。

从管理创新看,企业行为理论认为企业是一个参与者联合体,组织内员工都从公司获得激励,作为他们对组织所做贡献的报答。公司提供给员工的激励不仅包括货币报酬,如工资和退休金等,也包括非货币收益,如工作满意度、职业发展机会等。首先就是管理理念要创新,Barnard 指出,"组织长期存活需要理念支持,组织存活时间与理念范围和内容呈一定相关关系。对未来的预见、长远规划以及崇高理想是良好雇佣关系持续存在的基础"[③]。其次,在管理手段上要加以创新,加强员工激励,Gerhart & Milkovich(1992)认为激励机制是员工

---

① 田永峰.制度的均衡与演化:企业制度安排与制度环境的双向选择的动态均衡关系研究[M].北京:中国出版集团/世界图书出版公司,2012:195.

② 塞特斯·杜玛、海因·斯赖德.组织经济学:经济学分析方法在组织管理上的应用[M].北京:华夏出版社,2008:205.

③ 王明辉,彭翠,方俐洛.心理契约研究的新视角:理念型心理契约研究综述[J].外国经济与管理,2009;(3):53-59.

和雇主交易过程中的重要诱因①。再次,在管理办法上要加以创新,强化组织供应链管理,对企业生产所需要的各种资源需要加以优化管理,以更好地实现资源的优化配置,真正实现向管理要效率,市场范围得以扩展,增量创新得到有效实现。

从科技创新看,通过企业的战略管理能力建设实现支撑企业实施科技创新所需的各种要素,如科技资源捕获、技术发展建构等,为企业开发新产品、满足市场需要而实施科技创新。企业科技创新不仅仅只是原始性创新,更多时候尤其是中小企业的科技创新更多分布于产品设计、工艺流程再造、技术标准研发、投资模式创新、新技术应用等。在防范和化解产能过剩中,我国企业组织可以通过发现并改进产品既有的缺陷,为市场开发进行拓展性努力;也可以通过实施产品和技术延伸,形成多类型化产品,从纵向与横向突围企业产品和技术不断升级;还可以通过加强研发投入,创造企业技术与市场的新突破,抢占科技创新领先地位。以更好地细分市场,同时也是更敏捷捕获国内外市场需求,更好地带来企业资产运营能力改善、化解企业库存和提高产品利润率,从而在企业形成新的竞争优势和创新能力过程中建构中国特色的支撑创新的生态系统,逐渐实现产能均衡的自生能力再造。

二、治理驱动:企业竞争策略优化与市场瞄准机制重建

产能过剩形成的关键原因在于企业产品生产与市场需求之间的非对称性,从而导致了产能闲置或库存积压。长期以来,我国企业组织在竞争力上仅在比较优势上有所为,但在组织能力上尤其对市场竞争机制的理解能力和认知能力十分薄弱,从而也就导致了我国企业经营总是受到市场动态影响,非理性"羊群效应"和有限理性下的"投资潮涌"。因此,当务之急就是要积极优化企业竞争

---

① Gerhart B, Milkovich G T. Organizational differences in managerial compensation and financial performance [J]. Academy of Management Journal, 1992, 33: 663-691.

策略,努力探索企业有效的市场瞄准机制,重建企业治理结构,强化企业组织微观层面的供给与需求的匹配度,加大力度满足多元化的市场需求,从而提高企业治理绩效与经营效率。可以从以下五个方面来强化企业组织产能化解能力建设。

在产品差异化策略方面,现实中企业组织通过差异化战略可以更好地满足不同偏好的消费者需求。在产品质量的差异化上,强调通过向市场提供比竞争对手更优、高质量的产品或产品价值,从而树立产品优异质量的市场响应能力,获得更快更好的市场出清;在产品创新的差异化上,具有创新性的组织塑造,使企业尤其高科技企业向市场提供更具有创新性的产品,从而在"市场细分"和"自我匹配"中做大做强;在产品特性的差异化上,通过市场调研,强化市场需求细分,从而为满足顾客需要而提供区别于其他产品的某种独立特性,可是质量、性能或服务品质等。此外,还有通过企业核心技术标准竞争,来强化创新领先者地位。甚至还可以通过强化广告来增加产品的市场势力以及尽可能多的占优利润,从而达到增加市场壁垒的效果。通过产品差异化策略,在为潜在进入者设置进入壁垒的同时,也形成产品特有的质量、种类、特色等商品信誉,强化了品牌营销创新,从而促进了企业产品占有更大的市场份额,逐渐固化产品的竞争优势。

在多产品竞争策略方面,为了摆脱企业竞争对手在产品差异化和技术创新方面的趋同,可以通过多产品竞争的"多点优势"策略,来获取并保持企业的竞争优势。一方面通过横向开发多种产品,就关联产品的优势互补或相互支撑,以实现多产品而满足消费者需求的多样性。另一方面通过纵向深度开发多种产品链,尤其是上下游产品,通过整合多个价值链上的产品形成竞争优势集,从而在满足消费者不同发展阶段的不同需求偏好。通过横向和纵向的产品"多点优势"集合,以期在不同价值链或同一价值链的不同环节上,培育类型上更为多样化、竞争互动上更为灵活的高度复杂性的竞争策略组合触动,从而使其他企业难以跟随和复制(Chen and Miller,1994)。这就大大优化了企业产品在市场中的出清速率,使产能过剩化解于常态化的竞争组合策略中,多点触发了提升市场响应的匹配度。

在企业合谋化策略方面,企业在市场中除了竞争行为之外,更多时候企业之间是相互依存的,合谋化在一定时期内更易于联盟性企业的产品出清。在追求利润的过程中,为了遏制过度竞争或恶性竞争导致的市场垄断寡头,企业之间通过建立起一定程度的信任和共享知识,从而强化市场产品的同质性稳态、产业螺旋式稳态上升和企业持续性成长。如企业通常可以在价格设定上进行合作,以强化市场分工和其他控制因素。此外,通过行业性协会与合资行业协会来促进合作,并通过信息发布、研究报告等数据信息供给,强化彼此之间的信息共享。与此同时,还有很多相互竞争的企业为了实现更高的利润而通过合作创建合资企业,优化产能过剩市场的定价机制,破解产能与定价之间的囚徒困境。把行业利润控制在一个合理的区间,从而形成产能的规模效应和集中效应。甚至还可以通过互补品的捆绑销售与搭配销售等,从而增强产品市场的出清能力,达到有效化解产能过剩问题。

在服务创新策略方面,任何理性的策略互动,无论是序贯博弈还是同时行动博弈,也都一致要求以准确辨识对手的反应为前提。但现实中这种占优与被占优策略都很难在短期内捕获,从而就加剧了产能供需均衡出清的压力。如何破除这些互动策略掣肘,则需要从企业内部着手,从服务创新策略优化着眼,才能在即使是同质化产品特征的情况下,依然可以通过服务创造价值,并形成差异化的竞争优势。近年来顾客满意度也逐渐成为企业未来发展的重要决策项目之一,通过将企业成长的相关利益整合,通过服务创新帮助管理者建立新投资管道,建立利益—顾客忠诚—员工满意度之间的服务价值链,发展最有竞争效力的服务和满意度水平,从而拉大和竞争者的距离。发达国家知名企业的经验表明,当前企业经营成败的关键不在于商品本身或销售能力,而在于能否满足顾客需求,服务顾客是公司经营文化的核心。笔者对福特汽车案例研究表明,在其经营利润中有70%是由服务创新所贡献,从而使其竞争优势至今仍然无法被人复制、跟踪或模仿,服务创新呈现强异质性。

在人才竞争策略方面,人才是企业创新的源泉与核心要素,是广泛聚类创新要素与立足自主创新的基础,系统化的人才竞争策略已成为企业保持人才占有率与降低人才流失率的重要砝码。当前我国企业要根据自身的行业状况、发展阶段,厘清本企业所需要的人才特征。要通过制定各类差异化的激励政策,加强组织人力资源管理能力建设,尤其关注核心人才的实际需求,强化人才跟踪与培养。首先,就是要加强雇主品牌,塑造独有有吸引力的品牌形象;其次,在积极引进各类人才的同时,要努力培养本企业内部的优秀人才,加强高技术人才的储备,同时也要加强一线创新型人才培养;再次,优化人力资源政策,形成人才竞争联盟,防止人才流失与企业之间人才恶性争夺。

三、双轮驱动: 国内市场质量延展与国际市场容量开拓

国内外研究表明,产能利用率的波动在宏观层面主要来自市场需求,而非供给层面。从宏观上可以从工业增加值、PPI、产销率、工业品价格、利润率以及亏损面等指标间接判断产能利用率状况。但聚焦于企业组织微观层面,也依然可以从这些指标来观测市场需求动态化趋势,从长期表现来看,市场需求总体呈上扬趋势。虽然整体上我国的产能过剩状况并不十分严重,2013 年测算的整体产能利用率为78%~79%[①],工业企业利润率、盈利增速、产销率等总体走势基本持平。但结构性问题突出,部分行业产能过剩严重,同一行业不同企业在机会识别能力、机会利用能力与市场捕获能力的差异化,这就是供给层面的问题导致了产能利用率也大为不同。因此,就企业微观层面的产能过剩化解而言,优化供给端的管理就显得更为迫切,在加强企业创新驱动与治理驱动的基础上,强化国内市场质量延展与国际市场容量开拓则是实现供需平衡的重要手段。企业组织能更快更好地发现、识别和开拓新市场或新兴市场,从而又进一

① 钟伟. 产能过剩的根源在于创新不足[N].第一财经日报,2013-11-05(6).

步强化企业创新的动力,在形成正向能量循环过程中不断消化过剩产能或产能出清不受到抑制。

　　一方面,要积极延展国内市场质量。虽然我国已经建立了社会主义市场体制,但在国内市场结构和市场运作过程中仍然存在诸多制约性因素①,各区域各省域之间市场化的进展程度很不均衡,产品市场的发育程度也不尽相同②。当前,我国财政分权下地方保护主义与市场分割导致了重复建设③,而改革开放又使各地方偏好用国际贸易替代国内贸易,国内市场供给与市场需求的匹配度不高,使得国内市场质量整体堪忧,降低了整体经济效率,逐渐形成了行业性的产能过剩。无论现实产能格局如何都无法超越人们对产品的需求,更颠覆不了人们对优秀而品质稳定的品质的需求,建立健全扎实的品质精密制造体系,就成为化解过剩的重要法门。首先,就是要加强市场整合。统一化的完整市场有助于企业组织制定正确的定价、生产以及市场竞争策略。在企业层面,通过创新性的营销手段,优化技术扩散效应和关联效应等,促进不同区域之间的市场整合,弱化套利壁垒效应④,强化产品竞争力导向。其次,在市场细分方面,要十分重视目标市场锚定。可以根据温德尔·史密斯(1956)的市场细分理论,按照不同群体的需求特点,从性别、年龄、学历、职业、偏好、购买行为、区位甚至族群等特征,甚至还可以是具体品牌或产品的使用率,进行市场细分归类,强化企业市场竞争力。因此,企业急需建立专门团队,系统了解市场整体概况、加强产品定位研究、优化新产品引入机制、增强定价决策的敏捷性响应能力等⑤,提升企业市场细分的动态能力。再次,在营销细分方面,可以通过顾客群体特征来进行产品开发、包装设计、分销和促销决策等营销细分,甚至可以尝试推进定制化、客制化的精准营销,形成特征化的营销细分策略,以提升产品的市场占有率和

---

① 韩胜飞.市场整合研究方法与传达的信息[J].经济学,2007(4):1359-1372.
② 樊纲,王小鲁,张立文,等.中国各地区市场化相对进程报告[J].经济研究,2003(3):9-18.
③ 范子英,张军.财政分权、转移支付与国内市场整合[J].经济研究,2010(3):53-64.
④ 毛其淋,盛斌.对外经济开放、区域市场整合与全要素生产率[J].经济学,2011(1):181-210.
⑤ 罗纪宁.市场细分研究综述:回顾与展望[J].山东大学学报(哲学社会科学版),2003(6):44-48.

消费者满意度。因此,要把这些细分的营销环节做好,仅依靠企业内部力量依然十分有限。当前,企业要积极借助专业化细分及外包,通过部分环节外包既提高营销质量更促进营销资源集聚,从而能更好地推进营销走向标准化和流程化。

另一方面,要积极开拓国际市场容量。在经济全球化不断深化的今天,全球国际生产体系已经逐步形成,国内市场的国际化和国内竞争的国际化已成为现代企业生存和发展的基本环境。随着全球价值链的快速发展,我国已经上升为世界第二大经济体和第一大商品出口国。在开拓国际市场容量过程中,要真正实现在国际分工体系中做到高位渗透、中位扩张和低位保持,需要利用"本土元素",从以下三个方面加以把握,从而提升企业开发国际新资源的能力。

(1)在目标市场选择上,企业进入到哪个国家或地区的市场,既受到企业规模、产品性质、行业类型、风险管理能力、国际经验、供应链协同能力甚至管理团队的跨文化能力等内部因素制约,还受到进入壁垒、东道国法律法规与对外开放程度、市场规模、政治气候、市场风险、社会经济政策(如劳动力市场政策、货币政策)稳健性等外部因素影响。因此,企业需要结合内外部因素,按照尽可能最优化或尽可能全面的原则,对"潜在市场的整体吸引力"进行综合性评估,并在此过程中辨识潜在的合作伙伴、评估伙伴资质[1],建立国际市场进入的协同机制。

(2)在目标市场进入时机上,从发达国家国际市场进入的经验来看,目标市场进入时机的把握很重要,它直接关系到企业在海外市场竞争优势的捕获,是国际化经营中相当重要的决策之一[2]。因此,在进入市场早期需要广泛调研海外市场和用户,通过特征化的营销细分和市场细分达到降低进入风险。要积极

① Andersen O, et al. Firms' internationalization and alternative approaches to the international customer/ market selection [J]. International Business Review, 2002, 11(3): 347-363.

② Wood E, et al. Strategic Commitment and Timing of Internationalization from Emerging Markets: Evidence from China, India, Mexico and South Africa[J]. Journal of Small Business Management, 2011, 49(2): 252-282.

把握和理解东道国社会经济政策的变化,强化领先者地位的声誉占优态势,从而获得可持续性的竞争优势与规模经济效应。此外,还需要根据东道国市场吸引力的强弱,决定企业是选择先行进入策略还是跟随进入策略①。与此同时,在把握好市场进入的同时,也要适时把握好企业退出或国际转移的时机。

(3)在目标市场进入模式上,需要根据不同企业的知识、技术、资源等占优情况来选择恰当的市场进入模式。既可以是根据不同类型的知识优势,促进合作伙伴的资源共享;也可以根据技术能力的不同,如果向国际市场扩张过程中会导致企业自主知识或技术竞争优势的耗损,则可以采取独资经营的方式进入目标市场②。如果对目标市场并不熟悉且市场吸引力十分强时,则可以通过选择东道国企业作为合作方③,提高协同获利能力,实现市场扩张;还可以根据企业默会知识④的拥有程度、专用型资产质量以及企业国际经营能力等⑤,选择是完全控制进入模式、资本投资或特许经营等方式。一个企业如果嵌入具有较强配套能力的地区,借助政府之手实现本地化的"默会知识",抑制技术性诀窍在组织间传播扩散,则就非常有利于企业本地化发展与技术固化,从而可以形成竞争壁垒。根据上述三种判断方法,来选择恰当的"走出去"战略,加强企业组织国际市场开拓能力建设,在产业国际转移过程中,深化梯度管理,既增强了母

---

① Hymer S. The international operations of national firms: A study of direct foreign investment [D]. MIT, 1960;易靖韬.企业异质性、市场进入成本、技术溢出效应与出口参与决定[J]. 经济研究,2009(9): 106-115;李华东.国际市场进入模式的选择决策模型研究[J].财务与金融,2011(4):21-25.

② Madhok A. Reassessing the fundamentals and beyond: Ronald Coase, the transaction cost and resource-based theories of the firm and the institutional structure of production[J]. Strategic Management Journal,2002,23(6):535-550;Jensen R, Szulanski G. Stickiness and the adaptation of organizational practices in cross-border knowledge transfers [J]. Journal of international business studies,2004,35(6): 508-523.

③ Madhok A. Cost, Value and foreign market entry mode: The transaction and the firm [J]. Strategic Management Journal,1997,18(1): 39-61;Anand J, et al.Absolute and relative resources as determinants of international acquisitions [J]. Strategic Management Journal,2002,23(2): 119-134.

④ 默会知识(Tacit Knowledge)是波兰尼在1958年首先在其名著《个体知识》中提出的。本质上是一种理解力、领悟力、判断力。如、眼光、鉴别力、趣味、技巧、创造力等。资料来源:Polanyi M. Study of Man[M]. Chicago: The University of Chicago Press, 1958.

⑤ Ekeledo I,Sivakumar K. Entry mode strategies manufacturing firms and service firms: A resource-based perspective [J]. International Marketing Review,2004,21(1):68-101.

公司的国际竞争力,也化解了母国的产能过剩矛盾。

第五节　法治经济:产能过剩治理的根本道路

市场经济离不开政府的作用,这已成为世界各国的共识。但是政府如何在市场经济中发挥作用,现实却莫衷一是。从世界范围来看,政府不仅有对宏观经济进行调控,也有对微观经济进行干预,有效配置资源的基本机制国别之间的差异性很大,市场的破坏性程度也大为不同。研究表明,如何促进有效率的市场自由交换,其中的关键是法治[①],以规则和秩序约束权力与经济人行为,才能促进市场自由,才能实现社会公正与共同富裕。正如马克思所强调的"这种规则和秩序,正好是一种生产方式的社会固定的形式……最后被作为明文的法律加以神圣化"[②],"法律是自由的肯定存在"[③]。作为社会主义市场经济国家,邓小平同志多次强调"没有民主和法制就没有社会主义,就没有社会主义现代化"[④],市场经济就是法治经济,"公平竞争、等价交换、诚实守信"是基本法则[⑤],法治是市场经济的内核,市场秩序的法治化保障就是题中之义。当前,我国产能过剩形成的重要影响因素就是法治思维与法律手段不足,直接导致了产能过剩法律责任承担的弱化与市场投资行为的异化,使市场经济条件下的产能过剩矛盾更为复杂化。

---

① 吴敬琏,江平.市场经济与法治经济——经济学家与法学家的对话[J].中国政法大学学报,2010(6):5-15.

② 中共中央编译局.马克思恩格斯文集:第七卷[M].北京:人民出版社,2009:897.

③ 马克思认为"法律是肯定的、明确的、普遍的规范,在这些规范中自由的存在具有普遍的、理论的、不取决于个别人的任性的性质".详可参阅:中共中央编译局.马克思恩格斯全集:第一卷[M].2版.北京:人民出版社,2002:176.

④ 邓小平.邓小平文选:第二卷[M].北京:人民出版社,1994.

⑤ 习近平.之江新语[M].杭州:浙江人民出版社,2014:203.

一、法治精神与治理现代化

自古以来,人类社会进行社会控制的手段历经了从道德到宗教,再向法律的演变。但从 16 世纪以后,法律逐渐取代了道德和宗教,成为人类社会进行社会控制的主要手段,以调整和安排社会经济行为。亚里士多德在《政治学》中指出,"我们应该注意到邦国虽有良法,要是人民不能全都遵循,仍然不能实现法治。法治应该包含两重含义:已成立的法律获得普遍服从,而大家所服从的法律本身又应该是制定得良好的法律。"①F. A. 冯·哈耶克进一步强调,"从许多方面来看,中世纪的人所享有的自由要远远大于当下人士所一般认为的程度……中世纪提出的'法律至上'观念,作为现代各个方面发展的背景,有着极为深刻的重要意义,尽管这一观念可能只是在中世纪的早期为人们所完全接受;这一观念明确指出:国家本身并不能创造和制定法律,因为这种行为意味着对正义本身的否定,而且这是一种荒谬之举,一种罪恶,一种对唯一能够创造法律的上帝的背叛。在当时的数个世纪中,人们所公认的一项原则乃是,君王或者任何其他的权力只能宣布或发现已经存在的法律,或纠正其间所隐含的对既存法律的种种滥用情况,而绝不可能创制法律。"②马克思也强调法律是"事物的法的本质的普遍和真正的表达者。因此,事物的法的本质不应该去迁就法律,恰恰相反,法律倒应该去适应事物的法的本质"③。他们都阐明了对法治精神的同一认识,法治的本质要求是人格平等,崇尚法律的权威地位。在市场理想导向的现代世俗社会,价值日趋多元化,法治是一个以多数人和多元利益并存为基础的社会调整机制,法律也越来越成为协调冲突利益和价值的"规制理性",法治已成为现代国家文明程度的共同标志。

党的十八届三中全会将"完善和发展中国特色社会主义制度,推进国家治

① 亚里士多德.政治学[M].吴寿彭,译.北京:商务印书馆,1965:152.
② F. A. 冯·哈耶克.自由秩序原理[M].邓正来,译.北京:生活·读书·新知三联书店,1997:204.
③ 中共中央编译局.马克思恩格斯全集:第一卷[M].北京:人民出版社,1960:139.

理体系和治理能力现代化"作为全面深化改革的总目标。在实现公共利益最大化的治理过程中,如何规范政府行为、市场行为和社会行为,如何促进政策效果的"帕累托最优",即政策相关方只有利益的增加,而无利益的损失。而经济治理则是国家治理体系的重要组成部分,深化市场经济体制改革,就涉及政府权力规制、市场秩序与监督、财政收入与支出等三个重要方面。现实中,亟须践行"让市场在资源配置中起决定性作用和更好发挥政府作用",但如何依法调处市场经济发展中的"政府和市场"关系,通过宏观调控与微观规制,以有效破除体制机制扭曲、资源配置效率不足、经济运行成本骤增以及其他经济寻租或腐败等问题,依然是当前不容忽视的问题。从世界范围来看,由于不同国家之间社会经济背景的差异,在追求国家治理趋同的一致性时,更强调探索符合国情的治理体系。

　　胡建淼指出(2014)"国家治理的现代化,主要表现为民主化、法治化、科学化、文明化……法治化是要求一切组织和个人的行为必须在宪法和法律之下,在法定轨道内进行"①,首先就是制度建设和治理方式的法治化。要保证治理现代化方向的正确性,则需要强化宪法和法律的确认、引导和规制作用,以法律和制度治理国家,从政策推动走向法治引领,不断形成新的体制机制,不断将制度优势转为国家竞争力。这既是国家治理现代化的法的规定性,也是国家公民的法的需求,法治已经成为我国深化改革的核心内容,是最基础的导向性制度安排,是全方位综合联动改革中其他领域改革的关键枢纽,是国家治理体系和治理能力现代化的重要基石。当前,"依法治国、建设社会主义法治国家"已被写入我国宪法②,这为国家治理体系与治理能力现代化建设的制度化、规范化和程

---

① 　胡建淼.国家治理现代化关键法治化[N].学习时报,2014-07-14.

② 　1997年9月,党的十五大报告明确提出,实行依法治国,建设社会主义法治国家。从此将"依法治国"确立为党领导人民治理国家的基本方略。1999年3月,九届全国人大二次会议将"依法治国"载入宪法,从而使"依法治国"从党的意志转化为国家意志。

序化提供了法律基础①。

习近平总书记在主持中央政治局第四次集体学习时提出：要"努力以法治凝聚改革共识、规范发展行为、促进矛盾化解、保障社会和谐"。"国家治理体系和治理能力是一个国家的制度和制度执行能力的集中体现，两者相辅相成。"因此，政府必然是国家治理的中坚力量，政府权力获得是以国家的法律法规为基础，也是我党长期执政和稳定执政的关键，并以法治凝聚改革共识。依法治国时代，以宪法为根本框架保障公民的各项权利不受侵犯，以刑法、民法、商法、经济法、诉讼法、社会法等为基本的法律依据，同时辅以行政法规和地方性法规为约束机制，是运用制度和法律来进行国家治理。强调权力与权利之间的平衡，突出市场和社会的自由选择权，真正实现有权必有责、用权受监督、违法必追究的法治机制，发挥法治的引领和规范作用。新时期，"我们必须重新设计我们的规则，调整我们对规则的思维方式，其最终的目的是限制政府能够造成的伤害，同时为政府的有益活动留出空间"②。因此，第一，要求各级领导干部的决策要按照"合法性"原则，树立法律信仰，遵照法定的规则和程序，做到依法行政、依法决策和依法办事。习近平同志指出，"各级党组织必须坚持在宪法和法律范围内活动"，"各级领导干部要带头依法办事，带头遵守法律"。第二，要始终坚持法律至上，以人民的利益为导向，始终坚持公平和正义，创新治理方式，破解体制性、机制性、保障性障碍，更及时有效地反映社会经济发展要求，更好地协调利益关系，实现更多协商、更少强制和更高自治的国家治理目标。第三，要积极深化司法体制改革，着力解决影响司法公正、制约司法能力的深层次问题，建立健全高效的司法管辖制度、行政审判制度和司法执行制度等，更好地维护司法公正，提高制度的执行力和公信力。

①　2013 年 2 月 23 日习近平总书记在主持中央政治局第四次集体学习时提出："各级领导机关和领导干部要提高运用法治思维和法治方式的能力，努力以法治凝聚改革共识、规范发展行为、促进矛盾化解、保障社会和谐。"

②　杰弗里·布伦南，詹姆斯·布坎南.宪政经济学[M].冯克利，等，译.北京：中国社会科学出版社，2004：151.

二、市场深化与法治化保障

《牛津法律大辞典》认为,"在任何法律制度中,法治的内容是:对立法权的限制;反对滥用行政权力的保护措施"①。法治是一个良序市场经济运行的保障,是建立现代市场经济体制的制度基础。西方国家正在经历从市场自由向市场秩序的转变,逐渐加强了市场秩序的法律。法学家埃尔曼指出"法律乃是改革的主要力量,是解决冲突的首要渠道",是化解矛盾成本最低的方式之一。从我国法治经济的发展历程来看,十一届三中全会确立"有法可依、有法必依、执法必严、违法必究"的法治方针以来,法治建设得到了有效发展,其中宪法就经历了五次修改与认识的不断深化②。"截至 2011 年 8 月底中国已制定现行宪法和有效法律共 240 部、行政法规 706 部、地方性法规 8 600 多部,这还是在 2009 年以后国家对法律法规的全面清理之后的数目,其间全国人大常委会废止了 8 部法律和有关法律问题的决定,国务院废止了 7 部行政法规,地方人大及其常委会共废止地方性法规 455 部"③。但纵观我国社会主义市场经济改革的现实进程,仍然在不断遭遇机制失灵、活力消退、增长乏力的挑战,我国的经济体制改革与经济法治建设已经无法回避经济全球化所带来的深层次矛盾与利益冲突,市场与法治的非均衡矛盾凸显。我国社会主义市场经济中政府权力的法制约束、行政机关的依法行政与民众权利的法律保护仍没有真正形成,良性有序

---

① David M Walkker.牛津法律大辞典[M].李双元,译.北京:光明日报出版社,1988:790.
② 现行宪法颁布于 1982 年,其后又经历了四次修宪,内容涉及基本国情和国家根本任务、经济体制、基本治国方略等重大问题。如 1988 年宪法修正案规定,国家允许私营经济在法律规定的范围内存在和发展;土地的使用权可以依照法律的规定转让。1993 年宪法修正案规定,国家实行社会主义市场经济;中国共产党领导的多党合作和政治协商制度将长期存在和发展。1999 年宪法修正案规定,国家实行依法治国,建设社会主义法治国家;国家在社会主义初级阶段,坚持公有制为主体、多种所有制经济共同发展的基本经济制度,坚持按劳分配为主体、多种分配方式并存的分配制度。2004 年宪法修正案规定,国家鼓励、支持和引导非公有制经济的发展,并对非公有制经济依法实施监督和管理;国家建立健全同经济发展水平相适应的社会保障制度;公民的合法的私有财产权不受侵犯,国家依照法律规定保护公民的私有财产权和继承权;国家尊重和保障人权等。
③ 《中国特色社会主义法律体系》(白皮书),2011 年 10 月.

的竞争格局和竞争环境的维护仍然任重道远,客观上要求以市场经济法治创新来予以保障和兑现健康发展。

法治促进经济增长和经济效率①。法治与经济发展的关系是新制度经济学的研究前沿,他们认为在仅依靠声誉和关系进行的"人格化交易"存在很大局限性,政府权力没有受到有效约束甚至完全不受约束,从而导致市场效率损失。因此,诺斯和罗森博格认为西方资本主义国家市场经济的根本转变在于市场经济主体之间的关系从政经不分向政经保持距离的历史性跨越。我国建立健全社会主义市场经济体制,一方面要通过法治约束政府这个"有形的手"对经济活动的肆意干预,强调建立法治思维与深化法治能力,防止腐败与权力不断扩张,严防"以法争权、视法为器、借法牟利",破除地方保护主义与体制机制障碍。通过法律法规的形式来规制市场经济各行为主体(经营者、个人等),但"法律应当尽可能少地干预人们的活动"②,而是应该通过供给稳定的政策环境,实现"可信承诺",从而影响市场各行为主体的经济预期,强化激励效应。另一方面还需要约束经济人的行为,政府通过法治的形式进一步定义产权和保护产权、保护契约和执行契约,出台公司治理、金融市场、环境保护、垄断保护等相关法律法规,以强化市场规制,但又要防止过度规制,并从根本上支持和增进市场的积极作用。当前急需减少对劳动力市场和产品市场的干预,进一步优化对金融市场的规制,强化立法、执法与司法的全国协同性,谨防把法律法规作为政府管理经济的工具,坚持"有所为、有所不为",切实建立一个"有限政府"和"有效政府",

---

① 世界银行在《变化世界中的政府》研究报告中,结论性地指出"一个国家如果具有稳定的政府、可预知的法律变动方式、有保障的产权以及强有力的司法体系,就会比缺乏这些制度的国家取得更大的投资和增长"。一个拥有良好法治的政府,就有一个讲究规则的社会,身处其间的民众会焕发出创富的热情。引自:世界银行. 1997 年世界发展报告:变革世界中的政府[M].北京:中国财政经济出版社,1997:3.

② 洛克.政府论:下卷[M].叶启芳,等,译.北京:商务印书馆,1964:39.

这才是一个好的市场经济①。

建立按照需要规则或需要秩序的市场自由交换的规则和秩序。"法令行则国治,法令弛则国乱","法者,天下之准绳也"。通过法律法规约束权力与经济人行为,以规则和秩序促进市场自由。因此,哈耶克强调"要使竞争发挥作用……尤其有赖于一种适合的法律制度的存在,这种法律制度的目的,在于既要保存竞争,又使竞争尽可能有利于发挥作用"②。首先,要优化市场经济主体的法律信仰。法律信仰健全与否,是法律法规能否顺利实现的重要心理基础。无论是消费者还是经营者,更甚是政府部门,都要积极培育法治的"规则理性",优化人们对法律法规的信任感和守法精神,在社会经济生活中唤醒人们对法律法规的忠诚。其次,要加强消费者及消费权的倾斜保护。要保护好消费者的主体地位,增强市场经济主体对自己行为和活动的预见能力,维护好个人尊严③,这是市场经济的根本价值所在。要积极在消费者权益保护与倾斜中,寻求经营者责任的加重和适度,是当前由形式法治向实质法治迈进的关键环节。再次,深化知识产权保护,促进市场经济法治创新。知识产权是科技创新的根本保障,也是企业核心竞争力保护的重要基础。目前仍需要不断推进知识产权法律的体系化与协同性,健全商业秘密法规,厘清不同知识产权法律之间相互冲突或重叠的问题,强化司法保护在知识产权保护中的主导作用,确保市场经济向好的方向发展。

强化法律法规的实施与落实,通过公正执法来保障自由的市场交换实现。正如习近平总书记强调"宪法的生命在于实施,宪法的权威也在于实

---

① 为了实现市场"看不见的手"的功能,市场经济必须解决的另一个问题是对政府公权力要形成具有约束力的制度安排,既受到法律的约束又受到民众的监督,使之成为有限政府和有效政府。通过法治的方式来约束政府,以预先制定的规则来划分政府和个人的权力范围及政府、市场和社会的治理边界,正是现代社会的创新。政府过度干预经济往往造成的一个后果,就是"关系"成为做事的重要因素。"关系"在中国仍然是一个很重要的生产要素,它意味着利益和信任。引自:田国强,陈旭东.中国改革:历史、逻辑与未来——振兴中华变革论[M].北京:中信出版社,2014:191-192.

② F. A. 冯·哈耶克.通往奴役之路[M].王明毅,冯兴元,等,译.北京:中国社会科学出版社,1997:40.

③ Raz J. The authority of law:essays on law and morality[M]. Clarendon Press,1979:220.

施",任何一项法律法规的生命都在于实施,其权威也在于实施,如果不能落到实处,则是没有任何实质意义的。在法律法规实施与落实中,跨越"政府虏获"陷阱①,保护好市场竞争,要加强对现行行政法规、规整和规范性文件的定期清理,及时废止、修改与我国现代市场经济不相适应的法规。此外,要积极强化地方政府法治能力建设的量化考核。新时期的法治市场经济,既加强法治改革的顶层设计和顶层推动,也重视公众诉求与市场需要,真正让法治落实到基层、落到实处。

三、产能过剩治理中的法律手段

正如孟德斯鸠所言"为某一国人民而制定的法律,应该是非常适合于该国的人民的,所以如果一个国家的法律竟能适合于另一个国家的话,那是非常凑巧的事"②。可以说,每个国家所出台的产能过剩治理法律手段虽然有其共同目标,但都是从其特定的社会经济文化出发来制定的,仍然存在着显著差异且呈现了发散而非趋同现象,显示了其独特的国家特性③。因此,在强调国际接轨以及借鉴、吸收和利用世界各国产能过剩治理法律手段的同时,也要以我国市场经济不断深化和社会经济文化不断发展的现实国情为前提和归宿。只有基于国情的良法的治理创新才是有效的,亚里士多德指出"法治应该包含两重含义:已成立的法律获得普遍服从,而大家所服从的法律本身又应该是制定得良好的法律"④。只有不断创新建构良法,才能消弭不同法律部门之间的规则罅隙和冲突,从而实现从形式向实质的跨越。2013 年《国务院关于化解产能严重过剩矛盾的指导意见》中明确强调了"综合运用法律、经济以及必要的宏观调控手段,

---

① 政府虏获(State Capture)是指经济主体通过向政府官员进行私人利益输送来影响法律、规则和规制的选定,该主体可以不经由自由竞争就将自身的相关偏好转化成整个市场经济博弈规则的基础,形成大量的能够为特定个体产生高度垄断利益的政策安排。失去了法规治理应有的中立性和公正性,其背后是以巨大的社会成本和政府公信力下降以及经济活动中的激励扭曲为代价。

② 孟德斯鸠.论法的精神[M].张雁深,译.北京:商务印书馆,1961:6.

③ 张千帆,等.宪政、法治与经济发展[M].北京:北京大学出版社,2006:11.

④ 亚里士多德.政治学[M].吴寿彭,译.北京:商务印书馆,1965:152.

加强政策协调,形成化解产能严重过剩矛盾、引导产业健康发展的合力",确立了产能过剩治理的指导思想,不断实现从政策推动走向法治引领,法治精神应该成为产能过剩治理的基础性保障。

　　法律法规是产能过剩化解长效机制的基础性内容。马克思在《对民主主义者莱茵区域委员会的审判》中强调说"法律应当以社会为基础,法律应该是社会共同的、由一定的物质生产方式所产生的利益和需要的表现"[1]。当前,要深入研究完善相关法律法规的调控手段,使产能过剩化解能够得以有效实施与落实,努力践行不缺位、不越位更不错位。当然,也要严防把化解产能过剩的法律法规,作为产能过剩治理的经济手段,避免陷入一边治理一边过剩的尴尬与政策走向事物对立面的异化。当前,亟须从以下6个方面加强产能过剩的法律法规体系建设,形成秩序和规范的作为。

　　产业标准法制化。要积极深化产业准入的规范化与法制化,更好地明确产品的质量标准[2]、规模准入标准、生产安全标准、设备能力标准、环境安全标准、能源损耗标准、污染排放标准、土地使用标准以及职业防护标准,在制定这些标准过程中要坚持动态标准和静态标准的统一,强化底线标准思维,以更好地适应社会经济日益发展对产业的需求与偏好。通过产业标准法制化,促进市场主体的经济行为更好地遵循,什么样的行为得到允许,什么样的行为是被禁止的,厘清企业的市场准入是什么、环境评估要求是什么,以及行业退出的条件又是什么,以期更好地实现生产行为合法化、市场行为合法化以及消费行为科学化。

　　兼并重组法制化。兼并重组是产能过剩行业化解的重要途径,我国在产业兼并重组过程中的法律法规仍不完善。首先,要实施推进《企业兼并重组法》,通过立法的方式明确企业兼并重组的程序、方式以及相关遗留问题的处理原则等。其

---

[1]　中共中央编译局.马克思恩格斯全集:第六卷[M].北京:人民出版社,1961:291-292.

[2]　从《产品质量法》执法现状来看,一些企业偷工减料生产不合格产品,以低成本换取竞争优势,这些企业的设备装备虽然做到了超能力发挥,但牺牲了产品质量,也相对增加了整个行业的富裕产能,助长了不公平竞争。换言之,如果《产品质量法》能够得到严格执行并制定更为科学的质量标准,每个企业都能做到规范生产,设备产量就会适当降低,富裕产能就会相对减少。

次,在推进企业并购过程中,尤其是跨国跨省域并购过程的权益分配问题,要进一步积极优化《证券法》《企业法人所得税法》,适时出台《地区间应税所得额分配方案》明确地区间在兼并重组后可以根据有效资产规模和盈利能力进行科学分配财税收益。此外,强化资产收购过程中收益分配的同时,要更加重视多种融资工具的应用,以规避不必要的资源浪费以及造成更大规模的产能过剩。

财税调控法制化。在产能过剩化解过程中,积极清理、统一税收优惠减免政策,合理设置税收优惠政策,必要时增设相关税种。以促进地区间税收优惠政策的一致性和协同性,促进统一化市场的形成,破除地方保护主义的税收政策壁垒,强化法制化税收政策调控作用,优化地方政府竞争与对外开放。在中央和地方的财政税收分配上,要进一步优化中央和地方的财权和事权一致性调配,合理设定分税制标准,优化中央与地方债务等。此外,为了进一步促进产业生态化,引导资源要素的可持续发展,要适时开征资源税和环保税。要进一步规范政府收支行为,加强财政投资基金的预算管理,确立全口径预算体系,加强预算审查与预算监督,有效约束政府投资行为。进一步完善企业资金应急处置机制,规范运作,完善管理办法,确保资金安全,同时避免引发企业资金链断裂风险。

市场监督法制化。要严格执行市场监督,要严密防止在产能过剩化解过程催生垄断。因此,要进一步完善《反垄断法》《反不正当竞争法》,明确界定垄断的具体行为、法律责任和惩罚措施等,增强相关法律法规的可操作性和针对性,切实维护消费者的合法权益。适时推进产能过剩行业化解的跨部门联动机制,加强环保、金融、发改、土地、安全等有关部门的协调,切实提升市场监督能力,优化市场监督的法制化水平。通过市场监督法制化进程,为防止政府权力滥用、以权谋私等建立切实可行的有效的责任和秩序。

主体参与法制化。要积极借鉴德国行业协会等社会组织在产能过剩治理中的突出作用,制定社会组织参与行业企业治理的法律法规,明确行业性社会组织参与的具体形式、角色定位以及相关职能。通过社会中介组织经济推动行业信息共享,建立行业性协商机制,促进行业利益协调,加强企业投资、经营决策等方面的指导、协调和监督作用,为企业技术创新与实施"走出去"战略牵线搭桥,彰显社会组织的中介职能,优化行业内生产能力配置,从而有效保障产能过剩化解。

　　治理责任法制化。通过一系列的法律法规,进一步落实产能过剩化解的责任,形成严密的工作流程,真正做到有法可依、执法必严。对于地方政府在投资中的行为,需要通过完善相关法律法规,如《政府投资条例》和《企业投资管理条例》。进一步优化公共事务公开,强化公众监督和可问责性,加强过程的预警监督,提高规范执法的监督效能,提高行政执法水平,积极推动地方法治政府建设。最终确保地方政府产业规制的有效性和科学性,从根本上防止了地方官员由于个人认识理性的有限性以及晋升锦标赛影响下的产业规制偏好,而导致的重复建设和产能过剩困局,使法治思维与法治方式内嵌于社会结构,嵌套于产能过剩治理的全过程中,正如法国思想家卢梭曾说"一切法律中最重要的法律,既不是刻在大理石上,也不是刻在铜表上,而是铭刻在公民的内心",并从理念和行动上切实推动法治国家建设。

6

研究结论

产能过剩已成为困扰世界各国经济发展的难题。从马克思在竞争规律与资本循环中探索了生产性过剩危机的本质,再到西方经济学界在竞争演化、寡头垄断与厂商博弈中对生产过剩现象持续性的探索,从根源性探求,再到应用性化解,既有宏观经济波动分析,也有微观经济行为辨识。但无论理论与实务如何精妙地结合,100多年来,这一矛盾始终存在于市场经济框架之下,供给与需求之间的矛盾或隐或显,产能利用率已经渐渐成为经济运行质量的重要评判指标。

人们普遍认同,市场经济条件下,一定程度的产能过剩是自由竞争的必然结果。但,什么才是"好"的产能过剩什么是"坏"的产能过剩,却始终争论不休。有学者认为既然它是市场经济必然的现象,理应交由市场自行处置,不需要政府之手就能实现优胜劣汰,市场自身的调节功能就可以实现帕累托改进;然而市场自身调节的周期有多长?对经济体损伤有多大?政府部门在"GDP"主义影响下能接受多大程度的经济衰退?能够接受多长周期的经济下行?普通消费者能接受经济下行的临界值在哪?仍然悬而未决。因此,也有人认为,既然它是市场经济缺陷的重要表现,为了提升经济效率,促进资源配置最优化,急需政府组织通过国家力量在较短时间内或在人们能够接受的临界值期内,促进市场供求平衡,才能实现更好的社会经济效能,或帕累托改进。

现实中,世界各国政府组织更多地强调政府干预手段,只不过此时政府干预是朝向哪里;以及在什么时点进行恰当干预;是促进市场自由和秩序形成,还是直接进行投资约束与产业规制,以期更好地实现短期内的指标性经济增长,都悬而未决。然而,现实经济指标性数值变化,就意味着经济质量的改善与市场主体心理预期的向好吗?显然,问题并不像经院学派所想象的那么简单那么好,也不像实务派所认为的那样易于治理。不同的价值偏好,彰显了世界各国在经济建设中的"左右摇摆",学术界对该问题的认识也大多呈现了"左右摇摆"之势。实际经济生活中,市场主体经济行为的变化,常常总在人们想象之外,看不见之手和有形之手如何组合,如何形成市场作用和政府作用有机统一、相互补充、相互协调、相互促进的格局(习近平,2014),如何建立国家力量与市场力量的协同机制,就成为现代政府竭力探寻的奥秘,也是我们从事产能过剩治理研究的使命。

自改革开放以来,逐渐从短缺经济向过剩经济转变。我国也开始频繁遭遇产能过剩困扰,并从消费品生产领域蔓延到投资品生产领域。当然从表现形态来看,不同时期的产能过剩矛盾,都与当时社会经济发展状况紧密相连,表现出了典型的"中国特色"。进入 21 世纪以来,防范和化解产能过剩一直是国务院与国家有关部委进行产业结构调整的重中之重,但至今仍未能有效缓解我国产能过剩困局。

改革开放以来,我国产能过剩问题就一直以各种形态困扰经济发展。从表现形态来看,既有周期性产能过剩,也有结构性产能过剩,更有体制性产能过剩。在国家经济体制改革过程中,由于产业政策的诱导,产业组织结构也在悄然发生变化。与此伴随的是"非理性的羊群效应"和"理性的投资潮涌",利润趋于平均化之后,资源配置效率下降,生产能力成为约束经济增长的障碍,重复建设与产能过剩困局形成。而在中央与地方分权管理之后,地方政府企业化行为日益凸显,中央对地方产业布局约束能力式微,地方政府利用税收优惠政策、产业政策诱导等手段展开辖区内的资源争夺,形成特殊的产业规制偏好与区域产业布局,既形成了地方保护主义,也形成了产业同构化,加剧了产能过剩矛盾的激化。我国厂商在产能过剩形成过程中,尤其利润偏好、生产能力趋同而形成同质化陷阱,布局厂商的合谋化,形成了特定的沉没成本与进出壁垒,也加剧了产能过剩矛盾的恶化。所有这些都是置放于资本全球化、市场一体化与经营国际化之下,世界市场结构中的消费市场掠夺与贸易保护主义趋势,我国长期以来"出口导向型"经济约束渐趋增强,世界市场的传导更为敏捷。在上述四要素叠加下,形成了区别于他国的产能过剩矛盾,也就决定了我国产能过剩矛盾化解的特殊性。

从世界范围来看,伴随国际金融危机的深化与全球经济增长的持续放缓,已经形成了长期性的产能过剩。资本虚拟化与产业空心化几乎是欧美发达国家产能过剩形成的制约性因素,也是美国金融危机与欧债危机集中性爆发的重要原因。因此,近年欧美发达国家重新规划了"再工业化"回潮,深化了区域内实体经济发展,以强化经济增长的动力机制构建。无论是美国、德国还是日本,不同国家产能过剩的治理,都是基于国情与特定的社会经济背景之下,将产能过剩治理置于国家社会经济建设的重要环节,将其与调控体系、监测预警以及法制保障关联,从而形成更为稳健的防范和化解道路。虽然,从长周期的治理经验来看,这些措施虽然不能根本性消解产能过剩矛盾,但却在经济周期内实现了经济的螺旋式上升,这种探索性的经验与教训值得我们借鉴。

当前,产能过剩矛盾的范围和影响程度进一步扩展,从传统制造业、重化工业到一些新兴产业的产能过剩有全面性、长期性、顽固性的趋势,迫切需要建立健全产能过剩治理的长效机制,已成为学术界和政府部门的共识。产能过剩治理本质上是"利益格局调整",钢铁行业是重中之重。当前影响产能过剩治理的是地方保护主义和财税既得利益。我国产能过剩治理的关键在于加快经济发展方式转变,强化国家的组织能力、整合能力与规划能力,提高按照经济规律治理产能过剩的能力。促进经济结构调整,加强分配制度改革,以更好地提升国民的消费能力,从而在投融资体制改革深化中,优化资源配置功能,优化产业空间布局,实现产能过剩治理科学化。而要实现经济体自主的产能过剩化解,根本路径在于强化创新驱动的力量,要抓住第三次工业革命契机,促进生产方式鼎新,再造我国经济体的竞争优势。以产业科技革新为依托,培育产业核心竞争力。以信息技术创新为导向,促进产业生态变革,切实提高空间经济产能密度。通过优化制度引导市场模式,跨越产能过剩的体制陷阱,在协同创新地方产业组织中,化解产能过剩同构约束,并在政策体系上支撑企业退出,解决后顾之忧。在微观层面,亟须加强我国企业产能过剩治理能力建设,强化企业创新驱动,优化竞争策略,以重建市场瞄准机制,通过拓展国内和国际市场来保障企业做大做强,从而消除企业库存压力与产能过剩矛盾。当然,所有这些措施得以落细落小落实的根本在于法治化保障,法治已成为建立秩序和规范的最大公约数,以确保产能过剩治理的制度化、规范化、有序化,凝聚共识和力量,从政策推动走向法治引领,推动符合经济规律的产能过剩治理能力现代化,实现社会公正与共同富裕。

　　当然,本书仍只是产能过剩治理研究的冰山一角。当前,对于产能过剩治理研究仍有进一步提升的空间,仍需要进一步深化细化系统化。如何构建产能过剩预警的指标体系,如何充分利用上市公司数据研究我国各行各业的产能过剩,不同地区治理产能过剩如何实现产业政策差别化、维护产业政策权威性等等,仍需要在实践中不断探索、不断认识规律、不断运用规律。正如毛泽东同志所指引的"强调理论对实践的依赖关系,理论的基础是实践,又转过来为实践服务。判定认识或理论之是否真理,不是依主观上觉得如何而定,而是依据客观上社会实践的结果而定。真理的标准只能是社会的实践"①。可见,实践在不断发展,产能过剩矛盾也随时间的发展而不断发展,产能过剩治理依然需要与时代同行,与实践同步。

---

① 　毛泽东.毛泽东选集:第 1 卷［M］.北京:人民出版社,1991:284.

附录

我国治理产能过剩的主要政策

类型	发布时间	主要政策	主要内容
综合类	2009.9.26	《国务院批转国家发改委等部门关于抑制部分行业产能过剩和重复建设引导产业健康发展若干意见的通知》国发〔2009〕38号	通过严把项目审批、土地、环评、信贷等行政审批关口,停止新项目的审批、禁止审批通过项目的开工、在建项目停止,从而控制住产能过剩行业的固定资产投资、抑制产能的扩张。原则上不再批准产能过剩行业的扩大产能项目,不得下放审批权限,严禁化整为零、违规审批,严格防止各级政府的财政性资金流向产能过剩行业的扩大产能项目。加快淘汰落后技术装备和生产能力,大力发展循环经济,延长资源型产业链,培育和发展国家鼓励的高技术、高附加值、低消耗、低排放的产品和项目,形成资源配置合理、污染物排放达标的节约型、清洁型、循环型产业发展模式
	2010.2.6	《国务院关于进一步加强淘汰落后产能工作的通知》国发〔2010〕7号	(一)严格市场准入。强化安全、环保、能耗、物耗、质量、土地等指标的约束作用,尽快修订《产业结构调整指导目录》,制定和完善相关行业准入条件和落后产能界定标准,提高准入门槛,鼓励发展低消耗、低污染的先进产能。加强投资项目审核管理,尽快修订《政府核准的投资项目目录》,对产能过剩行业坚持新增产能与淘汰产能"等量置换"或"减量置换"的原则,严格环评、土地和安全生产审批,遏制低水平重复建设,防止新增落后产能。改善土地利用计划调控,严禁向落后产能和产能严重过剩行业建设项目提供土地。支持优势企业通过兼并、收购、重组落后产能企业,淘汰落后产能 (二)强化经济和法律手段。充分发挥差别电价、资源性产品价格改革等价格机制在淘汰落后产能中的作用,落实和完善资源及环境保护税费制度,强化税收对节能减排的调控功能。加强环境保护监督性监测、减排核查和执法检查,加强对企业执行产品质量标准、能耗限额标准和安全生产规定的监督检查,提高落后产能企业和项目使用能源、资源、环境、土地的成本。采取综合性调控措施,抑制高消耗、高排放产品的市场需求

续表

类型	发布时间	主要政策	主要内容
综合类			(三)加大执法处罚力度。对未按期完成淘汰落后产能任务的地区,严格控制国家安排的投资项目,实行项目"区域限批",暂停对该地区项目的环评、核准和审批。对未按规定限淘汰落后产能的企业吊销排污许可证,银行业金融机构不得提供任何形式的新增授信支持,投资管理部门不予审批和核准新的投资项目,国土资源管理部门不予批准新增用地,相关管理部门不予办理生产许可,已颁发生产许可证、安全生产许可证的要依法撤回。对未按规定淘汰落后产能、被地方政府责令关闭或撤销的企业,限期办理工商注销登记,或者依法吊销工商营业执照。必要时,政府相关部门可要求电力供应企业依法对落后产能企业停止供电
	2011.12.30	《国务院关于印发工业转型升级规划（2011—2015）的通知》国发〔2011〕47号	"十二五"时期推动工业转型升级,要以科学发展为主题,以加快转变经济发展方式为主线,着力提升自主创新能力,推进信息化与工业化深度融合,改造提升传统产业,培育壮大战略性新兴产业,加快发展生产性服务业,调整和优化产业结构,把工业发展建立在创新驱动、集约高效、环境友好、惠及民生、内生增长的基础上,不断增强我国工业核心竞争力和可持续发展能力。坚持以市场为导向,以企业为主体,强化技术创新和技术改造,促进"两化"深度融合,推进节能减排和淘汰落后产能,合理引导企业兼并重组,增强新产品开发能力和品牌创建能力,优化产业空间布局,全面提升核心竞争力,促进工业结构优化升级。到"十二五"末,努力使我国工业转型升级取得实质性进展,工业的创新能力、抵御风险能力、可持续发展能力和国际竞争力显著增强,工业强国建设迈上新台阶
	2013.10.15	《关于加快推进重点行业企业兼并重组的指导意见》工信部联产业〔2013〕16号	通过推进企业兼并重组,提高产业集中度,促进规模化、集约化经营,提高市场竞争力,培育一批具有国际竞争力的大型企业集团,推动产业结构优化升级;进一步推动企业转换经营机制,加强和改善内部管理,完善公司治理结构,建立现代企业制度;加快国有经济布局和结构的战略性调整,促进非公有制经济和

续表

类型	发布时间	主要政策	主要内容
综合类			中小企业发展,完善以公有制为主体、多种所有制经济共同发展的基本经济制度。推动重点行业企业兼并重组,要以产业政策为引导、以产业发展的重点关键领域为切入点,鼓励大型骨干企业开展跨地区、跨所有制兼并重组;鼓励企业通过兼并重组延伸产业链,组成战略联盟;鼓励企业"走出去",参与全球资源整合与经营,提升国际化经营能力,增强国际竞争力。涉及汽车、钢铁、水泥、船舶、电解铝、稀土、电子信息、医药以及农业产业化龙头企业
	2013.10.15	《国务院关于化解产能严重过剩矛盾的指导意见》国发〔2013〕41号	
部门	2009.10.25	《贯彻落实国务院批转发展改革委等部门关于抑制部分行业产能过剩和重复建设引导产业健康发展若干意见的通知》国土资发〔2009〕139号	1.严把建设项目用地预审关,从源头上遏制产能过剩行业和重复建设项目用地。对产能过剩行业建设项目,未取得发展改革等部门同意开展项目前期工作意见的,一律不予受理用地预审申请;其他不符合重点产业调整和振兴规划的项目,也不得受理用地预审申请;项目用地未达到《工业项目建设用地控制指标》或相关行业工程建设用地控制指标要求的,一律不予通过用地预审。2.加强农用地转用和土地征收审查。在切实加快扩大内需的建设项目用地报批和征地实施的同时,严格依法依规审查农用地转用和土地征收,严禁擅自扩大政策适用范围。对产能过剩行业建设项目,除国家批准立项的新建、扩建项目外,一律停止报批农用地转用和土地征收;对不符合产业政策和供地政策,未按规定履行审批或核准手续的项目,一律不批准用地。抓紧调整完善供地政策和措施,并尽快修订《限制用地项目目录》和《禁止用地项目目录》。对不符合国家产业政策和供地政策、未达到现行《工业项目建设用地控制指标》或相关工程建设项目用地指标的项目,一律不得供地;对符合重点产业调整和振兴规划、用地符合规划计划和定额指标的项目,要加快供地。3.加快淘汰落后产能企业用地的清查和处理。全面查清淘汰落后产能企业的用地面

续表

类型	发布时间	主要政策	主要内容
部门			积、位置、用途、权属和使用情况。对未按规定淘汰落后产能的企业,要严格限制土地使用,提高落后产能土地使用成本;对淘汰落后产能企业利用现有土地开发转产的,在符合国家产业政策和相关规划的前提下,提高土地利用率和增加建设容积率不再增收土地价款。4.严格把握有关法律法规和政策界限,对违反国家宏观调控政策,新建、扩建产能过剩和重复建设项目的用地,一律不予登记。加大对产能过剩行业和重复建设项目的土地巡查力度,对未经依法批准擅自开工建设的项目,做到早发现、早制止、早处置。与有关部门建立土地执法监管的共同责任机制,将不符合国家产业政策和供地政策的项目抑制在萌芽状态
	2009.10.31	《关于贯彻落实抑制部分行业产能过剩和重复建设引导产业健康发展的通知》环发〔2009〕127号	严格对产能过剩、重复建设行业企业的上市环保核查;以区域资源承载力、环境容量为基础,以节能减排、淘汰落后产能为目标,从源头上优化产能过剩、重复建设行业建设项目的规模、布局以及结构
	2009.12.22	《关于做好金融服务支持重点产业调整振兴和抑制部分行业产能过剩的指导意见》银发〔2009〕386号	积极支持有条件的企业利用资本市场开展兼并重组。进一步推进资本市场并购重组市场化改革,探索完善市场化定价机制,提高并购重组效率。不断丰富并购方式,鼓励上市公司以股权、现金和多种金融工具组合作为并购重组支付方式。健全、完善股权投资退出机制,规范引导证券经营机构为上市公司并购重组提供中介服务,并提供融资支持。进一步修订完善上市公司并购重组规章及相关配套文件,简化行政许可程序,为上市公司并购重组提供支持和便利。进一步提高并购重组活动透明度,有效防范和打击内幕交易和市场操纵行为,为并购重组创造良好的市场环境。 加大境内企业开拓国际市场的金融支持。推动进出口收付汇核销制度改革,为重点产业中有竞争力的企业开展对外贸易提供进出口收付汇服务便利。进一步简化贸易信贷登记管理、程序和方式,便利重点

续表

类型	发布时间	主要政策	主要内容
部门			产业企业出口和先进技术进口。鼓励金融机构灵活运用票据贴现、押汇贷款、对外担保等方式,缓解重点产业出口企业资金周转困难。进一步完善服务贸易外汇管理,支持物流等现代服务业的对外开放。灵活掌握出口收结汇联网政策,进一步提高船舶企业预收款结汇额度,为船舶出口外汇核销提供便利,保证造船企业正常资金需求。满足符合条件的电子信息企业引进先进技术和产品更新换代的外汇资金需求,通过进出口银行提供优惠利率进口信贷方式给予支持。 各银行业金融机构要严把信贷关,在积极支持企业技术改造和淘汰落后产能的同时,禁止对国家已明确为严重产能过剩的产业中的企业和项目盲目发放贷款。进一步加大对节能减排和生态环保项目的金融支持,支持发展低碳经济。鼓励银行业金融机构开发多种形式的低碳金融创新产品,对符合国家节能减排和环保要求的企业和项目按照"绿色信贷"原则加大支持力度。探索建立和完善客户环保分类识别系统,支持发展循环经济,从严限制对高耗能、高污染和资源消耗型的企业和项目的融资支持
行业	2009.11.10	《国务院发改委办公厅关于水泥、平板玻璃建设项目清理工作有关问题的通知》发改办产业〔2009〕2351号	清理内容:在建项目重点审查是否符合产业政策,各项审批手续是否齐备,建设内容与申报内容是否一致;各省市自治区已核准未开工项目按下列要求进行清查:是否符合国家和区域规划布局要求,是否符合产业政策,是否取得土地使用证、环境影响评价报告、银行贷款承诺函等项目核准所必需的相关材料;水泥项目还要提交石灰石矿山开采许可证。平板玻璃项目应符合我委六部委文件(发改运行〔2006〕2691号)和平板玻璃准入条件(国家发展改革委公告〔2007〕52号)的要求。 清理项目处理办法:对各省市自治区已核准未开工的水泥项目、已备案未开工的平板玻璃项目,一律不得开工建设。确有必要建设的项目,须经我委组织论证和核准;对所有拟建的水泥、平板玻璃项目各省、区、市一律不得核准或备案。须按投资管理规定和程序,由各省、区、市投资主管部门报我委论证和核准;对在建平板玻璃项目,必须按六部委文件和准入条件的要求认定后方可点火

续表

类型	发布时间	主要政策	主要内容
行业	2009.11.21	《关于抑制产能过剩和重复建设引导水泥产业健康发展的意见》工信部原〔2009〕575号	坚决抑制产能过剩和重复建设：一是严格市场准入，提高准入门槛。工业和信息化部将会同有关部门抓紧制定和发布《水泥行业准入条件》，进一步提高能源消耗、环境保护、资源综合利用等方面的准入门槛。二是配合有关部门做好对2009年9月30日前尚未开工的水泥项目的清理，并将清理结果和意见报送工业和信息化部。坚决停止违法违规项目建设，清理期间一律不得核准新的扩能建设项目。 继续加大淘汰落后工作力度：一是继续认真贯彻执行《关于印发节能减排综合性工作方案的通知》（国发〔2007〕15号）规定，确保完成"十一五"期间淘汰落后水泥产能2.5亿吨的工作目标。要求各地在媒体上公告应予淘汰的落后企业（生产线）名单，接受社会监督。二是按照国发〔2009〕38号文规定进一步加快淘汰落后产能。各地要按照《关于报送水泥和平板玻璃淘汰落后产能2009年计划及三年计划的通知》（工信厅原〔2009〕222号）要求抓紧制定2010—2012三年内彻底淘汰不符合产业政策和环保、能耗、质量、安全要求的落后水泥产能时间表。要将淘汰落后产能指标分解落实到各地区和具体企业，积极争取各级财政资金，加大对淘汰落后的支持力度，逐步建立落后产能退出机制。 推动优势企业兼并重组：按照国家发展改革委等八部门《关于水泥工业结构调整的指导意见》（发改运行〔2006〕609号）要求，水泥企业前10户集中度"十一五"末要达到30%，前50户集中度要超过50%。按照国家发展改革委、国土资源部、中国人民银行《关于公布国家重点支持水泥工业结构调整大型企业（集团）名单的通知》（发改运行〔2006〕3001号）要求，鼓励大企业并购重组落后企业，推动结构调整，提高产业集中度。积极开展调查研究，提出支持水泥兼并重组的新的优惠措施建议，完善国家对重点支持水泥企业的各项政策

续表

类型	发布时间	主要政策	主要内容
行业			取消地方出台的各项优惠政策。各地一律不得违反国家法律、法规和产业政策进行各类招商引资活动。要认真清理对拟建电解铝项目自行出台的土地、税收、电价等优惠政策。已出台优惠政策的要坚决废止。 加大执法力度,形成政策合力。各地工业主管部门和发展改革部门要加强与国土、环保、电力、金融等部门的配合,加大执法力度,坚决遏制电解铝盲目投资、产能急剧扩张势头。对违规拟建的电解铝项目,要立即停止办理用地审批、能评审查、环境影响评价、电力供应和新增授信等手续
	2011.5.3	《关于抑制平板玻璃产能过快增长引导产业健康发展的通知》工信部原〔2011〕207号	严格市场准入管理,控制新增产能:一是对本地区在建项目进行全面清理。坚决遏制不符合《国务院批转发展改革委等部分行业产能过剩和重复建设引导产业健康发展若干意见的通知》(国发〔2009〕38号)、《平板玻璃行业准入条件》(发展改革委2007年第52号公告)规定的建设项目。新上平板玻璃建设项目必须经国家主管部门核准。二是要及时会同同级投资、土地、环保、金融等部门对拟建项目进行严格把关,严格控制新增产能,引导产业健康发展。三是加大向社会和项目业主单位宣解、释惑工作力度,重点对平板玻璃行业产能严重过剩,投资风险较大,以及相关产业政策进行宣传 坚决淘汰落后产能:按照《国务院关于进一步加强淘汰落后产能工作的通知》(国发〔2010〕7号)规定,坚决完成2011年淘汰平板玻璃落后产能2600万重量箱的工作目标。要在媒体上及时公告列入淘汰计划的企业(生产线)名单,接受社会监督,确保落后产能按期退出 加大兼并重组力度:贯彻落实《国务院关于促进企业兼并重组的意见》(国发〔2010〕27号),大力推进兼并重组,优化产业结构。引导骨干优势企业实施跨地区跨行业兼并重组、减少重复建设、延伸产业链、提高产品价值,向原料制备、玻璃生产与精深加工一体化方向发展。"十二五"期间,通过兼并重组,逐步将玻璃深加工率提升到45%以上,行业前10家企业平板玻璃产能占总产能的比重提升到75%以上

续表

类型	发布时间	主要政策	主要内容
行业			鼓励自主技术创新:支持企业自主创新,提高生产工艺和技术装备水平,开发生产市场急需的屏显基板玻璃、光伏玻璃、低辐射镀膜玻璃、钢化玻璃、中空玻璃、夹层玻璃、泡沫玻璃、高硼硅玻璃等技术含量和附加值高的高端产品。鼓励对玻璃生产线实施余热发电、全氧燃烧、脱硫脱硝等节能环保技术改造。坚持有保有压,引导产能置换,压缩和疏导落后产能,发展高端产品替代过剩的低端产品
	2013.7.31	《国务院印发关于船舶工业加快结构调整促进转型升级实施方案（2013—2015年)的通知》国发〔2013〕29号	控制新增产能,优化产能结构。遏制产能盲目扩张,利用骨干企业现有造船、修船、海洋工程装备基础设施能力,推进大型企业重组和调整,整合优势产能;调整业务结构,鼓励中小企业转型转产,淘汰落后产能
			调整优化船舶产业生产力布局。严把市场准入关口,严格控制新增造船、修船、海洋工程装备基础设施（船台、船坞、舾装码头),坚决遏制盲目投资加剧产能过剩矛盾。通过优化产业组织结构,推进企业兼并重组,集中资源、突出主业,整合一批大型造船、修船及海洋工程装备基础设施资源,发展具有国际竞争力的船舶企业集团。通过调整中小船厂业务结构,发展中间产品制造、修船、拆船等业务,开拓非船产品市场,淘汰一批落后产能。在不增加产能的前提下,加快实施城市老旧船厂搬迁。依托环渤海湾、长江口和珠江口地区三大造船基地发展海洋工程装备,重点发展海洋工程装备专用系统和设备,形成造船、海洋工程装备、配套设备协调发展的产业格局
			加大信贷融资支持和创新金融支持政策。鼓励金融机构按照商业原则,做好对在国内订造船舶且船用柴油机、曲轴在国内采购的船东的融资服务,加大对船舶企业兼并重组、海外并购以及中小船厂业务转型和产品结构调整的信贷融资支持。研究开展骨干船舶企业贷款证券化业务。积极利用出口信用保险支持船舶出口。优化船舶出口买方信贷保险政策,创新担保方式,简化办理流程
			控制新增产能,支持产能结构调整。地方各级人民政府及其有关部门不得以任何名义核准、备案新增产

续表

类型	发布时间	主要政策	主要内容
行业			能的造船、修船和海洋工程装备基础设施项目,国土、交通、环保等部门不得办理土地和岸线供应、环评审批等相关业务,金融机构不得提供任何形式的新增授信支持。地方各级人民政府要立即组织对船舶行业违规在建项目进行认真清理,对未批先建、边批边建、越权核准的违规项目,尚未开工建设的,不准开工,正在建设的项目,要停止建设;国土、交通、环保部门和金融机构依法依规进行处理。对停建的违规在建项目,按照谁违规谁负责的原则,做好债务、人员安置等善后工作,区分不同情况,采取相应的措施,进行分类处理。对已经建成的违规产能,根据有关法律法规和行业准入条件等进行处理。在满足总量调控、布局规划、兼并重组等要求的条件下,推动整合提升大型基础设施能力。加快淘汰落后产能,支持企业转型转产

参考文献

[1] 中共中央马克思恩格斯列宁斯大林著作编译局.马克思恩格斯文集:第1-10卷[M].北京:人民出版社,2009.

[2] 中共中央马克思恩格斯列宁斯大林著作编译局.马克思恩格斯全集:第26卷[M].北京:人民出版社,1973.

[3] 中共中央马克思恩格斯列宁斯大林著作编译局.马克思恩格斯全集:第30卷[M].北京:人民出版社,1995.

[4] 中共中央马克思恩格斯列宁斯大林著作编译局.马克思恩格斯全集:第32卷[M].北京:人民出版社,1998.

[5] 中共中央马克思恩格斯列宁斯大林著作编译局.马克思恩格斯全集:第49卷[M].北京:人民出版社,1982.

[6] 中共中央马克思恩格斯列宁斯大林著作编译局.马克思恩格斯选集:第1~4卷[M].北京:人民出版社,2012.

[7] 马克思.资本论:第1—3卷[M].北京：人民出版社,2004.

[8] 列宁.列宁专题文集:第1—5卷[M].北京:人民出版社,2009.

[9] 列宁.列宁选集:第2卷[M].北京:人民出版社,1995.

[10] 斯大林.斯大林选集:下卷[M].北京:人民出版社,1979.

[11] 邓小平.邓小平文选:第1—5卷[M].北京:人民出版社,1993.

[12] 江泽民.江泽民文选:第1—3卷[M].北京:人民出版社,2006.

[13] 叶剑英.叶剑英选集:[M].北京:人民出版社,1996.

[14] 习近平.之江新语[M].杭州:浙江人民出版社,2014.

[15] 习近平.习近平谈治国理政[M].北京:外文出版社,2014.

[16] 中央文献研究室.习近平关于全面深化改革论述摘编[M].北京:中央文

献出版社,2014.

[17]《中共中央关于全面推进依法治国若干重大问题的决定》(2014 年 10 月).

[18]李建平.《资本论》第一卷辩证法探索[M].北京:社会科学文献出版社,2006.

[19]李建平,等.政治经济学[M].4 版.北京:高等教育出版社,2008.

[20]李建平,李闽榕,赵新力.二十国集团(G20)国家创新竞争力发展报告(2001—2010)[M].北京:社会科学文献出版社,2011.

[21]陈征.《资本论》解说(第 1—3 卷)[M].福州:福建人民出版社,1997.

[22]本书编写组.加快经济发展方式转变干部学习读本[M].北京:中共中央党校出版社,2010.

[23]曹建海,江飞涛.中国工业投资中的重复建设与产能过剩问题研究[M].北京:经济管理出版社,2009.

[24]曹建海.过度经济论[M].北京:中国人民大学出版社,2000.

[25]陈孟熙.经济学说史教程[M].2 版.北京:中国人民大学出版社,2003.

[26]陈昕.财产权利与制度变迁[M].上海:上海人民出版社,1995.

[27]陈新,丛国滋.中国轻工业四十年(1949—1989)[M].北京:中国轻工业出版社,1990.

[28]陈秀山.现代竞争理论与竞争政策[M].北京:商务印书馆,1997.

[29]程恩富,冯金华,马艳.现代政治经济学新编[M].4 版.上海:上海财经大学出版社,2011.

[30]程恩富.马克思主义经济思想史:欧美卷[M].上海:东方出版中心,2006.

[31]丁永健.发展与转型双重约束下的重复建设治理研究[M].北京:科学出版社,2013.

[32]董瑞华,唐钰岚.《资本论》及其手稿在当代的实践与发展[M].北京:人

民出版社,2013.

[33] 窦彬.钢铁行业投资过度、产能过剩原因及对策[M].北京:经济科学出版社,2009.

[34] 杜朝晖.现代产业组织学:理论与政策[M].北京:高等教育出版社,2005.

[35] 费方域,蒋士成.不完全合同、产权和企业理论[M].上海:格致出版社,2011.

[36] 冯飞.迈向工业大国:30年工业改革与发展回顾[M].北京:中国发展出版社,2008.

[37] 高鸿业.西方经济学[M].3版.北京:中国人民大学出版社,2005.

[38] 宫景隆.轻工业发展问题研究[M].北京:中国轻工业出版社,1993.

[39] 顾海良,张雷声.20世纪国外马克思主义经济思想史[M].北京:经济科学出版社,2006.

[40] 韩国高.中国工业领域产能过剩问题研究[M].北京:科学出版社,2014.

[41] 何大安.产业规制的主体行为及其效应[M].上海:格致出版社,2012.

[42] 胡鞍钢.中国政治经济史论(1949—1976)[M].北京:清华大学出版社,2008.

[43] 胡德宝.经济转型条件下中国自然垄断产业的有效竞争研究[M].北京:经济管理出版社,2012.

[44] 胡培兆.经济学本质论:三论三别[M].北京:经济科学出版社,2006.

[45] 胡汝银,等.中国公司治理:当代视角[M].上海:上海人民出版社,2010.

[46] 胡书东.经济发展中的中央与地方关系:中国财政制度变迁研究[M].上海:上海三联书店,2001.

[47] 江小涓.经济转轨时期的产业政策:对中国经验的实证分析与前景展望[M].上海:格致出版社,2014.

[48] 江小涓.体制转轨中的增长、绩效与产业组织变化[M].上海:上海人民

出版社,1996.

[49] 江小涓.制度变革与产业发展[M].北京:北京师范大学出版社,2010.

[50] 江小涓,等.全球化中的科技资源重组与中国产业技术竞争力提升[M].北京:中国社会科学出版社,2004.

[51] 姜明安.法治思维与新行政法[M].北京:北京大学出版社,2013.

[52] 雷家骕,秦颖,郭淡泊,等.中国的自主创新:理论与案例[M].北京:清华大学出版社,2013.

[53] 李江涛.产能过剩:问题、理论及治理机制[M].北京:中国财政经济出版社,2006.

[54] 厉以宁,林毅夫,周其仁,等.读懂中国改革[M].北京:中信出版社,2014.

[55] 厉以宁.工业化和制度调整:西欧经济史研究[M].北京:商务印书馆,2010.

[56] 厉以宁.中国经济双重转型之路[M].北京:中国人民大学出版社,2013.

[57] 林毅夫,蔡昉,李周.中国的奇迹:发展战略与经济改革[M].增订版.上海:格致出版社,2002.

[58] 林毅夫.本体与无常:经济学方法对话[M].北京:北京大学出版社,2012.

[59] 林毅夫.从西潮到东风[M].北京:中信出版社,2012.

[60] 林毅夫.繁荣的求索:发展中经济如何崛起[M].北京:北京大学出版社,2012.

[61] 林毅夫.新结构经济学:反思经济发展与政策的理论框架[M].北京:北京大学出版社,2012.

[62] 林毅夫.中国经济专题[M].2版.北京:北京大学出版社,2012.

[63] 刘凤义.企业理论研究的三种范式:新制度学派、老制度学派和马克思主义的比较与综合[M].北京:经济科学出版社,2008.

［64］ 刘鹤.两次全球大危机的比较研究［M］.北京:中国经济出版社,2013.

［65］ 刘世锦,等.陷阱还是高墙?——中国经济面临的真实挑战和战略选择［M］.北京:中信出版社,2011.

［66］ 罗云辉.过度竞争:经济学分析与治理［M］.上海:上海财经大学出版社,2004.

［67］ 马洪,孙尚清.中国经济结构问题研究［M］.北京:人民出版社,1981.

［68］ 马洪,周叔莲,汪海波.中国工业经济效益问题研究(上\下)［M］.北京:中国社会科学出版社,1990.

［69］ 马文军,李孟刚.新垄断竞争理论:产业集中、市场竞争与企业规模的最优度测算及中国钢铁产业组织安全的实证［M］.北京:经济科学出版社,2010.

［70］ 帕金斯.走向 21 世纪:中国经济的现状、问题和前景［M］.南京:江苏人民出版社,1992.

［71］ 逄锦聚,等.马克思主义中国化进程中的经济学创新［M］.北京:经济科学出版社,2011.

［72］ 彭森,陈立,等.中国经济体制改革重大事件［M］.北京:中国人民大学出版社,2008.

［73］ 任碧云."双过剩"条件下中国经济政策协调研究［M］.厦门:厦门大学出版社,2010.

［74］ 芮明杰.第三次工业革命与中国选择［M］.上海:上海辞书出版社,2013.

［75］ 商德文.马克思主义经济思想史［M］.北京:北京大学出版社,1992.

［76］ 上海财经大学中国产业发展研究院.2013 年中国产业发展报告:产能过剩和产业升级［M］.上海:上海财经大学出版社,2013.

［77］ 孙彦红.欧盟产业政策研究［M］.北京:社会科学文献出版社,2012.

［78］ 田永峰.制度的均衡与演化:企业制度安排与制度环境双向选择的动态

均衡关系研究[M].广州:世界图书出版社,2012.

[79] 汪海波. 新中国工业经济史:1979—2000[M].北京:经济管理出版社,2001.

[80] 汪海波.我国"九五"、"十五"宏观经济分析[M].北京:经济管理出版社,2002.

[81] 王德祥.经济全球化条件下的世界金融危机研究[M].武汉:武汉大学出版社,2002.

[82] 王检贵.劳动与资本双重过剩下的经济发展[M].上海:上海三联书店,2002.

[83] 魏后凯.从重复建设走向有序竞争:中国工业重复建设与跨地区资产重组研究[M].北京:人民出版社,2001.

[84] 温铁军,等.八次危机:中国的真实经验(1949—2009)[M].北京:东方出版社,2012.

[85] 吴汉洪.产业组织理论[M].北京:中国人民大学出版社,2008.

[86] 吴敬琏,马国川.重启改革议程:中国经济改革二十讲[M].北京:生活·读书·新知三联书店,2013.

[87] 吴敬琏.当代中国经济改革教程[M].上海:上海远东出版社,2010.

[88] 吴晓波.激荡三十年:中国企业 1978—2008(上\下)[M].北京:中信出版社,2007.

[89] 吴晓波.历代经济变革得失[M].杭州:浙江大学出版社,2013.

[90] 武力.中华人民共和国经济史:上下卷[M].增订版.北京:中国时代出版社,2010.

[91] 肖志兴.产业经济学理论研究新进展与文献评述[M].北京:科学出版社,2010.

[92] 萧国亮,隋福民.中华人民共和国经济史(1949—2010)[M].北京:北京大学出版社,2011.

［93］徐洪才.变革的时代:中国与全球经济治理[M].北京:机械工业出版社,2014.

［94］徐现祥,王贤彬.中国地方官员治理的增长绩效[M].北京:科学出版社,2011.

［95］杨蕙馨.企业的进入退出与产业组织政策[M].上海:上海三联书店,2000.

［96］杨蕙馨,等.经济全球化条件下产业组织研究[M].北京:中国人民大学出版社,2012.

［97］尹伯成.西方经济学说史:从市场经济视角的考察[M].上海:复旦大学出版社,2006.

［98］余东华,李真,等.地方保护论:测度、辨识及对资源配置效率的影响研究[M].北京:中国社会科学出版社,2010.

［99］俞可平.论国家治理现代化[M].北京:社会科学文献出版社,2014.

［100］张军.改革、转型与增长:观察与解释[M].北京:北京师范大学出版社,2010.

［101］张军.市场、政府治理与中国的经济转型[M].上海:上海人民出版社,2014.

［102］张军.中国的工业改革与经济增长:问题与解释[M].上海:上海三联书店,2003.

［103］张军扩,赵昌文.当前中国产能过剩问题分析:政策、理论、案例[M].北京:清华大学出版社,2014.

［104］张可云.区域大战与区域经济联系[M].北京:民主与建设出版社,2001.

［105］张千帆,等.宪政、法治与经济发展[M].北京:北京大学出版社,2006.

［106］张维迎.博弈论与信息经济学[M].上海:上海三联书店,上海人民出版社,2004.

［107］张昕竹,马源,冯永晟.中国垄断行业规制与竞争实证研究［M］.北京:中国社会科学出版社,2011.

［108］张宇,孟捷,卢荻.高级政治经济学［M］.3 版.北京:中国人民大学出版社,2012.

［109］张志前,喇绍华.欧债危机［M］.北京:社会科学文献出版社,2012.

［110］赵春艳.从比较优势到竞争优势:基于中国汽车产业的实证研究［M］.北京:中国经济出版社,2012.

［111］赵德余.主流观念与政策变迁的政治经济学［M］.上海:复旦大学出版社,2008.

［112］赵英.中国产业政策变动趋势实证研究:2000—2010［M］.北京:经济管理出版社,2012.

［113］中国经济体制改革研究所发展研究室.工业增长中的结构性矛盾［M］.成都:四川人民出版社,1988.

［114］中国社会科学院工业经济研究所.2008 中国工业发展报告:中国工业改革开放三十年［M］.北京:经济管理出版社,2008.

［115］周弘.欧洲发展报告（2008—2010）［M］.北京:社会科学文献出版社,2011.

［116］周弘.欧洲发展报告（2011—2012）［M］.北京:社会科学文献出版社,2012.

［117］周弘.欧洲发展报告（2012—2013）［M］.北京:社会科学文献出版社,2013.

［118］周劲,付保宗,等.我国工业领域的产能过剩问题研究［M］.北京:中国计划出版社,2014.

［119］周黎安.转型中的地方政府:官员激励与治理［M］.上海:格致出版社,2008.

［120］周其仁.改革的逻辑［M］.北京:中信出版社,2013.

［121］周其仁.竞争与繁荣：中国电信业进化的经济评论［M］.北京：中信出版社，2013.

［122］周小川.国际金融危机：观察、分析与应对［M］.北京：中国金融出版社，2012.

［123］周振华，等.新机遇·新风险·新选择：中国经济分析 2012—2013［M］.上海：上海人民出版社，2013.

［124］高善文.经济运行的逻辑［M］.北京：中国人民大学出版社，2013.

［125］黄茂兴.历史与现实的呼应：21 世纪海上丝绸之路的复兴［M］.北京：经济科学出版社，2014.

［126］芮传明.丝绸之路研究入门［M］.上海：复旦大学出版社，2009.

［127］彭文生.渐行渐远的红利：寻找中国新平衡［M］.北京：社会科学文献出版社，2013.

［128］刘海影.中国巨债：经济奇迹的根源与未来［M］.北京：中信出版社，2014.

［129］王国刚，蔡真.资金过剩背景下的中国金融运行分析［M］.北京：社会科学文献出版社，2010.

［130］马文军.产业最优需求测度与生产过剩预警调控：基理构建与钢铁、水泥产业的实证［M］.北京：经济科学出版社，2014.

［131］刘诗白.刘诗白文集（第 9 卷）论经济过剩运行［M］.成都：西南财经大学出版社，2011.

［132］王俊杰.全球流动性过剩与中国输入型通胀研究［M］.上海：复旦大学出版社，2015.

［133］何新.反主流经济学：主流经济学批判［M］.北京：万卷出版社，2013.

［134］约瀚·伊特韦尔，等.新帕尔格雷夫经济学大辞典：第 1—4 卷［M］.北京：经济科学出版社，1992.

［135］中央财经领导小组办公室.中国经济发展五十年大事记［M］.北京：人

民出版社,1999.

[136] 吴敬琏,厉以宁,林毅夫.国家命运:中国未来经济转型与改革发展 [M].北京:中央编译出版社,2015.

[137] 李稻葵.重启:新改革时代的中国和世界[M].北京:中国友谊出版 社,2014.

[138] 中国人民大学重阳金融研究院.欧亚时代:丝绸之路经济带研究蓝皮 书(2014—2015)[M].北京:中国经济出版社,2014.

[139] 钟飞腾,朴珠华,刘潇萌,等.对外投资新空间:"一带一路"国别投资价 值排行榜[M].北京:社会科学文献出版社,2015.

[140] 纪云飞.中国"海上丝绸之路"研究年鉴(2013)[M].杭州:浙江大学 出版社,2014.

[141] 汪彩君,徐维祥,唐根年.过度集聚、要素拥挤与产业转移研究[M].北 京:中国社会科学出版社,2013.

[142] 郑永年.中国的"行为联邦制":中央—地方关系的变革与动力[M].北 京:东方出版社,2013.

[143] 鲍尔斯,爱德华兹,罗斯福.理解资本主义:竞争、统制与变革[M].3 版.孟捷,赵准,徐华,译.北京:中国人民大学出版社,2010.

[144] 斯坦利·L.布鲁,兰迪·R.格兰特.经济思想史[M].8版.邸晓燕,等, 译.北京:北京大学出版社,2008.

[145] 安·弗洛里妮,赖海榕,陈业灵.中国试验:从地方创新到全国改革 [M].冯瑾,张志超,译.北京:中央编译出版社,2013.

[146] 安格斯·麦迪森.中国经济的长期表现(公元960—2030年)[M].任 晓鹰,马德斌,译.上海:上海人民出版社,2011.

[147] 保罗·巴兰,保罗·斯威齐.垄断资本:论美国的经济和社会秩序[M]. 北京:商务印书馆,1977.

[148] 保罗·克鲁格曼.萧条经济学的回归和2008年经济危机[M].刘波,

译.北京:中信出版社,2009.

[149] 庇古.工业波动论[M].高耀琪,译.北京:商务印书馆,1999.

[150] 伯南克.金融的本质:伯南克四讲美联储[M].巴曙松,等,译.北京:中信出版社,2014.

[151] D·梅多斯,等.增长的极限[M].北京:商务印书馆,1984.

[152] 道格拉斯·C.诺思.制度、制度变迁与经济绩效[M].刘守英,译.上海:上海三联书店,1994.

[153] 蒂莫·J.海迈莱伊宁,里斯托·海斯卡拉.社会创新、制度变迁与经济绩效:产业、区域和社会的结构调整过程探索[M].清华大学启迪创新研究院,译.北京:知识产权出版社,2011.

[154] 弗里德曼.垄断与竞争[M].郗修方,郑仕民,等,译.西安:陕西人民出版社,1994.

[155] 哈里·布雷弗曼.劳动与垄断资本:二十世纪中劳动的退化[M].方生,朱基俊,吴忆萱,等,译.北京:商务印书馆,1974.

[156] 哈罗德·德姆塞茨.竞争的经济、法律和政治维度[M].陈郁,译.上海:上海三联书店,1992.

[157] F. A. 冯·哈耶克.个人主义与经济秩序[M].邓正来,译.北京:生活·读书·新知三联书店,2003.

[158] F. A. 冯·哈耶克.通往奴役之路[M].王明毅,冯兴元,等,译.北京:中国社会科学出版社,1997.

[159] F. A. 冯·哈耶克.自由秩序原理[M].邓正来,译.北京:生活·读书·新知三联书店,1997.

[160] M. C. 霍华德,J. E. 金.马克思主义经济学史(1929—1990)[M].顾海良,张新,译.北京:中央编译出版社,2003.

[161] 杰里米·里夫金.第三次工业革命:新经济模式如何改变世界[M].张体伟,孙豫宁,译.北京:中信出版社,2012.

[162] 凯恩斯.就业利息和货币通论[M].北京:商务印书馆,1963.

[163] 雅诺什·科尔奈.社会主义体制:共产主义政治经济学[M].张安,译.北京:中央编译出版社,2007.

[164] 西蒙·库茨涅茨.各国的经济增长[M].常勋,等,译.北京:商务印书馆,1985.

[165] 劳论·勃兰特,托马斯·罗斯基.伟大的中国经济转型[M].方颖,赵扬,等,译.上海:格致出版社,2009.

[166] 理查德·施马兰西,罗伯特·D.威利格.产业组织经济学手册:第1~2卷[M].李文溥,等,译.北京:经济科学出版社,2009.

[167] 林恩·派波尔,丹·理查兹,乔治·诺曼.当代产业组织理论[M].唐要家,等,译.北京:机械工业出版社,2012.

[168] 路德维希·艾哈德.来自竞争的繁荣[M].祝世康,穆家骥,译.北京:商务印书馆,1983.

[169] 罗伯特·M.哈达威.美国房地产泡沫史[M].陆小斌,译.福州:海峡书局,2014.

[170] 罗伯特·布伦纳.全球动荡经济学[M].郑吉伟,等,译.北京:中国人民大学出版社,2012.

[171] 罗纳德·哈里·科斯,王宁.变革中国:市场经济的中国之路[M].徐尧,李哲民,译.北京:中信出版社,2013.

[172] W.W.罗斯托.经济增长的阶段:非共产党宣言[M].郭熙保,王松茂,译.北京:中国社会科学出版社,2001.

[173] 洛克.政府论:下卷[M].叶启芳,等,译.北京:商务印书馆,1964.

[174] 麦格劳.现代资本主义:三次工业革命中的成功者[M].赵文书,肖锁章,译.南京:江苏人民出版社,2006.

[175] 曼弗里德·诺依曼.竞争政策:历史、理论及实践[M].谷爱俊,译.北京:北京大学出版社,2003.

[176] 曼昆.经济学原理:上册[M].3 版.梁小民,梁砾,译.北京:机械工业出
版社,2003.

[177] 梅特卡夫.演化经济学与创造性毁灭[M].冯健,译.北京:中国人民大
学出版社,2007.

[178] 孟德斯鸠.论法的精神[M].张雁深,译.北京:商务印书馆,1961.

[179] 道格拉斯·诺斯,罗伯斯·托马斯.西方世界的兴起[M].厉以平,蔡
磊,译.北京:华夏出版社,2017.

[180] 乔安·罗宾逊.马克思、马歇尔和凯恩斯[M].北京大学经济系资料室,
译.北京:商务印书馆,1963.

[181] 塞特斯·杜玛,海因·斯赖德.组织经济学:经济学分析方法在组织管
理上的应用[M].原磊,译.北京:华夏出版社,2008.

[182] 乔治·J.施蒂格勒.产业组织与政府管制[M].潘振民,译.上海:上海
人民出版社,1996.

[183] 托马斯·皮凯蒂.21 世纪资本论[M].巴曙松,等,译.北京:中信出版
社,2014.

[184] 威廉·G.谢泼德,乔安娜·M.谢泼德.产业组织经济学[M].5 版.张志
奇,陈叶盛,崔书锋,译.北京:中国人民大学出版社,2009.

[185] 约翰·希克斯.经济史理论[M].厉以平,译.北京:商务印书馆,1999.

[186] 小艾尔弗雷德·钱德勒.规模与范围:工业资本主义的原动力[M].张
逸人,等,译.北京:华夏出版社,2006.

[187] 小岛丽逸,蟠谷则子.发展中国家的城市政策与社会资本建设[M].简
光沂,译.北京:中国城市出版社,1998.

[188] 小宫隆太郎,奥野正宽,铃村兴太郎.日本的产业政策[M].北京:国际
文化出版公司,1988.

[189] 小林义雄.战后日本经济史[M].孙汉超,马君雷,译.北京:商务印书
馆,1985.

[190] 熊彼特.从马克思到凯恩斯十大经济学家[M].宁嘉风,译.北京:商务印书馆,1965.

[191] 约瑟夫·熊彼特.经济发展理论[M].孔伟艳,朱攀峰,娄季芳,译.北京:北京出版社,2008.

[192] 约瑟夫·熊彼特.经济分析史:第1—3卷[M].杨敬年,译.北京:商务印书馆,1991,1992,1994.

[193] 约瑟夫·熊彼特.资本主义、社会主义与民主[M].吴良健,译.北京:商务印书馆,1999.

[194] 亚当·斯密.国富论:国民财富的性质和起因的研究[M].谢祖钧,译.长沙:中南大学出版社,2003.

[195] 亚里士多德.政治学[M].吴寿彭,译.北京:商务印书馆,1965.

[196] 约翰·L.坎贝尔,J.罗杰斯·霍林斯沃思,利昂·N.林德伯格.美国经济治理[M].董运生,王岩,译.上海:上海人民出版社,2009.

[197] Arrow K J. Toward a Theory of Price Adjustment[M]. // bramovitz, M. Allocation of Economic Resource. Stanford: Stanford University Press,1959.

[198] Ballard K, Roberts J. Empirical Stimulation of the Capacity Utilization Rates of Fishing Vessels in 10 Major Pacific Coast Fisheries [M]. Washington D C: National Marine Fisheries Service, 1977.

[199] Fare R, Grosskopf S, Lovell K. Production Frontiers[M]. Cambridge: Cambridge University Press,1994.

[200] John Weeks. Capital and Exploitation [M]. Princeton: Princeton University Press,1981.

[201] Keynes J M.The General Theory of Employment,Interest and Money[M]. New York: Harcourt Brace and Company,1935.

[202] Kornai J. The Economics of Shortage[M]. Amsterdam: North-Holland

Publishing Company，1980.

［203］ Mark Blaug. Economic Theory in Retrospect（4th）［M］.Cambridge：Cambridge University Press，1985.

［204］Martin Shubik. Strategy and Market［M］.New York：Wiley，1959.

［205］Porter M E. Competitive Strategy：Techniques for Analyzing Industries and Competitors［M］.New York：Free Press，1980.

［206］ Raz J. The Authority of Law：Essays on Law and Morality［M］.Gloucestershire：Clarendon Press，1979.

［207］Schelling T C. The Strategy of Conflict［M］.Cambridge，Mass：Harvard University Press，1960.

［208］Schumpeter J A.Capitalism，Socialism and Democracy［M］.Harper，1942.

［209］Smith K G，et al.Dynamics of Competitive Strategy［M］.Newbury Park，CA：Sage，1992.

［210］ Smith T. Technology and Capital in the Age of Lean Production：A Marxian Critique of the"New Economy"［M］.NewYork：State University of New York Press，2000.

［211］Stiglitz J E. Whither Socialism？［M］.Cambridge，Massachusetts：the MIT Press，1996.

［212］Weeks J. Capital and Exploitation［M］.Princeton：Princeton University Press，1981.

［213］维克托·迈尔·舍恩伯格，肯尼思·库克耶.大数据时代：生活、工作与思维的大变革［M］.盛杨燕，周涛，译.杭州：浙江人民出版社，2013.

［214］彼得·罗澜.中国的崛起与俄罗斯的衰落：市场化转型中的政治、经济与计划［M］.隋福民，译.杭州：浙江大学出版社，2012.

［215］普沃斯基.国家与市场：政治经济学入门［M］.郦菁，张燕，等，译.上海：格致出版社，2009.

[216] 罗伯特·L.海尔布隆纳.资本主义的本质与逻辑[M].马林梅,译.北京:东方出版社,2013.

[217] T.佩尔森,G.塔贝里尼.政治经济学:对经济政策的解释[M].方敏,等,译.北京:中国人民大学出版社,2007.

[218] 阿维纳什·K.迪克西特.经济政策的制定[M].刘元春,译.北京:中国人民大学出版社,2004.

[219] 道格拉斯·诺思.理解经济变迁过程[M].钟正生,等,译.北京:中国人民大学出版社,2013.

[220] 托马斯·C.谢林.微观动机与宏观行为[M].谢静,等,译.北京:中国人民大学出版社,2013.

[221] 小罗伯特·E.卢卡斯.经济周期模型[M].姚志勇,鲁刚,译.北京:中国人民大学出版社,2013.

[222] 丹尼尔·卡尼曼,保罗·斯洛维奇.不确定状况下的判断:启发式和偏差[M].方文,等,译.北京:中国人民大学出版社,2013.

[223] 悉尼·霍默,理查德·西勒.利率史[M].4版.肖新明,译.北京:中信出版社,2010.

[224] 杰夫·马德里克.政府与市场的博弈:20世纪70年代以来金融的胜利与美国的衰落[M].李春梅,朱洁,译.北京:机械工业出版社,2013.

[225] 阿维纳什·K.迪克西特.法律缺失与经济学:可供选择的经济治理方式[M].郑江维,等,译.北京:中国人民大学出版社,2007.

[226] G.M.格罗斯曼,E.赫尔普曼.全球经济中的创新与增长[M].何帆,等,译.北京:中国人民大学出版社,2003.

[227] 赫尔普曼.理解全球贸易[M].田丰,译.北京:中国人民大学出版社,2012.

[228] 约瑟夫·E.斯蒂格利茨,安德鲁·查尔顿.国际间的权衡交易:贸易如何促进发展[M].沈小演,译.北京:中国人民大学出版社,2013.

［229］《国民经济运行重大问题研究》课题组.当前我国"产能过剩"问题剖析与对策［R］.中国发展研究基金会报告,2006(22):7.

［230］M.艾哈迈德·迪奥曼德·海因茨,罗伯特·波林.为什么美国金融市场需要公共信用评级机构［J］.华尔街观察,2009(8):5-9.

［231］安宇宏.朱格拉周期［J］.宏观经济管理,2013(4):79.

［232］巴曙松,余芽芳.当前去产能背景下的市场化并购与政策配合［J］.税务研究,2013(11):3-8.

［233］巴曙松.当前产能是否真的过剩［J］.中国投资,2006(7):16-17.

［234］巴曙松.流动性过剩的形成机制［J］.新金融,2007(11):17-18.

［235］巴曙松.去产能过剩要依靠改革和市场［N］.经济日报,2013-08-21.

［236］巴曙松.如何看待当前的产能过剩［N］.中国证券报,2016-04-21.

［237］曹建海.论我国土地管理制度与重复建设之关联［J］.中国土地,2004(11):11-14.

［238］曹建海.关于"过度竞争"的经济学含义［J］.首都经济贸易大学学报,1999(6):12-17.

［239］曾五一,江晓东,吴一群.重复建设的效应、成因及其治理［J］.厦门大学学报(哲学社会科学版),2002(3):41-48.

［240］陈淮.80年代日本产业结构及产业政策的回顾与评价［J］.外国经济与管理,1990(10):17-20.

［241］陈淮.过剩经济:悖论求解［J］.管理世界,1998(5):32-35.

［242］陈玲.重复建设:性质与原因的分析［J］.福州大学学报(哲学社会科学版),2004(2):10-13.

［243］陈秀山.再学马克思的竞争理论［J］.教学与研究,1994(2):44-48.

［244］陈永杰.正确认识和处理当前重复建设问题［J］.经济研究参考,2003(83):41-44.

［245］道格拉斯·C.诺斯.理解经济变迁的过程［J］.经济社会体制比较,2004

（1）:1-7.

［246］杜朝晖.马克思主义竞争理论与西方经济学竞争理论比较［J］.教学与研究,2008(4):42-48.

［247］樊纲,王小鲁,张立文,等.中国各地区市场化相对进程报告［J］.经济研究,2003(3):9-18.

［248］范子英,张军.财政分权、转移支付与国内市场整合［J］.经济研究,2010(3):53-64.

［249］冯梅,陈鹏.中国钢铁产业产能过剩程度的量化分析与预警［J］.中国软科学,2013(5):110-116.

［250］冯兴元.论辖区政府间的制度竞争［J］.国家行政学院学报,2001(6):27-32.

［251］冯兴元.中国辖区政府间竞争理论分析框架［J］.天则内部文稿系列,2001(2):11-19.

［252］付保宗.关于产能过剩问题研究综述［J］.经济学动态,2011(5):90-93.

［253］付启敏,刘伟.不确定性条件下产能过剩的纵向一体化模型［J］.系统管理学报,2011(2):188-195.

［254］高峰.关于马克思主义竞争理论的几个问题［J］.中国人民大学学报,2012(6):43-48.

［255］高伟.产能过剩的测量、成因及其对经济增长的影响［J］.经济研究参考,2014(3):25-38.

［256］耿强,江飞涛,傅坦.政策性补贴、产能过剩与中国的经济波动:引入产能利用率RBC模型的实证检验［J］.中国工业经济,2011(5):27-36.

［257］古筬.过剩经济:形势与对策研讨会概述［J］.经济学动态,1998(9):31-34.

［258］顾严.拉美国家过度投资与我国投资过热比较研究［J］.经济研究参

考,2005(10):32-37.

[259] 国家计委长期规划和产业政策司.关于江苏省重复建设重复引进状况的调查报告[J].经济研究参考,1992(Z6):208-214.

[260] 国家统计局工交司.产能过剩行业调整对策研究[J].中国国情国力,2006(10):35-36.

[261] 国家统计局课题组.重复建设、盲目建设的成因与对策(上)[J].中国统计,2005(2):30-32.

[262] 韩国高,高铁梅,王立国,等.中国制造业产能过剩的测度、波动及成因研究[J].经济研究,2011(12):18-31.

[263] 韩国高,王立国.我国钢铁业产能利用与安全监测:2000—2010 年[J].改革,2012(8):31-41.

[264] 韩胜飞.市场整合研究方法与传达的信息[J].经济学,2007(4):1359-1372.

[265] 何国文.关于影响平均利润率下降的因素的问题:与政治经济学教科书作者商榷资本周转影响利润率的原理[J].中山大学学报,1957(1):103-134.

[266] 何记东,史忠良.产能过剩条件下的企业扩张行为分析:以我国钢铁产业为例[J].江西社会科学,2012(3):182-185.

[267] 胡迟.有效抑制产能过剩 切实调整经济结构[N].中国经济时报,2013-03-27(6).

[268] 胡建淼.国家治理现代化关键法治化[N].学习时报,2014-07-14.

[269] 江飞涛,耿强,吕大国,等.地区竞争、体制扭曲与产能过剩的形成机理[J].中国工业经济,2012(6):44-56.

[270] 江小涓.国有企业的能力过剩、退出及退出援助政策[J].经济研究,1995(2):46-54.

[271] 江源.钢铁等行业产能利用评价[J].统计研究,2006(12):13-19.

[272] 蒋宏达,张露丹.布伦纳认为生产能力过剩才是世界金融危机的根本原因[J].国外理论动态,2009(5):5-12.

[273] 杰克·拉斯姆斯、王姝.投机资本、金融危机以及正在形成的大衰退[J].马克思主义与现实,2009(3):177-185.

[274] 科尔奈·亚诺什,邱树芳,刘吉瑞.国有企业的双重依赖:匈牙利的经验[J].经济研究,1985,20(10):10-24.

[275] 寇宗来,周敏.混合绩效评估下的区位—价格竞争研究[J].经济研究,2011,46(6):68-79.

[276] 黎来芳,叶宇航,孙健.市场竞争、负债融资与过度投资[J].中国软科学,2013(11):91-100.

[277] 李华东.国际市场进入模式的选择决策模型研究[J].财务与金融,2011(4):21-25.

[278] 李静,杨海生.产能过剩的微观形成机制及其治理[J].中山大学学报:社会科学版,2011(2):192-200.

[279] 李军杰.经济转型中的地方政府经济行为变异分析[J].中国工业经济,2005(1):39-46.

[280] 李连仲,刘新民.警惕第三次重复建设[J].红旗文稿,2003(20):21-23.

[281] 李铁映.中国的改革:纪念改革开放 30 周年[N].人民日报,2008-11-07.

[282] 李延喜,陈克兢,刘伶,等.外部治理环境、行业管制与过度投资[J].管理科学,2013(1):14-25.

[283] 李志强.过度竞争的现实与理论[J].经济与管理,2008(2):44-47.

[284] 梁金修.我国产能过剩的原因及对策[J].经济纵横,2006(7):29-33.

[285] 林汉川,管鸿禧.中国不同行业中小企业竞争力评价比较研究[J].中国社会科学,2005(3):48-58.

[286] 丁伟斌,荣先恒,桂斌旺.我国中小企业核心竞争力要素选择的实证分

析[J].科学学研究,2005(5):650-655.

[287] 林毅夫,刘明兴.经济发展战略与中国的工业化[J].经济研究,2004 (7):48-58.

[288] 林毅夫,巫和懋,邢亦青."潮涌现象"与产能过剩的形成机制[J].经济研究,2010,45(10):4-19.

[289] 林毅夫.潮涌现象与发展中国家宏观经济理论的重新构建[J].经济研究,2007,42(1):126-131.

[290] 刘磊.利润率下降危机理论的一个经验研究:《大失败:资本主义生产大衰退的根本原因》述评[J].中国人民大学学报,2014(2):117-124.

[291] 刘文纲.我国零售企业国际市场进入战略研究:基于供应链协同的视角[J].北京工商大学学报:社会科学版,2011(2):10-15.

[292] 刘西顺.产能过剩、企业共生与信贷配给[J].金融研究,2006(3):166-173.

[293] 刘学,陈文选,郑东连,等.利用外资对中国医药业的影响[J].国际贸易,1994(2):19-21.

[294] 刘志彪,王建优.制造业的产能过剩与产业升级战略[J].经济学家,2000(1):64-69.

[295] 刘晔.行业产能过剩评估体系理论回顾与综述[J].经济问题,2007 (10):50-52.

[296] 卢峰.治理产能过剩[R].天则经济研究所第399次学术报告会讲稿,2009.

[297] 鲁明泓.制度因素与国际直接投资区位分布:一项实证研究[J].经济研究,1999(7):57-66.

[298] 路楠林.产能过剩与市场结构的相关性研究[D].长春:吉林大学,2007.

[299] 罗纪宁.市场细分研究综述:回顾与展望[J].山东大学学报(哲学社会

科学版),2003(6):44-48.

[300] 罗云辉,夏大慰.市场经济中过度竞争存在性的理论基础[J].经济科学,2002(4):97-108.

[301] 吕铁.日本治理产能过剩的做法及启示[J].求是杂志,2011(5):47-49.

[302] 吕铁.第三次工业革命对我国制造业提出巨大挑战[J].求是,2013(6):23-24.

[303] 吕政,曹建海.竞争总是有效率的吗?——兼论过度竞争的理论基础[J].中国社会科学,2000(6):4-14.

[304] 毛其淋,盛斌.对外经济开放、区域市场整合与全要素生产率[J].经济学,2011(1):181-210.

[305] 孟捷,龚剑,向悦文.马克思主义竞争理论的发展研究[J].经济学家,2012(10):5-12.

[306] 孟捷,向悦文.竞争与制度:马克思主义经济学的相关分析[J].中国人民大学学报,2012(6):32-42.

[307] 孟捷,向悦文.克罗蒂和布伦纳的破坏性竞争理论比较研究[J].经济纵横,2013(5):1-8.

[308] 孟捷.危机与机遇:再论马克思主义经济学的创造性转化[J].经济学动态,2009(3):43-47.

[309] 潘镇.外商直接投资的区位选择:一般性、异质性和有效性:对江苏省3570家外资企业的实证研究[J].中国软科学,2005(7):100-108.

[310] 皮建才.中国地方重复建设的内在机制研究[J].经济理论与经济管理,2008(4):61-64.

[311] 齐昊.马克思主义是怎样解释金融危机的:围绕布伦纳的争论[J].政治经济学评论,2010(3):147-162.

[312] 钱箭星.债务型经济增长:当代发达国家的经济特征[J].当代经济研

究,2012(9):68-74.

[313] 钱颖一.市场与法治[J].经济社会体制比较,2000(3):1-11.

[314] 乔为国,周娟.政策诱导性产能过剩成因与对策研究[J].未来与发展,2012(9):73-77.

[315] 秦朵,宋海岩.改革中的过度投资需求和效率损失:中国分省固定资产投资案例分析[J].经济学(季刊),2003(4):807-832.

[316] 秦海,张显吉.我国经济结构变迁中的过度竞争与行业管制[J].战略与管理,1997(4):11-21.

[317] 任力.马克思对技术创新理论的贡献[J].当代经济研究,2007(7):16-20.

[318] 沈坤荣,钦晓双,孙成浩.中国产能过剩的成因与测度[J].产业经济评论,2012(4):1-26.

[319] 沈利生.我国潜在经济增长变动趋势估计[J].数量经济技术研究,1999(12):3-6.

[320] 史丹.中国能源政策回顾与未来的政策取向[J].经济研究参考,2000(20):20-26.

[321] 斯蒂格利茨.新自由主义的终结[N].东方早报,2008-07-12.

[322] 宋跃征,蔺涛.我国大企业竞争力的测评方法与实证分析[J].统计研究,2003(7):9-16.

[323] 苏剑.产能过剩背景下的中国宏观调控[J].经济学动态,2010(10):47-51.

[324] 孙巍,陈丹,王海蓉.资产闲置、资产专用性与要素拥挤的理论内涵[J].数量经济技术经济研究,2003(12):71-74.

[325] 孙巍,李何,王文成.产能利用与固定资产投资关系的面板数据协整研究[J].经济管理,2009(3):38-43.

[326] 孙巍,尚阳,刘林.工业过剩生产能力与经济波动之间的相关性研究

[J].工业技术经济,2008(6):117-121.

[327] 孙巍.转轨时期中国工业生产要素拥挤的特征分析[J].管理科学学报,2004(3):38-45.

[328] 孙义,黄海峰.基于企业型地方政府理论视角的产能过剩问题研究[J].现代管理科学,2014(3):70-72.

[329] 谭燕,陈艳艳,谭劲松,等.地方上市公司数量、经济影响力与过度投资[J].会计研究,2011(4):43-51.94.

[330] 杜兴强,曾泉,杜颖洁.政治联系、过度投资与公司价值:基于国有上市公司的经验证据[J].金融研究,2011(8):93-110.

[331] 唐斯斯.增强实体经济活力 遏制产业空心化[J].宏观经济管理,2012(9):40-42.

[332] 唐雪松,周晓苏,马如静.政府干预、GDP 增长与地方国企过度投资[J].金融研究,2010(9):99-112.

[333] 陶忠元.开放经济条件下中国产能过剩的生成机理:多维视角的理论诠释[J].经济经纬,2011(4):20-24.

[334] 田娟,王鹏飞.我国通货膨胀与产能过剩并存现象分析[J].中南财经政法大学学报,2008(5):21-25.

[335] 王丹妮.我国首次确认汽车产能过剩[N].民营经济报,2006-04-07(12).

[336] 王建.关注增长与通胀格局的转变点[J].宏观经济管理,2008(8):11-13.

[337] 王金祥,吴育华.生产前沿面理论的产生及发展[J].哈尔滨商业大学学报(自然科学版),2005(3):382-386.

[338] 王立国,鞠蕾.地方政府干预、企业过度投资与产能过剩:26 个行业样本[J].改革,2012(12):52-62.

[339] 王立国,宋雪.我国居民消费能力研究:基于化解产能过剩矛盾的视角

[J].财经问题研究,2014(3):82-89.

[340] 王秋苹.开拓马克思主义经济竞争理论研究的新领域:访经济学家李建平[J].海派经济学,2007(3):1-15.

[341] 王秋石,王一新.中国居民消费率真的这么低吗:中国真实居民消费率研究与估算[J].经济学家,2013(8):39-48.

[342] 王去非,应千帆,焦琦斌,等.美国"中小银行"倒闭潮的回顾与启示[J].银行家,2012(1):79-82.

[343] 王双正.我国投资结构调整优化研究述评[J].经济研究参考,2013(16):12-24.

[344] 王晓姝,李锂.产能过剩的诱因与规制[J].财经问题研究,2012(9):40-47.

[345] 王彦超.融资约束、现金持有与过度投资[J].金融研究,2009(7):121-133.

[346] 王宇伟.从马克思的《资本论》看美国的次贷危机[J].当代经济研究,2009(3):10-14.

[347] 王岳平.我国产能过剩行业的特征分析及对策[J].宏观经济管理,2006(6):15-18.

[348] 王志伟.产品过剩、产能过剩与经济结构调整[J].广东商学院学报,2010(5):4-9.

[349] 卫新华.重复建设与市场建设[J].中国经济评论,2003(4):40-43.

[350] 魏琪嘉.充分发挥金融政策在治理产能过剩中的作用[J].宏观经济管理,2013(9):38-39.

[351] 文正邦.论现代市场经济是法治经济[J].法学研究,1994(1):25-27.

[352] 吴敬琏,江平.市场经济与法治经济:经济学家与法学家的对话[J].中国政法大学学报,2010(6):5-15.

[353] 吴立波.行政调控为何忽然发力[N].瞭望东方周刊,2004-05-17.

[354] 吴宣恭.美国次贷危机引发的经济危机的根本原因[J].经济学动态, 2009(1):50-55.

[355] 吴延兵,米增渝.创新、模仿与企业效率:来自制造业非国有企业的经验证据[J].中国社会科学,2011(4):77-94.

[356] 吴言林,白彦,尹哲.经济周期、信贷扩张与政府逆周期宏观调控效果研究[J].广东社会科学,2013(1):68-75.

[357] 吴易风,王晗霞.国际金融危机和经济危机背景下西方国家干预主义和新自由主义的论争[J].政治经济学评论,2011(4):16-42.

[358] 武常岐,郑国汉.香港管制方案分析:电力行业的案例[J].产业经济评论,2002(1):72-90.

[359] 夏大慰,罗云辉.中国经济过度竞争的原因及治理[J].中国工业经济, 2001(11):32-38.

[360] 谢富胜,李安,朱安东.马克思主义危机理论和1975—2008年美国经济的利润率[J].中国社会科学,2010(5):65-82.

[361] 谢富胜,汪家腾.马克思放弃利润率趋于下降理论了吗:MEGA^{2}Ⅱ出版后引发的新争论[J].当代经济研究,2014(8):21-28.

[362] 徐志伟,温孝卿.钢铁行业的产能过剩、存量资产优化障碍及问题的解决路径:一个基于产权视角的分析[J].华东经济管理,2012(2):79-83.

[363] 杨继国.基于马克思经济增长理论的经济危机机理分析[J].经济学家,2010(2):5-11.

[364] 杨坚白.速度·结构·效率[J].经济研究,1991(9):37-44.

[365] 杨培鸿.重复建设的政治经济学分析:一个基于委托代理框架的模型[J].经济学,2006(2):467-478.

[366] 杨兴全,张照南,吴昊旻.治理环境、超额持有现金与过度投资:基于我国上市公司面板数据的分析[J].南开管理评论,2010,13(5):61-69.

［367］杨振.激励扭曲视角下的产能过剩形成机制及其治理研究［J］.经济学家,2013(10):48-54.

［368］姚德全.缺陷与追求:社会前进的原动力——转型期过剩经济特点分析［J］.学术交流,1999(4):5-8.

［369］易靖韬.企业异质性、市场进入成本、技术溢出效应与出口参与决定［J］.经济研究,2009(9):106-115.

［370］袁捷敏.解读我国产能过剩的现实性、必然性与持久性［J］.当代经济管理,2012(8):1-6.

［371］詹姆斯·克罗蒂.为什么全球市场会遭受长期的产能过剩?——来自凯恩斯、熊彼特和马克思的视角［J］.当代经济研究,2013(1):37-45.

［372］张洪辉,王宗军.政府干预、政府目标与国有上市公司的过度投资［J］.南开管理评论,2010(3):101-108.

［373］张鸿.论政府在市场经济中的作用:以日本的产业政策为例［J］.外国经济与管理,2000(8):31-37.

［374］张军,威廉·哈勒根.转轨经济中的过度进入问题:对重复建设的经济学分析［J］.复旦学报:社会科学版,1998(1):22-26.

［375］张丽平.德国经济转型未经历资产价格剧烈波动［N］.中国经济时报,2014-09-19(5).

［376］张前荣.我国产能过剩的现状及对策［J］.宏观经济管理,2013(10):26-28.

［377］张日旭.重化工业产能过剩的困境摆脱:解析电解铝行业［J］.改革,2012(11):61-67.

［378］张生.积聚与消耗:苏联的工业化与美国的马歇尔计划:试析巴塔耶的普遍经济学的理论特征［J］.浙江学刊,2009(2):156-162.

［379］张弛.靠市场化解产能过剩 促转型有赖深度开放:2013年第三季度宏观经济形势分析［J］.河北经贸大学学报,2014(1):45-51.

[380] 张维迎.控制权损失的不可补偿性与国有企业兼并中的产权障碍[J].经济研究,1998(7):4-15.

[381] 张显东,李宇宏.寡头垄断市场中企业兼并的一般均衡分析[J].复旦学报:自然科学版,2001(2):153-157.

[382] 张晓晶.产能过剩并非"洪水猛兽":兼论当前讨论中存在的误区[N].学习时报,2006-04-10.

[383] 张新海,王楠.企业认知偏差与产能过剩[J].科研管理,2009(5):33-39.

[384] 张新海.产能过剩的定量测度与分类治理[J].宏观经济管理,2010(1):50-51.

[385] 郑静,薛德升,朱竑.论城市开发区的发展:历史进程、理论背景及生命周期[J].世界地理研究,2000(6):79-86.

[386] 中国社会科学院工业经济研究所课题组.第三次工业革命与中国制造业的应对战略[J].学习与探索,2012(9):93-98.

[387] 钟伟.产能过剩的根源在于创新不足[N].第一财经日报,2013-11-05(6).

[388] 周劲,付保宗.产能过剩在我国工业领域的表现特征[J].经济纵横,2011(12):33-38.

[389] 周劲.产能过剩的概念、判断指标及其在部分行业测算中的应用[J].宏观经济研究,2007(9):33-39.

[390] 周黎安.晋升博弈中政府官员的激励与合作:兼论我国地方保护主义和重复建设问题长期存在的原因[J].经济研究,2004(6):33-40.

[391] 周黎安.中国地方官员的晋升锦标赛模式研究[J].经济研究,2007(7):36-50.

[392] 周业安,冯兴元,赵坚毅.地方政府竞争和市场秩序的重构[J].中国社会科学,2004(1):56-65.

[393] 周炼石.中国产能过剩的政策因素与完善[J].上海经济研究,2007(2):3-11.

[394] 周民良.论我国经济布局中的重复建设[J].红旗文稿,1995(7):6-10.

[395] 周业樑,盛文军.转轨时期我国产能过剩的成因解析及政策选择[J].金融研究,2007(2):183-190.

[396] 邹东涛.论竞争一般[J].甘肃社会科学,1987(4):45-54.

[397] 左小蕾.产能过剩并非根源[J].中国电子商务,2006(3):100-101.

[398] 李国杰,程学旗.大数据研究:未来科技及经济社会发展的重大战略领域:大数据的研究现状与科学思考[J].中国科学院院刊,2012(6):647-657.

[399] 孟小峰,慈祥.大数据管理:概念、技术与挑战[J].计算机研究与发展,2013(1):146-169.

[400] 朱东华,张嶷,汪雪锋,等.大数据环境下技术创新管理方法研究[J].科学学与科学技术管理,2013(4):172-180.

[401] 张军,姚飞.大数据时代的国家创新系统构建问题研究[J].中国科技论坛,2013(12):5-11.

[402] 王晓明,岳峰.发达国家推行大数据战略的经验及启示[J].产业经济评论,2014(5):94-98.

[403] 俞立平.大数据与大数据经济[J].中国软科学,2013(7):177-183.

[404] 吕萍,陈永广,余乐.看美国如何应对产能过剩问题[N].中国经济时报,2015-02-03.

[405] 张杰.基于产业政策视角的中国产能过剩形成与化解研究[J].经济问题探索,2015(2):10-14.

[406] 马旭东,任艳.产能过剩新动向与管理对策分析[J].学习月刊,2009(16):14-16.

[407] 杨振.当前产能过剩状况与治理对策[N].学习时报,2015-01-19.

［408］崔建军,王利辉.产能过剩与通货膨胀压力并存悖论之解析[J].现代经济探讨,2015(1):10-14.

［409］向洪金.战略授权、软预算约束与中国国有企业产能过剩:基于混合寡占竞争模型的理论研究[J].广东社会科学,2015(1):17-25.

［410］何维达,潘峥嵘.产能过剩的困境摆脱:解析中国钢铁行业[J].广东社会科学,2015(1):26-33.

［411］陈岩,翟瑞瑞.对外投资、转移产能过剩与结构升级[J].广东社会科学,2015(1):5-16.

［412］王志伟.市场机制能解决产能过剩问题吗?[J].经济纵横,2015(1):60-66.

［413］杨振.“中国式”产能过剩治理需构建“三维”政策体系[J].中国党政干部论坛,2015(1):60-62.

［414］赵昕东,王勇.基于过剩产能的产业结构调整路径研究:以福建省七个行业为例[J].学习与探索,2014(11):111-114.

［415］夏力.化解我国产能过剩的财政政策思考[J].中国财政,2014(18):59-60.

［416］钟春平,潘黎.“产能过剩”的误区:产能利用率及产能过剩的进展、争议及现实判断[J].经济学动态,2014(3):35-47.

［417］程俊杰.负面清单管理与转轨时期中国体制性产能过剩治理[J].学习与实践,2014(12):11-20.

［418］张振翼.新兴产业产能结构性和阶段性过剩不同解[J].中国战略新兴产业,2014(24):88-89.

［419］秦炫.有效化解产能过剩的对策建议[J].经济研究参考,2014(66):26-27.

［420］董小娟.通过国际转移化解过剩产能:全球五次浪潮、两种模式及中国探索[J].经济研究参考,2014(66):3-18.

［421］刘航,孙早.城镇化动因扭曲与制造业产能过剩:基于 2001—2012 年中国省级面板数据的经验分析［J］.中国工业经济,2014(11):5-17.

［422］Aigner D J, et al. On Estimating the Industry Production Function［J］. American Economic Review,1968,58:826-839.

［423］Akerlof G.The Market for"Lemons":Quality,Uncertainty and the Market Mechanism［J］.Quarterly Journal of Economics,1970,84(3):488-500.

［424］Anand J, et al. Absolute and Relative Resources as Determinants of International Acquisitions［J］. Strategic Management Journal, 2002, 23 (2): 119-134.

［425］Andersson S, et al. International Activities in Small Firms: Examining Factors Influencing the Internationalization and Export Growth of Small Firms［J］. Canadian Journal of Administrative Sciences, 2004 (21): 22-34.

［426］Averch H,Johnson L L.Behavior of the Firm under Regulatory Constraint［J］.The American Economic Review,1962,52(5):1052-1069.

［427］Banerjee A. A Simple Model of Herd Behavior［J］.Quarterly Journal of Economics,1992,107(3):797-817.

［428］Baum J C,Kom H J. Dynamics of Dyadic Competitive Interaction［J］. Strategic Management Journal,1999(20):251-278.

［429］Baum J A, Kom H J. Competitive Dynamics of Interfirm Rivalry［J］. Academy of Management Journal,1996,39(2):255-291.

［430］Boeker W, et al. Competition in a Multimarket Environment:The case of market exit［J］.Organization Science,1997(8):126-142.

［431］Bruce B, Wesley W. Foreign Subsidization and Excess Capacity［J］. Journal of International Economics, 2010(2).

［432］Bulow Jeremy, Gianakopulos John, Klemperer Paul. Holding Idle Capacity to deter Entry[J]. The Economic Journal,1985,95(377):178-182.

[433] Cassels J M. Excess Capacity and Monopolistic Competition[J].Quarterly Journal of Economics,1937,51(3):426-443.

[434] Chamberlin E. The Theory of Monopolistic Competition [M]. Cambridge: Harvard University Press,1933.

[435] Chen M J,Hambrick D C. Speed,Stealth and Selective Attack: How Small Firm Differ from Large Firm in Competitive Behavior[J]. Academy of Management Journal,1995,38(2):453-482.

[436] Chen M J,MacMillan I C. Nonresponse and Delayed response to competitive moves: The roles of competitor dependence and action irreversibility [J]. Academy of Management Journa,1992(35):359-370.

[437] Chen M J,Miller D. Competitive Attack,Retaliation and Performance: An expectancy -valence Framework[J].Strategic Management of Joumal,1994 (15):85-102.

[438] Clifton J. Competition and the Evolution of the Capitalist Mode of Production [J].Cambridge Journal of Economics,1977 (1):137-151.

[439] Cooper W W, et al. A Uinified Additive Model Approach for Evaluating Inefficiency and Congestion with Associated Measures in DEA[J].Socio-Economic Planning Sciences,2000:1-25.

[440] Crotty J. Structural Contradictions of the Global Neoliberal Regime[J]. Review of Radical Political Economics, 2000,32(3):362.

[441] Dalia S, Yongil J, Quentin G, et al. Controlling excess capacity in common pool resource industries: the transition forming put to out put Controls[J].Australian Journal of Agricultural and Resource Economics, 2010(3):361-377.

[442] David L, Jeffrey S.Creating a Market Economy in Eastern Europe: The

Case of Poland[J].Brooking Paper on Economic Activity,1990,21(1):
75-148.

[443] Dixit A. The Role of Investment in Enter-deterrence[J].The Economic
Journal,1980,90(357): 95-106.

[444] Wolf E N. Unproductive Labor and the Rate of Surplus Value in the
United States (1947—1967) [J]. Research in Political Economy, 1977
(1):87-115.

[445] Easterbrook Frank H. Two Agency-Cost Explanations of Dividends[J].
American Economic Review,1984,74: 650-659.

[446] Ekeledo I,Sivakumar K. Entry Mode Strategies Manufacturing Firms and
Service Firms: A Resource-based Perspective [J]. International
Marketing Review,2004,21(1):68-101.

[447] Erin Cavusgil, et al. Dynamic Capability View: Foundations and Research
Agenda[J].Journal of Marketing Theory and Practice,2007,15(2).

[448] Esposito F F, Esposito L. Excess Capacity and Market Structure[J].The
Review of Economics and Statistics, 1974(56): 188-194.

[449] FAO Fisheries Department. Managing fishing capacity[C]. Rome: FAO
Fisheries Technical Paper 386, 1999, 75-116.

[450] Fare R, Grosskopf S, Kokkelenberg E C. Utilization and Technical
Change: A Nonparametric Approach [J]. International Economic
Review,1989,30(3):655-666.

[451] Farrell M J. The Measurement of Productive Efficiency[J]. Journal of the
Royal Statistical Society, 1957,Series A, 120:253-281.

[452] Carpenter G S, Nakamoto K. Consumer Preference Formation and Pioneering
Advantage [J]. Journal of Marketing Research, 1989,26(3):285-298.

[453] Garofalo G A, Malhotra D M. Regional Measures of Capacity Utilization in

the 1980s [J]. The Review of Economics and Statistics, 1997, 79 (3):
415-421.

[454] Gerhart B, Milkovich G T. Organizational Differences in Managerial
Compensation and Financial Performance [J]. Academy of Management
Journal, 1992(33):663-691.

[455] Gimeno J, Woo C Y. Multimarket Contact, Economies of Scope, and Firm
Performance [J]. Academy of Management Jonrnal, 1999, 43 (3):
239-259.

[456] Gimeno J, Woo C Y. Hypercompetition in a Multimarket Environment: the
Role of Strategic Similarity and Multimarket Contact in Competitive De-
escalation [J]. Organization Science, May-June, 1996, 7(3):322-340.

[457] Michael G, Steven K. Time paths in the diffusion of product innovations
[J]. Economic Journal, 1982, 92 (3):630-650.

[458] Heaton. Managerial Optimism and Corporate Finance[J]. Financial Management,
2002, 31(2):3-45.

[459] Heinlkel R, Zechner J. The Role of Debt and Preferred Stock as a Solution to
Adverse Investment Incentives [J]. Journal of Financial and Quantitative
Analysis, 1990(25):1-24.

[460] Hilke, John C. Excess Capacity and Entry: Some Empirical Evidence[J].
The Journal of Industrial Economics, 1984, 33(2):233-240.

[461] Kevin J L. Market Share, Profits and Business Strategy[J]. Management
Decision, 2001, 39(8):607-618.

[462] Crotty J. Rethinking Marxian Investment Theory: Keynes-Minsky Instabi-
lity, Competitive Regime Shifts and Coerced Investment [J]. Review of
Radical Political Economics, 1993, 25(1):1-26.

[463] Jensen M. Agency Costs of Free Crash Flow, Corporate Finance and

Takeovers [J].American Economic Review, 1986(76):323-329.

[464] Jensen Michael C. Agency Costs of Free Cash Flow, Corporate Finance, and Takeovers[J]. American Economic Review, 1986, 76: 323-329.

[465] Jensen R., Szulanski G. Stickiness and the Adaptation of Organizational Practices in Cross-border Knowledge Transfers [J]. Journal of International Business Studies, 2004, 35(6): 508-523.

[466] Masson R T, Shaanan J.Excess Capacity and Limit Pricing: An Empirical Test[J].Economical, New Series, 1986, 53(211):365-378.

[467] Karnani A, Wernerfelt B. Multiple Point Competition[J].Strategic Management Journal, 1985(6):87-96.

[468] Kirkley J E, Squires D E. Measuring Capacity and Capacity Utilization in Fisheries [J] // D. Greboval. Managing Fishing Capacity: Selected Papers on Underlying Concepts and Issues. FAO Fisheries Technical Paper, 1999.

[469] Klein L R., Preston R S. Some New Results in the Measurement of Capacity Utilization[J].The American Economic Review, 1967, 57(1):34-58.

[470] Knight G A., Cavusgil S T. Innovation, Organizational Capabilities and the Born-Global Firm [J]. Journal of International Business Studies, 2004, 35(2): 124-141.

[471] Leonard-Barton, D. Core Capability and Core Rigidity: A Paradox in Managing New Product Development [J]. Strategic Management Journal, 1992, 13(1):111-125.

[472] Li H., Zhou L. Political Turnover and Economic Performance: The Incentive Role of Personel Control in China [J]. Journal of Public Economic, 2005, 89(9-10):1743-1762.

[473] Lieberman Marvin B. Excess Capacity as a Barrier to Entry: An Empirical

Appraisal [J]. The Journal of Industrial Economics, The Empirical Renaissance in Industrial Economics, 1987, 35(4):607-627.

[474] Madhok A. Reassessing the Fundamentals and Beyond: Ronald Coase, the Transaction Cost and Resource-based Theories of the Firm and the Institutional Structure of Production [J]. Strategic Management Journal, 2002, 23(6):535-550.

[475] Madhok A. Cost, Value and Foreign Market Entry Mode: The Transaction and the Firm [J]. Strategic Management Journal, 1997, 18(1): 39-61.

[476] Malmendier Tate. CEO Overconfidence and Corporate Investment [J].The Journal of Finance, 2005(6):2661-2770.

[477] Marten V B, Girish G.Competition, Excess Capacity and Pricing of Dry Portions India: Some Policy Implications [J]. International Journal of Shipping and Trans Port Logistics, 2010(2):151-167.

[478] Miller D, Chen M J. The Causes and Consequences of Competitive Inertia [J].Administrative Science Quarterly, 1994(39):1-23.

[479] Morrison C J. Primal and Dual Capacity Utilization : An Application to Productivity Measurement in the U.S. Automobile Industry [J].Journal of Business & Economic Statistics, 1985, 3(4):312-324.

[480] Myers S C., Majluf N S. Corporate Finance and Investment Decisions When Firms Have Information That Investor Do Not Have [J].Journal of Financial Economics, 1984 (13):187-221.

[481] Myers S C. The Capital Structure Puzzle [J].Journal of Finance, 1984 (39):575-592.

[482] Narayanan M P. Debt Versus Equity under Asymmetric Information [J]. Journal of Financial and Quantitative Analysis, 1988, 23: 39-51.

[483] Nelson Randy A. On the Measurement of Capacity Utilization [J]. The

Journal of Industrial Economics,1989,37(3):273-286.

[484] Lange O. Marxian Economics and Modern Economic Theory[J].Review of Economic Studies,1935(2):191-192.

[485] Pindyck R S. Sunk Costs and Real Options in Antitrust Analysis[J]. Issues in Competition Law and Policy,2008:619-640.

[486] Fare R, Suensson L. Congestion of Production Factors[J].Econometrica,1980, 48(7):1745-1753.

[487] Griffith R, Huergo E, Mairesse J, et al. Innovation and Productivity across Four European Countries [J]. Oxford Review of Economic Policy, 2006,22(4):483-498.

[488] Richardson Scott A. Corporate Governance and the Over-investment of Surplus Cash[J]. Working Paper Michigan University,2003.

[489] Richardson Scott A. Over-investment of free crash flow[J].Review of Accounting Studies, 2006(11):159-189.

[490] Roll R. The Hubris Hypothesis of Corporate Take-overs[J].The Journal of Business,1986,59: 197-216.

[491] Shleifer A, Vishny R. Management Entrenchment: The Case of Manager-specific Investments [J]. Journal of Financial Economics, 1989, 25: 123-139.

[492] Smith K G,Grimm C M,Gannon M J, et al. Organizational Information Processing,Competitive Responses and Performance in the U.S. Domestic Airline Industry[J].Academy of Management Journal,1991(34): 60-85.

[493] Spence A M. Entry, Capacity, Investment and Oligopolistic Pricing[J]. The Bell Journal of Economics,1977,8(2):534-544.

[494] Steven Kettell. Cricuits of Capital and Overproduction: A Marxist Analysis of Present World Economic Crisis [J]. Review of Radical Political

Economics,2006(1).

[495] Sudipto S. A Real-option Rationale for Investing in Excess Capacity[J]. Managerial and Decision Economics,2009,30(2):119-133.

[496] Takayama A. Behavior of the Firm under Regulatory Constraint[J]. The American Economic Review,1969,59(3):255-260.

[497] Teece D J, Pisano G, Shuen A. Dynamic Capabilities and Strategic Management [J]. Strategic Management Journal,1997,18(7):509-533.

[498] Tihanyi L,Griffith D,Russell C. The Effect of Cultural Distance on Entry Mode Choice, International Diversification and MNE Performance: A Meta-analysis [J]. Journal of International Business Studies,2004 (35): 1-14.

[499] Timmer C. Peter. Using a Probabilistic Frontier Production Function to Measure Technical Efficiency[J].Journal of Political Economy,1971,79: 776-794.

[500] Vernon R. International Investment and International Trade in the Product Cycle[J].Quarterly Journal of Economics,1966,80: 190-207.

[501] Willi Semmler W. Competition,Monopoly and Differentials of Profit Rates: Theoretical Considerations and Empirical Evidence[J].Review of Radical Political Economics (S0486-6134),1981,13(4):39-52.

[502] Wood E, Khavul S, Perez-Nordtvedt L,et al. Strategic Commitment and Timing of Internationalization from Emerging Markets: Evidence from China,India,Mexico and South Africa[J]. Journal of Small Business Management,2011,49(2): 252-282.

[503] Dugger R. An Application of Bounded Nonparametric Estimating Functions to the Analysis of Bank Cost and Production Functions [D]. Ph. D. dissertation, University of North Carolina. Available from University

Microfilms , orderNo.74-26870 , 1974.

[504] Hymer S. The International Operations of National Firms：A Study of Direct Foreign Investment［D］. MIT , 1960.

[505] 何彬.基于窖藏行为的产能过剩形成机理及其波动性特征研究[D].长春:吉林大学,2008.

[506] 张日旭.我国产能过剩中的地方政府行为研究[D].大连:东北财经大学,2013.

[507] 国家统计局工业交通物质统计司.中国工业经济统计资料(1949—1984)[M].北京:中国统计出版社,1985.

[508] 国务院全国工业普查领导小组办公室,国家统计局工业交通物质统计司.中国工业经济统计资料(1986)[M].北京:中国统计出版社,1987.

[509] 1995 年全国第三次工业普查:地区卷、行业综合卷、统计摘要、福建卷[M].北京:中国统计出版社,1997.

[510] 福建省统计局.福建企业年鉴(2001—2013 年)[M].北京:中国统计出版社.

[511] 国家统计局、国家发展改革委、工业和信息化部等相关部门的年度统计公报和行业统计公报等.